참 회 록

(懺悔錄)

어거스틴 / 최정선 옮김

지성문화사

차 례

1. 어린 시절 5
2. 청년 시절 29
3. 카르타고에서 42
4. 우울한 고백 60
5. 로마에서 밀라노로 83
6. 신앙에의 길 104
7. 철학적 해명 129
8. 생의 전환 157
9. 개종과 모니카의 죽음 183
10. 고백 210
11. 창조의 말씀 267
12. 태초의 말씀 303
13. 하느님의 선 345

■ 옮기고 나서 395

1
어린 시절

1. 찬미

주님이시여, 당신은 참으로 위대하시며 또한 크게 거룩하십니다. 당신의 힘은 위대하시며, 당신의 지혜는 무궁하십니다.

당신의 피조물에 불과한 한 인간이 당신을 찬양하고자 합니다. 인간은 자신의 죽음을 짊어지고, 자기 죄의 증거와 당신께서 「오만한 자를 물리치신다」는 증거를 가지고 정처없이 방황합니다. 그럼에도 불구하고 하찮은 한 인간이 당신을 찬양하고자 하는 것입니다.

당신께서는 친히 당신을 찬양하는 일이 기쁨이 되게 하셨읍니다. 당신께서는 당신을 위해 우리를 창조하셨기 때문에, 우리의 마음은 당신 안에서만 안식을 취할 수 있읍니다.

주님이시여, 당신을 부르는 것과 당신을 찬양하는 것 중에서 어느 것을 먼저 해야 하는지를 깨닫게 해 주시옵소서. 그러나 감히 누가 당신을 알지 못하면서 부르겠읍니까? 당신을 알지 못한다면 당신이 아닌 다른 사람을 당신이라 부를지도 모릅니다. 그렇지 않다면 우리들은 당신을 더욱 알기 위해서 당신을 부르는 것

5

6

일까요? 그렇다면 아직 믿지도 않는 이를 어찌 부를 수 있을까요? 또 아무도 가르쳐 주지 않는데 어떻게 믿을 수가 있을까요? 진실로 주님을 찾는 자는 주님을 발견할 것이며, 주님을 발견한 자마다 주님을 찬양할 것입니다. 주여, 나는 당신을 부르면서 찾고, 믿으면서 당신을 부르고 싶습니다. 당신은 이미 우리에게 전파되어 있기 때문입니다. 주여, 당신이 주신 나의 신앙이 당신을 부릅니다. 독생자가 인간이 되심을 통해서, 그 설교자의 봉사를 통해서 내 마음속에 불어넣어 주신 것입니다.

2. 내 안에 계시는 주

그렇다면 나는 주님이며 하느님이신 당신을 어떻게 불러야 합니까? 주님이시여, 천지를 창조하신 주님이시여, 내가 주님을 부를 때, 내 안의 어느 곳으로 들어오실 수 있겠습니까? 나의 주, 나의 하느님이시여, 내 속에 당신이 들어오실 수 있는 자리가 어디 있읍니까? 하늘과 땅을 창조하시고 그 안에 나를 두셨지만 그 천지에 당신을 영접할 곳이 어디 있겠읍니까? 당신 없이는 아무것도 존재 할 수 없거늘, 하물며 그 어느 존재가 당신을 영접할 수 있는 것입니까?

그러나 당신이 내 속에 계시지 않다면 나는 존재할 수 없는데, 당신에게 내 속에 들어오시라고 간구해도 괜찮은가요? 이는 아마도 나는 아직 저승에 있지는 않지만, 만일 내가 저승에 간다해도 당신은 거기에 계실 것이기 때문입니다.

그러므로 나의 주님이시여! 당신이 내 속에 계시지 않는다면 나는 한시라도 존재할 수 없었을 것입니다. 모든 것은 당신에 의해, 당신을 통해서 당신 속에 존재하므로, 내가 당신 속에 존재하지 않았더라면 나는 존재하지 않았을 것입니다. 주여, 바로 그렇습니다. 내가 당신 속에 있는데, 당신을 어디에다 영접하겠읍니까, 또는 언제부터 당신은 나의 안에 들어오시겠읍니까? 「나는 천지를 채우노라」고 말씀하신 하느님을 내 안에 영접하기 위해서 나는 천지 이외의 어느 곳으로 가야 하겠읍니까?

3. 어디나 계시는 주님

당신께서 천지를 채우셨기 때문에 천지가 당신을 영접하는 것입니까? 그렇지 않으면 천지가 당신을 영접하지 못하기 때문에 당신에게 무엇인가 넘친다는 것입니까? 그렇다면 당신께선 그 넘치는 몫을 어느 곳에 쏟아 놓고 계십니까? 당신께서 채우실 모든 것을 당신 속에 포함하심으로써, 모든 것을 포함하시는 당신께서는 그 어느 것에 의해서도 포함할 필요가 없다는 것입니까? 당신에 의해서 가득 차 있는 그릇이 당신을 꾸준히 모시지 못하고, 비록 그 그릇이 깨져도 당신은 결코 새어 흐르지 않을 것입니다. 또 당신이 우리들 위에 부어질 때, 우리를 낮추시기는커녕 오히려 높이십니다. 그리고 우리를 흩어지게 하기는커녕 오히려 한데 모이게 해 주십니다.

그러나 당신은 모든 것을 가지고 당신의 전부를 채우십니까? 그렇지 않다면 그 어느 것도 당신을 영접할 수 없으므로 당신의 일부분만을 영접하는 건가요? 아니면 저마다 다른 부분을 영접해서 큰 것은 큰 부분을, 작은 것은 작은 부분을 영접하는 것입니까? 그렇다면 당신의 어느 부분이 크고 어느 부분이 작은 것입니까? 그렇지 않다면 당신은 곳곳에서 전체로 군림하지만 그 어느 것도 당신을 전체로 영접하지 못하는 것입니까?

4. 당신은 누구입니까?

그렇다면 나의 하느님이시여, 당신은 어떤 분이십니까? 주 하느님이 아니시라면 당신은 어떤 분이시며, 정녕 주를 제외하고 누가 주며, 누가 하느님이란 말입니까?

주여, 당신은 지극히 높고 선하시며, 강하고 전능하시며, 자비하시면서도 극히 의로우시며, 신비스러우면서도 드러나신 분이십니다. 또한 아름답고 권능(權能) 있는 분이시며, 항상 엄연히 존재하시지만 알 수 없는 분이며, 만물을 바꾸시지만 자신은 변하지 않으시며, 만물을 새롭게 하시고, 오만한 자들을 멸망하게 하십니다. 늘 일하시지만 늘 쉬시며, 주시지만 부족함이 없으시며, 채우고 감싸고, 창조하고 기르고 완성하시는 분으로, 아무것도 부족한 것이 없지만 항상 찾고 구하시는 분입니다.

당신은 사랑하면서도 뜨거워지는 일이 없고, 질투하시면서도 마음이 평온하고, 후회하시지만 그것이 당신을 해치지는 못하며, 성을 내시지만 태연자약하십니다. 당신은 거동을 바꾸시지만 뜻을 바꾸시는 일이 없고, 일단 얻으신 것을 잃으시는 일이 없으십니다. 결코 궁하지 않으실 뿐만 아니라 얻으신 것을 기뻐하시며, 욕심을 부리지 않으시고 이득을 청하십니다.

당신께서 진 빚 이상의 액수를 지불하여 부채를 지지만 당신의 것을 소유하지 않은 사람은 없읍니다. 당신은 누구에게나 갚으시지만 결코 채무자가 아니시며, 빌려 주시지만 잃는 것이 없으신 분이십니다.

나의 하느님, 나의 생명, 나의 성스러운 즐거움이여, 지금 우리는 대체 무엇을 말해야 하며, 어떤 사람이 당신을 말할 때 무엇이라 말해야 하겠읍니까? 그러나 수다스러운 자는 벙어리와 같다고 해도, 당신에 대해 말하려 하지 않는 자에게는 재앙이 있을 것입니다.

5. 주의 사랑

나로 하여금 당신 속에서 안식을 취하게 해 줄 자는 과연 누구입니까? 당신을 내 마음 속에 들어오게 하여 내 마음을 취하게 하고, 내 속에 있는 온갖 악을 잊게 하고, 나의 유일한 선(善)인 당신을 얼싸안게 해 줄 자는 누구입니까?

당신은 내게 어떤 분이십니까? 나를 가엾게 여기시어 내가 말씀드릴 수 있도록 해 주십시오. 그리고 나는 당신께 있어 무엇이기에 당신을 사랑하라고 명령하고 태만할 때는 노여워하십니까? 주 하느님이시여, 저를 가엾게 여기시어 당신은 나에게 누구인지를 말씀해 주십시오. 「나는 너의 구원이다」라고 나의 영혼에게 알아들을 수 있도록 말씀해 주십시오.

　주여, 나의 영혼의 귀는 당신을 향해 있읍니다. 이 귀를 열어 주시고 내 영혼을 향해 「나는 너의 구원이다」라고 말씀해 주십시오. 나는 당신의 음성을 따라 당신께 닿을 수 있을 때까지 좇아가겠읍니다. 당신의 얼굴을 감추지 마십시오. 나는 죽지 않기 위하여, 아니 당신의 얼굴을 보기 위하여 죽으려 합니다.

　내 영혼의 집은 당신께서 들어오시기에는 너무나 좁습니다. 그러니 넓혀 주시고, 쓰러져가는 집을 일으켜 주십시오. 거기에는 당신의 눈에 거슬리는 것이 많다는 사실을 알고 있읍니다. 그러나 누가 그것을 깨끗이 할 수 있겠읍니까? 당신 이외의 누구에게 「주여, 내 속에 숨어 있는 죄를 깨끗이 없애 주시고, 당신의 종을 타인으로부터 지켜 주십시오」라고 외칠 수 있겠읍니까? 나는 믿기 때문에 그렇게 말하는 것입니다. 주여, 당신은 알고 계십니다.

　하느님이시여, 나는 내게 불리하도록 죄를 고백하고, 당신은 내 마음의 범죄를 용서해 주신 것이 아닙니까? 나는 진리이신 당신과 옳고 그름을 가릴 생각이 없읍니다. 나는 나의 죄가 꾸며 대지 못하도록 스스로를 속이지 않으렵니다. 그러므로 나는 당신과 시비를 가리지 않습니다. 주여, 만일 당신이 죄를 발견하신다면 누가 감히 그것을 견뎌 내겠읍니까?

6. 생명의 신비

　마치 티끌과 같은 나에게 당신의 자비 앞에 말할 수 있도록 해 주십시오. 내가 말하고자 하는 것은 당신의 자비이지 나를 비웃는 인간이 아닙니다. 당신도 나를 비웃으실지 모릅니다만, 돌이켜 보시고 가엾게 여겨 주실 것입니다.

　주여, 나는 당신께 이것만은 말하고 싶습니다. 나 자신은 어디로부터 이 세상에 온 것인지 모르니 저는 죽어가는 삶이라 할까요, 살아 있는 죽음이라 할까요? 나는 그것을 모릅니다. 당신은 나의 육신을 낳은 양친으로부터 들은 대로 자비와 위로로써 나를 붙잡고 계십니다. 당신은 나를 당신이 원하실 때 양친에게서 **나**를 만드셨읍니다만, 나는 거기에 대해 아무것도 아는 것이 없읍니다.

그리고 인간의 젖이 나를 환대해 주었지만, 어머니 스스로가 그 젖을 채운 것은 아닙니다. 당신이 몸소 나를 위해 당신의 계획에 따라 준비된 부(富)를 통해서 베풀어 주신 겁니다. 게다가 당신은 내가 주어진 것 이상으로 탐내지 않도록, 또 나를 위해 그녀들에게 주신 것을 기꺼이 나에게 주도록 하셨읍니다. 그것은 그녀들에게 있어선 하나의 선이었읍니다. 저의 선도 그들에게서 나왔으나, 모든 선은 당신으로부터 나오고 모든 구원도 역시 당신으로부터 옵니다.

나는 이것을 당신이 안팎으로 베푸시는 모든 것을 통해 훨씬 후에야 비로소 깨달았읍니다. 그러나 그 무렵 나는 고작 젖을 먹고 잠을 자거나 기분이 좋으면 가만히 누워 있고 그렇지 않으면 우는 것밖에 몰랐읍니다. 차츰 나는 웃게 되었는데 처음에는 자면서, 다음에는 깨어서도 웃게 되었읍니다. 나는 이 일조차도 남에게 들어서 알게 되었고, 다른 아이들이 그러는 것을 보고 믿었을 뿐 나 자신의 일은 전혀 기억할 수 없읍니다. 그리고 나는 내가 어디에 있는지를 점차 알게 되었읍니다. 또 내가 바라는 것을 사람들에게 나타내고 싶었지만 잘 되지 않았읍니다. 왜냐하면 의지는 속에 있고 남들은 밖에 있어서 내 영혼 속으로 들어올 수 없었기 때문입니다. 그래서 나는 소리를 질렀읍니다. 그것은 내가 할 수 있었던 빈약한 의사표시였읍니다. 그들이 못 알아들었을 경우나, 알아들었다 해도 내게 해로울까봐 들어 주지 않을 경우, 또는 내게 복종하지 않거나 돌봐 주지 않을 경우에 화를 내며 우는 것으로써 그들에게 앙갚음을 했읍니다.

아이들이란 모두가 그렇다는 것을 내 경험으로 알게 되었읍니다. 나도 그러했다는 것은, 나를 길러 준 양육자보다는 아무것도 모르는 어린이들이 가르쳐 주었읍니다.

이제 그러한 내 어린 시절은 죽은 지 오래고 아직도 나는 살고 있읍니다. 그러나 주여, 당신은 영원히 살아 계시며, 당신 안에서는 죽음이 없읍니다.

　당신은 모든 것의 시초 이전에, 그리고 「이전」이라 일컬을 수 있는 모든 것 이전에 계셨고, 당신이 창조하신 모든 것의 주님이 시며, 이리하여 덧없는 일체의 원인, 변천하신 삼라만상의 근원, 비이성적이고 시간적인 피조물의 영원한 이념이 당신 안에 살아 계십니다.

　하느님이여, 말씀해 주소서, 내 유아기는 이미 사라진 내 전생의 계속인지를. 가엾은 당신 것을 가엾게 여기시는 분이여, 말씀해 주십시오. 아니면 그것이 모태에서 보낸 시기입니까? 이것에 대해서는 조금은 듣기도 하고, 나 자신이 임신한 여성을 본 일이 있읍니다.

　나의 기쁨, 나의 하느님이시여, 이 시절 이전의 나는 누구였으며, 어디 있었읍니까? 이것을 내게 이야기해 줄 수 있는 사람은 아무도 없읍니다. 나의 어머니나 아버지도 그렇게 할 수 없으며, 어느 누구의 경험이나 나의 기억도 그것을 모릅니다. 당신은 이런 일을 묻는 나를 비웃으시고, 다만 내가 아는 대로 당신을 찬양하고 당신에게 나를 고백하라고 명령하시겠읍니까?

　하늘과 땅의 주여, 당신께 영광을 드립니다. 내가 알 수 없는 나의 출생과 유아기를 위해 당신을 찬양합니다. 당신은 사람으로 하여금 그런 일들을 남에게서 들어 짐작하게 하고, 자신의 과거에 대해서는 아녀자들의 증언에 의해 믿도록 하십니다. 그 무렵 나는 살아 있었으며, 유아기가 끝날 무렵에는 내가 느낀 바를 남에게 알리기 위해 무슨 짓이든 해보려고 했읍니다.

　주여, 당신 이외의 어디에서 이런 동물이 나올 수 있겠읍니까? 누가 제 스스로를 만들 수 있으며, 또는 어느 곳에서 존재와 생명이 흘러나와 우리 속에 흐르게 하겠읍니까? 주여, 최고의 존재와 생명이 일치하는 당신께서 우리를 창조하신 것이 아니란 말입니까? 정말 당신은 최고로 높으시며, 변함이 없는 분이십니다. 당신에겐 「오늘」이란 날이 소멸하지 않으나 오늘이란 날은 당신 안에서 끝나 버립니다. 왜냐하면 이 모든 것은 당신 안에서만 존재하기 때문입니다. 즉 당신께서 모든 것을 안고 계시지 않는다면 사라져 버릴 길도 지니지 못하겠기 때문입니다.

그리고 「당신의 해〔年〕는 사라지지 않으므로」 당신의 연년세세는 오늘입니다. 얼마나 많은 우리와 우리 조상들의 날이 당신의 「오늘」을 지나갔고, 그에서 양상을 빌어 존재했는지 모릅니다. 또한 앞으로의 세월도 그와 같은 형태로 존재할 것입니다. 그러나 당신은 항상 같으신 분이므로 언제 어느 때든 모든 것을 오늘에 하실 것이며, 오늘에 하셨읍니다.

설사 남이 그것을 깨닫지 못한다 해도 그것이 저와 무슨 상관이 있읍니까? 그도 또한 「이게 무슨 일이냐」하며 기뻐하게 하십시오. 당신을 구하려다가 못 찾느니보다는 찾지 않으려는 가운데 찾게 해서 기쁨을 감추지 못하게 해주소서.

7. 유아에게도 죄가 있다

하느님이시여, 들으십시오. 인간의 죄 위에 화가 있읍니다. 인간이 이렇게 말하면 당신은 인간을 가엾게 여기십니다. 왜냐하면 당신은 인간을 만드셨지만, 인간 안의 죄악은 만들지 않으셨기 때문입니다. 그 누가 나의 어린 시절의 죄를 내게 알려 주겠읍니까? 당신 앞에서는 죄인 아닌 자가 아무도 없으며, 세상에서 단 하루밖에 살지 않은 어린아이의 경우도 그러합니다. 그러니 누가 그 죄를 상기시켜 주겠읍니까? 나 자신에 관한 것은 이제 모르지만 내가 어린아이에게서 그것을 보았을 때, 그 어린아이가 상기시켜 주는 것이 아닐까요?

그러면 그때 내가 지은 죄는 무엇이었겠읍니까? 울부짖으며 엄마의 젖을 찾은 것입니까? 만약에 지금 그런 짓을 했다면, 물론 엄마의 젖은 아니지만 지금 나이에 어울리는 음식을 그처럼 입을 크게 벌리고 찾는다면 사람들은 비웃을 것이며, 또한 그것은 당연한 일입니다. 그러나 그 무렵 나는 책망받을 짓을 하고도 책망하는 분을 이해하지 못했으므로, 습관이나 이성은 나를 책망하는 것을 허용하지 않았읍니다. 성장함에 따라 인간의 이런 행동은 없어집니다. 나는 아직 무엇이든 깨끗이 하기 위해서 좋은 것을 버리는 사람을 본 일이 없읍니다. 또 선한 것을 주면 해로운 것을 달라고 울거나, 자유의 몸인 어른들에게 자기의 뜻에 맞지 않는다며 화를 내고, 자기 부모나 현철한 분들이 제 마음대로 움직이지 않는다고 해서 명령을 어기며 끝내는 매를 맞고 겨우 하는 체하는 버릇없는 짓을 어느 어른이 용서해 주겠읍니까?

그처럼 어린이에게 있어서 천진한 것은 약한 팔다리이지 영혼은 아닙니다. 일찌기 나는 어린이가 질투하는 것을 보고 이것을 알았읍니다. 그는 아직 말을 할 줄 모르는 아이였는데, 눈을 부릅뜨고 새파랗게 질려서 제 젖을 먹는 아이를 쏘아보고 있었읍니다. 누가 이런 일을 모르겠읍니까? 어머니와 유모들은 그것을 막기 위해서 여러 가지 대책을 마련한다고 하는데, 어떤 방법을 쓰는지 잘 알 수 없읍니다. 자기가 먹고 남은 젖을, 젖을 먹지 못해 허덕이는 아이와 나눠먹기를 허락하지 않는 아이를 순진하다고 할 수 있겠읍니까? 그러나 사람들은 이런 일을 쉽게 눈감아 줍니다. 왜냐하면 그것이 하찮은 일이나 대수롭지 않은 일이어서가 아니라, 나이가 들면 자연 없어지는 일들이기 때문입니다.

어린이에게 생명과 육체를 주신 하느님이시여, 우리가 보건대 당신은 그 육체의 감관(感官)을 붙여 주시고, 각 지체로 그를 단단히 만들어 그 몰골을 아름답게 꾸며 주시고, 그의 전체와 안전을 위해 동물의 본능을 안겨 주셨읍니다. 당신은 이 모든 일로 인해 저로 하여금 당신을 찬양하고 시인하고 노래부르도록 하셨읍니다. 즉 당신은 누구도 할 수 없는 이 일 하나만을 하셨다 해도 전능하고 선하시며, 모든 척도는 당신으로부터 나옵니다. 주께서는 모든 것을 만드시고 모든 것을 당신의 법칙대로 바로잡으시는 아름다운 분이십니다.

이와 같이 주님이시여, 내가 기억할 수 없는 어린 시절에 대해서는 남에게서 들은 말을 믿을 수밖에 없고, 다른 아이들을 보고 나에게도 그런 시절이 있었다는 결론을 내리게 되는데, 그 결론이 아무리 믿을 만한 것일지라도 나는 그 어린 시절을 선뜻 내 생에 포함시키고 싶지는 않습니다. 왜냐하면 그 시절은 망각의 어둠에 싸여 있다는 점에서 볼 때 태내에서 보낸 시절과 다름이 없기 때문입니다. 그러나 내가 「악 속에서 잉태되었고, 나의 어머니가 죄 가운데서 기르셨다면」 나의 하느님이시여, 당신의 종인 내가 언제 어디서 죄가 없었겠읍니까? 그러나 아무런 흔적도 없는 어린 시절이 지금 나에게 무슨 상관이 있겠읍니까?

8. 처음 배운 말

나는 유년기에서 벗어나 소년기로 접어든 것이 아닙니까? 그보다는 소년기가 유년기의 뒤를 이은 것이 아닙니까? 그러나 유년기는 물러가지 않았으며, 만일 물러갔다면 어디로 갔단 말입니까? 그러나 그것은 이미 존재하지 않습니다. 즉 나는 말할 줄 모르는 갓난아이가 아니라 말할 수 있는 소년이 된 것입니다. 나는 어떻게 말을 배웠는지는 기억하고 있읍니다. 그것은 얼마 후 글을 배울 때처럼 일정한 교육법의 순서를 따라서 배운 것이 아닙니다.

나의 하느님이시여, 당신이 내게 주신 정신을 가지고 나 스스로가 배운 것입니다. 마음속의 뜻을 나타내려고 여러 가지로 중얼거리며 손발을 움직여 보던 것처럼 모든 생각을 표현할 수 없었던 때였읍니다. 사람들이 어느 물건의 이름을 부르며 그 소리에 맞는 물건을 가리키면 그것을 보고, 그들이 내게 가르쳐 주려는 물건이 그 말소리에 의해 표시되는 것임을 알아차렸읍니다. 그들이 이것을 원한다는 것은 그들의 몸짓으로 분명해집니다. 이것은 모든 민족에 공통된 자연의 언어로서 얼굴 표정과 눈짓, 그밖에 몸의 동작이나 목소리의 고저를 통해서 심정을 알려 주고, 무엇을 갈망하는지, 소유하는지, 거절하는지, 피하는지를 알게 됩니다.

이와 같이 해서 나는 내 주변에 있는 사람들과 제스처로 의사 표시를 했고, 이로부터 부모의 권위와 연장자들의 지시를 따르면서 거센 인간사회로 깊숙이 들어가게 되었읍니다.

9. 놀이와 벌

하느님이시여, 나의 하느님이시여, 나는 어렸을 때 얼마나 많

은 불행과 조롱을 당했는지 모릅니다. 올바른 생활규칙이라는 명
목으로 어린 나에게 제시된 것은 출세를 해야 하고, 그러기 위해
서는 존경과 거짓된 부를 얻는 데 도움이 되는 기술과 재능이 뛰
어난 이의 말을 따르라는 것이었읍니다. 그래서 나는 학교에 들어
가 읽기와 쓰기를 배웠지만 그것이 어디에 소용이 되는지를 알 수
없었읍니다. 그리고 성적이 떨어지면 매를 맞았읍니다. 어른들은
이러한 것을 잘 하는 일로 여겼고, 우리 이전의 사람들이 그러한
어려운 삶을 살아왔으므로 우리도 아담의 후예에게 물려진 **수고**
와 괴로움을 겪으며 살아가야만 했읍니다.

　주여, 그 무렵 나는 당신에게 기도하는 사람들을 만났읍니다.
나는 미약하나마 그들로부터 배워서 당신을 깨닫게 되었읍니다.
비록 당신은 우리 감관에는 나타나지 않으시지만 우리의 기도를
들어주시고 도와 주실 수 있는 분이라는 것을 알았읍니다. 그리
하여 어린 저는 제 나름대로 「내 보호와 안식처」이신 당신께 기
도를 올리기 시작했읍니다. 당신을 부름으로써 굳은 내 혀가 풀
렸고, 나는 당신에게 학교에서 매맞지 않게 해달라고 빌었읍니다.
그러나 당신이 나의 기도를 들어주시지 않을 때면, 부모님까지
도 내가 매를 맞는 것을 웃음거리로 아셨읍니다. 그것이 그 무렵
의 나에겐 가장 큰 불행이었고 가장 무서운 일이었읍니다.

　주여, 사랑을 초월하여 당신에게 의존할 만큼 그렇게 굳센 용
기를 지닌 사람이 있읍니까?──우둔한 사람이 그러한 일을 곧
잘 하기에 여쭙는 말입니다──그처럼 대단한 용기가 있는 까닭
에 온 세상 사람들이 벌벌 떨며 모면하려 애쓰는 그 고문대나
쇠갈고리, 그밖에 형구(刑具)를 가볍게 여기고, 마치 우리 부모
들이 자기 자식이 교사한테 매를 맞는 것을 웃어넘기듯 이를 무
서워하는 자들을 비웃을 수가 있겠읍니까? 사실 우리들 자신만 해
도 그것을 무척이나 무서워했고, 또 그것을 모면하게 해달라고
그대에게 진심으로 빌었읍니다. 그러나 내가 쓰기와 읽기 등을 **제**
대로 하지 못했으므로 죄를 범했읍니다.

　주여, 사실 우리들에게는 당신이 원하시는 만큼의 재주나 **기억**
력이 없었던 것도 아닙니다. 그런데 **나는 노**는 것을 좋아해서 **어**

른들한테 벌을 많이 받았읍니다. 우리에게 벌을 준 어른들도 우리와 똑같은 놀이를 하는데, 어른들이 하면 「일」이라 부르고, 아이들이 하면 「장난」이라고 해서 벌을 줍니다. 그러나 어느 누구도 아이들을 안타까이 생각하는 사람이 없읍니다. 이성을 가진 사람이라면 내가 어릴 적에 공치기나 놀이 때문에 성적이 떨어졌다고 해서 매질을 하는 일을 찬성하지는 않을 것입니다. 나는 이 공부로 말미암아 어른이 된 후 더 저질적인 놀이를 할 운명에 놓여 있었읍니다.

사실 매질을 한 그 사람 역시 특별한 인물은 아니었읍니다. 같은 교사끼리 하찮은 토론을 하다가 지면 시기하고 분해하는 것은, 내가 공치기를 하다가 친구에게 지고서 분해하는 것보다 더 심했읍니다.

10. 영화 구경

천지만물을 창조하시고 지배하시며, 죄를 다스리시는 분이시여, 나는 부모와 교사들의 말을 듣지 않아 죄를 범했읍니다. 왜냐하면 주위 사람들이 어떠한 의도를 품고 있든간에 배우라고 했던 그 문학은 훗날 나에게 유용하게 쓰여졌기 때문입니다.

내가 그들의 뜻을 어긴 것은 보다 나은 것을 택해서가 아니라 오직 놀고 싶은 생각에서였읍니다. 나는 경기에서 우쭐해지는 승리나 환상적인 이야기를 듣기 좋아했고, 또한 그런 이야기를 무척 듣고 싶어했읍니다. 이러한 호기심으로 어른들이 즐기는 오락에 빠져들었던 것입니다. 이러한 것들을 주최한 사람들은 매우 존경을 받았던 관계로 부모들은 자기 자식이 그러한 사람이 되기를 바랐던 것입니다. 그러나 자식들이 그러한 오락으로 성적이 떨어지거나, 그 때문에 매를 맞으면 당연한 일로 생각합니다. 그 공부의 목적이 그러한 흥행의 주최자가 되는 길인데도 말입니다.

주여! 이 모든 일에 자비를 베푸셔서 당신을 부르는 우리를 살펴 주소서. 아직 당신을 부르지 못하는 자들을 건져 주시어 당신을 부르게 하시고 구원을 받게 해주소서.

11. 연기된 세례

어렸을 때 나는, 주이신 우리의 하느님이 스스로를 낮추시고 오만한 우리들에게까지 내려오셔서 겸손하게 영원의 생명을 약속하셨다는 말을 들었읍니다. 나는 당신에게 희망을 걸고 계시던 어머니로부터 태어났을 때 이미 주의 십자가의 표적을 받았고, 당신의 소금으로 간이 배어 있었던 것입니다.＊ 주여, 당신은 내가 어렸을 적 어느 날 갑작스런 복통으로 죽을 뻔했던 일을, 이미 당신은 나의 보호자이셨기 때문에 보셨읍니다. 나는 열렬한 신앙을 가지고 주이신 당신 그리스도의 세례를 받기를, 신앙심 깊은 나의 어머니와 또 우리 모두의 어머니이신 교회에 너무나 간절히 기도했읍니다.

나의 육신의 어머니는 몹시 놀라서 깨끗한 마음으로 무엇보다도 나의 영원한 구원을 위해, 당신께 죄사함을 빌며 세례를 받게 하고 다시는 죄를 짓지 않겠다고 고백하려고 서두는 동안에 갑자기 병이 나았읍니다. 이렇게 해서 나의 세례는 연기되고 말았는데 그 이유는 살아가는 이상 그만큼 더 더럽혀지는 것은 피할 수 없는 일이며, 세례를 받은 후의 죄는 세례 이전에 지은 죄보다 훨씬 과중하므로 더욱더 큰 벌을 받게 될 것을 염려해서였읍니다.

그처럼 그때 이미 나는 당신을 믿고 있었으며 아버지를 제외한 온 식구가 믿고 있었읍니다. 그때까지 아버지는 믿지 않았지만 어머니의 신앙을 짓밟거나 그리스도에 대한 나의 신앙을 말리는 일은 없었읍니다. 하느님이시여, 어머니는 이미 육신의 아버지보다 나의 하느님이신 당신이 나의 아버지가 되어 주시기를 갈망하셨읍니다. 이 점에 있어서 당신은 어머니를 도우셔서 어머니로 하여금 남편을 설득시키게 하셨읍니다. 어머니는 이런 점 때문에 그렇게 명령하시는 당신을 섬기는 것입니다.

나의 하느님이시여, 청이 있읍니다. 그때 내가 왜 세례를 못 받

＊ 십자가의 표적을 받고 소금을 치는 것은 당시 세례자의 입신식(入信式)에 속하는 것이었다. 아우구스티누스도 태어나자마자 세례를 받았다.

고 연기해야 했는가를 알고 싶습니다. 그때 죄의 고삐를 늦춘 것이 나에게 좋은 일이었읍니까, 아니면 고삐를 늦추지 않은 것이 좋은 일이었읍니까? 지금도 많은 사람들이 「아직 세례를 받지 않았으니까 하고 싶은 대로 놓아 두지」하는 소리를 듣는 것도 이 때문입니다. 그러나 우리들은 육체의 건강에 대해서는 「아직 치료를 받지 않았으니까 상처를 입을 만큼 입도록 치료하지 않아도 되지」라고 말하지는 않습니다. 그러므로 그때 내가 치료를 받는 편이 얼마나 좋았겠읍니까? 그러므로 나나 나의 집안 사람들이 당신의 구원을 받도록 했다면 당신의 비호 아래 훌륭하게 자라났을 것입니다. 분명히 그 편이 좋았을 것입니다. 그러나 어머니는 소년시절이 지나면 큰 유혹의 물결이 닥쳐오리라는 것을 잘 알고 계셨읍니다. 그러므로 어머니는 세례를 통해서 이미 형성된 형상(形象)보다는, 차라리 내가 나중에 그런 형상이 되고야 말 흙덩이에게 나를 의탁하려고 했던 것입니다.

12. 억지로 배운 학문

소년시절의 나는 청년시절만큼 무질서하지는 않았으나, 학문을 싫어하고 억지로 공부를 하도록 하는 것이 싫었읍니다. 그러나 그것은 나에게 좋은 일이었고, 나빴던 일은 나의 행동이었읍니다. 강요에 응하지도 않고 암송하지도 않았으니 말입니다. 아무리 선한 행동이라도 마지못해 행할 경우에는 선하다고 할 수 없으며, 억지로 시키는 사람 역시 선하다고 할 수 없읍니다. 그런데도 선한 결과가 된 것은 당신 덕분입니다.

그들이 나를 가르칠 때 규정하는 모든 강제에도 불구하고 그들의 눈앞에 보이는 것은 만족하지 못하는 욕심을 채우려는 것 외에 다른 목적이 없었읍니다. 그러나 당신은 내게 배우라고 강요하던 모든 사람들의 잘못된 행동을 나를 위하여 좋게 해주셨고, 배우기 싫어하던 나 자신의 잘못은 나에게 벌을 주시는 데 사용하셨읍니다. 이것은 어린이나 어른이 된 죄인이 다같이 받아 마땅한 일입니다. 이렇게 하여 당신은 좋은 일을 못하는 사람들을 통해서 내게 선을 행하시고, 내가 죄를 지으면 정당하게 이에 대한 벌을 내리십니다. 이것이 당신의 법이며, 질서에서 벗어난 영혼 그 자체를 벌이 되도록 정해 놓으신 것입니다.

13. 가장 좋아한 학문

어릴 때부터 배워 온 그리스 어가 왜 그렇게 싫었는지 아직도 그 이유를 알 수가 없습니다. 그러나 라틴 어는 매우 좋아했는데, 그것도 초등교사가 아닌 문법교사들이 가르치는 것을 무척 좋아했읍니다. 읽기·쓰기·셈하기를·배우는 초등교육은 그리스 어만큼이나 짐스럽고 따분했읍니다. 그러나 이 또한 분명 「살이요, 가서 돌아오지 않는 바람」*이라고 할 수밖에 없는 죄와 인생의 무상이 아니고 무엇입니까?

초등교육은 나에게 예나 지금이나 씌어진 글을 읽게 하고, 내가 쓰고 싶을 때 쓸 수 있는 능력을 준만큼 매우 유익하고 건실한 것이었읍니다. 그후의 교육은, 아이네이아스의** 표류기를 외게 하고 사랑 때문에 죽어간 디도***의 죽음을 슬퍼하게 했읍니다. 그러나 나의 생명이신 주님이시여, 이런 얘기를 듣고 불쌍하게 생각하긴 했지만, 가엾게도 자기 자신에 대해서는 눈물 한 방울도 흘리지 않았읍니다.

아이네이아스의 사랑 때문에 죽어간 디도는 슬퍼하면서도, 당신을 사랑하지 않은 탓으로 자기의 죽음을 슬퍼하지 않는 인간보다 더 가엾은 자가 또 있겠읍니까. 주님이야말로 내 마음의 빛, 영혼 속에 있는 입이 맛보는 빵이며, 내 정신과 생각을 합쳐 주시는 능력을 지니신 분입니다. 나는 당신을 사랑하지 않고 멀리서 부정(不貞)을 범하고 있었읍니다. 그러자 부정한 자를 향해 사방에서 「잘 했다, 잘 했어」하는 소리가 들려왔읍니다. 왜냐하면 이

---

* 〈시편〉 78권 39절.
** 트로이의 왕 안키세스와 여신 비너스 사이에서 태어난 아들. 트로이 몰락 후 방랑 생활을 거듭하다 이탈리아에 정착해 로마의 조상이 되었다고 한다.
*** 튀르스의 왕 페르스의 딸. 카르타고의 건설자로서 아이네이아스를 사랑했지만 뜻을 이루지 못하고 자살했다.

세상의 친구가 된다는 것은 당신을 멀리 떠나 간음하는 것이며, 사람들이 잘못했다고 부르짖는 것은 수치스러운 짓을 시키려는 일이기 때문입니다. 나는 이러한 일을 위해서 울지는 않았지만 칼을 손에 들고 죽음을 재촉하다 숨진 디도를 위해 울었읍니다. 그러한 나 자신은 당신을 버리고 가장 보잘것없는 피조물의 뒤를 따라 흙이 되어 달리고 있었읍니다. 사람들이 나에게, 나를 슬픔으로 가득 채운 이것을 못 읽게 했다면, 나로서는 몹시 슬펐을 것입니다. 사람들은 이러한 어리석은 일을, 읽고 쓰는 것을 배우는 초등교육보다 고상하고 유용한 문학이라고 생각하고 있읍니다.

그러나 지금은 내 영혼 속에서 「그것은 틀렸어」 하시는 하느님의 음성과 함께 당신의 진리를 말씀해 주셨으면 더없이 좋으련만, 분명 처음에 배운 것이 뛰어납니다. 읽기·쓰기를 잊기보다는 아이네이아스의 표류나 그밖의 모든 것을 잊어버리는 편이 낫겠읍니다. 지금도 문법학교의 출입문에 장막이 쳐져 있읍니다만, 그것은 명예의 상징이라기보다는 오류를 덮어 두는 덮개입니다.

하느님이시여, 그들이 저를 향해 고함을 지르지 못하게 하소서. 나는 그들을 다시 두려워하지 않았읍니다. 그리하여 나의 하느님, 나는 진심으로 당신 앞에 고백합니다. 저의 악한 길을 버리고 평안에 이르고 당신의 선한 길을 따라 영광을 드러내겠읍니다. 학자인 체하면서 지식을 사고파는 자들이 나를 책망하지 말아야 할 줄 압니다. 만일 내가 그들에게 아이네이아스가 시인들이 말하듯 카르타고에 있었느냐고 묻는다면 무식한 자들은 모른다고 대답할 것이며, 식자들은 아니라고 대답할 것입니다. 그리고 또 아이네이아스란 이름을 어떻게 쓰느냐고 물으면, 글을 배운 사람들은 자기들끼리 약정해서 만든 기호를 가지고 규칙에 맞는 옳은 대답을 할 것입니다. 이와 같은 방법으로 독서법과 시인의 얘기 중 어느 것을 잊으면 생활이 더 불편하냐고 물을 경우, 자아를 망각한 자가 아닌 이상 모두들 옳은 대답을 할 것입니다.

그러므로 나는 어린 시절 유익한 학문보다는 어리석은 이야기를 즐기며, 학문을 미워하고 어리석은 이야기를 사랑하는 죄를 범했읍니다. 어린 시절, 나에겐 「하나 더하기 하나는 둘, 둘 더하기

둘은 넷」하는 노래는 진저리가 났으며, 반대로「무장한 군사가 가득한 목마」라든가「불타는 트로이」라든가「크로사의 산 그림자」등을 좋아했읍니다.

14. 싫어한 그리스 어

그러면 나는 왜 이런 이야기를 노래한 그리스 문학을 싫어했을까요? 호메로스는 이런 이야기를 엮는 솜씨가 뛰어나긴 했지만, 흥미로우면서도 허황한 점이 있어서 소년인 나에게는 매우 씁쓸한 맛을 주었읍니다. 나에게 호메로스를 배우라고 강요하듯 그리스 어린이들에게 베르길리우스를 배우라고 강요한다면 나처럼 싫어했을 것입니다. 왜냐하면 외국어를 완전히 익힌다는 것은 어려운 일이기 때문입니다. 이 어려움이 그리스 어 담시(譚詩)의 달콤한 이야기 전체에 쓰디쓴 쓸개의 즙을 뿌려 놓은 것 같았읍니다. 사실 나는 그리스 어를 한마디도 할 줄 몰랐읍니다. 그런데 사람들은 벌을 주거나 위협을 하며 그것을 가르치려 했읍니다.

물론 라틴 어도 어렸을 적에는 한마디도 몰랐읍니다. 그러나 나는 그것을 두려움이나 고통없이, 아기를 달래는 유모들의 말에서나 또는 서로 주고받는 농담 가운데서 저절로 익혔읍니다. 물론 나는 모국어인 라틴 어를 배울 때 벌을 받으면서 강제로 배운 것이 아니라, 나 자신의 생각을 표현하고자 하는 나의 마음 때문에 배운 것입니다. 나는 말을 정식으로 배운 것이 아니라 이야기하는 사람들의 말을 귀담아 들었다가 내가 느낀 바를 표현했던 것입니다. 이것만 보아도 언어를 배우는 데 있어서 가장 효과적인 것은 자유로운 지식욕이지 무서운 매가 아닙니다. 그러나 호기심을 무서운 강요가 가로막는 것은, 하느님이시여, 그대의 법칙 때문인 줄 압니다. 즉, 교사의 회초리로부터 순교자가 받는 시련에 이르기까지 이 모두가 당신의 법칙에 의한 것입니다. 당신의 법칙은 유익하면서도 쓰라린 아픔을 자아 내는 능력이 있습니다. 우리는 그 덕분에 당신을 떠났다가도, 당신의 부름을 받고 당신 품안에 다시 돌아올 수가 있는 것입니다.

15. 배움을 위한 기도

주여, 나의 소원을 들어 주소서. 나의 영혼이 당신의 매 아래서 사라지는 일이 없기를 비옵니다. 나의 모든 악한 길에서 떠나게 하시는 당신의 자비에 당신께 감사와 찬송하기에 지치지 않도록 하시어 일찌기 내가 따르던 어떠한 유혹보다도 감미로운 존재가 되어 주소서. 내 모든 힘을 다해 당신을 사랑하게 하시고 내 모든 마음으로 당신의 손을 부여잡게 하시어 끝까지 저를 모든 유혹에서 건져 주소서.

주여, 당신은 나의 임금, 나의 하느님이십니다. 어릴 때 제가 배운 유용한 것 모두를 당신을 위해 쓰게 하시기 바랍니다. 당신은 무용한 것을 배우는 나에게 훈련을 하게 하시고, 무용한 것에 쾌락을 느끼던 나의 죄악을 용서해 주셨읍니다. 사실 나는 허무한 일 가운데서 유익한 것도 많이 배웠는데, 그것은 허무한 일이 아닌 것 가운데서도 배울 수 있는 것들입니다. 그것이야말로 아이들이 안전하게 나아갈 수 있는 길입니다.

16. 청년 교육법

화 있을지어다, 인간 습속의 흐름이여, 너에게 거역할 자 누구이며, 네가 시들어 없어질 날이 언제인가? 너는 언제까지 나무(십자가)에 오른 사람들조차 건너기 힘든 험악한 바다로 이브의 아들들을 몰아넣을 것이냐? 네가 천둥을 울리면서 간통했다는 주피터의 얘기를 읽은 것도 그 흐름 속에서가 아니었던가? 물론 주피터는 두 가지 일을 동시에 할 수는 없었을 것이나, 그래도 했다고 하니, 가짜 벼락이 중간에 서서 진짜 간음을 본뜨게 하기 위한 구실을 만들기 위함이었읍니다.

그러나 학교의 선생님들 가운데 어느 누가 「그것은 호메로스가 시로 읊었다. 인간의 일을 신들의 일로 바꿔 놓은 것이다. 신들의 일을 우리들의 일로 바꿔 놓으면 좋을 텐데」라고 외칠 때, 그

말에 귀를 기울일 사람이 있을까요? 그러나 우리는 다음과 같이
외침이 더 좋을 줄 안다. 「그것은 분명 호메로스가 꾸민 것이다.
그것은 수치스러운 인간에게 하느님의 성격을 부여해서 사람이 수
치스러운 짓을 수치스럽게 여기지 않게 되기 때문에, 누가 죄를
짓게 되든 그는 버린 인간이 아니라 도리어 천상의 신들을 본받
기 위한 것이다」라고.

그렇건만, 오오 지옥의 강이여, 인간의 아들들은 그런 것을 배
우기 위해 등록금을 가지고 너의 속으로 뛰어든다. 등록금 이외
에 다시 교사의 봉급을 한층 더 많이 규정하는 법률 밑에서 공공
연히 이런 일이 취급된다면 대단한 문제가 될 것이다. 너는 강가
바위를 치면서 「여기야말로 말을 가르치고 사건을 납득시키고 문
장을 해석하는 데 없어서는 안 될 곳이다」라고 외칠 것이다.

그러므로 우리는 「황금 소나기」·「무릎」·「속임수」·「천궁(天
宮)」등과 같은 단어의 의미를 테렌티우스*가 아니었던들 알 수가
없었을 것입니다. 그는 주피터를 간음의 표본으로 삼은 한 음탕한
청년을 그렸습니다. 청년은 한 벽화를 바라봅니다. 그 벽화는 주
피터가 다나에**의 무릎 위에 황금의 소나기를 내리게 하여 그 여
인을 속임수로 꾀어 내는 광경이었습니다.

보라, 그 청년이 어떤 솜씨로, 하늘의 교시라도 받은 듯한 태
도로 자신의 쾌락을 불태웠는가를!

천궁을 천둥으로 뒤흔드는 분
이 어떤 신인가?
나 같은 보잘것없는 인간은
그런 일을 못 한단 말인가.
난 그런 일을 했다. 아주 유쾌하게……

이 추잡한 행동을 통해서 그런 단어만을 배우는 것이 아니다.
이 말을 통해서 우리는 추행을 대담하게 실행할 수가 있는 것이

* 카르타고의 극작가. 그리스 신희극(新喜劇)을 모방한 희극을 만들었다.
** 아르고스 왕 아클리시오스의 딸. 왕에 의해 청동 밀실에 갇혀 있을 때 황금
소나기로 화한 주피터가 그녀의 태내에 스며 페르세우스를 낳았다.

다. 나는 결코 이 말에 책임을 전가하려는 것이 아니다. 그것은 엄밀히 선정된 값진 그릇이다. 다만 술주정뱅이 스승들이 그 안에서 우리에게 취하는 술을 권하는 것이다. 만일 우리가 마시지 않는다면 우리는 매를 맞을 것이나 거기서는 분별있는 심판관에게 호소하지도 못한다.

그러나 하느님이시여, 이제 당신 앞에서는 거짓없이 과거를 회상합니다만, 그 당시 나는 그런 짓을 기꺼이 배웠고 거기에 취미를 붙였었는데, 사람들은 이런 나에게 전도가 유망한 소년이라고 칭찬을 하곤 했읍니다.

17. 형식적인 학교교육

하느님이시여, 당신이 주신 나의 재능에 대해 한 마디만 말하도록 허락하소서. 나는 그것을 얼마나 어리석은 일에다 소비했는지 모릅니다. 그때 나에게 주어진 과제는 이탈리아에서 트로이 왕을 쫓아 내지 못하여 화를 내며 슬퍼하는 유노*의 말에 대해 말하라는 것과 같은 것이었읍니다. 나는 유노 같은 것에 대해 들은 바가 없음에도 불구하고 시인의 허구의 발자취를 헤매며 똑같은 일을 시가 아닌 산문으로 써야만 합니다. 그리고 거기에 묘사되어 있는 인물의 위엄에 맞게 격동하는 분노와 슬픔을 되도록 잘 묘사하고, 알맞은 말로써 그 사상에 옷을 입힐 줄 아는 사람이 칭찬을 받곤 했읍니다.

오, 참다운 생명이신 나의 하느님이시여, 그것이 대체 나에게 무슨 소용이 있읍니까? 나의 글재주가 같은 또래의 학생들보다 우수해서 박수를 받았지만 그것이 내게 무슨 소용이 있읍니까? 모두가 바람과 연기에 지나지 않습니다. 그러나 나의 정신과 혀를 훈련시킬 만한 방법이 그밖에 더 있겠읍니까?

주여, 당신을 찬양합니다. 성경에 당신을 찬양하라고 씌어 있읍니다. 즉, 내 마음의 덩굴이 위로 뻗어 올라가도록 붙잡는 덩굴손이 바로 당신을 찬양하는 일입니다. 어리석고 허망한 일에 사

* 주피터 신의 누이이며 아내.

로잡혀 새들의 끔찍한 먹이가 되어서는 안 됩니다. 정말 죄를 범한 천사들에게 재물을 바치는 방법은 여러 가지입니다.

18. 문법과 계율

하느님, 내가 이렇듯 허영에 들떠서 당신을 멀리 떠난 것도 결코 이상한 일은 아니었읍니다. 왜냐하면 내 앞에 본보기로 내세운 사람들이 한 일에 대해 말한다면, 행위 자체는 선하더라도 말투나 문법상으로 잘못이 드러나면 깊은 수치감을 느끼고, 음탕한 일을 범했어도 오차없이 문법대로 잘 꾸며 댈 줄 알면 남에게 칭찬을 받고 우쭐해하는 무리들이었기 때문입니다.

주여, 당신은 이러한 일을 보시고도 잠자코 계십니다. 그것은 주의 마음이 넓으시고 자애로우시며, 진실하시기 때문입니다. 그러나 당신은 언제까지 침묵만 지키시렵니까? 당신은 이미 타락한 웅덩이에서 당신을 찾는 영혼들을 구해 내셨읍니다. 그들은 당신을 향해 「주여, 당신의 얼굴을 찾겠읍니다」라고 하는데, 그 이유는 인간은 정욕에 어두워지면 당신의 얼굴로부터 멀어지기 때문입니다. 당신을 떠나거나 당신에게로 되돌아오는 것은 발걸음이나 장소의 문제가 아닙니다. 당신의 작은 아들이 갈 때는 말이나 수레나 배로 간 것도 아니고, 날개로 날아간 것도 아니며, 걸어간 것도 아닙니다. 주께서는 그에게 자애로운 아버지로서 주시었고 가난하게 되어 돌아왔을 때는 한층 더 사랑하셨읍니다. 그러므로 정욕 속에서 산다는 것은 어두운 생활이며, 당신으로부터 멀어지는 것입니다.

보시옵소서, 나의 주님이시여! 언제나 그러하시듯 참고 보아 주소서. 인간의 아들들은 앞서 말한 사람들로부터 이어받은 문장이나 철자법은 열심히 지키면서도, 당신으로부터 받은 삶의 영원한 법칙은 소홀히 합니다. 그래서 옛부터의 발음법을 지키며 가르치는 자가 혹 문법을 어기고 「homo(인간)」의 첫 음절인 ㅎ을 발음하지 않았을 경우, 사람이면서 사람을 미워한 당신의 계명을 어긴 것보다 훨씬 더 기분나빠합니다. 사람들은 남을 미워함으로써 생기는 해로움보다는, 남이 자기를 미워함으로써 생기는 해로움이 더 크다고 생각합니다. 또 남을 박해하는 사람이 더 많은 해를 입는 줄 압니다. 자기가 당하기 싫어하는 해를 남에게 끼칠 때 언어학적인 지식보다는 양심에 씌어진 경고가 우리 마음을 더 깊이 자극합니다.

유일하시고 위대하신 하느님이시여, 당신은 아득히 높은 곳에 묵묵히 계십니다. 게다가 당신은 꿋꿋한 법률에 따라 파렴치한 정욕의 벌로 「어두운 눈」을 정하셨습니다. 웅변으로 명성을 추구하는 인간이 인간 재판관 앞에서 군중에 둘러싸여서, 자기의 적에게 인간으로서는 도저히 있을 수 없는 증오심을 품고 욕설을 퍼부을 때, 그는 「interomines(사람들에게 둘러싸여)」라고 말할까 봐 걱정을 하면서도 한 인간을 사회로부터 밀어내지 않을까 하는 문제에 대해서는 조금도 관심을 두지 않습니다.

19. 소년시절에서 청년시절로

나는 어렸을 때, 가엾게도 습속에 얽매여 있었습니다. 공적인 경기장에서 남들이 내게 졌을 때 그들이 나에 대해 갖는 질투보다는 문법상의 오류를 범하는 것을 나는 더 두려워했습니다.

하느님이시여, 지금 이런 고백을 합니다만, 그즈음 나는 그런 점에서 칭찬을 받고 있었습니다. 그 당시의 나는 그들의 마음에 드는 것만이 올바르게 사는 길이라고 생각했습니다. 나는 당신의 눈으로부터 멀리 떨어져서 추악한 심연 속에 잠겨 있었지만, 나 자신은 그것을 깨닫지 못했습니다.

당신의 시선 앞에서 나보다 더 무례한 일을 저지른 사람이 있을까요? 놀기 좋아하고 어리석은 구경이나 보고 광대 흉내를 내기에 열심이었으며, 가정교사·학교선생·양친을 속여서 그들을 골탕먹이곤 했습니다. 뿐만 아니라 지하실이나 식탁에서 물건을 훔친 일도 있습니다. 먹고 싶어서도 그랬지만 대개는 아이들이 가지고 있는 장난감과 바꾸기 위해서였습니다. 그들도 역시 그런 장난감을 좋아하고 있어서 억지로 먹을 것을 떠맡기곤 했습니다. 놀

때도 나는 뛰어나고 싶은 욕망에 사로잡혀서 승리를 얻고자 한 일도 있읍니다. 사실 남들로부터 당하지는 않았지만, 만일 남들이 그런 짓을 하는 것을 보았다면 나로서도 맹렬히 책망했을 만한 일을 버젓이 하고 있었읍니다. 게다가 내가 한 일을 들켜 책망을 받기라도 하면 그것을 인정하기는커녕 떼를 쓰니 아니라고 버텼읍니다. 이것이 어린이의 천진난만함일까요? 주여, 그렇지 않습니다. 절대로 그렇지 않습니다. 사실 이러한 일들은 나이를 먹어감에 따라 가정교사나 학교 선생으로부터 지사나 왕에게로, 호도나 공이나 새 새끼로부터 황금·약탈품 따위로 옮겨갑니다만, 본질은 같습니다. 학교의 매에 큰 형벌이 따르듯 본질은 같은 것입니다. 우리 임금이시여, 당신이 「천국은 이러한 자들의 것이니라」고 하셨을 때, 어린이의 모습에서 발견할 수 있는 겸손함을 칭찬하셨던 것입니다.

20. 어렸을 때 받은 은혜에 대한 감사

그럼에도 불구하고 주여, 당신이 비록 나를 어린이로만 버려 두셨다 해도 감사드립니다. 우주를 창조하시고 지배하시는 지극히 높으신 하느님이시여, 감사합니다. 진정 나는 어려서도 존재했고 생활하고 느꼈으며, 내가 존재하게 된 심오한 통일의 자취로서, 나 자신의 안전을 위해 노력했읍니다. 내부감각으로써 오롯한 내 감각들을 지켰고, 사소한 일에 둘러싸여 사소한 일들을 곰곰이 생각하면서 나름대로의 진리를 즐겼읍니다. 나는 뛰어난 기억력을 가졌고 남에게 속는 것을 싫어했읍니다. 또한 우정을 즐기고 고통이나 굴욕·무지를 멀리했읍니다. 그러한 생존자인 나에게도 무엇인가 놀랄 만하고 칭찬할 만한 일이 있었읍니다.

그러나 이 모든 것은 나의 하느님이 베풀어 주신 것이지 내가 나에게 준 것은 아닙니다. 그것은 모두 좋은 것이었으며, 그것은 모두 나였읍니다. 그분은 선하시며, 그분이야말로 나를 만드신 분이십니다. 그리고 그분이 나에게는 바로 선이 되시므로 내 어릴 때의 온갖 좋은 일을 들어 그를 찬양합니다. 그러나 그때 나는 즐

28

거운 것, 숭고한 것, 참된 것을 그분의 피조물 안에서, 내 안에서, 또는 다른 사물들 가운데서 찾은 것입니다. 그 때문에 나는 슬픔과 혼돈과 잘못된 길에 빠지고 말았읍니다.

나의 감미·나의 영광·나의 믿음이신 하느님이시여, 당신께 감사드립니다. 당신의 선물에 감사드립니다. 나로 하여금 당신이 주신 것을 간직하게 해주십시오. 이로써 당신은 나를 보호하시고 내게 주신 것은 더욱 증가되어 완성될 것입니다.

그리하여 나는 당신과 함께 있을 것이며, 내가 「있다」는 것부터가 당신의 선물입니다.

2
청년 시절

1. 고백하게 된 동기

맑지 못한 내 과거와 내 영혼의 육체적 부패를 기억해 보렵니다. 이러한 것이 좋아서 기억하려는 것이 아니라, 내 하느님이시여, 당신을 사랑하기 때문이며 당신의 사랑이 좋아서 회상하려는 것입니다. 쓰디쓴 과거를 회상한다는 것은 괴로운 일이지만, 당신이 나에게 있어 거짓없는 기쁨이 되시고, 행복과 변함없는 기쁨이 되시게 하려는 데 그 목적이 있습니다. 유일한 당신은 배반하고 잡다함 속에서 허무한 존재가 되었을 때, 나는 탕아였었지만, 당신은 산산조각이 난 나를 주워 모으셨습니다.

실제로 나는 지나간 청년시절, 한때 정욕을 채우려는 데에 급급했고, 갖가지 음란한 정사 속에 부끄럼없이 빠져들었습니다. 이렇게 해서 자신을 만족시키고 사람들 눈에 들기를 꾀하면서도 당신 눈앞에서는 썩어들고 말았습니다.

2. 정욕의 노예

사랑을 주고받는 것 이외에 나를 즐겁게 해줄 만한 것은 하나도 없었습니다. 그러나 그것이 우정의 맑은 정도(正道)에서 일어나는 것같이 영혼과 영혼이 통하는 것은 아니었읍니다. 진흙 같은 육욕과 용솟음치는 청춘이 내뿜는 안개로 마음이 뿌옇게 흐려져서 청명한 사랑과 정욕을 구별하지 못했읍니다. 이 두 가지가 뒤섞이며 끓어올라서, 판단력이 부족한 어린 나를 휘어잡아 정욕의 구덩이로 떨어뜨려 죄악의 깊은 못 속으로 빠진 것입니다.

당신의 분노가 나를 힘껏 내리눌렀지만 나는 그것을 깨닫지 못했읍니다. 죽어야 할 내 운명의 쇠사슬 소리에 귀가 막혀 나는 아무것도 들을 수가 없었으며, 그것이 내 영혼이 품은 교만한 생각에 대한 벌이라는 것도 알 수 없었읍니다. 이렇게 해서 나는 점점 당신으로부터 멀어졌지만, 당신께서는 내버려 두셨읍니다. 나는 무절제 속에 내던져져서 거품을 내뿜고 있었지만, 당신은 잠자코 계셨읍니다. 오, 기쁨은 늦게서야 내게 왔읍니다. 그 무렵 당신은 침묵만 지키셨읍니다. 나는 당신으로부터 점점 멀어져서 오만한 허탈 속에나 불안한 고달픔 속에 고통의 씨앗을 뿌리고 있었읍니다.

그 무렵 나의 고통에 한계선을 그어 줄 사람이 누구였던가요? 일시적인 자극을 유용한 방향으로 돌리게 하고, 그 쾌락에 목표를 정해 주어 내 청춘의 물결을 결혼의 해안까지 도착하게 해줄 사람이 있었던가요? 만일 그런 사람이 있었다면 나는 당신의 법이 명하는 대로 자식을 낳는 목적으로 만족했을 것입니다.

주여, 당신은 죽도록 정해진 우리 세대의 후손들까지도 건강하게 하셔서, 당신의 낙원에는 있을 수 없는 가시들 위에 부드러운 손만 얹어도 그 가시가 무디어질 수 있도록 하십니다. 진정 우리가 당신으로부터 멀리 떨어져 있을지라도 당신의 전능함은 우리 곁을 떠나는 일이 없읍니다. 나는 진정 당신이 발하시는 우뢰의 말씀에 귀를 기울여야만 했읍니다. 「그러한 자들은 육체의 고통을 당할 것이니, 나는 너희들을 가엾이 여기노라.」 또 「여자를 가까이 하지 않는 것이 좋으니라.」 「아내가 없는 자는 어떻게 하면 주를 기쁘게 할 수 있을까를 생각하지만, 결혼한 자는 어떻게 하면 아내를 기쁘게 해줄 수 있을까 하는 일을 생각한다.」

이러한 말씀들에 귀를 기울였더라면 나는 「천국을 위한 고자가 되어」* 당신의 따뜻한 포옹을 기다릴 수 있었을 것입니다.

그러나 가엾게도 나는 당신의 모든 계명을 어기고, 당신을 버리고 욕정에 몸을 맡겼읍니다. 그리하여 나는 당신의 채찍을 피하지 못하게 되었읍니다. 사람 가운데 누가 이것을 피할 수 있겠읍니까? 주께서는 항상 내 곁에 계시고 주의 분노는 곧 자비였읍니다. 주께서는 옳지 못한 내 쾌락 위에 쓰디쓴 불쾌감을 주시어 나로 하여금 쾌락을 좇다가 싫증나게 하셨고, 오직 당신 안에서만 즐거움을 찾게 하셨읍니다. 주께서는 우리에게 「고통을 교훈으로 삼게 하시고」 상처가 나도록 때리시지만 그것은 우리를 올바른 길로 인도하시기 위한 것이며, 죽이시지만 결코 당신을 떠나 죽지 않게 하시기 위한 것입니다.

내 육신의 나이 열 여섯 살 때 나는 즐거운 당신의 집을 떠나 어디로 갔었단 말입니까? 당신의 집의 즐거움으로부터 얼마나 떨어져 있었읍니까? 그때 인간의 관습에 따라서는 해도 괜찮았으나 주의 율법으로는 허락되지 않았던 정욕이 온갖 권력을 발휘하여 나를 완전히 굴복시키고 말았읍니다. 그러나 집안 사람들은 타락한 나를 결혼이라도 시켜 안정시켜 줄 생각은 않고, 오직 교묘한 말재주와 설득력을 키워 주는 데만 정신을 쏟았읍니다.

3. 유학을 가게 된 이유

그해 나는 공부를 그만두고, 문학과 웅변술을 배우기 위해 머물던 이웃 도시 마다우라에서 돌아왔읍니다. 집에서는 훨씬 먼 카르타고로 장기 유학을 보내기 위해 준비를 서두르고 있었읍니다. 이것은 타가스테에서 근근이 살아가는 아버지의 능력에는 당치 않은 순전히 명예욕에 의한 것이었읍니다.

나는 누구를 향해 이런 이야기를 하고 있는 것일까요? 하느님이시여, 당신에게 하는 것이 아닙니다. 당신 앞에서 내 겨레, 어쩌다 이 변변치 못한 글을 읽게 될 소수의 사람들에게 하는 것입니다. 그러면 무엇 때문에 그런 말을 하는 것일까요? 그것은 사

---

* 〈마태복음〉 19장 12절.

람이란 아무리 깊은 곳에서라도, 또 아무리 위대하다 할지라도 당신에게 고백하지 않으면 안 된다는 것을 생각하게 하려는 데 있읍니다. 사실 고백하는 마음과 신앙으로 사는 삶보다 더 당신에게 가까와지는 방법이 또 어디 있겠읍니까?

그 무렵 유학을 떠나는 아들의 모든 비용을 마련하시는 아버님을 칭송하지 않는 사람이 없었읍니다. 부유한 사람들이라 해도 자식을 위해 이런 희생과 노력을 하는 경우는 극히 드물었읍니다. 그러나 아버지는 내가 어떻게 성장하고 있는지에 대해서는 조금도 관심을 두지 않고 다만 내가 웅변만 잘 하면 그만이었읍니다. 아버지는 바로 주님이 원하지 않으시는 인간이 되기만을 바랄 뿐이었읍니다. **나의 하느님!** 나의 마음의 참되고 선하신 유일한 주님이십니다.

열 여섯 살 되던 해, 나는 집안 사정으로 학교를 그만두고 쉬게 되었읍니다. 그 무렵 부모님들과 함께 있었지만 정욕의 가시덤불이 내 머리에 무성해도 그것을 뽑아 주는 손이 없었읍니다. 게다가 아버지는 어느 날 내가 목욕하는 것을 보신 후에 이제는 손자를 볼 수 있게 되었다고 기뻐하셨읍니다. 한편 이 세계에서는 창조주이신 당신을 잊고 당신 대신 피조물을 사랑하고, 비뚤어진 생각에서 더 낮은 상태로 향하려는 인간들이 천상의 신주(神酒)를 취하도록 마시고 있었읍니다.

그래도 당신은 어머니의 마음속에 이미 성전을 짓기 시작하셨읍니다. 아버지는 이제 겨우 세례 지원자였고 그것도 최근에야 그렇게 된 것입니다. 어머니는 불안에 떨면서 내가 믿는 자의 대열에 들지 못할까봐 걱정을 했고, 또 내가 주님께 「얼굴은 돌리지 않고 등을 돌려 대는」자들이 걷는 비뚤어진 길을 걸을까 매우 걱정을 했읍니다.

철없던 나! 내 주여! 나는 당신을 떠나 점점 멀리 갔읍니다. 감히 당신이 가만히 계셨다고 어떻게 말할 수 있겠읍니까? 그때 주께서는 정말 가만히 계셨던가요? 당신의 충실한 하녀인 나의 어머니를 통해 가끔 나에게 들으라고 가르쳐 주시던 그 말씀이 바로 당신의 말씀이 아니었던가요? 다만 내가 그 말씀대로 행해야 한다는 것이 내 가슴속에 들어오지 않았을 뿐입니다. 지금도 기억하고 있지만, 어머니는 행여 내가 음행을 저지를까봐 「행실을 바르게 가져야 한다. 특히 남의 아내와 간통해서는 안 된다」고 은밀히 타이르셨으나, 그것은 남자답지 못한 행동을 하라는 훈계처럼 여겨져서 거기에 따르는 것이 쑥스럽기까지 했읍니다.

　그것이 모두 당신의 충고였건만 나는 그런 줄도 몰랐읍니다. 당신은 잠자코 계시고 어머니만이 말씀하시는 것으로 생각했으나, 당신은 결코 침묵하지 않으셨고 어머니를 통해서 말씀하셨던 것입니다. 내가 어머니를 무시함으로써 당신은 어머니의 아들, 주님의 여종의 아들, 즉 당신의 종인 나에게 멸시를 당하셨던 것입니다. 그러나 나는 그것도 모르고 맹목 속으로 더 깊이 질주해 갔으며 같은 또래들에게 못 미치는 것을 부끄럽게 생각했읍니다. 또한 그들이 저희들의 죄악을 사랑하며 추하면 추할수록 더 우쭐거리며 얘기하는 것을 듣고 나서, 쾌감보다는 명예욕에 불타서 그런 짓을 했던 것입니다.

　비난을 받아 마땅한 것은 오직 악덕뿐입니다. 그러나 나는 비난을 받지 않으려고 더한층 악덕한이 되어 갔읍니다. 또 그 방탕아의 패거리에 끼기 위해 거짓말을 꾸며 댔는데, 그것은 순결할수록 경멸을 받고 결백할수록 바보 취급을 받았기 때문입니다.

　못된 친구들과 어울려 바빌론 거리를 얼마나 활보하며, 그 수렁 속을 마치 계수(桂水)와 각종 향유처럼 나뒹굴었는지 모릅니다. 그런 바닥으로 좀더 끌어들이기 위해 보이지 않는 적이 발길질을 하며 유혹했읍니다. 사실 나는 유혹받기 쉬운 인간이었읍니다. 나의 어머니는 바빌론 중심에서 도망가긴 했지만 아직 그 주변을 서성거리고 있었읍니다. 내 육신의 어머니는 나에게 절제있는 생활을 하라고 타이르셨읍니다. 건강한 육체가 아직 곪아 터지지 않았을 때, 어머니가 아버지와의 얘기 중에서 알아 낸 나의 상태를 타락과 앞으로 닥칠 재앙으로 느끼시고, 그런 상태를 부부애의 울타리 속에 가두어 두려는 마음이 없었던 것입니다. 이처럼 어머니가 관심을 두지 않는 이유는, 내게 건 희망이 부부관계 때문에 수포로 돌아가지나 않을까 하는 두려움 때문이었읍니다.

그 소망이라는 것도 어머니가 주님에 대해 가지고 계시던 저 세상의 소망이 아니고 오직 학문에 대한 소망, 즉 내가 학문을 깨우치는 것뿐이었읍니다. 아버지는 주님에게는 관심을 두지 않고 헛된 꿈만을 꾸며 내게 희망을 걸었고, 어머니는 학문을 결코 수치스러운 것으로 생각하지 않고 오히려 주님 앞으로 가는 꽤 많은 도움이 되리라고 믿고 있었던 것입니다.

지금 나는 양친의 성격을 최대한으로 회상하면서 그렇게 생각합니다. 나의 도락에 있어서는 엄격한 한도를 벗어나서 고삐를 늦춰 놓았기 때문에 온갖 정욕에 빠진 것입니다.

주여, 어디를 가도 내 주위의 어둠이 청명한 당신의 진리를 가로막고 있었읍니다. 그리하여 내 죄악은 끊임없이 솟아났읍니다.

4. 도둑질

주여, 도둑질은 분명 당신의 율법이나 인간의 마음속에 씌어진 법에서도 금지된 것입니다. 그 법은 불의에 의해서도 해소될 수 없읍니다. 도둑이라 할지라도 도둑을 맞고 태연할 수는 없을 것입니다. 비록 넉넉한 사람들일지라도 도둑맞는 것을 좋아하지는 않습니다. 그런데 나는 도둑질을 하려고 마음먹었고 궁핍하지도 않았는데 도둑질을 했읍니다. 다만 착하지 않은 마음과 또 악을 좋아하는 마음 때문에 그런 짓을 했던 것입니다. 내가 도둑질을 한 것은 내가 풍족하게 가지고 있었던 것이었고, 사실 훔친 것보다 더 좋은 것들을 나는 가지고 있었읍니다. 나는 훔친 물건을 좋아한 것이 아니라 도둑질 자체를 좋아했던 것입니다.

우리 집 포도밭 근처에 배나무가 한 그루 있었는데 그 배는 특별히 모양이나 맛이 좋은 것은 아니었읍니다. 우리들은 한밤중이 될 때까지 광장에서 빈둥거리다가 밤이 깊어지면 배나무를 마구 흔들어 땄읍니다. 그리고 잔뜩 따 가지고는 먹지도 않고 기껏해야 돼지에게 던져 주곤 했읍니다. 몇 개 먹기는 했지만 금지된 짓을 한다는 데 쾌감을 느끼기 위해서였으므로 그저 먹어 보는 것에 지나지 않았읍니다.

하느님이시여 ! 이것이 내 마음입니다. 당신은 내 마음속 깊은 곳에서 자비를 베풀어 주십니다. 이제 내 마음이 당신께 말씀드립니다. 거기서 내가 얻은 것이 무엇입니까? 내가 악인이 된 것은 악한 마음을 품었기 때문이며 그것은 더러운 것이었는데도 나는 그것을 사랑했읍니다. 나 자신의 멸망을 사랑하고 나에게 결핍된 것을 사랑한 것이 아니라, 내 결함 자체를 사랑했던 것입니다. 추한 영혼은 당신의 견고한 성채를 빠져 나와 치욕 그 자체를 갈망했던 것입니다.

5. 이유없는 범죄는 없다

아름다운 물체, 예를 들면 금이나 은 같은 것에는 아름다운 형상이 있읍니다. 육체적 접촉에 있어서는 최고의 활동이 변화감각의 조화에 근거를 둡니다. 다른 감각에도 각각 제 나름대로의 존재양식이 있읍니다. 현세의 명예나 지배력, 또는 정복욕도 독자적인 아름다움을 지니고 있기 때문에 개인적인 복수심이 생기게 마련입니다. 그러나 이러한 것을 획득하기 위해 당신을 떠나거나 당신의 율법을 어겨서는 안 됩니다.

우리가 사는 이 세상도 독자적인 아름다운 양식으로 인해 지상의 온갖 아름다움과 조화를 이루어 독자적인 매력을 지니고 있읍니다. 우정은 여러 마음이 하나로 뭉치는 것이므로 속박되어 있는 듯하면서도 즐거운 것입니다.

사람들이 이 저급한 선으로 지나치게 기울어져서 더 좋고 더 귀한 것을 몰라볼 때 이에 비슷한 모든 것이 죄의 원인이 됩니다. 주 나의 하느님이시여, 당신, 곧 당신의 진리와 율법을 버릴 때 그렇게 되는 것입니다. 그러나 이 저급한 선에 모든 것을 창조하신 하느님만은 못 하지만 어느 정도 즐거움이 있는 것입니다. 의로운 사람은 하느님 안에서 즐거워하며 하느님께서는 마음이 정직한 사람에게 기쁨이 되십니다.

그러므로 악행의 동기에 대해 물을 때, 지금 저급의 선 가운데 하나를 얻으려는 욕심이나 혹은 잃을까봐 걱정하는 마음이 작용했다는 것을 알기 전에는 그 원인의 설명을 일반적으로 믿지 않습니다. 하기야 그런 것도 아름답고 귀하긴 하지만, 고상하고 복스러운 선에 비하면 낮고 보잘것없는 것입니다.

가령 누가 살인을 했다고 합시다. 왜 남의 아내를 죽였을까? 그것은 재산을 탐내서 그랬거나, 먹고 살기 위해 남의 것을 빼앗거나 남에게 빼앗기지 않기 위해서 그랬거나, 아니면 복수심에 불타서 그랬을 것입니다. 아무 이유도 없이 단지 살인 그 자체가 좋아서 그랬다면, 누가 그런 것을 믿겠읍니까?

본래 아무 이유도 없이 악하고 잔인하다고 알려진 잔인무도한 폭군에게도 「아무것도 하지 않으면 손과 마음이 둔해질 테니까」라는 동기가 부여되어 있읍니다. 그 이유가 무엇이었을까요? 어째서 그렇게 되었을까요? 그는 그와 같은 범죄를 행하여 하루 속히 로마를 자기 손아귀에 넣고 명예와 권력과 부를 획득하여, 재산의 결핍과 악행에 의해서 생기는 법정 형벌을 면하기 위해서였읍니다. 그러므로 카테리나조차도 자신의 악행을 사랑한 것이 아니라 죄를 범하도록 한 다른 무엇을 사랑했던 것입니다.

6. 죄에 대한 유혹

오, 나의 도둑질아! 가엾은 나는 너의 어디를 사랑했단 말이냐? 열 여섯 살 때 범한 그날 밤의 악행이여. 네 이름은 도둑이었으니 너는 아름답지 못한 것이다. 대체 너는 내가 이렇게 말을 걸 수 있는 실재하는 존재일까?

우리가 훔친 그 과일도 당신의 피조물이었으므로 아름다운 것이었읍니다. 만물 가운데서 가장 아름다운 자, 만물의 창조주. 최고로 선하신 하느님, 나의 참다운 선이신 하느님이시여, 과일은 아름다운 것이었으나, 가엾은 나의 영혼이 가지고 싶었던 것은 과일이 아니었읍니다. 나에게는 그보다 훨씬 좋은 것이 산더미처럼 쌓여 있었읍니다. 다만 도둑질을 하기 위해서 남의 과일을 딴 것뿐이었읍니다. 나는 과일을 따자마자 즐겨 누리던 죄만을 먹고는 모두 던져 버렸읍니다. 이 배 한쪽을 입에 넣었던 것도 야릇한 흥미로움에서 그랬던 것입니다.

주 하느님이시여, 이제 내가 한 가지 여쭈어 보겠읍니다. 그 도둑질 속에서 나는 무엇을 즐겼던가요? 아름다움의 자극을 받았다는 흔적은 하나도 없읍니다. 말하자면 공정과 슬기 속에 있는 아름다움이 아닌 감탄 속에, 단지 성장할 줄만 아는 생명 속의 아름다움도 역시 아니었읍니다. 또한 별들의 아름다움도 물론 아니고, 성장과 소멸의 변화 속에 몰입하는 생명체를 지니고 있는 바다나 육지 같은 곳에 나타난 아름다운 경치도 아니며, 악덕이 우리를 혼란에 빠지게 하는 저 가공적이고 그림자 같은 아름다움도 아닙니다.

처음에는 교만이 생겼는데, 그 교만은 숭고로 자처하고 있읍니다. 오, 하느님! 주께서만 홀로 모든 것 위에 숭고하실 뿐입니다. 다음에는 명예욕이 나타났는데, 그 명예욕은 유난히 위엄과 영광만을 추구합니다. 그러나 주여, 당신께서는 홀로 영광을 받기에 합당하시고 영원토록 영광이 있을 것입니다. 권력가는 비인간적인 잔혹으로써 남들을 두렵게 합니다. 그러나 하느님밖에 누구를 두려워하겠읍니까? 우리는 하느님의 능력에서 아무것도 빼앗아 낼 수 없고 피할 수도 없읍니다. 그러나 누가 그렇게 할 수 있읍니까? 어디에서? 또 어디로?

탕아의 「아첨」이라는 악덕은 사랑을 받으려고 하는 것입니다. 그러나 당신의 사랑 이상으로 매혹적인 것은 없고, 당신의 진리 이상으로 사랑을 받는 것도 또한 없읍니다. 호기심이 지식욕으로 그 본체를 드러내지만, 만물에 관한 최고의 지식은 당신에게 있읍니다.

무지와 우매는 단순과 천진난만이라는 미명 아래 몸을 가리고 있지만 당신 이상으로 단순한 것은 없읍니다. 악인에겐 그들의 행위 자체가 그들의 원수입니다. 태만이라는 악덕은 안식을 추구하지만, 당신 안의 안식 이외에 더 안전한 안식이 어디 있겠읍니까. 사치라는 악덕은 안녕과 부라 일컬어지기를 바라지만, 당신은 멸망하지 않는 만족이요, 결핍을 모르는 끊임없이 넘쳐흐르는 풍족입니다. 낭비라는 악덕은 인심이 좋다는 평을 들으려 하지만, 모든 선한 선물을 넘치도록 주시는 분은 당신뿐입니다. 탐욕이라는 악덕은 많은 것을 소유하려 하지만 당신은 모든 것을 소유하셨으며, 질투라는 악덕은 다투어 남보다 뛰어나기를 원하지만 당신보다 뛰어난 자는 없습니다. 노여움이라는 악덕은 복수를 요구하지만, 당신 이상으로 합당한 복수를 하는 자는 없습니다. 노파심이라는 악덕은 사랑하는 자가 뜻밖에 그것과 반대되는 행동을 하지 않을까 하고 매우 두려워하지만 당신에게는 뜻밖의 것, 돌발적인 일이라고는 없습니다. 당신이 사랑하는 것을 누가 당신으로부터 떼어 놓을 수가 있겠읍니까? 당신말고 또 어디서 굳건한 터전에 설 수가 있겠읍니까? 갈망하며 헌신적으로 봉사하던 것을 상실하고 슬퍼하다가 멸망하는 일이 있는데, 당신에게서와 같이 그 마음에도 아무런 상실이 일어나지 않게 되어야 한다고 바라는 마음뿐입니다.

당신에게로 돌아가기만 하면 순수하고 투명한 모습을 찾을 수 있는 영혼들이, 당신을 떠나 당신 밖에서 찾으려고 방황합니다. 당신을 피하여 달아날 듯 행동하는 모든 자들이 사악하게 당신을 모방하고 급기야 당신을 뜻을 어기고 큰 죄를 범합니다. 그러나 그들이 아무리 당신을 흉내내려고 하더라도 당신께서 모든 자연의 창조주이시고 따라서 어느 것도 당신을 완전히 떠날 수 없다는 것을 그들 스스로가 발설합니다.

그러면 그 도둑질에서 나는 무엇을 사랑했을까요? 한편으로는 나의 주를 악덕적이고 비뚤어진 모습으로나마 모방한 것일까요, 아니면 실력으로는 도저히 불가능하기 때문에 최소한 속임수로 법에 어긋난 행위를 하는 것에 쾌감을 느낀 것일까요? 그리하여 바보스럽게도 당신의 전능을 모방한다고 금지된 일을 하면서 불구화한 자유를 구사하는 것이 노예의 쾌락이었던가요? 그것이야말로 주인의 집에서 도망쳐 그들을 찾아간 그 노예의 모습이 아니고 무엇이겠읍니까?

오, 부패여, 해괴한 삶이여, 죽음의 심연이여! 해서는 안 될 일을, 다만 해서는 안 된다는 이유 때문에 한다는 것이 그토록 즐겁단 말인가?

7. 용서하시는 주님께 감사

내 영혼이 이런 일들을 되새기면서도 아무런 불안을 느끼지 않게 해주신 당신에게 무엇으로 보답을 해야 할까요? 주여, 당신을 사랑하고 감사하며, 당신의 이름을 찬양하겠읍니다. 당신은 약속하신 대로 나의 죄를 말끔히 씻어 주셨으니 이것은 당신의 은혜와 당신의 자비의 표시라고 생각합니다. 내가 다른 악을 행하지 않는 것도 역시 당신의 은혜라고 생각합니다. 그렇지 않았더라면 나는 무슨 짓을 했을지 모릅니다.

그러나 나는 고백합니다. 나에게는 모든 것이 용서되었읍니다. 내가 나 혼자 행한 것이거나, 당신의 인도하심으로 인해 행하지 않은 악일지라도 모두 용서받았읍니다. 만일 사람이 자신의 나약함을 생각했다면, 자기의 순결이나 결백을 자신의 능력에 돌려 보려고 당신의 자비는 필요없다는 듯이 당신을 사랑하지 않는 짓은 누구도 하지 않았을 것입니다. 당신은 자비로써 당신의 품안으로 돌아오는 자들의 죄를 용서해 주십니다.

그러므로 당신의 부르심을 받고 늘 그 부르심에 따르는 자는 지금 내가 지나간 일을 고백하는 것을 읽고 비웃어서는 안 됩니다. 즉 내 병을 고쳐 주신 그 의사가 그 사람도 병들지 않게 보호해 주시고 또는 더 깊은 병에서 구해 주셨을 것이므로, 그는 나 이상으로 당신을 사랑해야 할 것입니다. 왜냐하면 그 사람 자신만 하더라도, 내가 무거운 죄의 질환으로부터의 해방의 혜택을 입은 그분을 통해서만 똑같이 무거운 죄의 질환으로부터 보호해 주셨던 것을 깨닫게 되기 때문입니다.

8. 그릇된 동지애

지금 내가 부끄러워하며 회상하는 일들에서 얻은 것이 무엇이겠읍니까? 도둑질, 특히 다른 목적 없이 오직 도둑질 자체가 좋아서 저질렀던 것이며, 만일 없어서 그랬다면 나는 가엾은 자가 되었을 것입니다.

그러나 그것도 나 혼자였다면 하지 않았을 것입니다. 친구와 작당하기를 좋아한 까닭에 그들과 함께 한 것이며, 결국 도둑질밖에는 아무것도 좋아하지 않았읍니다. 그리고 그밖의 아무것도 아니었읍니다. 즉 함께한다는 것은 죄 이외의 아무것도 아니었던 것입니다.

그렇다면 그것이 도대체 무엇입니까? 그것을 가르쳐 주시는 분은 나의 마음을 비춰 주시고 그 어둠을 가려 내시는 분 이외에는 존재하지 않습니다. 도대체 내 마음으로 하여금 이런 것을 물어보고 헤아리게 한 것은 무엇입니까? 만약 그 당시 내가 그 과일을 좋아해서 실컷 먹어 보려 했다면, 내 욕심을 채우기 위해서라도 나 혼자만이 그 죄를 범했을 것입니다.

그러나 나의 쾌락은 과일에 있는 것이 아니라 악행 그 자체에 있었으므로, 죄는 그 죄의 공범자들의 사귐이 만들어 내는 것입니다.

9. 나쁜 짓은 전염된다

그 마음은 어떤 것이었을까요? 그것은 너무나도 추악한 것이었읍니다. 그러한 마음을 지닌 나야말로 저주받아 마땅했읍니다. 그러면 도대체 그 무슨 일이었읍니까? 누가 그 죄를 이해하겠읍니까?

우리가 그런 짓을 하리라고는 꿈에도 생각하지 못했던 사람들을 속이고는 신바람이 나서 서로 낄낄거리며 웃었읍니다. 그토록 신나는 일이라면 왜 나 혼자 하지 않았을까요? 아무도 혼자서는 쉽게 웃지 않기 때문이었을까요? 그렇습니다. 혼자서는 좀처럼 웃지 않지만 때로는 남이 없고 혼자 있을 때도 우스운 생각이 떠오르거나 기억이 나면 혼자 웃을 경우가 있습니다. 그러나 도둑질을 혼자서 하라고 했더라면 절대로 하지 않았을 것입니다.

보십시오, 내 하느님이시여, 내 영혼은 당신 앞에서 과거를 생생하게 기억하고 있읍니다. 혼자서는 도둑질을 하지 않았을 것이며, 훔친 물건보다는 훔치는 일이 더 좋았던 것입니다. 그러나 훔치는 일도 나 혼자서는 하지 않았을 것입니다.

오, 그 무슨 비우호적인 우정이며, 영문 모를 유혹이었던가! 장난이나 농담으로부터 남을 해치고 싶은 욕망과 남에게 화를 입히고 싶은 욕망이 생기다니! 무엇을 얻는다거나 복수하려던 것도 아닌데 말입니다. 「자, 가서 장난이나 치자.」 우리는 부끄러워하지 못하는 것을 부끄럽게 여기고 있었읍니다.

10. 최고선이신 하느님

누가 복잡하게 맺어진 패들을 헤쳐 놓을 수가 있겠읍니까? 그것은 부끄러워 거들떠보기도 싫습니다. 그러니 나는 당신만 보겠읍니다. 당신은 의로우시고 무죄하시며, 순수한 영광의 빛 가운데서 아름답고 숭고하시며, 아무도 가져 보지 못한 만족으로 가득하십니다. 당신에게는 평안이 있고 생명이 있으며, 그 생명은 어지러움이 없는 생명입니다. 당신 안에 들어가는 사람은 「주님의 기쁨에 들어갑니다.」 그는 두려움없이 존재할 것이요, 그는 극히 선하게 그 기쁨을 최고의 선 가운데서 소유할 것입니다.

나는, 당신을 떠난 나는 길을 잃었읍니다. 나의 하느님, 나는 젊은 시절에 당신 안에 의지하기는커녕 당신을 멀리 떠나 길을 잃고 「결핍의 땅」에 내쳐졌읍니다.

3

카르타고에서

1. 사랑의 동경과 사랑의 포로

마침내 나는 카르타고로 왔읍니다. 곳곳에서 추한 사랑의 사르타고(큰 남비)가 들끓고 있었읍니다. 나는 아직 사랑을 해보지는 않았지만 사랑을 그리워했읍니다. 깊이 숨겨진 불만에서 나는 너무나도 적은 것에 만족하고 있음을 깨닫고 나 자신을 미워했읍니다. 나는 사랑을 사랑하면서 내가 사랑할 수 있는 것을 찾아다니며, 안전하고 함정이 없는 길을 미워했읍니다. 주여, 내 마음은 당신에 굶주려 있었으나 썩지 않은 음식을 먹으려 하지 않았읍니다. 그것은 불멸의 음식을 포식했기 때문이 아니라 속이 비어서 구토가 났기 때문이었읍니다. 이렇듯 영혼은 곪고 헐어서 자신을 스스로 내던지고 가련하게도 관능적인 접촉으로 상처를 만지고 싶어졌읍니다. 그러나 관능적인 것에 영혼이 없었다면 결코 연애를 하고 싶은 생각은 나지 않았을 것입니다.

사랑하고 사랑받는 일은, 사랑하는 자의 육체를 향락했을 때 한층 더 감미로왔읍니다. 그래서 우정을 육욕의 더러운 물로 더럽혔고 쾌락의 하계에서부터 올라온 먼지로 흐리게 하여 우정의 순결한 빛을 혼탁하게 했읍니다. 게다가 더럽고 비열한 자이면서도 겉으로는 세련되고 우아한 자처럼 꾸미고 있었읍니다. 마침내 나는 스스로 걸려들고 싶었던 애정관계로 굴러떨어지고 말았읍니다.
　자비로우신 나의 하느님이시여, 당신은 내 머리 위에 얼마나
많은 분노를, 이 달콤한 것에 잠긴 나에게 뿌리셨읍니까? 나는
물론 사랑을 받았으며, 또 향락의 올가미에 걸려들고 말았읍니다.
그리하여 질투·시기·공포 같은 무서운 매에 시달리는 몸이 된
것입니다.

2. 비극을 좋아하다

　나의 비참을 그린 그림과 내 정열의 도화선 역할을 한 영화가
나를 사로잡았읍니다. 인간은 자기 자신은 슬픈 일을 당하기 싫어
하면서 극장에서는 슬픔을 느끼려고 합니다. 그것이 그들의 쾌락
입니다. 이것이야말로 가엾은 망상이 아니고 무엇이겠읍니까? 사
실 그러한 감정으로 해를 입고 있는 사람일수록 비극을 보고 감
동합니다. 사람들은 스스로 당하는 고통과 남이 고통을 당할 때
보내는 동정에 대해서 구분하여 이야기합니다. 그러나 시나 영화
가 꾸며 대는 인생극을 동정하는 이유는 무엇입니까? 관중은 도
와 주기 위해 입장한 것이 아니라 고통을 느끼기 위해 초대받은
것입니다. 그리고 슬픈 감동을 많이 받을수록 그런 연극을 하는
배우에게 많은 박수를 보냅니다. 인간의 재앙이 과거의 것이건
허구의 것이건간에 관중의 마음을 끌지 못하면 혹평을 하며 채
끝나기도 전에 자리를 박차고 일어서지만, 마음을 사로잡으면 자
리를 뜨지 않고 끝까지 감상을 하고 돌아갑니다. 이와 같이 사람
들은 눈물과 슬픔을 사랑합니다. 그럼에도 불구하고 모든 인간은
분명 기쁨을 추구합니다. 그 이유는 무엇일까요? 아무도 슬픔을
좋아하지는 않지만 동정하기를 즐기며, 동정이란 슬픔없이는 있
을 수 없읍니다. 그렇다면 그 한 가지 이유 때문에 슬픔을 사랑
하는 것일까요?
　이것 역시 우정에서 솟아나는 것입니다. 그것은 어디로 흘러
가는 것입니까? 그것은 왜 청량한 하늘로부터 떨어져 나가 부글
부글 끓는 역청(瀝靑)의 폭포처럼 무섭고 뜨겁고 추한 혼란 속에

자신을 부어 넣고, 그 안에서 쉽게 융합한단 말입니까?

그러면 동정을 물리쳐야 합니까? 결코 그렇지는 않습니다. 때로는 슬픔도 사랑을 받아야 합니다. 그러나 나의 영혼이여, 부정을 피하라. 나의 하느님, 우리 조상의 하느님, 대대로 찬양되고 숭앙받아야 할 하느님의 보호 아래서 부정을 피할지어다.

지금도 나는 동정을 품지 않는 것은 아니지만, 그때에는 표면상으로는 무대에서 생긴 일이었으나, 부끄러운 것 속에서 서로 동무 삼던 사랑하는 사람들을 보고 나는 기뻐했읍니다. 그러나 그들이 서로 헤어져야 할 경우, 나는 그 어느 것을 보고도 동정이라도 하듯이 슬퍼했으며, 그 어느 것을 보고도 도락에 취해 있었읍니다. 오늘에 와서는 반대로 썩어빠진 쾌락이 지나고 불행이 사라져서 억울한 운명을 타고났다고 생각하는 사람보다는, 오히려 수치스러운 것 속에서 즐거움을 발견해 낸 사람들에게 더 깊은 동정심을 일으키게 되었으며 그것이야말로 참된 동정입니다. 거기에서는 고통에 있어서의 쾌락이라고는 조금도 찾아볼 수 없읍니다. 불쌍한 처지의 사람을 보고 괴로와하는 것이 사랑의 의무에 관해서 좋은 증거를 제시하는 것이라 하더라도, 진정한 마음으로 동정하는 사람이라면 자기 마음을 슬프게 해줄 일이 일어나지 않기를 더 바랄 것입니다. 가능한 일이지만, 재앙을 원하는 선의가 존재할 때에만 자기가 동정할 수 있도록 불행한 일이 일어나기를 바랄 수 있을 것입니다. 때로는 시인될 수 있는 고통도 있겠지만, 사랑할 수 있는 고통이란 없읍니다. 주 하느님이시여, 그러므로 영혼을 사랑하시는 당신한테만 인간의 동정보다 한층 더 깊고 순수하고 상하지 않는 자비가 있읍니다. 주께서는 어떠한 고통에서도 해를 당하지 아니하시기 때문입니다. 그러나 이런 일을 할 수 있는 사람이 어디 있겠습니까?

그러나 가엾은 나는 그 당시, 마음을 괴롭히는 감상을 좋아하여 슬픈 것만 찾아다녔읍니다. 곡예사가 꾸며낸 이상한 비극을 보면 그만큼 더 배우의 연기가 마음에 들었고, 눈물을 많이 흘리게 할수록 매력이 있었읍니다. 불쌍한 양(羊)은 당신의 보호가 싫어서 당신의 우리를 도망쳐 나와 딱하게도 병에 걸렸으니 참으로 괴

이한 일이 아닙니까? 그리하여 고통스러운 것을 추구하는 성벽
이 생겼는데, 내 속에 깊이 들어온 고통을 좋아한 것이 아니라,
듣고 생각할 때에 한층 더 기쁘게 만들어 줄 고통을 좋아하게 되
었습니다. 왜냐하면 극 속에서 보는 고통을 나 자신이 당하기는
원하지 않았기 때문입니다. 그러나 그후에 일어난 것은 손톱으로
긁은 상처처럼 벌겋게 성난 종기의 고름과 메스껍게 흐르는 진물
이었습니다.

　　나의 삶은 그러했습니다. 나의 하느님이시여, 이것이 과연 삶
이었을까요?

　　3. 파괴자

　　게다가 당신의 자비가 내 머리 위에서 높이 날고 있었습니다.
나는 세월을 보내며 지은 죄악으로 인해 스스로를 좀먹고, 호기심
을 따르느라 당신을 버리고, 불신의 수렁에 깊숙이 빠져들어 악령
의 노예가 되어 그들에게 악행으로 충성을 다했지만, 그때마다 당
신은 나에게 채찍을 가하셨습니다. 나는 당신을 예배하는 축제에
서, 당신의 벽 안에서 어떻게 향락할 수 있을까 하는 죽음의 열
매를 맺게 하는 행위를 감히 했던 것입니다. 그 때문에 당신은 나
에게 엄한 벌을 내리셨지만 그것은 내 죄에 비하면 너무 가벼운
것이었습니다.

　　오, 사랑에 충만하신 나의 하느님이시여, 무서운 가해자로부터
의 피난처여, 나는 당신으로부터 멀리 떨어져 그 위험 속을 자신
만만하게 머리를 들고 방황했습니다. 나는 당신의 길을 저버리고
자신의 길을 사랑하며, 옳지 못한 자유를 사랑했던 것입니다.

　　그 무렵 제법 고상한 학문이라고 일컫는 것도 결국은 「쟁론(爭
論)의 법정」만을 위한 것이었습니다. 나는 거기서 잔꾀를 부려 눈
부신 존재가 되고자 했습니다. 내가 법률을 억지로 끌어다 맞추
면 그만큼 더 명예가 높아졌으니, 사람들은 지독한 소경임에 틀
림없었습니다. 그러나 그들은 그것을 자랑삼고 있었습니다. 나는
이미 수사학교에서 그런 면에 우등생이 되어 오만해지고 자부심에

가득 차 있었읍니다.

그러나 주여, 당신도 아시는 것처럼 나는 규칙을 잘 지켰고 「파괴자」들이 행하는 불법에서 완전히 떠나 차분한 생활을 한 편이었읍니다. 「파괴자」라는 악마적인 이름이 멋장이의 상징처럼 생각되었고, 그들과 함께 살면서 그들 사이에 끼지 못하는 것을 부끄러워했었읍니다. 나는 그들과 더불어 때로는 우정을 나누는 일도 있었읍니다만 그들의 난폭한 행동에는 소름이 끼쳤읍니다. 그들은 뻔뻔스럽게도 얌전하고 경험이 없는 신입생들에게 싸움을 걸어, 뚜렷한 이유도 없이 욕을 하며 못살게 하는 것으로 자신들을 만족시키고 있었읍니다. 이 이상 악마의 소행에 가까운 것은 없을 정도로 「파괴자」라는 것은 여기에 어울리는 이름입니다. 그들은 남을 속이고 비웃기에 앞서, 자신도 모르는 사이에 악마들의 밥이 되어 그들에게 철저하게 폭행을 당하며 타락으로 끌려들어가고 있었읍니다.

4. 호르텐시우스

그러한 무리에 둘러싸여 풋나기였던 나는 웅변에 관한 서적을 즐겨 읽었고 웅변으로써 남보다 뛰어나고자 했지만, 그것은 인간의 허영을 즐기는 명예욕에 불과할 뿐이었읍니다. 나는 일반적인 교과과정을 마치고 마침내 키케로의 책을 읽게 되었읍니다. 그의 문제는 감탄할 만큼 뛰어난 것이었으나 그의 주의주장은 그렇지가 못했읍니다. 그 내용은 철학을 권장하는 것으로서 《호르텐시우스》* 라는 표제가 붙어 있었읍니다. 그런데 그 책은 나의 마음을 완전히 바꾸어 놓았읍니다. 주여, 그것은 나의 기도의 방향을 당신에게로 돌려 놓았고 나의 소원과 동경을 다른 것으로 바꾸었던 것입니다. 갑자기 헛된 희망이 어리석게 보이고 생각지도 않던 마음의 감동으로 인해 불멸의 지혜를 열망하게 되었으며, 당신에게로 돌아갈 준비를 서두르기 시작했읍니다. 그러나 나는 내 변론의 재주를 닦기 위해 그 책——이 책은 열 아홉 살이었을 때, 그러니까 아

*지금은 없어진 키케로의 저작.

버지가 돌아가신 지 2년째 되던 해에 어머니가 보내 주신 돈으로
산 것으로 생각됩니다만 읽은 것은 아니었읍니다. 내가 이 책을
읽고 감탄한· 것은 그 어법 때문이 아니라 내용 자체 때문이었읍
니다.

　나의 하느님이시여, 나는 얼마나 세상의 것을 떠나서 당신에게
로 가까이 가려고 했는지 모릅니다. 그러나 예지는 당신 안에 있기
때문에 당신께서 나에게 무슨 일을 시키실는지를 몰랐읍니다. 지
혜를 향한 사랑을 그리스 어로「필로소피아」라고 하는데, 그 책은
나를 지혜의 사랑에 불타오르게 했읍니다. 철학이라는 멋있고 훌
륭하고 매혹적인 이름으로 자기의 오류에 물을 들이고 화장을 시
켜 사람을 유혹하는 자가 있지만, 이 책은 키케로와 동시대의,
또는 그 이전의 그러한 자들의 정체를 폭로하고 있었읍니다. 그
리고 거기에는 당신의 선량하고 경건한 종(바울)을 통해서 보내
주신 경건한 구원의 교훈이 명시되어 있었읍니다. 「너희들은 철
학과 헛된 속임수에 넘어가지 않도록 조심하라. 그것은 세상의 힘
을 따르는 인간들의 유전(遺傳)에 의한 것이지 그리스도에 의한 것
은 아니다. 그리스도에게 있어서야말로 충만한 신성이 형상을 지
니고 깃들여져 있다.」

　그 무렵 나는 나의 마음의 빛이신 당신이 아시는 것처럼 사도의
이런 말씀을 전혀 모르고 있었으므로, 키케로의 지혜에 대한 권
유에서만 즐거움을 느꼈었읍니다. 왜냐하면 그의 말이 나를 일깨
워 주고 고무시켜 주며 열성을 갖게 만들어서, 다른 학파보다도
먼저 진리 그 자체를 위해 어떠한 결단을 내리고 진리를 추구하
여 진리에 도달했기 때문입니다. 다만 한 가지 불만스러운 점이
있다면 그처럼 복받치는 정열 속에 그리스도의 이름이 없었다는
사실입니다.

　그 이름은 주여, 당신의 사랑에 의해 내가 어렸을 때에 이미 어
머니의 젖과 함께 내 마음이 경건하게 섭취했던 것입니다. 그리하
여 내 마음속에 깊이 새겨진 이 이름이 보이지 않는 것은, 아무
리 박학다식하고 세련되고 진실한 것일지라도 나를 사로잡지 못
했읍니다.

5. 성서에 대한 환멸

그리하여 나는 성서가 어떠한 것인지를 알아 보기 위해서 성서에 몰두했읍니다. 그러나 그것은 오만한 자들은 가까이 가지 못하지만 아이들에게라도 감추어지지 않는 그 무엇이 있었는데, 낮아 보이나 가까이 갈수록 높아지고 신비에 싸인 것이었읍니다. 당시의 나로서는 그것에 가까이 가거나 그 앞에 고개를 숙일 수가 없었읍니다. 내가 성경에 눈을 돌렸던 그때만 해도 지금의 형편과는 달라서 성서가 키케로의 저서와 비교하여 그다지 가치가 있어 보이지는 않는다고 생각했읍니다. 오만에 가득 차 있던 나는 성경의 보이지 않는 지혜를 꿰뚫어볼 만한 통찰력을 갖추지 못했읍니다. 성서야말로 어린이와 더불어 성장해야만 하는데, 나는 어린이가 된다는 것을 부끄럽게 여긴 나머지 자신을 어른처럼 생각하고 또 그렇게 행세했읍니다.

6. 마니 교도에 매혹되다

이렇게 해서 나는 오만한 자들과 물질적인 자, 또는 수다스러운 자들 속에 빠지고 말았읍니다. 그들의 입 속에는 당신의 이름과 주 예수 그리스도의 이름, 그리고 우리들의 변호자이며 위로자이신 성령의 이름을 뒤섞어 얼버무린 끈끈이와 악마의 덫이 있읍니다. 그런 이름들은 그들의 입을 떠나지 않았지만 그것은 다만 혓바닥을 울리는 헛소리에 불과하였고, 그 마음은 진실이 없는 것이었읍니다.

그들은 항상 「진리, 진리」하며 거기에 대해 내게 많은 얘기를 했지만, 그들에게서는 진리라곤 찾아볼 수 없었읍니다. 그들은 진리이신 당신뿐만 아니라 당신의 피조물, 즉 우주의 원소에 대해서도 터무니없는 소리를 했읍니다. 그리하여 당신의 피조물인 나는 진실을 말하는 철학자들까지도 모르는 체해야만 했읍니다. 가장 선하시고 모든 것들의 아름다움이신 내 아버지시여.

오 진리여! 그들이 이따금 당신에 대해 수많은 방법을 써서 당신의 이름을 내게 속삭여 줄 때, 단조로운 음향에 불과했지만, 내 마음속 깊은 곳에서는 당신을 동경하고 있었습니다. 그러한 것들은 모두가 당신에 굶주린 나에게 당신 대신에 해와 달——아름다운 당신의 것들——을 담아 내는 그릇이었습니다. 그러나 그것은 당신의 피조물일 뿐 당신은 아니었습니다. 그것은 당신의 첫번째 피조물도 아니었으므로 아무리 밝게 비춘다 할지라도 눈에 보이는 물체적 피조물에 지나지 않아, 당신의 영적 피조물이 그것들보다 선행하기 때문입니다. 그러나 내가 갈증을 느낄 때 이것들이 아무리 근원적이고 또 그 안에서는 「천체 운행궤도에 아무런 변화도 그림자도 없다」고 할지라도 오, 진리시여, 나는 그것을 당신 자신이라고는 생각하지 않았습니다. 사람들이 저 그릇 속에 더욱 많이 넣어 내놓는 것은 한낱 모조품에 지나지 않았습니다. 그리하여 눈에 현혹된 정신의 모조품보다는 차라리 적어도 우리의 시각에는 진실이라고 할 수 있는 저 태양에다 사랑을 거는 것이 더 좋은 일임을 알았습니다. 그러나 그것을 그대로 잘못 알고 당신의 현실성을 맛보지도 못한 채, 그것으로 영향을 섭취하기는커녕 그것 때문에 배고픔이 더해 갔습니다.

꿈속의 음식이 현실의 음식과 다를 바는 없지만 다만 잠자는 사람에게 영양을 공급하지 못할 뿐입니다. 오, 진리시여, 이상의 것들은 어느 모로 보아도 당신과 비슷하지는 않습니다. 그것은 환상이고 물체적 가상이며, 단순히 시로 표현할 수 있는 물상(物像)이었습니다. 그러나 우리 주위에 실제로 존재하는 물체는 천지 사이에 있는 우리 눈으로 볼 수 있는 것이어서 정확히 알 수 있는 것이었습니다. 그런 것은 우리 눈에 네발 가진 짐승이나 새 같은 것으로 보이고, 우리가 그런 것을 생각하는 것보다도 우리에게는 더 확실한 것이며, 우리가 이런 것을 근거로 더 힘세고 무한한 물체가 있다고 상상해 봅니다. 그러나 이와 같은 것은 존재하지도 않거니와 우리가 전자의 사물들을 단지 생각만 해보는 것이 오히려 더 확실할 정도입니다. 그렇습니다. 그때에는 키마이라 같은 괴물이 내 먹이였으나 굶주린 나는 배만 고팠습니다.

그러나 당신은 나의 사랑이십니다. 나는 강해지기 위해서 그 사랑에 나를 맡겨 버리지만 당신은 하늘에 보이는 그런 물체가 아니며, 또 거기서 볼 수 없는 물체도 아닙니다. 그런 것들은 모두 당신이 만드셨지만, 당신은 그것들을 만드신 중의 최고의 것들 속에 넣지 않았읍니다. 당신은 내가 만든 환영, 결코 존재하지 않는 환상적 물체도 아닙니다. 이런 것들에 비하면 존재하는 여러 물체의 표상이 훨씬 더 확실하며 또 표상보다는 물체가 더 확실합니다. 그러나 당신은 물체도 아니며 육신에서 생명을 구사하는 영혼도 아니십니다. 육신의 생명은 육신 그 자체보다도 위에 있고 더 확실한 것입니다. 당신은 영혼의 생명이시며 또한 생명 중의 생명이십니다. 그러면서도 당신을 통해서만 존재하시고 영원히 변하지 않으시니 당신은 내 영혼의 생명이십니다.

그러면 그때 당신은 어디에 계셨읍니까? 나는 당신을 떠나 머나먼 이국땅에서 돼지에게는 콩비지를 먹이면서 나는 그 돼지밥조차 못 얻어먹었읍니다. 이 함정보다는 문법학자나 시인들의 이야기가 얼마나 더 훌륭했는지 모릅니다. 순수한 환영에 불과하면서 그것을 믿는 자에게는 무서운 고통을 주는 다섯 가지 암흑의 동굴에 따라 채색된 다섯 개의 원소보다는, 시나 노래와 「하늘을 나는 메디아」 쪽이 훨씬 좋았읍니다. 아뭏든 시나 노래는 내가 진정한 양식으로 삼고자 했던 것이지만, 내가 하늘을 나는 메디아를 노래부른 적이 있기는 해도 그것을 역사적인 것으로 표현하지 않았으며, 남이 그것으로 노래부르는 소리를 들었을 때도 그것을 믿지 않았는데, 우매하게도 앞의 두 가지는 믿었읍니다.

아, 어떠한 계단을 밟아가며 나는 지옥의 밑바닥으로 끌려들어 갔는지 모릅니다. 주여, 그즈음 나는 진리의 결핍으로 고통을 느끼며 당신을 찾아 헤맸읍니다. 그러나 나는 주께서 인간을 짐승보다 뛰어나게 하시려고 주신 영혼의 지성에 따라 찾아 헤맨 것이 아니라, 육체적 감관에 따라 당신을 찾아 헤맸읍니다. 그러나 당신은 나의 가장 깊은 곳에 계셨으며, 나의 가장 높은 곳에 계셨읍니다.

나는 그 뻔뻔스럽고 무지한 여자에게 걸렸던 것입니다. 그 여

자는 솔로몬의 수수께끼에 나오는──저 문 앞에 의자를 놓고 앉
아서 「도둑질한 물이 달고 몰래 먹는 떡이 맛이 있다」고 분별없
이 떠들어 댄다는 파렴치한 여인이었읍니다. 그것은 내가 나의
외부에, 나의 살이 본 것 가운데 살면서, 그 눈을 통해서 탐욕스럽
게 먹은 것을 되씹고 있는 모습을 그 여인이 보았으므로 나를 유
혹했던 것입니다.

7. 마니 교도의 불합리한 가르침

사실 나는 실재하는 것에 대해 아무것도 모르고 있었읍니다.
그래서 만일 누가 「악은 어디서 왔는가?」라든가, 「하느님은 형체
를 지니고 있는가, 따라서 손톱과 발톱이 있는가?」라든가, 「동
시에 아내를 여러 명 두고 사람을 죽이고 짐승을 제물로 바치는
자들도 의인(義人)인가?」하는 따위의 질문을 받게 되면 여지없이
흔들려서 어리석은 기만자들의 의견에 동의하고 말았읍니다. 그
리하여 형편을 잘 모르는 나는 당황했고, 진리를 벗어나서 진리에
거스르는 행동을 한다고 믿었읍니다. 당시의 나는, 악이란 결국
무(無)에 이르게 될 선(善)의 탈락일 뿐이라는 것을 몰랐읍니다.
눈으로는 물체밖에 보지 못하고 정신으로는 환상밖에 보지 못하
던 내가 어떻게 정신의 세계를 볼 수 있었겠읍니까?

나는 하느님이 영(靈)이며 그에겐 길이와 폭이 넓은 지체가 없
을 뿐만 아니라 그분의 존재는 어떤 덩어리가 아니라는 것을 몰
랐읍니다. 어느 한 덩어리는 전체에 비해 작고, 만약 그것이 어
느 일정한 공간에 국한되어 있다면 무한보다 못하며, 영(靈)이나
하느님처럼 어디에나 계신 것이 아니라면 어떻게 그를 하느님이
라고 하겠읍니까? 그러나 나는 우리 안에 있는 그것의 본 모습
이 무엇이며, 성서 속에 우리가 「하느님의 모습대로 만들어졌다」
라고 표현된 까닭을 전혀 모르고 있었읍니다.

그뿐 아니라 나는 진정한 정의를 몰랐읍니다. 그것은 관례에
따라 옳고 그름을 가리지 않고 전능하신 하느님의 법에 따라 가
립니다. 나라마다 시대마다 서로 다른 윤리나 습속이 그것을 통

해서 형성되었던 것입니다. 이것은 또한 때와 장소에 따라 달라지
는 것이 아니라는 사실을 몰랐습니다. 아브라함·이삭·야곱·모
세·다윗, 그외에 하느님의 입을 통해서 찬양된 모든 사람들은 바
로 이 법에 의해서 의인이 되는 것입니다. 그럼에도 불구하고 우매
한 자들은 법정의 방식대로 판결하고 인간 종족의 습속을 한데 묶
어서 그들의 부분적인 특수한 법속(法俗)에 맞추어 그들에게 죄인
이라는 판정을 내리려고 합니다. 이것은 마치 무장하려는 사람이
무엇을 어디에 입고 신어야 할지 몰라서 허둥거리는 모습과 같습
니다. 그것은 또 오후에는 쉬기로 되어 있는 날에, 오전에는 팔던
상품을 오후에는 왜 팔지 않느냐고 투덜거리는 것과 같습니다. 또
는 어느 가정에서 노예가 해서는 안 될 일을 그 집의 노예가 손
을 대어 일을 벌여 놓는 것과, 이전에 식당에서 금지되었던 일이
마구간 뒤에서 일어난 것을 보고, 똑같은 가정이요 똑같은 식구
인데 어디서는 못하고 누구에게는 허락되지 않느냐고 화를 내는
것과 같습니다.

　이 시대의 의인들에게는 허용되지 않는 일이 저 시대의 의인들
에게는 허용되었다는 것과, 하느님께서 역사적 상황을 참작하셔서
그때 그 사람들에게 주신 지시와 오늘날 우리에게 주시는 지시가
다른데도, 두 가지가 모두 같은 정의를 위해 존재하는 것이라는
말을 듣고 분노하는 사람도 그와 똑같습니다. 하느님께서 그때그
때 이유가 있어서 그때 사람에겐 그것을, 이때 사람에겐 이것을
명하셔도 정의에 복종하는 것은 결국 마찬가지입니다. 사실 그들
은 같은 날, 같은 집, 같은 사람이라도 각자에게 맞는 일이 있으
며, 오랫동안 허용되었던 일이 어느 기간에는 허용되지 않게 되
고, 이쪽 구석에선 허용되고 명령된 일이 저쪽에서는 금지되고
처벌된다는 사실을 생각하지 않으면 안 됩니다.

　그렇다면 정의는 다양하게 변하는 것일까요? 아니, 결코 그렇
지 않습니다. 그것은 정의가 지배하는 시간이 동일한 과정을 취하
지 않기 때문이며, 그러므로 그것을 시간이라고 합니다. 인간들은
지상에서 사는 날이 짧기 때문에 자기가 경험하지 못한 그전의
여러 시대나 다른 여러 민족의 사정을, 자기가 경험한 시대나 많

족의 사정과 관련시켜서 판단할 수가 없읍니다. 그러나 이 개개의 육체, 개개의 날이 가정을 문제삼는다면 그들은 별로 어렵지 않게 무엇이 적당한가를 알 수 있으며, 거기서 그른 일도 여기서는 옳은 일이 됩니다.

그 당시 나는 아직 그런 것을 몰랐었고, 도처에서 그러한 것이 많았지만 나는 그것을 보지 못했읍니다. 그 무렵 나는 자주 시를 지었는데, 각운을 아무데나 붙여서는 안 되고 운율에 맞추어 변화시켜야 하며, 같은 싯구에 있어서도 계속 같은 각운을 붙여서는 안 됩니다. 그러나 시작(詩作)의 규칙이라고 할 수 있는 시학 자체는 그 근본법칙상 유동되는 것이 아니라 하나의 통일된 전체 가운데 모든 것을 동시에 내포하는 것입니다.

그래도 나는 선량하고 성스러운 사람들이 따르고 있는 정의가 그것보다 훨씬 숭고한 방법으로 명령하는 모든 것을 소유하면서 조금도 변하지 않고, 변하는 여러 시간에 모든 것을 한꺼번에 취급하지 않고 그때마다 알맞은 지시를 해주었다는 사실을 깨닫지 못했읍니다. 그래서 나는 어리석게도 경건한 조상들을, 하느님의 명령과 영감에 따라서 현재 있는 것만을 사용하고 하느님의 계시에 따라 미래를 예언한 그들을 비난하고 있었읍니다.

8. 언제나 혐오되는 악행

「온 마음과 온 영혼과 온 정신으로 하느님을 사랑하고 이웃을 내 몸같이 사랑하라」는 정의는 시간과 장소에 따라 옳고 그름이 변하는 것일까요? 그러나 소돔 인들과 같이 자연에 역행하는 죄악은 언제 어디서나 저주와 벌을 받아 마땅한 것입니다. 비록 모든 백성이 그러한 짓을 했더라도, 그들은 모두 하느님의 법을 어긴 똑같은 죄의식을 느껴야 합니다. 하느님의 법은 인간이 서로 그러한 방법으로 맺도록 마련된 것이 아닙니다. 하느님께서 지으신 자연이 무질서한 쾌락으로 말미암아 수치스럽게 되었을 때, 하느님과 우리들 사이에 있어야 할 결합관계 자체가 깨어져 버립니다. 인간의 미풍양속에 어긋나는 죄악도 각각 그 풍속을 따라 피해야 합니다. 즉 도시나 국가간에 맺어진 협약을 어느 민족이나 외래 침입자가 마음대로 깨뜨려서는 안 되는 것입니다. 전체에 어울리지 않는 것은 언제나 추하기 때문입니다.

그런데 하느님의 명령이 어떠한 국가나 민족 또는 윤리풍속에 반대되는 명령일 때에도, 또한 비록 이제까지 그곳에서 한 번도 행해지지 않았던 일이라도 그 명령은 반드시 이행되어야 하고, 중지되었던 일이면 회복되어야 하며 비뚤어진 것이면 새롭게 해야 합니다. 국왕은 자기가 다스리는 나라 안에서는 이전에는 한 번도 해본 일이 없는 명령일지라도 그것을 명할 권한이 있고, 그러한 경우에 불복종은 국가사회에 대한 반역이 됩니다. 왜냐하면 통치자에 대한 복종은 인간적 통합의 일반적 규칙이기 때문입니다. 하물며 모든 피조물을 통치하시는 하느님의 명령을 우리가 아무 저항 없이 복종해야 함은 얼마나 당연한가요? 인간사회의 명령을 맡은 권력구조도 낮은 자 위에 높은 자가 있듯이 하느님께서도 만물 위에 계십니다.

모욕이나 가해(加害)로 사람을 해치려는 욕정을 품고 있는 여러 가지 악행에 대해서도 같은 말을 할 수 있읍니다. 이 두 가지는 원수의 경우처럼 복수심에서 생기거나, 강도가 행인에게 하는 것처럼 외부적인 이익이 탐이 나서 그러거나, 해를 당할까봐 두려워하던 것을 무해하게 만들어 버리는 것같이, 악을 예방하기 위해서 범행을 저지르는 사람이 있읍니다. 또는 악조건을 가진 사람이 형편이 좋은 사람에게 품는 것이나, 어떤 사물의 이익을 획득한 사람이 남에게 뒤떨어질까봐 또는 이미 뒤떨어진 것을 괴로와하다가 일으킨 질투심에서 범행하는 사람이 있는가 하면, 검객의 결투를 구경하는 자들이나 매맞는 이웃 사람을 비웃고 놀리는 자들처럼 남의 고통을 좋아하는 순전한 악취미에서 범행을 저지르는 사람도 있읍니다.

이런 것들은 불의 가운데서도 주를 이루는 것입니다. 그것은 지배욕과 안목의 정욕과 육욕에서 발생하며, 한두 가지에서 발생하거나 혹은 세 가지 전부에서 발생하는 죄악입니다. 그리하여 사람은 십현금의 세번째 줄과 네번째 줄을 어기며, 즉 하느님의 십

계명을 어기며 살고 있는 것입니다.

그러나 아무리 추한 행위라도 당신에게 영향력을 끼칠 **수가 없**는 것은, 당신은 해침을 당하지 않는 분이시기 때문입니다. 어떠한 악행도 당신을 거역하고는 아무 짓도 할 수 없는데, 그것은 당신은 상처를 입지 않으시는 분이기 때문입니다. 당신은 **자신을** 거역하고 죄를 짓는 자에게 벌을 내리십니다. 그러므로 인간이 당신을 거역하고 죄를 짓는 것은 자기 영혼을 망치는 일이며, 자신들의 악으로 자기를 속이는 것입니다. 즉 하느님께서 지어 주시고 질서정연하게 해 놓으신 인간의 본성을 자신이 파괴하고 흩어 놓고, 허락된 일은 무작정 사용하여 파괴하고, 허락되지 않은 것은 불같이 갈망하고 자연에 어긋나는 교접을 일삼으며 자신을 속입니다. 또는 인간사회의 질서를 깨뜨리며, 그들은 어떤 일이 마음에 들거나 끌리는 데 따라서 인간사회의 질서를 무너뜨리고 멋대로 뭉쳤다 헤어졌다 하며 이기적인 분열을 조장하기가 일쑤였읍니다. 이런 일은 모두가 생명의 원천이며 전세계의 유일하고 진실한 창조주이며 통치자이신 당신을 버리고, 오만한 태도로 부분에 불과한 것을 하나의 전체인 양 잘못 생각하고 사랑하는 데서 비롯되는 것입니다.

그러므로 당신 품안으로 돌아가려면 경건한 마음을 가져야 합니다. 그렇게 하면 당신은 우리를 오염의 습속에서 깨끗이 씻어 주시고 죄를 고백하면 용서해 주십니다. 그리고 우리가 더 많은 것을 소유하기에 혈안이 되어 거짓된 자유의 뿔을 다시는 당신 앞에 높이 쳐들지 않는다면 쇠사슬에 묶인 우리를 풀어 주실 것이지만, 최고의 선이신 당신보다도 우리를 더 사랑한다면 전체를 상실하는 죄를 내려 주실 것입니다.

9. 하느님과 인간은 죄를 어떻게 보는가

그러나 모든 추행이나 악행, 또한 수많은 부정(不正) 이외에도 선을 향하여 나아가는 사람들의 죄가 있읍니다. 올바른 판단자들은 그러한 죄도 완전한 규칙에 비추어서 비난하지만, 그와 동시에 푸른 새싹에서 수확을 기대하듯 풍성한 결실을 기대하고 칭찬할 줄도 압니다. 또 추행이나 악행처럼 보이지만 실은 주 하느님이신 당신을 욕되게 하거나 인간사회에 해를 입히는 것이 아니기 때문에 죄가 되지 않는 것도 있읍니다. 예를 들면 누군가가 생활의 필요와 시대적 형세를 참작하여 물품을 모아 두는 경우 그것이 반드시 소유욕 때문이라고 단정하기는 어렵고, 정식 관헌이 교정할 생각으로 벌을 주었을 때 그것이 꼭 가해하고 싶은 생각에서 행해졌는지의 여부가 분명하지 않기 때문입니다.

이처럼 사람들의 눈에는 비난을 받는 행동이 하느님의 증거로 옳게 인정을 받고, 반면에 사람들의 칭찬을 받는 많은 행동이 당신의 말씀으로 죄로 판명이 됩니다. 왜냐하면 행동의 외적 의도와 우리에게 감추어져 있는 당시의 사정은 다른 경우가 다반사이기 때문입니다. 그러나 당신께서 사람들에게 예측도 못 했던 것을 명하신다면, 비록 주께서 이전에 금하셨던 일이라 할지라도 주저하지 않고 행해야 합니다. 비록 당신이 그 명령의 의미를 감추어 두시고 그 명령이 인간사회의 질서에 어긋나는 일이 있더라도 그 명령을 따라야 하는 이유는, 그렇게 해야만 인간사회의 질서가 바로잡히기 때문입니다. 그러나 당신께서 명하셨다는 것을 아는 자는 행복합니다. 당신에게 복종하는 사람들이 행하는 것은 모두 현재의 필요에 응하는 것이 아니면 미래의 일을 예고하는 것이기 때문입니다.

10. 마니 교도들의 어리석음

그런 것을 모르던 나는 당신의 거룩한 종이나 예언자들을 비웃었읍니다. 게다가 나는 그들을 비웃으며 당신의 비난을 받을 짓을 했읍니다. 나는 나 자신도 모르는 사이에 우스꽝스런 믿음으로 빠져들어, 우리가 무화과를 따면 그 나무는 울면서 젖빛 눈물을 흘린다는 어리석은 이야기를 믿었던 것입니다. 다시 말하면 만일 어느 (마니 교의) 성인(聖人)이 악한이 따 놓은 무화과를 먹는다면 이것이 그와 뒤섞였다가 기도할 때 한숨짓고 트림하는 입김에서 천사가 되어 나온다고 믿었읍니다. 그리고 만일 이것들이 「선택받은 성자」들의 이나 위로 말미암아 해방되지 못한다면 지고하시고 참되신 하느님의 이 작은 조각들이 과일 속에 그대로 결합된 채로 남아 있을 것이라고 믿었읍니다.

그리하여 나는 가엾게도 인간들보다도 땅에서 난 과일에 더 큰 연민을 쏟아야 한다고 믿었읍니다. 과일은 인간들을 위해서 생긴 것인데도, 마니 교도가 아닌 사람이 과일을 요구했을 경우 한입이라도 주면 그것은 사형을 받을 정도의 큰 죄나 되는 것처럼 생각했던 것입니다.

11. 어머니의 한탄과 꿈

그러나 당신은 높은 곳에서 손을 뻗치시어 깊은 어둠으로부터 나의 영혼을 구해 주셨읍니다. 그러나 이것은 당신의 충실한 여종이었던 내 어머니가 세상의 어머니들이 아들의 시체에 쏟는 이상의 눈물을 나를 위해 흘리셨기 때문입니다. 어머니는 당신으로부터 받은 신앙과 영으로 나의 죽음을 본 것이며, 주여 당신은 어머니의 소원을 들어 주셨읍니다. 나의 어머니가 늘 기도하던 곳에서 눈물로 땅을 적셨을 때, 당신은 내 어머니의 눈물을 소홀히 생각하지 않으시고 소원을 들어 주셨읍니다. 그런데 어머니를 위로해 주신 그 꿈은 어디에서 온 것입니까? 어머니가 나와 함께 살면서 밥상을 같이하는 것을 허락해 주신 것도 그 꿈을 꾼 다음의 일입니다. 그때까지 그녀는 나의 모독적인 그릇된 신앙을 싫어한 나머지 한집에 사는 것조차 원하지 않았읍니다.

어머니는 다음과 같은 꿈을 꾸었읍니다. 그녀가 어느 나무로 만든 자(水準尺) 위에 서 있자니까 키가 큰 청년이 다가와서 수심에 잠겨 있는 어머니에게 미소를 지으며, 왜 매일 슬퍼하느냐고 묻더랍니다. 그것은 사람들이 흔히 그렇듯, 이유를 알기 위해서 물은 것이 아니고 위로해 주기 위해서였던 것입니다. 어머니가 내 타락 때문에 한탄한다고 말하자, 그 청년은 자세히 살펴보라고 말했읍니다. 그 말을 들은 어머니가 주의해서 살펴보니 내가 그녀

옆의 나무로 만든 자 위에 서 있더라는 것입니다.

어떻게 해서 그런 일이 생겼을까요? 그것은 오직 당신이 어머니의 마음에 귀를 기울이고 계셨기 때문입니다. 오, 전능하시며 선하신 당신이여, 당신은 우리들 한 사람 한 사람을 대하듯 모든 사람들을 돌보시며 걱정해 주십니다. 그뿐 아니라 다음과 같은 일이 어떻게 일어났을까요? 어머니가 그 꿈 이야기를 했을 때, 나는 어머니가 나 있는 쪽으로 와야 함을 뜻하는 것이라고 풀이 했읍니다. 그러자 어머니는 달려들 듯한 기세로 「아니다, 내가 있는 곳에 네가 있을 것이라는 뜻이다」라고 말했읍니다.

주여, 나는 당신에게 나의 추억을 생각나는 대로 고백합니다. 그것은 자주 말했던 일입니다만, 나는 그 당시에도 꿈 자체보다는 꿈을 깬 어머니를 통해서 주신 당신의 대답에 더욱 감동을 받았읍니다. 왜냐하면 어머니가 나의 그럴싸한 거짓된 해석에 조금도 흔들리지 않고 미래의 나를 보았던 것입니다. 당신은 그 꿈을 통해서 그 신앙이 두터운 여성에게 훨씬 뒤에 가서야 실현될 기쁨을 미리 예고하셨는데, 그것은 그 당시 불안한 상태에 있던 어머니를 위로하시기 위함이었읍니다.

그로부터 9년 동안 나는 허위의 암흑 속에서 뒹굴었읍니다. 때때로 일어서 보려고도 했지만 그때마다 더한층 깊게 끌려들어가곤 했읍니다. 그리하여 정결하고 경건하며 착실한 어머니는 희망을 품고 전보다는 활기에 차 있었지만, 그래도 눈물과 한숨이 그칠 줄 몰랐고 나를 위해 기도하는 데 모든 시간을 바쳤읍니다. 그리하여 어머니의 기도가 당신의 눈으로 들어갔지만, 당신은 여전히 나를 고뇌 속에 두시고 어둠 속에 깊이 빠져들어가는 것을 보고도 내버려 두셨읍니다.

12. 하나의 철학적인 말

그러는 동안에 당신은 또 하나의 대답을 주셨읍니다. 그밖에도 많은 일이 있었지만, 잊어버린 일도 많고 당신에게 고백할 것이 있어서 생략하겠읍니다.

　당신은 또 하나의 대답을 당신의 주교를 통해서 전해 주셨읍니다. 그 주교는 성서를 잘 알고 있었읍니다. 나의 어머니는 그에게, 제발 나를 만나서 나의 잘못을 깨우쳐 주고 그릇됨을 타이르며 선한 일을 가르쳐 주도록 부탁했으나 그는 거절했읍니다. 나중에 안 일이었지만, 그의 이 같은 태도는 매우 현명했다고 생각합니다.

　그는 나를 교도할 수 없는 아이라고 생각했기 때문입니다. 사실 나는 저 이단의 교훈에 사로잡혀서 들떠 있었고 갖가지 당치도 않은 궁리를 해서 무식한 사람들을 현혹시키고 있었는데, 그는 그러한 이유를 들어 거절했던 것입니다. 그는 어머니에게 「그대로 놔 두시고 아드님을 위해 주님께 성의껏 기도하시오. 아드님은 그들의 책을 읽는 동안에 그것이 얼마나 잘못되고 불경한 것인가를 깨닫게 될 것입니다」라고 말했읍니다. 그리고 자기도 마니 교에 홀린 어머니 손에 이끌려 그들한테 갔었으며, 마니 교의 경전을 거의 다 읽었고 베껴 쓰기까지 했는데, 어느 누가 논박하거나 설득시키지도 않았건만 자기 스스로 이 종파를 버려야겠다고 생각되어 버렸노라고 말했읍니다.

　그가 이렇게 말해도 어머니가 안심하지 못하고 눈물을 흘리며 나를 만나서 이야기 좀 해달라고 조르자, 그는 참다못해 귀찮다는 듯한 투로 「잘 될 테니 그만 돌아가시오. 그러한 눈물의 자식은 멸망하지 않을 거요」라고 말하더랍니다.

　어머니는 나와 얘기할 때면 그 말이 마치 하늘에서 울려오는 소리처럼 들렸다고 말했읍니다.

4
우울한 고백

1. 타인을 속이다

열 아홉 살부터 스물 여덟 살에 이르는 9년 동안, 우리는 소위 자유인을 위한 학예라는 명목으로 공공연히, 또는 종교라는 허울 속에 숨어서 갖가지 욕정에 속고 속이며, 유혹하는가 하면 유혹당하기도 했습니다. 전자는 오만에 불과하고 후자는 미신이었으므로 이들은 모두가 허망한 것이었습니다.

한편 나는 세속적인 명예를 얻기 위해 극장의 박수갈채, 시문 백일장, 풀꽃으로 만든 화관 따기 경기, 어리석은 무대 경연, 무절제한 욕정에까지 이르렀으며, 그러면서도 이러한 것들로부터 깨끗이 벗어나기 위해 이른바 「선택된 자」나 「성자」들에게 먹을 것을 갖다 바쳤습니다. 그것은 그들이 그 음식을 뱃속에서 요리하여 우리를 구제하는 천사나 신으로 만들어 줄 것이라고 믿었기 때문입니다. 나는 이런 일들을, 나로 말미암아 나와 함께 속임수에 빠진 친구와 더불어 했습니다.

주여, 아직 당신에게 굴복하지 않은 거만한 자들은 나를 비웃어도 좋습니다. 그러나 나는 당신을 찬양하며 당신 앞에 나의 추악함을 고백합니다. 제발 부탁하오니 현재의 나로 하여금 잘못된 과거의 죄를 깨닫게 해주십시오. 그리하여 당신 앞에 기쁨의 선물을 바치게 해주십시오. 당신이 계시지 않는다면 나는 낭떠러지로 떨어지는 길 이외에 무엇이 있단 말입니까? 또는 아무리 잘 된다고 해도 당신의 젖을 빨고 당신을 썩지 않는 음식삼아 먹는 자밖에 되지 못했을 것입니다. 누구나 인간밖에 되지 못한다면 대체 어떤 인간이란 말입니까? 힘 있고 강한 사람들은 우리를 비웃어도 좋습니다. 우리는 약하고 무능한 채로 당신에게 고백할 따름입니다.

2. 애첩과 각본작시

그 무렵 나는 수사학을 가르치고 있었읍니다. 자신은 정욕에 굴복하면서도 남을 설득시키는 기술을 팔아먹고 있었읍니다. 그럴지라도 주여, 나는 선한 제자를 두고 싶었읍니다. 나는 그들을 속이지 않으면서도 그들에겐 속임수를 가르쳐 주었읍니다. 그러나 이것은 무고한 자의 생활을 해치기 위한 것이 아니라, 유죄한 사람의 신상을 변호하기 위한 것이었읍니다.

주여, 그러나 당신은 멀리서, 정직하기는 해도 짙은 뭉게구름 속에서 불안하게 가물거리는 나의 노력을 보셨읍니다. 헛된 것을 사랑하고 속임수를 꾸미는 자들에게, 비록 나도 그들과 한패였지만, 선생이랍시고 그러한 노력을 기울였던 것입니다.

그 무렵 나는 이 수 년 동안 한 여성과 동서생활을 하고 있었읍니다. 그것은 합법적인 혼인관계로 이루어진 것이 아니라 지각없이 들뜬 정욕에 못 이겨 찾아 낸 상대였지만, 나는 그 여자만을 지키며 그녀에 대해 진실을 다했읍니다. 그때 나 자신의 경험에서 배운 바는, 자녀를 낳기 위해 맺은 정당한 부부생활과 서로 마음이 맞아서 성관계를 맺는 애정생활에는 큰 차이가 있다는 것이었읍니다. 단지 성관계로 맺어진 경우에 원하지 않은 자식이 생기면 싫을 것 같지만, 일단 태어난 자식은 자연 사랑하게 된다는 것도 알았읍니다.

또 한 가지 생각나는 일이 있읍니다. 내가 극시(劇詩)의 백일장에 참가하기로 결심했을 때, 한 점술가가 나타나 장원하도록 해

줄 테니 사례금을 얼마나 주겠느냐고 물었습니다. 그러나 그 추잡스런 의식을 소름이 끼치도록 싫어한 나는, 비록 승리의 관이 금으로 되었다 해도 이기기 위해 파리 한 마리라도 죽이는 것은 싫다고 내답했습니다. 그 점술가는 짐승을 잡아서 제사를 지내려던 것인데, 악마들한테 그와 같은 영광의 제물을 바치면 그들이 내 편에 서서 나를 도와 줄 것이라고 믿었던 것입니다. 그러나 내 마음의 하느님이시여, 신에 대한 정결 때문에 그것을 물리친 것이 아니라, 당신을 사랑할 줄도 모르고 다만 무슨 빛나는 물체로 밖에는 생각지 않았기 때문입니다. 그러한 허구를 동경하는 영혼은 당신을 떠나 거짓을 믿고 바람을 삼키는 것이 아니고 무엇이겠습니까? 나를 위해 귀신들에게 제사 지내는 것을 거절한 내가, 나 자신을 저들에게 제물로 바쳤던 것입니다. 사실 「바람을 먹고 마신다」는 것은 악마들에게 먹이를 주는 것으로서, 그릇된 길을 걸어서 저들의 쾌락과 비웃음의 대상이 되는 일일 뿐입니다.

3. 점성술

나는 여전히 점술가라는 사기꾼들을 찾아가 마음을 털어놓고 의논을 했습니다. 그들에게는 공물을 바치거나 점을 치기 위해 어떤 영(靈)에게 기도를 올리는 일이 없는 것처럼 보였기 때문입니다. 그러나 진정한 기독교도는 그것도 물리치고 단죄하지만, 당신에게 고백하고 다음과 같이 말하는 것이 더 좋을 것입니다. 「나를 불쌍히 여기소서. 당신께 죄를 지었사오니 내 영혼을 구원하여 주소서.」 또한 당신의 관용을 범죄의 허락을 받기 위해 남용하지 말고 「너는 이제 깨끗한 몸이 되었으니 더 큰 악이 일어나지 않도록 다시는 죄를 짓지 않도록 하라」고 하신 주님의 말씀을 되새기는 것이 좋습니다.

그런데 그들은 이 같은 구원의 말씀을 업신여기며 「내가 죄를 지은 것은 천운(天運)이므로 어쩔 수 없다」라는 등, 「금성과 토성 또는 화성이 시킨 것이다」라는 등 하고 말합니다. 이것은 인간을 그 죄의 책임으로부터 면제시키는 반면에 하늘과 별을 창조하여 거기에 질서를 부여하신 분에게, 인간의 피와 살, 그리고 교만으로 악취가 나는 것의 죄악의 굴레를 덮어씌우려는 것이었읍니다. 그러나 그분은 오로지 우리의 하느님일 뿐입니다. 모든 사람을 그 행위대로 응보하시고, 뉘우치고 겸손한 자를 물리치지 않으시는 정의의 근원이 되시는 분입니다.

그 무렵 카르타고에 총명한 인물이 있었는데, 그는 의술에 정통하여 널리 이름을 떨치고 있었읍니다. 지방총독이면서 앞서 말한 바 있는 경기에서 승리의 관을 손수 나에게 씌워 준 사람도 바로 그였읍니다. 그러나 병은 당신만이 고치실 수 있읍니다. 당신은 교만한 자를 물리치시고 겸손한 자에게 은혜를 베푸십니다. 그러나 어찌하여 당신께서 그 늙은이를 통하여 내 편을 들어 주시거나, 내 영혼에 치료하는 힘을 주지 않으셨읍니까?

나는 그 노인과 점점 친해져서 그의 이야기에 열심히 귀를 기울였읍니다. 그는 나와 이야기하는 가운데 내가 점성가의 저서에 몰두하고 있다는 것을 알고는 인자한 아버지처럼 타이르며, 즉시 그런 책에서 손을 뗄 것과, 유용한 일에 써야 할 수고나 노력을 낭비하지 말라고 충고해 주었읍니다. 또 자기도 한때는 그러한 문제에 관심이 많아서 생계를 유지할 생각으로 점성술을 연구했으며, 히포크라테스를 이해할 수 있었을 정도였으나, 나중에는 다 집어던지고 의술에 전념하게 되었는데, 이것은 오직 그것이 전혀 근거가 없는 것임을 깨닫고는 진실한 인간으로서 남을 잘못되게 인도하지 않기 위해서였다고 말했읍니다. 그는 더불어 「그러나 자네는 이미 인간세상에서 벌어먹고 살 수 있는 수사학자라는 직업을 가졌으니 이 사기술을 추방시키되, 생계유지에 필요한 소득을 목적으로 하지 말고 애호가로서의 자세로 해야 하네. 나의 경우만 하더라도 그것으로만 벌어먹고 살려는 생각에서 이 거짓된 수법을 완전히 익히고자 온갖 노력을 다 기울인 사람이란 말일세」라고 말했읍니다.

그 말에 나는, 그렇다면 어찌하여 점성술이 가끔씩 정확한 예언을 하느냐고 물었읍니다. 그러자 그는, 대자연 안에 두루 퍼져 있는 운수의 조화로 되는 일이라고 말했읍니다. 이를테면 어떤 사

64

람이 무심코 어느 시인의 시집을 펼쳤을 때, 시인이야 전혀 다른 뜻에서 노래했다 하더라도 이상하게도 그 시가 읽는 사람의 사연에 공명해 주는 경우가 있는데, 그것은 그다지 이상한 일이 아니라는 것이었읍니다. 이것은 인간의 영혼 안에 고차적인 어떤 본능이 있어서, 무엇이 자기 안에서 이루어지고 있는지는 분명히 알지 못해도 초월적인 신탁능력에 의해서 발설된 것이 때마침 질문자의 환경과 사업에 꼭 들어맞게 된다는 것이었읍니다.

잠정적인 것이기는 하나 당신께서는 그를 통해서 내게 이 대답을 주셨고, 내 기억 속에 훗날 내게 일어날 일을 미리 예고해 주셨읍니다. 그 당시에는 그 사람이나 나의 사랑하는 친구 네브리디우스도 나의 점성술을 중단시킬 수가 없었읍니다. 나는 그 정도로 점술가를 중히 여겼는데, 그것은 묻는 대로 정확하게 맞히는 것이 우연이나 신탁이며, 무슨 별을 보고 점치는 사람의 학식에서 생겨난 것이 아니라는 데 대해 확신을 가질 만한 증거를 발견하지 못했기 때문이었읍니다.

4. 친구의 병과 세례

그 무렵 나는 내가 태어난 읍내에서 교편을 잡고 있었는데, 거기서 나와 취미가 같고 동갑이며, 한창 피어나는 친구를 사귀게 되었읍니다. 그는 어릴 때 나와 함께 자랐고 학교도 같이 다니고 같이 놀기도 했으나, 그때는 별로 친하지 않았읍니다. 지금도 결코 참다운 우정으로 맺어진 것은 아닙니다. 왜냐하면 진정한 우정이란 당신의 성령으로써 우리 마음에 부어 주신 사랑으로 서로 맺어 주시는 것이기 때문입니다.

어쨌든 우리의 우정은 동일한 학문의 정열로 타올라 무척 즐거웠읍니다. 나는 그 친구를 참된 신앙에서 끌어 내어 미신적이고 파멸적인 허구 속으로 끌어넣었고, 어머니는 이런 나 때문에 몹시 슬퍼하셨읍니다. 그 친구는 나의 잘못된 영혼 속에서 방황했고, 내 영혼도 그 친구 없이는 견딜 수가 없었읍니다. 그런데 복수의 주이시며 사랑의 원천이신 당신이 도망치는 우리들의 등뒤로 바짝 다가와서 우리를 당신 쪽으로 돌려 놓으셨읍니다. 즉 당신은 내 친구를 이 세상에서 없애 버리셨읍니다. 그리하여 내 일생의 환락 중에서 가장 즐거웠던 우정이 1년도 채 되기 전에 그는 세상을 떠나고 말았던 것입니다.

비록 자기 한 사람만이 받은 은혜일지라도 이것을 낱낱이 기억해 낼 사람이 있을까요? 당신의 심판의 깊이는 한없이 깊어 측량할 길이 없읍니다. 친구가 열병에 걸려 오랫동안 의식을 잃고 누워 있었는데, 사람들은 모두 그의 상태가 절망적이라 했고 그리하여 본인도 모르는 사이에 세례를 주었읍니다. 나는 그런 것은 개의하지 않고 그의 영혼은 모르는 사이에 신체에 주어진 영혼보다는 차라리 나에게서 받은 것을 더 중하게 여기리라고 과신했던 것입니다. 그러나 내 기대는 완전히 빗나갔읍니다. 그는 회복되었고 마침내 나와 이야기를 하게 되었읍니다——나는 그의 곁을 떠나지 않았으므로 그가 말을 하게 되자, 그와 대화를 나눌 수가 있었읍니다——그리하여 나는 무감각한 상태에서 받은 세례 이야기를 그도 당연히 비웃을 것이라는 생각으로 얘기했읍니다. 그러나 그는 이미 자기가 세례를 받았다는 사실을 알고 있었읍니다. 더구나 그는 나를 마치 원수처럼 생각하고 치를 떨었읍니다. 그리고는 이상할 정도로 솔직과감하게 「자네가 진정한 내 친구가 되려거든 그런 소리는 하지 말게」하고 충고를 하는 것이었읍니다. 나는 몹시 당황하여 어쩔 줄 몰랐지만 흥분된 감정을 그가 나을 때까지 눌러 두었읍니다. 그러나 그 친구는 나의 광기에서 벗어나 언젠가는 나에게 위안이 되기 위하여 당신 곁에 있게 해주셨읍니다. 그후 며칠 뒤, 그는 내가 없는 사이에 열이 재발해서 세상을 떠나고 말았읍니다.

그때 어찌나 슬펐던지 내 마음은 온통 캄캄해져서 눈에 보이는 것은 오직 죽음뿐이었읍니다. 고향조차 고통이 되었고, 아버지의 집은 왠지 모르게 불길한 것이 되었으며, 친구와 공유했던 모든 것은 그가 사라진 지금 참을 수 없는 고통으로 변했읍니다. 나의 눈은 어디서나 그를 찾았지만 그는 어디에서도 볼 수가 없었읍니다. 모든 것이 미워졌지요. 왜냐하면 어느 곳에도 그는 없었고,

66

그 어느 것도 나에게 「기다려, 곧 올 테니」라는 말을 해주지 못
했기 때문입니다. 이전에 그가 살아 있을 때, 어디 갔다가 돌아
왔을 때는 그렇게 말할 수 있었는데 말입니다.

이제는 나 자신이 나에게 있어서 커다란 수수께끼가 되고 말았
읍니다. 나의 영혼에게 「왜 나는 슬퍼하는가? 너는 나를 왜 이
렇게 혹독하게 괴롭히는가?」하고 말했지만, 영혼은 아무 대답도
없었읍니다. 또 내가 영혼에게 「하느님을 바라라」고 말해도 쉽사
리 듣지를 않았읍니다. 그 까닭은 내 영혼이 잃어버린 그 사람은
내 영혼이 소망을 두어야 한다고 명을 받은 그 거짓된 신보다도 더
현실적이었고 더 좋았기 때문입니다. 나에게는 눈물을 흘리는 것
만이 감미롭고, 친구를 대신하는 마음의 희열이 되고 말았읍니다.

5. 왜 눈물이 감미로운가

주여, 이제 모든 일들은 다 사라졌고, 나의 상처는 시간과 더
불어 아물어 갔읍니다. 가엾은 자들에겐 눈물이 왜 감미로운지,
내 마음의 귀를 당신의 입에 대고 진리이신 당신으로부터 그 이
유를 들을 수가 있을까요? 또는 당신은 어디든지 계시는 분이지
만 우리의 불행을 멀찍이 떨쳐 버리시고 당신 혼자 계시면서 우
리만이 시련의 구렁텅이에서 허위적거리고 있는 것이 아닌가요?
그러나 만일 우리가 당신께서 듣도록 울지 않는다면 우리의 소망
은 끊어질 것입니다. 그런데도 한숨과 눈물, 한탄이나 신음이 삶
의 쓰라림으로부터 달콤한 열매가 되는 것은 무슨 까닭일까요?
그것은 우리가 당신께서 들으시리라는 소망을 갖기 때문입니까?
확실히 눈물로 기도할 때는 그렇습니다. 왜냐하면 나는 당신에게
가닿으려는 소망을 가지고 있으니까요.

그러나 그때 나는 친구가 되살아나기를 바란 것도 아니고 눈물
로 그것을 애원한 것도 아니며 그저 슬퍼서 울었던 것뿐입니다.
나 자신이 가엾어 보였기 때문입니다. 울음은 그 자체가 쓰라린
것이며, 우리가 무엇을 즐기다가 싫증이 나면 차츰 역겨운 것이
되고, 마침내 그것이 싫어지면 울음이 마음을 기쁘게 하는 것은

아닌지요?

6. 친구의 죽음

　지금의 나로서는 물을 때가 아니라 당신에게 고백해야 할 때인
데, 내가 왜 이런 말만 하고 있을까요? 나는 불행했읍니다. 그러
나 어찌 나뿐이겠읍니까? 죽어야 할 인간과 우정에 얽매여 있는
마음은 모두 불행합니다. 그제서야 그것을 잃고 갈가리 찢겨진 마
음은 잃어버리기 전부터의 불행을 깨닫게 됩니다. 그때 내가 바로
그러한 상황이었으므로 슬피 울었고 그 피로움 속에서 안식을 발
견했던 것입니다. 나는 이토록 불행했지만 열렬히 사랑하던 친구
보다도 이러한 생활이 내게는 더 귀하게 여겨졌읍니다. 솔직한 심
정으로 내 친구를 잃은 것보다 그러한 내 생활을 잃는 것이 더 싫
었읍니다. 오레스테스와 필라데스의 이야기는 그 친구만을 위해서
꾸민 것인지도 모릅니다. 그들은 서로 상대방이 없다면 죽는 편이
더 낫다고 생각하여 그를 위해 죽고 싶어했을지도 모릅니다. 그런
데 내마음에는 전혀 상반되는 감정이 생겼읍니다. 삶에 대해 매우
싫증을 느꼈음에도 불구하고 죽음에 대한 공포심이 생겼던 것입
니다. 나는 친구를 무척 사랑했던만큼 내게서 친구를 앗아간 죽
음을 흉악무도한 적이나 되는 것처럼 미워하고 두려워했으며, 행
여 죽음이 갑자기 모든 인간을 멸망시키지나 않을까 하는 생각을
했읍니다. 그것은 죽음이 나의 친구를 멸망시킬 수 있음을 알았
기 때문입니다. 나는 정말 그런 심정이었다고 기억합니다.
　주여, 여기 내 마음이 있으니 굽어 보소서. 당신은 내가 기억하
고 있다는 것을 아십니까? 당신은 나의 눈을 당신 쪽으로 향하게
하고 나를 올가미에서 벗어나게 하시며, 그러한 불결한 감정에서
나를 깨끗하게 해 주셨읍니다. 내가 사랑하던 그는 죽었건만 다른
사람들은 죽을 운명이면서도 아직 죽지 않고 살아 있는 것이 이
상했읍니다. 또 제 2 의 그였던 내가, 그는 죽었는데도 살아 있는
것이 더욱 이상하기만 했읍니다. 어떤 사람이 친구를 「내 영혼의
반쪽」이라고 한 것은 맞는 말입니다. 사실 나는 나의 영혼과 그

의 영혼을 두 몸 속에 있는 하나의 영혼이었다고 느꼈읍니다.

삶을 두려워한 이유는 어쩌면 반쪽인 채로 사는 것이 싫었기 때문이고 또한 내가 그렇게도 열렬히 사랑하던 친구가 완전히 죽지 않도록 하기 위해서였는지도 모릅니다.

7. 슬픔으로부터의 도피

오, 인간을 인간답게 사랑할 줄 모르는 미치광이여, 덧없는 인간의 일에 괴로와하는 인간이여, 그 무렵의 나는 바로 이러했읍니다. 혼란에 빠져 한숨짓고 울면서 괴로와했고 평안과 분별도 없었읍니다. 나는 산산이 찢겨서 피투성이가 된 영혼을 지니고 있었지만, 영혼을 지니는 것이 지겨워져서 나의 영혼을 어디에 놓아 두어야 할지를 모르게 되었읍니다. 모든 것이 싫어졌고 빛마저도 싫어졌읍니다. 친구에게 속해 있던 것이 아니면 모두가 불쾌하고 싫증이 났으며, 오직 눈물과 한숨 속에서만 겨우 숨 돌릴 수 있었읍니다. 그러나 그것에서 떨어져 나가면 분노한 비애가 어깨를 짓눌렀읍니다.

주여, 내 영혼이 구원을 얻으려면 당신에게로 올라가야 한다는 사실을 모르는 것은 아니지만, 그럴 힘이나 마음이 솟아나지 않았읍니다. 당신이 좀처럼 무엇인가 굳건하고 확실한 것으로 생각되지 않았기 때문에 더욱 그런 일을 할 수가 없었던 것입니다. 당신은 나의 하느님이 아니었고 나는 나의 잘못된 꿈의 거짓 형상을 하느님으로 생각하고 있었읍니다. 나는 거기다가 영혼을 편안하게 뉘려 했으나, 내 영혼은 공허 속에서 미끄러져 다시 내 위를 짓눌렀읍니다. 그리고 나는 여전히 불행에서 헤어나지 못한 채 그 장소에 머물러 서서, 피하지도 못하고 있지도 못할 곳에 있었읍니다. 내 마음이 어디로 피해 간단 말입니까? 내가 나 자신을 떠나서 어디로 간단 말입니까? 내가 나를 따라오지 못하게 하려면 어디로 가야 한단 말입니까?

그래서 나는 고향에서 도망쳤읍니다. 친구를 보지 않던 고장이라면 내 눈이 그를 찾는 일도 덜할 것 같아서, 나는 타가스테를 떠나 카르타고로 왔읍니다.

8. 새로운 친구들

시간이란 허무하게 쉬는 것도 아니고, 하는 일 없이 우리들의 감각을 지나가는 것도 아닙니다. 시간은 마음속에 진기한 일을 벌여 놓습니다. 그렇습니다. 시간은 날마다 오가며 내게 색다른 희망과 추억을 심어 놓았읍니다. 이리하여 그 옛날의 기쁨으로 다시나를 되돌려주고 앞서의 그 슬픔은 이들 쾌락에게 자리를 양보하고 점차로 사라졌읍니다. 그러나 그뒤를 따르는 것은 새로운 괴로움은 아닐지라도 또 다른 슬픔의 원인이었읍니다. 사실 그 슬픔이 그처럼 빨리 마음속 깊이 스며든 것은, 내가 죽은 친구를 사랑하면서 내·영혼을 모래 위에다 쏟아 놓은 때문이 아니고 무엇이겠읍니까? 특히 용기와 희망을 북돋아 준 것은 다른 친구들의 위로였읍니다. 나는 그들과 더불어, 당신 대신에 자신이 사랑했던 것을 사랑했으나 그것은 어처구니없는 거짓이었읍니다. 그 간음과도 같은 자극에 우리들의 정신은 온통 그곳으로 쏠렸고 부패해 있었읍니다. 그러나 비록 내 친구 가운데 누군가가 죽는다 해도 그 거짓 이야기만은 내게 있어서 죽지 않을 것입니다.

이밖에도 다른 일들이 저들의 마음을 강하게 끌어당기고 있었읍니다. 그것은 서로 떠들고 웃고 서로를 기쁘게 해주며, 재미있는 책을 함께 읽고 함께 농담을 주고받으며, 또 함께 있으면서 점잖은 체하고, 때로는 자신 안에서 경험하듯이 미워하지 않으면서도 서로 갈라지는 등등의 일이었읍니다. 그러나 이런 것은 희귀한 일로서 보다 많은 의견의 일치에 조미료를 치는 결과가 됩니다. 항상 서로 가르치고 배우며, 빠진 친구가 있으면 초조한 기분으로 기다리다 오면 반갑게 맞이하는 일——이런저런 일들이 사랑을 주고받는 사람들의 모양이나 말투·눈초리·우정에 넘치는 수많은 행동을 통해서 표현되는 여러 가지 행동표시로 말미암아, 마치 새로운 도화선처럼 우리의 마음을 뜨겁게 감동시켜 여러 사람을 하나로 만들어 놓았읍니다.

9. 하느님과의 사귐

우정이란 그런 것이며, 사랑 역시 그런 것입니다. 그래서 어떤 사람이 사랑으로 대하는 것에 사랑으로 답하지 않거나, 상대방의 몸에서 우정상의 표시 이외에 조건없이 사랑하는 자를 사랑하지 않는다면 인간은 양심의 가책을 받게 마련입니다. 그리하여 친구가 죽을 경우에 비탄과 괴로움에 시달리는 밤이 되고, 달콤한 상태에서 쓰라린 아픔의 상태가 되기 위해 한없는 눈물을 흘리다가 죽은 사람의 뒤를 따라 살아남은 사람도 죽는 일이 생기는 것입니다.

당신을 사랑하고 당신 안에서 친구를, 당신으로 인해 원수를 사랑하는 자는 복이 있읍니다. 진정 잃어버리는 일이 없는 분 안에서 만인을 사랑하는 사람만이 정다운 친구를 단 한 사람도 잃지 않을 수 있읍니다. 그분이 바로 우리의 하느님이 아니시고 누구이겠읍니까? 그분은 천지를 창조하시고 모든 창조물을 충만하게 하십니다. 왜냐하면 그분은 천지를 충만하게 하기 위해서 천지를 창조하셨기 때문입니다. 당신을 버리는 자만이 당신을 잃으며, 당신을 잃는 자가 어디를 가며 어디로 달아날 수 있겠읍니까? 너그러우신 당신을 떠나서 노여워하시는 당신 곁으로 가는 것이 아니겠읍니까? 그런 사람은 그 벌 속에서 반드시 당신의 율법을 발견하게 될 것입니다. 당신의 율법은 곧 진리이며 진리는 곧 당신입니다.

10. 만족이 없는 곳

만군의 주님이시여, 우리를 당신께로 돌이키시어 당신의 얼굴을 보여 주소서. 그러면 우리는 곧 구원을 받을 것입니다. 인간의 영혼은 당신이 없는 동안은 어디로 가든 괴로움과 마주칠 것입니다. 비록 아름다운 것이 온다 할지라도 그 영혼은 괴로움에 붙잡혀 있을 것입니다. 그 아름다움도 당신으로부터 생긴 것이

아니라면 아무런 의미도 없을 것입니다. 그것들은 생성하고 소멸
합니다. 그들은 생성하면서 존재하고 성장하여 자기 완성에 이르
고, 완성되면 노쇠해져서 멸망하고 맙니다.

　모든 것이 다 노쇠하지는 않지만 모든 것이 쇠망합니다. 그러
므로 그들은 발생하면서 곧 존재하려고 애씁니다. 그들은 존재하
기 위해 서둘러서 없어지게 됩니다. 그것이 그들의 방식입니다.
당신께서 그들에게 아주 많은 것을 주셨으며, 그들은 이 사물의
세계의 일부입니다. 그들은 동시에 성립한 것이 아니라, 전체는
한꺼번에 오기도 하고 가기도 하여 맡은 일을 다합니다. 그들은
전체의 부분입니다. 보십시오, 우리의 말도 음성으로 완성이 됩
니다. 말 한마디가 울려 나와서 사라지지 않는다면 뒤를 이어
다른 말이 나올 수가 없기 때문에 말 전체를 할 수 없게 될 것입
니다.

　나의 영혼은 이러한 사물에 의해서 당신을 찬양할 것입니다.
만물의 창조주인 하느님이시여, 그러나 육체의 감관으로 인해서
그 사랑에 너무 집착하지 않도록 해주소서. 이 사물들은 각각 나
온 곳으로 되돌아가서 다시 있지 않게 되고, 부패로 가득한 욕망
으로 영혼을 찢어 버립니다. 왜냐하면 영혼이 존재하기를 갈망하
고 그것이 사랑하는 것 안에 머물기를 갈망하고 있기 때문입니다.
이런 사물 속에는 영혼이 쉴 만한 곳이 없습니다. 그것들은 오래
존립하지 않고 피해 가기 때문입니다. 어느 누가 자기 육체의 감
관능력으로 그들에게 도달할 수 있겠읍니까? 그것이 아무리 가
까이 있다 할지라도 어느 누가 그것을 파악하고 붙잡을 수가 있
겠읍니까? 육체의 감관은 육체의 감관이기 때문에 느립니다. 이
것이 감각의 생태입니다.

　감관은 그것이 만들어진 목적을 다하는 데에만 힘을 쓸 수 있을
뿐 일정한 시점에서 일정한 종점으로 달려가는 사물들을 붙잡지는
못합니다. 그것들은 당신의 말씀에 의해서 만들어졌지만, 그들은
「여기까지는 와도 좋다, 여기까지만」하는 당신의 말씀을 듣습
니다.

11. 하느님만이 영원하다

나의 영혼이여, 허무한 것이 되지 말지어다. 허무한 소음 때문에 마음의 귀머거리가 되지 말지어다. 너 영혼이여, 들으라. 주는 「돌아오라」고 외치신다. 네 스스로 버리지 않는 한 그 사랑은 너를 버리지 않을 것이며, 거기에는 고요한 안식이 있을 것이다. 보아라, 모든 것은 사라지고 다른 것이 뒤따라 나타나며, 이렇게 해서 지상의 세계는 이 모든 부분으로 이루어진다.

하느님은 「내가 또한 어느 곳으로 떠날 것인가?」하고 말씀하셨다. 거기에다 네 거처를 정하고 거기에다 네 모든 것을 맡겨라. 나의 영혼이여, 너는 갖가지 위선에 지쳐 있다. 진리로부터 얻은 것은 모두 진리에게 맡기면 된다. 그리하면 너는 아무것도 잃지 않을 것이다. 주님 속에 있는 썩어 죽은 것은 다시 피어날 것이며, 너의 병은 모두 치료될 것이며, 약한 곳에서는 새로운 용기가 솟아나서 알찬 네가 될 것이다. 그리하여 다시는 너를 그것들이 떨어지는 장소에 떨어뜨리지 않을 것이며 항상 너와 더불어 영원히 꿋꿋하게 서 계시는 하느님을 향해 똑바로 서 있게 하실 것이다.

너는 어찌하여 주님의 뜻을 거역하고 네 육체를 따르는가? 주님을 향해 돌아서서 육체를 자기에게 복종시켜야 한다. 육체적으로 느끼는 것은 언제나 부분에 불과하기 때문에, 너는 언제나 그 전체를 알지 못할 것이다. 그 조각들은 전체의 일부이지만 그들이 너를 위해 즐거움을 마련해 준 것이다. 그러나 만일 네 육신의 감관이 전체를 파악할 능력이 있으면서도 네가 고통스럽고 힘들도록 전체의 일부밖에 못 되는 그대로의 한계를 받아들이려 하지 않는다면 너는 전체를 향유하기 위해서 현재 네게 있는 것이 다 지나가기를 바라야 할 것이다. 이것은 우리들이 하는 말에서도 똑같은 것이다. 네가 육신의 감관으로 말을 듣게 되지만 너는 한 음절이라도 남아 있기를 바라지 않고, 도리어 그 음성은 사라지고 다른 음절로 전체를 알아듣기 원하는 것과 같은 것이다. 개체가 성립되는 전체는 언제나 그러한 것이다. 그리고 이 전체는 언제나 똑같은 것으로 존재하지는 않지만 때때로 전체가 지각된다면 개체보다도 더 즐거운 것이다. 그러나 모든 것을 창조하신 분은, 모든 사물이 집합된 전체보다도 훨씬 좋으신 분이시다. 그분이 바로 우리 하느님이시며, 그분의 뒤를 계승하는 자가 없으므로 그분은 영원하시다.

12. 하느님 안에서

만약 육체들이 네 마음에 든다면 그것으로써 하느님을 찬양하고, 네 사랑을 그 창조주께 돌려라. 왜냐하면 네 마음에 드는 것으로 인해 그분 마음에 들지 않는 자가 되지 않기 위해서이다. 만약 영혼이 네 마음에 든다면 하느님 안에서 그것을 사랑하라. 영혼도 바뀌는 것이므로 그분 안에 뿌리를 내려야만 확실한 것이 되기 때문이다. 그렇지 않으면 영혼은 사라져 버릴 것이다. 영혼을 그분 안에서 사랑하라고 하는 것은 바로 이 때문이므로 너는 가능한 한 많은 영혼을 그분께로 데리고 가면서 그들에게 「이분을 사랑하자. 이 영혼들을 만드신 분이 바로 이분이시다. 이분은 우리로부터 멀리 떨어져 계시지는 않는다」고 설득하라. 하느님은 만들어 놓으신 다음 멀리 떠나신 것이 아니라, 그분에게서 나왔으면서 하느님의 속에 있다. 그렇다면 대체 진리는 어디에 있는가? 어디에서 맛볼 수 있을까? 진리는 마음의 가장 깊은 곳에서 맛볼 수 있지만 마음이 그분을 떠나 길을 잃었다. 「너희 배반자여, 마음으로 돌아가라. 」그리고 너희를 지으신 그분에게 속하라. 그분 곁에 서라. 그렇게 하면 설 수 있을 것이다. 그분 안에서 쉬어라. 그리하면 너희는 평안을 얻게 될 것이다. 너희는 광야의 어느 곳으로 가느냐?

너희들이 사랑하는 선함은 그분으로부터 나왔으나, 그것은 그분을 향한 선이며 달콤함이다. 그러나 그분으로부터 나오는 것을 그분을 떠나서 사랑한다면 그것은 쓰디쓴 것으로 부정한 사랑이 될 것이니 너희는 옳게 사랑하도록 하라.

너희는 어디로 가기 위해 이 어렵고 힘든 길을 가는가? 너희

들이 안식을 구하는 곳에는 안식이 없을 뿐만 아니라, 너희는 **행**
복한 삶을 추구하지만 거기에는 없을 것이다. 한 번도 생명이 없
었던 곳에 어떻게 행복한 생명이 존재할 수 있겠는가.

거기에서 우리의 생명 그 자체 (그리스도)가 이 지상에 강림하
사 우리의 죽음을 그치게 하시고, 넘치는 생명을 가지고 죽음을
죽이셨다. 그리고 우리들이 그분 곁으로 돌아가도록 뇌성처럼 호
령하셨다. 그분은 숨은 곳에서 나와 우리의 곁으로, 처음으로 처
녀의 태내에 오시어 거기서 죽어야 할 육신인 피조(被造)의 인간
성과 결합하셨지만 그것은 육체가 영원히 살기 위해서였다. 이어
서 처녀의 태내로부터 마치 규방에서 나온 새신랑처럼, 길을 달
리는 거인처럼 뛰쳐나오셨다. 그분은 머뭇거리시지 않고 뛰시면
서 말과 행동으로 죽음과 삶으로, 강림과 부활로 부르신다. 그분
은 또한 우리에게 다시 그분께 돌아오라고 외치신다. 그리고 그
분은 우리 눈에서 사라지셔서 우리가 「마음으로」 되돌아와서 그분
을 찾도록 하신다. 그렇다. 그분은 떠나셨다. 그러나 「보라, 그
분이 여기 계신다.」 그분은 우리 가운데 오래 머물려고 하지는 않
으셨으나, 그분은 우리를 떠나지 않으셨다. 그분은 한 번도 떠나
보신 일이 없는 그곳으로 되돌아가셨고. 「세상이 그분을 통해 창
조되었는데, 그분은 이 세상 안에 계셨고 죄인을 구원하시려고
이 세상으로 오셨다.」 내 영혼이 그분께 죄를 범했어도 내 영혼
이 찬양으로 그분께 고백하면 그분은 내 영혼을 건강하게 만드신
다. 「너희 인간의 자식들아, 언제까지 너희의 마음을 무겁게 하려
느냐?」 생명이 강림한 후에도 너희는 위로 올라가 살지 않으려
느냐? 그러나 너희들이 높은 곳에 서서 입을 하늘에 둔다면 너
희들이 올라갈 곳은 없다. 하느님을 향해 올라가기를 원한다면 내
려오너라. 너희들이 멀어진 것은 하느님을 거역하고 네 마음대로
올라갔기 때문이다.

눈물의 골짜기에서 우는 것을 배우기 위해 인간의 자식들에게
이것을 알려라. 그리고 그들을 하느님 곁으로 데리고 가자. 너희
들이 사랑에 불타올라 이 같은 말을 하는 것은 오직 하느님의 영
에 의한 것이다.

13. 사랑은 어디서 생기는가

그 무렵 나는 그러한 것들은 전혀 모르고 있었읍니다. 나의 사랑은 이 세상의 아름다운 것에 깊이 빠져 있었읍니다. 나는 친구들에게 「우리가 사랑한 것이 아름다움 이외에 또 있는가? 그렇다면 아름다움이란 무엇인가? 도대체 무엇이 우리를 끌어당겨서 사물을 사랑하게 되는가? 만일 그것들에게 우아함과 아름다움이 없었다면 우리를 사로잡을 수는 없었을 것이다」라고 말했읍니다.

그리하여 나는 물체의 아름다움에 대해 그럴 듯한 것을 발견했읍니다. 즉, 신체에 있어서 어느 것은 전체적으로 아름답고 어느 것은 부분일지라도 전체와 조화를 이루어 아름답다는 것입니다. 이런 생각이 내 마음속에서 용솟음쳤기 때문에 《아름다움과 조화에 대하여》라는 책을 서너 권 썼지만, 당신도 아시는 것처럼 그냥 흐지부지되어 잃어버리고 말았읍니다.

14. 히에리우스에게 바치다

주님이시여, 나의 하느님이시여, 내가 로마 시(市)의 수사학자 히에리우스에게 그 책을 바친 이유가 무엇이었읍니까? 나는 그의 얼굴도 모르면서 학식이 뛰어나다는 소문만 듣고 그 사람을 좋아했읍니다. 그러나 그를 좋아하게 된 가장 큰 원인은 남들이 그를 매우 칭송했기 때문이며, 놀라운 일은 그가 시리아 사람이면서도 처음에는 그리스 어 웅변술에 능통하더니 그후에는 라틴어 웅변술에도 능통했을 뿐만 아니라 철학에 대해서도 여간 조예가 깊지 않다는 것입니다.

아뭏든 그는 대단히 칭송을 받는 인물이었으며, 처음 보는 사람에게조차 사랑을 받았읍니다. 그 사랑은 칭찬하는 사람의 입에서 듣는 사람의 마음속으로 들어간 것일까요? 결코 그런 일은 없으며, 오직 사랑이 사랑에 불을 붙이기 때문에 다른 사람이 열렬해지는 것입니다. 말하자면 칭찬하는 사람의 말이 거짓이 아님을 믿게 될 때, 즉 칭찬하는 사람이 사랑을 가지고 극구 찬양할 때 그 사람은 진정으로 사랑을 받고 있는 것입니다.

그 당시 나는 그처럼 사람들의 판단에 의해서 사람을 사랑했읍니다. 나의 하느님이시여, 당신의 판단에 의해서 사랑했더라면 아무런 잘못도 범하지 않았을 텐데, 사람의 판단에 따라 사람을 사랑했던 것입니다. 그러나 내가 그를 유명한 기수나 값싼 박수 갈채를 받는 검투사처럼 칭찬하지 않고 다른 방법으로, 즉 나도 그와 같은 칭찬을 받고 싶었던 방식으로 칭찬했는데 그것은 대체 무슨 까닭이었을까요? 사실 나 역시 배우를 칭찬하고 사랑하지만, 나 자신은 그런 따위의 칭찬과 사랑은 받고 싶지 않습니다. 차라리 그렇게 유명해지기보다는 은둔하는 생활이 낫고, 그렇게 사랑을 받기보다는 차라리 미움을 받는 편이 훨씬 더 좋을 것입니다. 동일한 영혼 안에 있으면서도 갖가지 색다른 사랑으로 분리되어 있는 이유는 무엇일까요? 또한 사람은 다 같은데 내가 남에게 있는 무엇은 사랑하고 나에게 있는 무엇은 차 버리고 싶도록 미워지는 까닭은 무엇일까요?

말[馬]이 되는 것이 사람에게 가능하다 해도, 그렇게 되기를 원하는 사람은 없을 것입니다. 그렇다고 해서 우리가 배우를 사랑하는 것이 그와 같다고 생각해서는 안 됩니다. 왜냐하면 배우도 우리들과 같은 인간이기 때문입니다.

그렇다면 나는 인간이면서 나 자신이 싫어하는 것을 다른 사람에게서 사랑하는 것일까요? 인간은 실로 깊이를 알 수 없는 심연입니다. 주님이시여, 당신은 인간의 머리털의 수까지도 알고 계시어 당신 안에서는 무엇 하나 잃어버리는 것이 없으나, 실상 그 머리털도 인간의 마음속에서 일어나는 일에 비하면 훨씬 헤아리기가 쉬울 것입니다.

그런데 그 수사학자는 나 자신도 그런 사람이 되고 싶다고 생각하는 그런 사람이었읍니다. 그리하여 나는 허영에 들떠서 바람 부는 대로 떠돌고 있었지만, 당신은 아무도 모르게 나를 다스리고 계셨읍니다. 그러면 그를 사랑한 것은 그가 칭찬받고 있다는 사실 때문이라기보다는 칭찬하는 사람들이 그를 사랑했기 때문이라는 것을 지금 나는 어떻게 알고 당신에게 고백하는 것일까요? 그것은 만약 같은 사람들이 그를 칭찬하지 않고 비난했다면 나는 그에게 열광하거나 감격하지 않았을 것이기 때문입니다. 그러나 사실은 다르지 않았고 그 사람도 다른 것이 아니었으며, 다만 얘기하는 이들의 기분이 달라진 것뿐입니다.

확고한 진리에 의지하지 않는 약한 영혼은 그처럼 비참합니다. 잘못 생각하는 사람들의 가슴으로부터 말이 흘러나오면 약한 영혼은 이리 끌리고 저리 밀리다가 어느덧 그 빛이 흐려져서 진리를 볼 수 없게 됩니다. 그러나 진리는 우리 앞에 있읍니다.

나는 나의 논설과 연구가 그에게 알려지는 것을 대단한 일로 생각하고 있었읍니다. 그리하여 그가 인정해 주었다면 열심이었을 것이고, 반대로 인정하지 않았다면 당신에게 의지하지 못하여 마음의 상처를 입었을 것입니다. 그러나 나는 그에게 바친 《아름다움과 조화에 대하여》라는 책을 칭찬해 주는 사람이 없어도 혼자 뒤적이며 기뻐했읍니다.

15. 아름다움과 조화

그러나 나는 그와 같은 중대한 문제의 근거가 당신의 능력 안에 있다는 것을 몰랐읍니다. 전능하신 하느님이시여, 오직 당신만이 신비한 능력을 나타내시는데도 나의 정신은 그것도 모르고 물체의 현상만을 쫓아다녔읍니다. 그리하여 제 스스로 「아름다운 것」을 규정하고, 그 무엇인가와 어울려서 아름답게 보이는 것을 「조화」라고 규정지어 갖가지 물체를 예로 들어 설명했읍니다. 그 후 나는 영혼의 본성에 파고들려 했지만, 영적인 것에 대해 그릇된 견해를 가지고 있었으므로 진리를 볼 수 없었읍니다. 진리가 내 눈 속으로 뛰어들었지만 나는 설레는 정신을 비물체적인 것으로부터 선과 빛, 그리고 부피가 있는 쪽으로 돌렸읍니다. 그리고 이런 것들을 영혼 속에서 볼 수 없었으므로 영혼도 볼 수 없을 것이라고 생각하고 있었읍니다.

또 나는 덕(德) 속에 있는 평화를 사랑하고 악덕 속에 있는 불화를 증오했지만, 전자 속에는 통일이 있는데 후자 속에는 약간의 분열이 있는 것을 발견했읍니다. 또 그 통일 속에는 이성적 정신과 진리, 그리고 최고선(最高善)의 본성이 있는 것처럼 보였지만, 반대로 분열 속에는 무엇인지 몰라도 비이성적인 생명을 가진 실체와 최고악의 본성이 있어, 그것은 실체에 그치지 않고 분명 생명인데도 당신에게 유쾌한 것이 아니라고――나의 하느님이여, 만물은 당신으로부터 생기는 것임에도 불구하고――나는 생각했던 것입니다.

그리고 전자를 성별없는 정신성이라는 뜻에서 단자(單子 : monad)라 불렀고, 후자를 쌍자(雙子 : dyad)라고 부르며, 악행 중에 나타나는 노여움과 추행 중에 있는 욕심을 뜻하는 것이라고 했지만, 그런 말을 하는 나 자신도 무슨 말을 하고 있는지를 몰랐던 것입니다. 왜냐하면 그 당시 나는 악이란 실체적인 것이 아니고, 우리의 정신은 최고불변의 선이 아니라는 것을 깨닫지도 배우지도 못했기 때문입니다.

무릇 충동을 내포하는 마음이 악에 젖어서 오만해지고 거칠어질 때 폭행이 생기고, 육체적 쾌락을 탐하는 영혼의 정념이 절제를 잃으면 추행이 생겨나듯, 이성적 정신이 흐려질 때 오류와 거짓된 사고가 우리의 생명을 오염시킵니다. 그 당시 나는 이성적 정신은 진리가 아니므로, 진리를 보려면 다른 빛으로 비추어져야만 한다는 사실을 몰랐던 것입니다. 주여, 실로 나의 등불에 불을 켜주는 이는 바로 당신입니다. 우리는 당신의 충만으로부터 모든 것을 받았읍니다. 그렇습니다. 당신은 이 세상에 오는 모든 인간을 비추시는 진정한 빛이므로, 당신 안에서만은 일순간이라도 변하거나 그림자가 지지 않읍니다.

나는 당신께 좀더 가까이 가려고 했지만, 쫓겨나서 죽음을 맛보지 않을 수 없었읍니다. 왜냐하면 당신은 오만한 자를 물리치시기 때문입니다. 내가 형언할 수 없는 광증으로 본성에 있어 당신처럼 된다고 주장했던 것보다 더 큰 오만이 어디 있겠읍니까? 내가 변화 속에 복종하는 상태이고 또 저급한 상태로부터 더 좋은 상태에 도달하기 위해 현명해지고자 한 데서 이미 이런 변화를 깨달았읍니다. 그러나 나는 당신과 다르다는 점보다는 오히려 당신한테도 변화가 있다고 믿으려고 했고, 헛되고 불경스럽게도 당신의 물리치심에 반발했읍니다. 나는 나의 감관적인 형태를 보다 오래 간직하면서 혈육인 내가 혈육에 대하여 죄를 지었으며, 당신한테서 안식을 찾지 않았읍니다. 나는 당신 곁으로 가지도 않고 전혀 있지도 않는 것 사이에서 방황했읍니다. 그것은 당신의 진리가 나를 위해 만들어 준 것이 아니라, 내 공상에 의해서 물체계의 형상대로 꾸며 낸 것이었읍니다. 그리고 당신의 보잘것없는 신자들, 나의 시민을 향해 「만약 하느님이 영혼을 만들었다면 어째서 그 영혼이 잘못을 저지를 수 있단 말인가?」라고 물었읍니다. 그러나 그들이 내게 「그렇다면 하느님은 어째서 과오를 범하는가?」하고 반문하는 것을 싫어했읍니다. 그리하여 나는 나 자신의 가변적 실체가 내 뜻으로 길을 잘못 들어 과오를 범한다고 고백하느니보다는 당신의 불변의 실체가 강요에 의해 과오를 범하는 것이라고 주장했읍니다.

내가 그 책을 썼던 때는 스물 여섯이나 일곱쯤 되었을 무렵이었읍니다. 나는 내 마음의 귀에 번거롭게 웅성거리는 물질적인 허깨비들에 대해 골똘히 생각하는 한편 「아름다움과 조화」에 대해 생각하면서 당신의 그윽한 가락에 귀를 기울이려고 했읍니다. 당신 앞에 서서 당신의 목소리를 듣고 새신랑의 목소리를 맘껏 즐기려고 했지만 그렇게 할 수가 없었읍니다. 내 오류의 음성이 나를 나 자신의 밖으로 끌고 나가 내 교만의 무게로 인해 깊은 곳으로 가라앉았는데, 그 까닭은 당신은 내 귀에 기쁨과 즐거움을 베풀어 주지 않으셨고 아직 겸손해지지 못한 내 뼈들이 즐겁게 춤출 수 있도록 해주지 않으셨기 때문입니다.

16. 아리스토텔레스의 《십범주》

나는 스무 살이 다 되었을 무렵, 《십범주(十範疇)》라는 책을 구해서 혼자 읽고 깨달았읍니다. 그러나 그것이 내게 무슨 도움이 되었을까요? 그 책은 스승이었던 카르타고의 수사학자나 그밖에 학식이 있다는 학자들이 우쭐거리며 추켜세우던 것으로, 무슨 위대한 것이나 되는 듯 마음이 설레는 것이었읍니다.

나는 몇몇 사람들과 그 책에 대해 이야기했읍니다. 그들은 학식있는 스승이 땅에 그림을 그려 가면서까지 가르쳐 주었어도 이해할 수 없다고 하며, 내가 혼자 읽어 터득한 것 이상의 것을 내게 설명해 주지는 못했읍니다. 그 책은 인간과 같은 실체와 거기에 딸린 속성에 대해 자세히 설명하고 있었읍니다. 예를 들면 인간의 형태나 성질, 키는 얼마나 되는가, 친족관계는 어떠한가, 어디에 살고 있는가, 언제 태어났는가, 서 있는가 앉아 있는가, 신발을 신고 있는가, 무장하고 있는가, 또는 무슨 일을 하고 있는가, 고통을 당하고 있는가 등등 실체적 존재의 개념을 예증했읍니다.

그러나 이것이 내게 무슨 소용이 있단 말입니까? 오히려 해가 되었을 뿐입니다. 나는 존재하는 모든 것은 저 열 개의 범주 안에다 포함되는 것으로 잘못 생각했기 때문에 비개념적으로 단순하고 불변이신 나의 하느님도 그렇게 생각하여, 마치 물체의 그 속성이 관계하듯이 그러한 방법으로 당신께서도 크기와 아름다움의 소유자이신 줄 알았읍니다. 그러나 당신의 크기와 아름다움은 당신 자신이십니다. 이와는 본질상 반대로 하나의 물체가 그것이 물체이기 때문에 크고 아름답다고 할 수 없으며, 이것은 물체가 다소 작고 덜 아름답다 해도 역시 물체는 물체이기 때문입니다. 내가 당신에 관하여 생각한 것은 거짓이며 진리가 아닙니다. 그것은 나의 불쌍함에서 비롯된 거짓 행위이지, 당신의 복락(福樂) 안에 있는 안전성이 아닙니다. 당신께서는 땅의 엉겅퀴나 가시나무를 나를 위해 만들어 내어 고생해서 빵을 얻어야만 하도록 명령하셨으며, 실제로 그와 같은 일이 나의 신상에 일어났던 것입니다.

이밖에 또 소위 자유학예라는 책을 혼자 읽고 이해했다 해도, 이것이 내게 무슨 도움이 되었을까요? 나는 그 책을 읽으면서 흥미를 느낀 것은 사실이지만, 그 속에 포함된 진실하고 확실한 것이 모두 어디에서부터 오는지를 알지 못했읍니다. 나는 빛을 등지고 서서 빛을 받고 있는 물건 쪽으로 얼굴을 돌려 그 물건을 바라보고 있는 내 얼굴에는 빛이 미치지 못했읍니다. 내가 변증

법이나 기하·음악·대수 등등 무엇이든지 남의 도움을 받지 않고 모든 것을 이해할 수 있었음을 당신께서는 아십니다. 주 나의 하느님, 왜냐하면 당신이 주신 빠른 이해력과 날카로운 판단력 때문입니다. 그런데도 나는 당신 앞에 아무런 제물도 올리지 못했기 때문에 이롭기는커녕 오히려 해가 되고 말았읍니다. 나는 그토록 값진 재산을 내 손에 넣기에만 애썼을 뿐, 「내 강한 힘을 당신을 위해 간직해 두지 않고」 당신을 떠나 먼 지방으로 가서 음란한 쾌락만 즐겼던 것입니다. 선한 능력이라도 그것을 선하게 사용하지 못했으니 내게 무슨 소용이 있겠읍니까? 이 학문들은 아무리 노력하고 재능이 있는 학생이라도 이해하기가 매우 어려운 것이라는 사실을 내가 그들을 직접 가르치면서 깨닫게 되었으며, 그들 가운데서 뛰어난 학생만이 겨우 내 설명을 알아들었읍니다.

그러나 주님이시여, 진리이신 하느님이시여, 당신은 측량할 수 없이 크고 맑은 물체이시고 나는 그 형체의 한 조각에 불과하다고 생각하던 그 당시의 나에게 그것이 무슨 도움이 되었겠읍니까? 정말 어처구니없는 큰 잘못입니다. 그러나 나는 그러했으며, 한때 나는 사람들 앞에서 모독적인 언사를 공공연히 사용하여 당신을 욕되게 하고도 부끄러워할 줄을 몰랐읍니다. 내 정신이 이 학문을 빠르게 이해하고 다른 스승의 도움이 없이도 어려운 책을 해독했다 할지라도 나에게 무슨 도움이 되었겠읍니까?

이와 반대로 당신에 속하는 보잘것없는 자들이 당신으로부터 멀리 떨어지지 않고 교회라는 둥우리 속에서 보호를 받으며 깃이 돋아나고 신앙이라는 건전한 영양의 섭취로 살이 찐다면, 비록 그들의 재능이 나보다 뒤진다 하더라도 그것이 그들에게 얼마나 손해를 입혔겠읍니까?

오, 우리 주 하느님이시여, 우리로 하여금 「당신의 날개의 그늘 아래」, 선한 소망으로 살게 하시고, 우리를 덮으시고 데려가시옵소서. 당신은 날라다 주시겠지요. 보잘것없는 자들을 백발이 될 때까지 날라다 주시며, 보잘것없는 자녀들까지도 백발이 될 때까지 날라다 주실 것입니다. 그러므로 당신은 우리의 능력이십니다.

당신께서 우리의 능력이 되실 때만 그것이 능력일 뿐 우리만 홀로 있다면 무능에 불과할 뿐입니다.

우리의 선은 언제나 당신 안에서만 삽니다. 그런데 거기에서 떠났기 때문에 우리는 사악하게 되었읍니다. 그러나 주여, 다시는 돌아서는 일이 없도록, 지금 주의 곁으로 되돌아가렵니다. 왜냐하면 우리의 선은 당신한테서 결함없이 그 생명을 갖기 때문입니다. 우리가 거기에서 굴러떨어졌다 하더라도 이제는 돌아갈 곳이 없다고 걱정하지 않겠읍니다. 왜냐하면 비록 우리가 집을 비우는 한이 있더라도 진정한 우리의 집이신 영원한 당신은 결코 굴러떨어지는 일이 없을 것이기 때문입니다.

5
로마에서 밀라노로

1. 고백의 제물

  당신의 이름을 찬미하도록 만들어 주신 내 혀, 이 혀의 손으로 드리는 내 고백의 제물을 받아 주소서. 그리고 나의 모든 뼈를 고쳐 주시어 그것으로 하여금 「주여, 당신과 같은 자가 누구입니까?」라고 말하게 하소서. 고백하는 자는 자기 속에서 일어난 일을 새삼스럽게 알려 드리는 것이 아닙니다. 닫혀 있는 마음도 당신을 피할 수 없고 못된 인간일지라도 당신의 손을 뿌리치지 못합니다. 이것은 당신은 자비를 베푸시거나 복수를 하시어 마음대로 그들을 다루실 수 있으므로 어느 누구도 당신의 열로부터 몸을 피할 수가 없기 때문입니다.

  그래도 나의 영혼은 당신을 사랑하며 당신을 찬양합니다. 당신을 찬양하기 위해서는 당신을 사랑함을 당신에게 고백해야 합니다. 당신의 온갖 피조물은 당신을 찬미하기를 중단하지 않으며 생물이나 무생물은 그것을 바라보는 자들의 입을 통해서 당신을 찬미합니다. 그리하여 우리의 영혼은 무기력한 상태에서 일어나 이 모든 것을 만드신 당신을 향해 올라가 묘한 솜씨로 만물을 창조하신 당신에게 다다를 것이며, 바로 여기에 소생과 참다운 능력이 있는 것입니다.

2. 언제나 준비하고 계시는 주님

잔인무도한 자들이 당신을 피해 멀리 도망간다 해도 당신은 그들을 보실 뿐만 아니라 그 그림자까지도 보실 수 있습니다. 보십시오, 그들과 같이 있는 것은 모두 아름답지만, 그들만이 추할 뿐입니다.

그러나 그들이 당신에게 무슨 해를 끼칠 수 있읍니까? 하늘에서 땅 밑에 이르기까지 의롭고 완전한 나라에 대해 그 어디를 더럽힐 수 있겠읍니까? 당신의 얼굴을 피해 달아난다 하지만, 대체 달아날 곳이 어디에 있단 말입니까? 당신은 그들을 어디서든 보십니다. 그러나 그들은 달아났읍니다. 그들은 이런 방식으로 눈이 멀고 당신 앞에서는 당신이 드러나고, 당신은 당신이 만드신 그 어느 것도 버리시는 일이 없으므로, 그들은 당신 앞에 부정한 자로 나타나서 그들의 잘못에 맞는 고통을 당합니다. 그들은 인자하신 당신으로부터 일부러 피했다가 의로운 당신과 부딪쳐 당신 앞에 떨어진 것입니다.

그러므로 그들은 되돌아와서 당신을 찾게 됩니다. 그들은 창조주를 버렸지만 당신은 결코 당신의 피조물을 버리지 않으셨읍니다. 그러므로 그들은 당연히 당신한테 돌아오며, 그때 당신은 바로 그들의 마음속에 계십니다. 당신은 당신한테 고백하는 자들의 마음속에 계십니다. 그들은 당신의 품에 안겨서 그「고통스러운 인생길」을 다 걷고 나서는 울음을 터뜨리게 될 것입니다. 당신이 인자하게 그들의 눈물을 닦아 주시면 그들은 점점 더 흐느끼고 그 속에서 기쁨을 느낍니다. 왜냐하면 주여, 당신은 그 어느 피와 살로 된 인간이 아닌 그들을 만드신 분으로서, 그들을 격려해 주시고 고쳐 주시기 때문입니다.

당신을 찾고 있었을 때 나는 어디에 있었던가? 분명히 당신은 내 눈앞에 계셨는데 나는 나 자신으로부터 멀리 떠나 있어 나 자신을 보지 못했읍니다. 그리하여 당신을 찾는다는 것은 생각조차 할 수 없었던 것입니다.

3. 마니 교도 파우스투스

나는 당신에게 스물 아홉 살 때의 일을 이야기하겠읍니다.

그 무렵 카르타고에는 파우스투스라는 마니교의 주교가 와 있었읍니다. 「그는 악마의 덫」으로서, 대개의 사람들이 그의 달콤한 말에 사로잡혀 있었읍니다. 나도 그의 웅변에 찬사를 보냈지만 나는 진리를 열망하고 있었고, 또 그 진위를 가려 낼 줄 알았으므로, 그들이 훌륭하다고 찬양하는 파우스투스가 내게 먹으라고 내놓은 지식의 내용을 살폈을 뿐 결코 그 지식을 담은 그릇을 살피지는 않았읍니다. 내가 들은 소문에 의하면 그는 모든 학문에 정통해 있고, 특히 자유학예에 조예가 깊다는 것이었읍니다.

나는 철학책을 많이 읽어 기억하고 있었으므로, 그것을 마니 교도들의 허황된 장광설과 비교해 보았읍니다. 그때 나는 철학자들의 주장이 보다 더 합리적이라는 것을 알았읍니다. 비록 철학자들이 자기의 주($\pm$)는 발견하지 못했지만 그들은 자기의 이성으로써 우주를 차근차근 규명합니다. 왜냐하면 당신께서는 매우 숭고하므로 낮은 자는 보살피시지만 스스로 높다고 하는 자는 멀리하시기 때문입니다. 또한 당신은 마음이 깨끗한 자들만을 가까이하시기 때문입니다. 비록 묘한 재주를 가지고 있어서 별들과 모래를 일일이 세고 천체를 측량한다고 할지라도, 오만한 자는 결코 당신을 발견할 수 없읍니다.

그들은 당신이 내리신 재능으로 그런 일들을 탐구하는 것입니다. 그들은 그 재주로 많은 것을 발견하고, 일식이나 월식이 언제 일어나리라는 것을 예고하는데, 그것은 조금도 틀리지 않았읍니다. 그들이 계산하여 발견한 법칙이므로 오늘날 우리는 그것을 읽음으로써 몇 년 몇 월 며칠 몇 시에, 하늘 어디에서 일식과 월식이 일어나리라는 것을 예고할 수 있으며, 실제로 예고한 대로 일어날 것입니다.

아무것도 모르는 사람들은 이것을 보고 신기하다고 하여 놀라움을 금치 못했지만, 아는 자들은 득의양양하여 뽐냈읍니다. 그들은 오만으로 인해 당신의 빛으로부터 떨어져 나갔읍니다. 그리하여 일식은 예고하면서도 이전부터 있었던 자기 자신의 어둠은 볼 줄을 모릅니다. 그것은 그들이 이러한 것을 탐구해 내는 재능을 어디로부터 받았는가 하는 것에 대해 경건한 태도로 탐구하지 않기 때문입니다. 또 당신이 그들을 만드셨다는 것을 발견하고도 당신이 보존하시도록 하지 않았읍니다. 그들은 스스로 된 줄 알고 당신께 제물을 올리지 않았읍니다. 그들은 그러한 호기심으로써 심연 속의 어두운 길을 두루 돌아다녔읍니다. 그들은 또한 쾌락이라는 야수를 잡아 바치지 않았읍니다. 오, 하느님, 그리하여 당신께서는 그들을, 죽은 지식을 잡아먹는 불로 태워 버리시고 그들을 불사(不死)의 존재로 만드셨읍니다. 그러나 그들은 당신의 말씀인 「길」을 몰랐읍니다. 그들이 계산해 내는 것은 그 말씀을 통해서 당신이 창조하신 것인데 그들은 또 계산하는 자신을 몰랐읍니다. 그리고 그들이 계산한 것을 지각하는 감관능력도 몰랐고 그들이 가지고 계산해 내는 오성도 몰랐읍니다. 그러나 당신의 지혜는 측량할 수 없으나 당신의 독생자(獨生子)는 우리의 지혜와 의(義), 그리고 구원이 되셨고, 우리 가운데 한 사람으로 되었으며 황제에게 세금을 바치셨읍니다. 그들은 자아로부터 그분에게 올라갈 수 있는 이 길, 곧 그를 알지 못했고, 그분을 통해서 그분에게로 가야 한다는 것도 몰랐읍니다. 그들은 그 길을 모르고 자기들은 그 별들과 더불어 빛나는 자라고 생각하고 있었으므로 그들은 땅에 떨어졌고, 그들의 어리석은 마음은 어두워졌읍니다. 그들은 피조물에 대해 많은 이야기를 하지만 그 피조물의 창조자, 곧 진리를 경건한 마음으로 찾지 않은 까닭에 당신을 발견하지 못합니다. 행여 발견한다 해도 하느님을 알면서도 하느님으로서 공경하거나 감사하지 않고 자신을 지혜로운 사람이라고 하며, 당신의 것을 마치 자기의 것처럼 생각합니다. 이 때문에 그들은 눈이 멀어서 본래 당신에게 속하는 것을 당신한테 돌리기를 주저하지 않았으며, 진리이신 당신에게 거짓된 것을 덧붙여 놓았읍니다. 그들은 당신에게 온갖 기만을 일삼았고 썩지 않는 하느님의 영광을 바꾸어 죽을 인간과 새, 네발 가진 짐승과 기어다니는 뱀의 형상으로 만들

었고, 당신의 진리를 거짓으로 꾸몄으며 창조주보다 피조물에게
더 충성하고 더 섬겼읍니다.

　그러나 그들은 피조물에 대해서 많은 사실을 이야기했으므로 나
는 그들에게서 많은 것을 배웠읍니다. 나는 그들에게서 계절의 변
화나 수에 관한 것, 눈으로 볼 수 있는 별들을 증명하는 방법을
알게 되었고, 나는 그것을 마니의 설과 비교해 보았읍니다. 마니
는 그런 것에 대해 많이 써 놓았지만 하지와 동지, 춘분과 추분,
그리고 일식과 월식에 대해서 근거라곤 하나도 발견할 수 없었으
며, 내가 세상의 학자들의 저서에서 배운 것과 같은 내용은 하나
도 찾아보지 못했읍니다. 그럼에도 불구하고 「믿으라」고 강요했
지만, 내가 직접 계산하고 내 눈으로 직접 관찰한 법칙에 들어맞
는 것이 없었으며, 매우 동떨어진 것이었읍니다.

4. 자연과학의 허무함

　진리의 주인이신 하느님이시여, 이것을 아는 자만이 당신을 가
쁘게 해드리는 겁니까? 이 모든 것을 안다 할지라도 당신을 모
른다면 그는 불쌍한 사람이지만, 그런 것은 모르더라도 당신을 안
다면 그는 행복한 사람입니다. 그러나 당신을 알고 또 그 모든 것
을 안다고 해서 그 사람이 더 행복해지는 것은 아닙니다. 당신에
게 고백하고 당신 그대로 영화롭게 하며, 당신에게 감사하고 그 생
각이 허망하지 않을 때, 당신과의 관계를 통해서만 사람은 행복
해지는 것입니다. 자기가 한 그루의 나무를 소유하고 있는 사람
인 줄로 알고, 그가 사용할 수 있다는 것에 대해 하느님께 감사합
니다. 그러나 오리나무의 높이가 얼마인지 폭이 얼마인지를 모르
는 사람이라 해도, 그런 것을 측정할 줄 알고 그 가지의 수를 정
확히 알지만 창조주를 알지 못하고 사랑하지도 않는 사람보다는
더 낫습니다. 그와 마찬가지로 북두칠성이 어떻게 도는지 모르는
사람이라도 당신에게 속하여 모든 것을 가졌기 때문에, 당신은
전혀 생각지도 않으면서 하늘을 측량하고 원소의 무게를 다는 사
람보다는 더 낫다고 할 수 있읍니다.

5. 마니교의 정체

대체 누가 마니 교도를 시켜서 이런 것을 쓰게 했는지 모르겠습니다. 구태여 이런 것이 아니더라도 경건한 신앙을 배울 수 있는데 말입니다. 이미 당신은 인간들에게 「보아라, 신앙이야말로 지혜다」라고 말씀하셨습니다. 그 사람이 비록 그런 것들을 모두 알고 있었다 해도 지혜에 대해서는 모릅니다. 그런데 그런 사람은 알지도 못하면서 가르치려 했으니, 인간이 거기에 대해 아는 것이라곤 극히 적은 양에 불과할 것입니다.

설사 안다고 해도 현세적인 일을 일삼는 것은 허영이며, 반대로 신앙이란 당신 앞에서 고백하는 일입니다. 그러나 그 사람은 여기에서 벗어나 탈선했으므로 자연현상에 대해 상세하게 연구했는데, 그는 남들이 실제로 거기에 대해서 잘 이해하여 자기를 논박할까 두려워 그런 것이지만, 참으로 감추어진 다른 사물에 대한 그의 견해가 어떤 것인지를 알아 볼 필요가 있었습니다. 덜 존경을 받는다는 것은 그가 원하지 않던 일이었으므로, 그는 당신을 믿는 사람들을 위로하고 도움을 주시는 성령께서, 충만하신 능력으로 그의 안에 계신다는 신앙을 불러일으키려고 애를 썼습니다. 그리하여 그가 하늘과 성좌, 또는 해와 달의 운행에 대해 한 말이 거짓임이 알려졌을 때, 비록 이런 것이 종교적 진리와는 관계가 없는 것이라 해도 신성모독이라는 사실이 드러났던 것입니다. 그는 자기가 모르는 일뿐만 아니라 터무니없는 거짓까지를 오만한 태도로 이야기하면서, 자기의 말을 신적인 인격자의 말처럼 믿게 하기 위해 온 힘을 다했습니다.

실로 이러한 사물에 대해서는 아무것도 알지 못하고 이런 것에 대해 횡설수설하는, 그리스도 안에 있는 한 형제와 함께 내가 말한 일이 있었습니다. 그때 나는 그 사람이 이것저것 주워 모아 얘기하는 것을 가까스로 참고 들었지만, 그것이 그에게 해를 끼쳐 준 점이라곤 조금도 없다는 것을 알게 되었습니다. 그는 피조물의 장소와 상태에 대해서 무지했습니다. 그리하여 주여, 온 세상

의 창조주이신 당신만을 믿고 다른 것은 믿지 않았읍니다. 그러
나 그가 이러한 사례가 구원론에 속한 문제라고 생각했을 때와,
알지도 못하는 것을 고집스럽게 주장했을 때 그에게 해로운 것이
되었읍니다. 지금은 이러한 허약함도 신앙의 요람기에 있어서는
완전한 인간이 되어 일어설 때까지, 또는 온갖 교설에 흔들리
지 않게 될 때까지 어머니이신 사랑에 의해서 지탱되는 것입니다.

  그러나 스스로 학자요, 스승이요, 지도자요, 창립자라고 일컫
는 사람이 추종자들에게 신앙을 강요하지만, 신앙을 따르는 것이
아니라 당신의 성령을 따르는 것이라고 믿게 할 때, 이같은 거
짓 행위에 대해 망상을 싫어하지 않고 멀리하지 않을 사람이 어
디 있겠읍니까?

  아뭏든 내가 그때까지도 정확히 알 수 없었던 일은 낮과 밤의
길고 짧음이나 교체, 일식이나 월식 등이 과연 내가 어느 책에선
가 읽어 본 현상대로 해석해도 좋은가 하는 점이었읍니다. 그러
나 그렇게 해석했다 해도 실제로 그런지에 대해서는 역시 자신이
없었읍니다. 다만 그가 성자라는 사실 때문에 내 신념은 그의 권
위에 눌렸던 것입니다.

6. 파우스투스에 대한 환멸

  나는 거의 9년 동안 불안정하고 사악한 마음으로 파우스투스가
오기만을 기다렸읍니다. 왜냐하면 내가 이따금씩 만나던 마니 교
도들이 나의 질문에 대해 제대로 대답 할 수 없는 경우에는 그 사
람을 내세웠기 때문입니다. 그들은 그가 와서 서로 얘기를 나누
면 이런 문제나, 혹은 이보다 더한 문제도 아주 명료하게 해명해
줄 것이라고 말했읍니다.

  그러던 어느 날 마침내 그가 왔읍니다. 겪어 보니 매우 서글서
글하고 말을 구수하게 했읍니다. 그리하여 마니 교의 교사들의 말
도 그의 입을 통해서 나오면 훨씬 더 유쾌한 수다로 변했읍니다.
그러나 얌전하게 손으로 주는 그 작은 컵이 내 갈증을 어떻게 풀
어 줄 수 있겠읍니까? 그러한 것은 이미 오래 전부터 내 속에 가

득 차 있어서, 이제 와서 더 잘 강연한다 해도 나에게는 좋게 들릴
리가 없었읍니다. 또한 웅변을 토해 놓는다 해도 그것이 옳게 여
겨지지 않았으며, 얼굴 표정이 꼭 들어맞고 표현법이 근사하다고
해서 그 영혼이 현명해지지는 않았읍니다. 그러나 그 사람에게 소
망을 걸고 나를 위로했던 사람들은, 이러한 문제에 있어서는 판단
력이 없는 사람들이었읍니다. 그들은 그의 말에 만족했으므로, 그
들에게는 그 사람만이 영리하고 현명한 사람이었읍니다.

또한 나는 이와 반대되는 사람들도 알고 있었읍니다. 그들은
진리까지도 의심하는 사람들로서, 아무리 달콤하고 진실한 말을
해도 그것을 믿으려 하지 않았읍니다. 그러나 나의 하느님, 당신
께서 놀랍고 신비스러운 방법으로 내게 이미 가르쳐 주셨읍니다.
그리고 진리는 존재하며 언제 어디서 비쳐 온다 할지라도 당신 이
외에는 아무도 가르쳐 줄 사람이 없으므로, 당신께서 나를 가르쳐
주었다는 것을 나는 믿읍니다. 그러므로 나는 이미 당신한테서 다
음과 같은 사실들을 배웠읍니다. 즉 연설을 잘 했다고 해서 그것
이 꼭 참된 것이라고 할 수 없고, 언변이 서툴다고 해서 말한 그
내용이 거짓이 아니라는 것과, 반대로 변변치 못하게 말했다고 해
서 꼭 참된 것이라고 할 수 없고, 문체와 연설이 유창하다고 해서
그것이 거짓은 아니라는 것을 알았읍니다. 또한 지혜와 우매는 이
로운 음식과 그렇지 못한 것과 마찬가지로 병존해 있다는 것, 그
리고 지혜와 우매는 다같이 듣기 좋게 연설할 수도 있지만 또 서
툴게 할 수도 있다는 것이었읍니다. 이것은 마치 이로운 음식과
그렇지 못한 음식을 좋은 그릇에 담아 낼 수도 있고 나쁜 그릇에
담아 낼 수도 있는 것과 같다는 따위의 사실들이었읍니다.

오랫동안 그 사람을 기다리던 나의 열망은, 그가 연설할 때 보
여 준 몸짓이나 사상에 덧붙이는 그 재치있는 표현에 의해 기쁨을
느꼈던 것은 사실입니다. 사실 나는 기꺼이 여러 사람들과 더불
어, 아니 그 이상으로 그를 칭찬하고 공손하게 대했읍니다. 그러
나 유감스러웠던 일은 청중이 너무 많아서 내가 고민하는 문제에
대해 그와 직접 의견을 교환하지 못했던 일입니다. 그러나 마침
기회가 왔으므로 친구들과 더불어 그에게 고민하는 문제를 털어놓

앉았읍니다. 그러자 비로소 나는 곧 그가 평범한 문법을 제외하고는 자유학문에 대해서는 전혀 상식이 없다는 것을 알았읍니다. 그는 키케로의 저서와 세네카의 저서 한두 권, 그리고 시집 몇 권과 자기파의 서적 가운데 라틴 어로 된 훌륭한 서적을 몇 권 읽었으며 날마다 강연을 했으므로 웅변에 능했는데, 그 웅변은 천성적으로 뛰어나고 우아한 말솜씨에 의해서 더욱더 매력있는 것이 되었읍니다. 주, 나의 하느님이시여, 내 양심의 심판자여, 나의 마음과 나의 추억은 당신 앞에 있읍니다. 당신의 섭리로 나를 인도하시고 나 자신의 부끄러운 그 잘못을 내 눈앞에 나타내 보이시어, 나로 하여금 혐오감이 생기도록 해주셨던 것입니다.

7. 마니교로부터 벗어나다

나는 그가 자유학문에 뛰어나리라고 생각했으나 그렇지 않다는 것을 알고, 그가 나의 고민거리를 풀어 줄 것이라는 희망을 잃기 시작했읍니다. 만일 그때 그가 마니 교도만 아니었더라면 진정한 경건의 의미를 확실히 깨달았을 것입니다. 왜냐하면 이들의 문서는 하늘이나 별과 해, 그리고 달에 대한 장황한 이야기로 가득 차 있었기 때문입니다. 천체가 과연 마니 교도들의 책에 쓰어진 것과 같이 되어 있는지 해명해 주기를 간절히 바라고 있었지만, 그가 그 일을 할 수 있으리라고는 생각되지 않았읍니다.

그리하여 내가 이 문제들에 대해 설명해 달라고 했을 때, 그는 자기의 처지를 충분히 깨닫고 있었으므로 감히 그 무거운 짐을 지려고 하지 않았읍니다. 그는 자기가 모른다는 사실을 알고 있었으므로, 솔직하게 자기의 무지를 고백했읍니다. 그는 내가 이제까지 경험한 숱한 수다장이들——나를 가르친답시고 떠들어대면서도 사실은 아무것도 가르쳐 주지 못한 외람된 패들과는 달랐읍니다. 이 사람에게는 분명 「마음」이 있었읍니다. 그 사람의 마음은 비록 당신을 향해 있지는 않았지만 어쨌든 자기 자신의 일을 소홀히 하는 마음도 아니었읍니다. 그는 자기의 무지에 대해 모르는 것이 아니었으므로, 한번 들어가면 출구도 없고 되돌아나오기도 어려운 구석을 향해서 주제넘게 토론을 하다가 빠져들려고 하지도 않았읍니다. 그의 이런 점이 내 마음에 들었읍니다. 그는 자기의 한계를 시인하여 스스로를 자제했는데, 이것은 내가 열망하던 지식보다도 더 아름다운 선이었읍니다. 나는 그가 이해하기 어렵고 미묘한 문제에 대해서는 그와 같이 한다는 것을 발견했읍니다.

이렇게 해서 마니 교의 책에 열중하던 나의 열성도 식고 말았읍니다. 내가 고민하던 문제는 그 유명한 파우스투스조차도 별수없다라는 사실을 알자, 다른 마니 교도에 대해서는 더 한층 기대를 걸 수가 없었읍니다.

그즈음 나는 카르타고의 수사학자로서 청년들을 가르치고 있었는데, 파우스투스가 그 글을 몹시 배우고 싶어했으므로 나는 그와 함께 연구생활을 시작했읍니다. 그리하여 나는 그와 더불어 그가 이야기로만 듣고 읽고 싶어했던 작품이나 그의 재능에 적합하다고 생각되는 책을 읽어 나갔읍니다. 이와는 반대로 그 종파의 가르침을 좀더 규명해 보려던 나의 욕망은, 그 사람을 알게 됨과 동시에 아주 사라지고 말았읍니다. 그렇다고 해서 그들과 인연을 끊은 것은 아니고 그보다 나은 것을 아직 발견하지 못한 상태였으므로, 좀더 나은 것이 나타날 때까지 지금의 상태에 만족해 있기로 결심했읍니다.

이리하여 많은 사람들에게 「죽음의 함정」이었던 파우스투스도 내 함정의 문을 서서히 열어 놓기 시작하였읍니다.

나의 하느님이시여, 당신의 손이 숨은 섭리 속에서 나의 영혼을 버리지 않으신 것은, 어머니가 당신을 향해 마음의 피를 공물로 바쳤기 때문입니다. 그리고 당신께서는 놀라운 방법으로 나의 일을 마련해 주셨읍니다.

실로 인간의 발자취는 주님에 의해서 선택된 길을 택합니다. 만약 당신이 만드신 것을 당신 손으로 새로 창조하지 않으신다면 우리는 어떠한 구원도 받을 수 없읍니다.

8. 로마를 향하여

당신께서는 내가 로마에 가기로 결심하게 하고, 카르타고에서 연마한 실력을 그곳에서 가르치는 편이 더 낫다는 확신을 갖게 하셨습니다. 왜 내가 이런 결심을 하기에 이르렀는가에 대해서도 당신 앞에 고백할 수밖에 없는 것은, 이 점에 대해서도 당신의 깊으신 뜻과 사랑을 되새기며 찬양해야만 하기 때문입니다.

로마로 가려고 결심한 것은 카르타고에서보다 더 나은 수입이 나에게 약속되어 있기 때문은 아닙니다. 그런 것들도 그 당시의 나의 마음을 움직인 것은 사실이지만 그보다 더 큰 이유는, 그곳이라면 젊은이들이 차분히 공부할 수 있고 규율이 엄하므로 선생의 허락 없이는 그 누구도 수강을 할 수 없다는 말을 들었기 때문입니다. 그와는 반대로 카르타고에서는 학생들의 품행이 거칠어 예의범절이라곤 없는 상태였고 학생들이 입장시에는 마구 들이닥쳤으며, 선생마다 자기 학생을 선도하는 것은 마치 미쳐 날뛰는 짐승과도 같았습니다. 표현할 수 없을 정도로 상스러운 그들은 관례가 그렇지만 않았다면 법 앞에 심판을 받아야 마땅할 것입니다. 그러나 이러한 전통 때문에 당신의 영원한 법이 결코 허락하지 않은 일을, 마치 허락된 일처럼 행하면서 그들은 벌받을 만한 짓이 아니라고 하고 있으니 그들은 불쌍한 자들이었습니다. 그들은 자신에게는 벌이 없다고 생각하지만, 그런 짓을 하게 만드는 그 맹점이 곧 벌과 다름없기 때문에 실상 그들이 치러야 할 고통은 그들이 저지르는 악행과 비교도 할 수 없을 정도로 큰 것입니다.

그리하여 나는 학창시절, 나 자신의 습관으로 하기 싫었던 것을 가르치는 몸이 된 이래, 남들이 그것에 물들까봐 애를 썼읍니다. 그러므로 로마 사정을 잘 알고 있던 로마 사람들로부터 그곳은 괜찮다는 말을 듣고 그곳에 가고 싶었읍니다.

그러나 당신은 내 희망이며, 살아 있는 자의 나라에서 내가 받아야 할 몫이 되셨읍니다. 당신께선 내 영혼의 구원을 위해 자리를 옮기도록 카르타고에서는 나를 몰아 내시고, 로마에서는 매력을 마련하셨읍니다. 그러나 그들은 저기에서는 광기에 찬 짓을 하고 여기에서는 허황된 일을 약속하는 등, 어느 쪽이나 죽은 생명을 사랑하는 자들이었읍니다. 당신은 나의 걸음을 바로잡기 위해 그들과 나의 잘못을 이용하신 것입니다. 즉, 나의 고요한 시간을 방해한 자들은 더러운 흉포에 의해서 장님이 되었고, 다른 환경으로 나를 이끈 사람들은 지상의 냄새를 풍기고 있었읍니다. 그리고 나는 카르타고에서의 무거운 짐을 저주하면서, 이 로마에서는 허위의 행복을 추구했던 것입니다.

그러나 이곳을 떠나서 그곳으로 가게 된 이유를 당신은 알고 계셨읍니다. 그러나 어머니나 나에게 그 이유를 알려 주시지는 않았읍니다. 어머니는 몹시 슬퍼하시며 해변까지 따라오셨읍니다. 어머니는 나를 꼭 붙들고 같이 가든가 아니면 가지 말라고 매달리시기에 나는 어머니를 속였읍니다. 나는 내 친구 한 사람이 순풍에 항해할 수 있을 때까지 기다리고 있으니, 그 친구와 함께 있을 생각이라고 말했읍니다. 나는 속이고 모면하려 했읍니다.

그런 일을 할 수 있었던 것은 당신이 자비를 지니시고 하는 대로 놔 두시기 때문입니다. 당신은 저주할 만큼 더러운 나를 바닷물에서 보호하시고, 은혜의 물까지 날라다 주셨읍니다. 어머니는 날마다 나를 위해 눈물로 얼굴을 적시셨읍니다. 어머니가 나와 함께가 아니라면 결코 집으로 돌아가지 않겠다고 하셨으므로, 어머니를 모시고 와서 우리 배에 아주 가까이 있는 성 키프리아누스*의 기념성당에서 그날 밤을 묵기로 했읍니다. 그날 밤, 나는 어머니 몰래 그곳을 떠났고, 어머니는 홀로 남아서 기도하며 눈물을 흘렸읍니다.

주님이시여, 어머니는 그토록 많은 눈물을 흘리며 당신에게 뭐라고 빌었읍니까? 그러나 숭고한 섭리자이신 당신께서는 어머니의 마음속의 열망을 들어주셨읍니다. 어머니가 늘 간구하시던 것을 내게 이루어 주시기 위하여, 당신께서는 그때의 그 기도를

---

* 카르타고의 주교. 해변에 세운 그의 성당은 그를 기념하기 위한 것이며, 카르타고에서 가장 오래된 건물이다.

이루어 주시지 않았던 것입니다.

바람은 순풍으로 우리의 항해를 도왔읍니다. 우리 눈에서 해변이 사라졌읍니다. 거기서 어머니는 슬픔에 못 이겨 모든 것을 들으시는 당신의 귀에 비탄과 한숨을 내쉬셨읍니다. 당신은 나의 이 걱정을 끝내 버리시려고, 나를 걱정의 땅으로 이끌어 가셨읍니다. 혈육에서 생긴 어머니의 열망을, 당신께서는 어머니의 채찍질하는 고통의 바른 절제로 삼으셨읍니다. 어머니는 다른 어머니들보다도 더 나와 함께 있기를 간절히 바랐으나, 내가 멀리 있음으로써 당신께서 어머니에게 기쁨을 준비하신다는 것을 미처 깨닫지 못했읍니다. 어머니는 이를 깨닫지 못하고 슬퍼했으나 한숨 밑에서 잉태한 것을 한숨으로써 추구하고자 하여, 이 고뇌 중에서 어머니에게는 이브의 유산이 나타났었던 것입니다. 그러나 어머니는 내가 거짓말했던 것을 몹시 슬퍼하시고 서운해하시다가 다시 나를 위하여 기도를 하니, 어머니는 일상생활을 기도로 보냈읍니다. 그러나 나는 로마로 갔읍니다.

9. 열　병

거기서 나를 환영한 것은 신병이라는 태형이었읍니다. 나는 당신께, 또는 나에게 지은 온갖 죄악, 우리가 모두 아담 안에서 죽게 되는 원죄의 사슬에 걸렸읍니다. 그때는 당신께서 그리스도 안에서 내 죄를 결코 용서하시지 않았고, 내가 죄를 범함으로써 당신에게 죄인 된 것을 그리스도께서 그의 십자가 위에서 없애지 않으셨읍니다. 그리스도께서는 내 신앙이 그에게 귀속시켜 놓은 위선된 몸으로 십자가에 달려 있었으니 어찌 그가 속죄할 수 있겠읍니까? 그러므로 그의 육체의 죽음은 비현실적인 것으로 생각되었고, 내 영혼의 죽음은 현실적이었으며, 또 그의 몸의 죽음은 현실적이었으나 내 영혼의 생명은 비현실적이었읍니다.

나는 열병으로 죽음에 이르렀고, 멸망이 가까왔읍니다. 만일 그때 내가 죽었더라면 질서를 창조하시는 당신의 섭리에 따라, 지옥의 불과 고문의 도구에게로 갈 수밖에 없었을 것입니다. 그러나 어머니는 그것도 모르고 멀리서 나를 위해 기도하고 있었읍니다. 그러나 당신은 어머니가 계신 곳이면 어디에나 계시며 어느 곳에서나 어머니의 기도를 들으셨읍니다. 그리고 내가 있는 곳에서는 당신께서 내게 자비를 베푸셔서 몸의 건강을 다시 회복시켜 주셨으나, 하느님을 모독하는 내 마음은 여전했읍니다.

나는 그런 위험 속에서도 당신의 세례를 원하지 않았는데——이미 회상하여 말씀드렸듯이——믿음이 두터운 어머니로부터 세례를 바라던 소년시절이 그때보다 더 선했었읍니다. 그런데 나는 성장함에 따라 오히려 추해지고 당신의 처방을 비웃고 있었읍니다. 그러나 당신은 그러한 상태로 내가 두 번 죽는(영혼의 죽음과 육체의 죽음) 것을 허락하지 않으셨읍니다. 만일 어머니의 마음이 그러한 타격으로 상처를 입었더라면 결코 치료되지 않았을 것입니다. 나의 어머니가 나를 얼마나 사랑했고, 나를 해산할 때 당하던 고통보다도 내가 영적으로 태어날 때 슬픔으로 당한 괴로움은 말로 표현할 길이 없읍니다. 그러므로 내가 그러한 상태로 죽어 그것이 어머니의 가슴속 깊이 맺힌 사랑을 깨뜨려 놓았다면 어머니가 어떻게 되었을지 나는 모릅니다. 어머니의 기도가, 그 쉬지 않고 올리던 기도가 어떻게 되었겠읍니까? 당신에게 기도가 올려지지 않았다면, 그 기도가 어디로 갔겠읍니까?

자비하신 하느님이시여, 청결하고 진실한 과부의 겸손한 마음을 소홀히 여기실 수 있겠읍니까? 어머니는 가난한 자에게 자주 은혜를 베풀고 당신의 성도들을 받들어 섬기며, 날마다 당신의 제단 위에 제물을 드리고 아침 저녁으로 하루도 빠짐없이 당신의 교회를 찾았는데, 그것은 농담이나 노파들의 수다를 듣기 위해서가 아니라 당신의 말씀, 곧 설교를 듣기 위해서였던 것입니다. 그녀가 눈물로 당신에게 애원한 것은 황금이나 은, 또는 변하고 없어지는 재물이 아니라 오직 자기 아들의 영혼을 구제하는 일이었읍니다. 어머니가 그러한 여인이 된 것도 당신의 은혜인데, 그 눈물을 보시고도 아무것도 주지 않으시고 도와 주지 않으시기야 하시겠읍니까?

주님이시여, 그러한 일은 절대로 있을 수 없읍니다. 오히려 당

신은 어머니와 아주 가까운 곳에 계시며, 그녀의 기도를 들어주
시고 당신의 뜻이 이미 행하도록 예정한 대로 행하셨읍니다. 당
신이 그 여러 가지 잘못과 대답으로 그녀를 속였다고는 생각조차
할 수 없는 일입니다. 거기에 대해서는 이미 말씀드렸지만, 아직
말씀드리지 않은 것도 있읍니다. 어머니는 그것을 가슴속에 간
직하고, 기도할 때는 언제나 당신 앞에 내밀었던 것입니다.

당신의 사랑은 무한하므로 당신은 사람들의 잘못을 용서하실
뿐만 아니라, 사람들에게 약속하신 일에 대해서 그것을 완수해야
할 책임까지 지니고 계십니다.

10. 기독교에 대한 오해

그러므로 당신은 나를 병에서 회복시키시고 건강하게 해주셨
는데, 그것은 그에게 더 완전하고 더 확실한 건강을 주시기 위함
이었읍니다.

이리하여 나는 로마에서 허위에 차고 남을 속이는 성자들과 어
울리게 되었읍니다. 이른바 「듣는 자」들뿐만 아니라 「뽑힌 자」들
과도 어울리게 되었던 것입니다.

그 무렵 나는 죄를 범하는 것은 인간 자신이 아니라, 인간 안
에 있는 어떤 다른 본성이라고 생각했었읍니다. 그러므로 어떠한
잘못을 저질렀다면——당신에게 죄를 범한 것으로 내 영혼을 구
하는 분은 당신이므로——죄를 고백하기는커녕 자신을 변호하고,
자신에게 있으면서도 자신 이외의 것에 죄를 전가시키려고 했읍
니다. 그러나 실상은 전체 뒤에는 나 홀로 서 있었고, 내가 나 자
신을 거스려 분열을 일으킨 것은 내가 당신을 멀리 떠난 소치이
며, 나 자신의 죄를 부정할수록 그 죄는 한층 더 구원받기 어렵
게 되었던 것입니다. 전능하신 하느님이시여, 나는 그 저주해야
할 불의에 의해서 내가 당신에게 극복되고 구원을 받을 생각보다
는, 차라리 당신을 극복해서 일신의 파멸이 오기를 바라고 있었
읍니다.

그러므로 아직 당신은 불의를 행하는 사람들과 죄를 범하면서

나의 마음이 변명으로 말미암아 나쁜 말에 기울어지는 일이 없도록, 내 입에 파수꾼을 두고 입술에는 절제라는 문을 닫아 주지 않으셨던 것입니다. 그런 까닭에 나는 여전히 마니 교도의 「선택된 자」들과 결합되어 있었읍니다. 그러나 그 허위의 가르침에서 더이상 얻을 것이 있으리라는 희망은 이미 사라졌읍니다. 그 이상으로 더 좋은 것을 발견하기 전에는 그대로 만족하고 있어야겠다는 결심을 했어도, 마니 교에 대한 내 관심은 이미 사라지고 없었읍니다.

내 마음속에서는 또한 모든 철학자들 중에 가장 현명한 자들은 아마도 아카데미 학파가 아닐까 하는 생각이 들었읍니다. 그들은 인간은 모든 것을 의심해야 하며, 어떠한 진실도 인간으로서는 절대로 파악할 수 없다고 주장했읍니다. 나는 그 당시에는 그들의 참다운 의도를 이해하지 못했기 때문에 세상에서 흔히 설명하는 대로, 이것이 그들의 진정한 교설이라고 생각했던 것이 사실입니다.

그 때문에 나는 앞에서 얘기했던 내 집 주인이 마니 교의 책 속에 가득 찬 허황된 이야기를 너무나도 철저하게 믿고 있었으므로 그에게 충고하기를 주저하지 않았읍니다. 그럼에도 불구하고 나는 그 이단에 속하지 않는 다른 사람들보다는 이들과 더 친밀하게 지냈읍니다. 나는 그전과 같은 열성으로 마니 교를 변호하지는 않았지만 로마에는 그들의 파가 많이 숨어 있었으므로, 그들과의 교제로 인해 다른 곳으로 눈을 돌리기에 별로 힘을 쓰지 않았읍니다. 나는 특별히 당신의 교회 안에서 진리를 찾을 수 있으리라는 희망을 포기했었읍니다.

하늘과 땅의 주인이시여, 보이는 것과 보이지 않는 것의 창조자시여, 그들이 나로 하여금 당신의 교회를 배반하게 만들었읍니다. 당신이 인간의 모습을 지니고 계시며 우리의 지체와 같은 윤곽으로 한정되어 있다고 믿는 것을 수치스럽게 여겼읍니다. 나에게 있어서 하느님이란 항상 물체를 떠나서는 생각할 수 없다고 믿었읍니다. 이처럼 물체가 아닌 것은 존재할 수 없다고 생각했기 때문에 이것이야말로 피치 못할 내 오류의 유일한 원인이었던 것입니다.

이것과 관련하여 나는 악도 어떤 독립적 존재로, 추하고 끔찍한 덩어리로 되어 있을 것이라고 믿었읍니다. 사람들이 흔히 말하는 진흙처럼 밀접해 있는 것이거나 혹은 기체와 같이 성기고 가벼운 것으로서, 그들은 이 지상을 휩쓰는 악한 신이라고 믿었던 것입니다. 그러나 나는 보잘것없는 신앙이긴 했지만 그 신앙 때문에 하느님이 악한 존재를 창조하셨다고는 결코 믿을 수가 없었으므로, 서로 다른 두 개의 덩어리를 대립시켜서 양자가 다 무한한 것이지만 악한 것은 수축되고 선한 것은 자유롭게 커 나갈 수 있다고 주장도 했읍니다. 이러한 비참한 발단으로부터 나의 신성 모독적인 사색이 계속 흘러나왔읍니다.

내 영혼이 가톨릭 신앙으로 전향하려 할 때마다 주춤했었는데, 그것은 내가 생각하고 있었던 것이 참된 가톨릭 신앙이 아니었기 때문입니다. 나의 하느님이시여――당신께서 베푸신 사랑을 찬양합니다――당신이 비록 악의 덩어리와 대립되시는 그 부분에서는 유한하더라도, 모든 면에서 인간의 육체와 같은 형상으로 국한된다고 생각하기보다는 전체로 무한하다고 믿는 것이 한층 더 경건하게 여겨졌읍니다. 무식한 내게는 그 악이 일종의 실체일 뿐만 아니라 물체적이기도 하다고 생각했읍니다. 왜냐하면 내가 사유(思惟)하는 정신까지도 오직 공간의 넓이에 따라 확대할 수 있는 미세한 물체로 생각했기 때문입니다.

나는 당신의 독생자인 우리의 구세주조차도 당신의 황홀한 덩어리로부터 우리를 구하기 위해 나온 것이며, 내가 그에 대해 믿었다는 것은 오직 망상에 불과한 것이었읍니다. 이런 종류의 본성은 육체와 결합하지 않고는 동정녀 마리아에게서 태어날 수 없다고 생각했으나, 어떻게 해서 전혀 오염 되지 않은 채 이러한 결합 속으로 들어갈 수 있는지 알 수가 없었읍니다. 그러므로 나는 육체로부터 오염당한 자를 믿지 않기 위해 그의 육체 안에서의 탄생을 믿기를 두려워했읍니다.

지금 당신에게 추앙하는 거룩한 자들이 이 고백록을 읽는다면 고요한 미소를 짓겠지만, 당신의 나는 그러했읍니다.

11. 마니 교도와 성서

한편 나는 마니 교도들이 당신의 성서를 비난하는 것을 변호할 수 없다고 느꼈지만, 때로는 그 책에 정통한 사람을 만나서 일단 이러한 사실에 대한 그의 견해를 들어 보고 싶기도 했습니다.

나는 이미 엘피디우스라는 사람이 카르타고에서 마니 교도들과 맞서서 공개토론을 벌이는 것을 듣고 감동한 적이 있었습니다. 그는 성서에서 반박할 수 없는 것을 인용했는데, 마니 교도는 이에 대해 내가 듣기에도 볼품없는 답변을 한 것으로 생각되었습니다. 그나마도 공개석상에서 당당히 발표하지 않고 우리들에게만 은밀히 「《신약성서》는 유태교의 율법을 기독교의 신앙 속에 접합시키려고 몇몇 사람들이 꾸며 낸 것이다」라고 말하는 것이었습니다. 그러나 물체적인 것밖에는 생각하지 못했던 나는 그 물체에 질식할 만큼 짓눌려 있었으므로, 그 아래서 헐떡이면서도 당신의 진리의 맑고 순수한 공기를 들이마실 수 없었습니다.

12. 로마 학생들

나는 수사학을 가르치기 위해 로마에 왔으므로 몇몇 학생들을 집에서 열심히 가르쳤고, 그들을 통해서 다른 사람들에게까지 알려지게 되었습니다.

그런데 아프리카에서도 생기지 않았던 일이 로마에서 생기다니 어찌된 일입니까? 여기서는 타락한 청년들의 난폭한 태도가 유행하지는 않았습니다. 그러나 소문에 의하면 대다수의 학생들이 선생에게 보수를 주지 않으려고 다른 선생을 찾아간다는 것입니다. 그리하여 그들은 금전을 위해서라면 정의 같은 것은 쉽게 팽개치는 자들이라는 것이었습니다.

나는 그들을 미워하긴 했지만, 「완전한 증오심」을 가지고 미워한 것은 아닙니다. 아마도 나는 그들이 누구에게나 범하는 불의

(不義)보다는 나 자신이 앞으로 당하게 될 불의 때문에 미워했는
지도 모릅니다.

어쨌든 그들은 당신으로부터 떨어져서 부정을 범하고 있읍니
다. 그들은 이 세상의 허무한 쾌락과 불결한 이익을 사랑함으로
써 간음을 하고, 변하며 사라져 가는 세상을 부여안았으나 당신
으로부터는 아무것도 얻지 못했읍니다. 그러나 당신은 창부와도
같은 인간의 영혼을 부르시고, 당신에게 돌아오는 그들을 용서하
셨읍니다.

지금도 나는 사악하고 부당한 그들을 미워하지만, 그래도 내게
는 사랑이 남아 있어서 그들을 선도하여, 금전보다는 그들이 돈으
로 얻을 수 있는 지식을 더 높이 평가하고, 나의 하느님이시여, 지
식보다는 당신을 더 사랑하게 만들고 싶습니다. 당신은 진리이시
요, 완전한 선으로 충만하시고 침해하지 못할 평화이십니다. 그
러나 그때에는 당신을 위하여 이 학생이 선하게 되었으면 하고 바
라기보다는 나에게 나쁜 짓을 하지 않기만을 바랐읍니다.

13. 암브로시우스의 영접

그 무렵 밀라노에서 여비 일체는 공금으로 해서 밀라노 시를
위해 수사학 교사 한 명만 보내 달라는 부탁이 로마 시장 앞으로
들어왔읍니다. 나는 마니교의 우매에 도취한 자들을 통해서 이를
지원해서 구두시험에 합격하여, 당시의 시장 심마쿠스가 나를 보
내게 되었읍니다. 그것이 마니 교도로 떨어져 나가는 결과를 초
래할 줄은 그들은 물론 나 자신도 몰랐읍니다.

그리하여 밀라노에 도착한 나는 암브로시우스*를 찾아갔읍니다.
그는 세상에서 가장 훌륭한 인간으로 평가받아 명성이 대단했고
당신의 경건한 예배자로서 또는 웅변가로서, 당시 그의 웅변은 당
신의 백성들에게 「당신의 양식의 맛」과 「기름의 윤택」과 「포도주

---

* 333~397년. 로마의 귀족 출신으로 처음엔 국가의 관직에 있었으나 뜻하지 않
  게 마일랜드의 주교로 임명되었다. 저술가 · 웅변가 · 교회 정치인으로서 중요
  한 인물이었다.

의 풍요로움」을 공급하셨읍니다. 그러나 그때 나는 무의식중에 당신에게로 인도되는 것을 알았읍니다.

「하느님의 사람」은 나를 아버지처럼 맞아 주었고, 나의 도착을 주교다운 태도로 기뻐해 주었읍니다. 나는 차츰 그를 사랑하게 되었읍니다. 처음에는 진리를 가르치는 스승이라기보다는 오직 나에게 친절하게 대해 주는 사람이라는 점에서였읍니다.

나는 그의 설교를 열심히 들었읍니다. 그러나 그런 때에 지녀야 할 마음의 준비를 갖추고 들은 것이 아니라 그의 웅변이 그의 명성에 어울리는 것인지, 그리고 평판 이상으로 유창한 것인지를 직접 확인하기 위해서였읍니다. 그 이야기 내용은 아랑곳하지 않고 오히려 경멸적인 태도로 이야기를 들었읍니다. 그의 화술은 파우스투스의 말처럼 재미있거나 감격시키는 일은 없어도 훨씬 해박한 지식을 가지고 있어서 나를 흐뭇하게 했읍니다.

내용면에서 보아도 전혀 비교가 되지 않았읍니다. 파우스투스는 마니교의 허위 속에서 방황하고 있는 데 비해 그는 구원의 가르침을 가장 건전한 방법으로 설교했기 때문입니다.

구원은 죄인으로부터 멀리 있는데, 그때 내가 그러했읍니다. 그러나 나는 서서히 나도 모르게 구원으로 다가가고 있었읍니다.

14. 암브로시우스의 감화

나는 그가 이야기하는 내용은 듣지 않고 오직 이야기하는 방법에 대해서만 정신이 팔렸었는데, 내 머릿속으로 들어온 것은 즐겨 듣던 그의 표현법과 별로 중요하게 여기지 않던 그 내용들이었읍니다. 나는 이 두 가지를 서로 분리시킬 수 없었읍니다. 그리하여 그가 어떠한 웅변으로 어떻게 하는가를 듣기 위해 마음을 열어 놓았는데, 그가 말하는 참된 진리가 나의 마음속에 서서히 들어왔읍니다.

우선 나는 그의 이야기에는 변호의 여지가 있다는 것을 알았읍니다. 그때까지 나는 가톨릭 신앙을 반대하는 마니 교도들에 대해서 한마디도 변명할 수 없다고 생각했지만, 이제는 그 신앙을

주장하는 것이 정당한 것이라고 생각하게 되었읍니다. 특히 《구약
성서》의 한두 구절을 해석하는 것을 들었을 때——내가 스스로 해
석하고자 할 때는 풀 수 없는 것이었는데——어려운 문제가 풀리
는 일이 자주 있었읍니다. 그러나 이제 《구약성서》의 여러 구절
을 영적 의미로 해석하는 것을 듣고, 나는 율법과 선지자를 비
난하는 자는 거기서 무슨 일이 생기리라고 믿게 되었읍니다. 그
러나 가톨릭 신앙에 대한 반론이 일어날 때, 이를 조리 있게 물
리칠 수 있는 유식한 변호인을 가질 수 있다는 이유 때문에 그
신앙을 믿어야하겠다고 생각한 것은 아니었읍니다. 또 쌍방의
변호가 서로 필적한다고 해서 이제까지 내가 지켜 온 입장을 버려
야겠다고는 생각하지 않았읍니다. 내게는 가톨릭 신앙이 패배한
것으로 보이지도 않았고 승리한 것으로 보이지도 않았으며 그 자
체일 뿐이었읍니다.

　그후부터 나는 어떻게 하면 마니 교도들의 허위를 그들 자신
들에게 인식시킬 수 있을까 하는 것을 생각했읍니다. 내가 만일
영적 실체를 생각할 수 있었다면 그들의 허위 조작품을 단숨에
무너뜨리고 내 마음속에서 깨끗이 씻어내 버렸겠지만 사실은 그
렇게 하지를 못했읍니다. 다만 육체감각의 대상인 우주의 구조와
자연 전체에 대하여 생각하는 동안 철학자들의 이론이 훨씬 더
(마니 교도의 그것보다) 이치에 맞는다는 이론이 서게 되었읍니
다. 그리하여 나는 아카데미 파들의 방식대로 모든 것을 의심하고
그 견해들 사이에서 동요하면서, 마니 교도들 사이에서 벗어나
야겠다고 결심했읍니다. 이미 몇몇 학자들을 그 종파보다 훨씬
낫다고 여긴 이상, 그런 종파에 머물러 있을 필요가 없다고 여겨
졌던 것입니다. 그러나 그 철학자들에게서도 그리스도라는 구원
의 이름을 발견할 수 없었으므로, 그들에게 내 영혼의 병의 치료
를 맡길 생각은 없었읍니다.

　그리하여 나는 자신의 진로를 정해 줄 확실한 구원의 빛이 나
타날 때까지 부모님이 권하시던 가톨릭 교회에서 한 세례 지원자
로서 머물기로 결심했읍니다.

6

신앙에의 길

1. 마니 교도도 가톨릭 교도도 아닌 아우구스티누스

어린 시절부터 나의 희망이 되신 당신은 나의 어디에 계시며 어디로 가셨읍니까? 당신은 나를 만드시어 네발 달린 짐승이나 하늘을 나는 새와 구별하시고, 그들보다 지혜로운 자로 만들지 않으셨읍니까! 그런데 나는 어둠 속과 미끄러운 바닥에서 방황했고, 외계에서 당신을 찾으려 했지만 내 마음의 하느님을 찾지 못했읍니다. 그 때문에 깊은 바닷속에 가라앉아 모든 진리를 믿지 않고 의심했읍니다.

신앙이 두터운 어머니는 이미 내 곁에 와 있었읍니다. 그녀는 나를 따라 뭍과 바다를 건넜지만, 어떠한 위험이 닥치더라도 당신을 믿고 안심했읍니다. 사실 해난을 당했을 때도 선원들을 위로했을 정도입니다. 바다에 익숙하지 못한 승객들이 동요할 때 뱃사람들이 그들을 진정시켜야 할 텐데, 오히려 어머니가 선원들에게 무사히 도착할 것이라고 말해 주었읍니다. 왜냐하면 당신이 어머니에게 그것을 환상으로 알려 주셨기 때문입니다.

어머니는 내가 진리를 탐구하다가 지쳐서 위험한 상태에 놓여 있다는 것을 알았읍니다. 그러나 나는 이미 마니 교도가 아니며, 그렇다고 해서 가톨릭 교도도 아니라는 것을 그녀에게 밝혔을 때,

그녀는 무슨 뜻밖의 일이라도 들은 것처럼 놀라거나 기뻐하지는 않았읍니다. 그녀는 이미 나의 비참한 상태에 대해서는 안도감을 느끼게 되었던 것입니다. 나는 그 비참한 상태 속에서 그야말로 죽어 있었는데, 어머니는 그런 나를 되살리기 위해 울면서 감관과 사고라는 관에 넣어 당신 앞으로 데리고 갔읍니다. 이것은 당신이 과부의 아들에게 「청년아, 네게 이르노니 일어나라」고 말씀하시어 그가 다시 되살아나서 말하기 시작하면, 그를 그 어머니에게 돌려보내시도록 하기 위한 것이었읍니다.

어머니는 날마다 울며 애원하던 것이 어느 정도 이루어졌다는 얘기를 듣고도, 즉 내가 아직 진리에까지는 도달하지 못했어도 허위로부터는 이미 벗어났다는 사실을 알고도 별로 기뻐하지도 않았읍니다. 오히려 전부를 이루어 주시겠다고 약속하신 당신이 나머지 부분도 이루어 주실 것을 확신하고 있었으므로, 확신에 가득 찬 마음으로 그녀는 이렇게 말하는 것이었읍니다. 「내가 세상을 떠나기 전에 네가 가톨릭 신자가 되는 것을 보게 될 것임을 그리스도 속에서 믿고 있다.」 정말 어머니는 나에게 이렇게 말씀하셨던 것입니다.

그러나 연민의 샘인 당신을 향해서는 눈물과 기도를 몇 배를 더 해 나의 어둠을 비추어 주십사고 열심히 빌었으며, 더욱 부지런히 교회에 나가 암브로시우스의 입에, 즉 영생 속으로 튀기는 물의 근원에 꼭 들어붙었읍니다. 어머니는 그를 하느님의 천사처럼 존경했읍니다. 그것은 내가 그 사람 덕분에 지금 갈피를 잡지 못하고 갈팡질팡하면서 있다는 사실을 알았고, 또 이러한 상태를 통해서 의사들이 일종의 위기라고 부르는 나의 이 위험한 상태가 더욱 격렬해지면서 즉시 건강해질 것이라는 사실을 굳게 믿고 있었기 때문입니다.

2. 순교자들의 무덤과 모니카

아프리카에서 하던 습관대로 어머니가 밀가루죽과 빵과 포도주를 들고 성자들의 묘소를 찾아갔으나 주교의 명이라고 하며 제지 당했을 때, 그녀가 공순(恭順)하게 자신의 무례를 사과하고 **주교**의 금령을 전혀 비난하지 않는 것을 보고 나는 놀랐읍니다.

어머니의 마음은 음주욕에 빠지지도 않았고 취행에 젖어 진리를 증오하지도 않았으므로, 수많은 사람들이 취중의 찬송이 아니면 마치 술을 좋아하는 사람에게 물 탄 술을 준 것처럼 메스껍게 생각한 것과는 물론 달랐읍니다. 축제에서 미리 맛보고 조금 먹었던 음식을 담은 광주리를 가지고 와서도 예의상 작은 잔으로 약간의 술을 마시기는 했으나, 결코 취할 정도로는 마시지 않았읍니다. 고인들을 기념하는 데 그러한 방법이 필요할 경우에는 언제나 작은 잔을 가지고 가서 밋밋하게 물을 많이 탄 술을 그 자리에 있는 좌중에게 따라 주었읍니다. 어머니가 그렇게 한 것은 경건한 예를 지키기 위한 것이지, 향락을 위해서는 절대로 아니었읍니다.

그러므로 고명한 설교자이며 경건한 설교자로부터 이런 관습에 대한 금령이 내린 것과, 호주가(豪酒家)들에게 폭음할 기회를 주지 않기 위해 금주를 실행하는 것과, 또한 이러한 고인을 위한 기념제가 이교의 미신과 똑같이 될까봐 금지된 것을 알게 된 어머니는 기쁜 마음으로 이 일을 금했고, 땅의 소산으로 가득 찬 바구니를 가져가는 대신에 순교자들의 기념관에서 더 많은 기도를 했읍니다. 그리고 자신의 능력껏 가난한 자들을 구제했고 그렇게 해서 그곳에서 주님의 몸과의 교제를 지켰는데, 이것은 그리스도의 수난을 본받아 기꺼이 순교자가 되었기 때문이었읍니다.

그러나 주 하느님이시여, 내 생각에는——당신 앞에 있는 내 마음이 사실을 생각해 볼 때——암브로시우스가 아닌 다른 사람이 이를 금지했다면, 어머니는 결코 그처럼 쉽게 하던 버릇을 끊어 버리지는 않았을 것입니다. 사실, 어머니가 그를 존경한 것은 나의 구원 때문이었고, 한편 그가 어머니를 존중한 것은 지성으로 교회에 출석하고 선을 많이 행했기 때문이었읍니다. 그는 언제나 어머니를 칭찬하며 그러한 어머니를 모시고 있는 내가 행복하다고 말했읍니다. 그러나 이것은 내가 어떠한 아들인가를 모르고 한 말이었으며, 나는 모든 것을 의심하며 「생명의 길」을 찾을 수 있으리라는 희망을 갖지는 않았읍니다.

3. 암브로시우스에 대한 연구

　나는 아직 당신에게 「나를 굽어 보소서」라는 기도를 올리지 않았고, 불안한 내 정신은 탐구와 연설에만 열중했읍니다. 한편 나는 유력한 인물들이 그토록 존경하는 암브로시우스는 진정 행복한 사람이라고 생각했으나, 그의 독신생활만은 딱하게 보였읍니다.

　그는 어떠한 희망을 지니고 있을까? 탁월한 그는 유혹을 어떻게 물리칠까? 역경을 당했을 때는 어떻게 위로를 받을까? 그리고 그의 그윽한 입이 「당신의 말씀」이라는 빵을 씹을 때 맛보는 기쁨은 얼마나 클까? 이런 모든 것에 대해 나는 어떤 추측이나 경험도 하지 못했읍니다.

　그러나 그도 역시 내 고민이나 내 위험의 심연을 모르고 있었읍니다. 왜냐하면 그는 일상생활에서 갖가지 근심을 지니고 있는 사람들을 돌보고 있어서 늘 바빴으므로, 내가 물어 보고 싶은 것이 있을 때는 언제나 그의 입과 귀로부터 멀리 떨어져 있었기 때문입니다. 극히 드문 일이긴 하지만 그는 일이 없을 때면 필요한 음식으로 영양 및 체력을 보호하거나, 독서로 정신력을 기르는 것이었읍니다. 책을 읽을 때 그의 눈이 책장에 떨어지면 그의 마음은 의미를 찾지만, 목소리와 혀만은 쉬고 있었읍니다.

　어쩌다 가 보면——누구에게나 출입이 허용되었으며 또 누가 찾아왔다고 그에게 알리는 법이 없이 손님이 직접 들어가게 되어 있었읍니다——이러한 방법으로 독서를 하고 있었읍니다. 나는 한참 동안 말없이 앉아 있다가 침묵에 폐를 끼칠까 염려되어 조용히 자리를 물러나오곤 했읍니다. 남의 일에 지친 정신을 모처럼 휴식시키는 이 짧은 시간을 빼앗기고 싶지 않음이 분명할 것이라고 믿었던 것입니다. 그가 독서할 때 그렇게 하는 것은 아마 그가 어떤 주의깊게 듣는 사람들이 본문 구절을 해석해 달라는 청을 받기가 싫거나, 혹은 어려운 문제에 관해서 토론하기가 싫어서일 것입니다. 이런 일은 그가 독서에 신경을 쓰고 있기 때문에 별로 원하지 않았던 것 같습니다. 다른 한편으로는 그는 목이 곧잘 쉬므로 목소리를 아끼기 위해 묵독을 했을는지도 모릅니다. 그러나 그 무렵 그가 어떠한 뜻으로 그랬든지 분명 좋은 뜻에서 그렇게 했을 것입니다.

다만 한 가지 분명한 사실은 그의 가슴속에 있는 당신의 거룩한 뜻을 내 욕심대로 물어 볼 여유가 없었고, 따라서 그의 말을 듣는 시간이 매우 짧았다는 것입니다. 나를 흔들리게 하는 모든 문제를 그 앞에 쏟아 놓을 수 있는 충분한 여가가 그에게 있기를 바랐지만 나는 한 번도 그의 한가한 시간을 보지 못했읍니다. 그러는 동안에 나는 매주일 그가 사람들 앞에서 진리의 말씀을 올바르게 강론하는 것을 들었고, 나의 우롱자들이 하느님의 성서에 대해 교묘하게 왜곡시켜서 얽혀진 올무가 풀려질 수 있다는 신념이 점점 강해지기 시작했읍니다.

당신께서 「인간을 당신의 형상대로 지으셨다」는 말씀이 무슨 뜻인지, 당신의 자녀들이——당신의 가톨릭 교회라는 어머니의 태내에서 다시 낳으신 자들——전혀 파악하지 못하며, 당신이 처음에는 순수한 정신적 존재에 대해서 그렇게도 파리하고 숨겨져 있어서 아무런 기미도 알아차리지 못했지만, 인간의 육신의 형태 속에 있는 듯이 생각하고 믿는다는 것을 내가 알게 되었을 때에는 기쁘면서도 수치스러운 감정이 일어났읍니다. 곧 그것은 내가 수년 동안 떠들어 대던 것은 가톨릭 신앙에 반대했던 것이 아니라, 혈육에 결합된 의식의 환영에 불과한 감정이었읍니다.

내가 의무적으로라도 알기 위해 진리에 대해 물어 보았어야 했는데 도리어 내가 헐뜯으며 죄로 끌어들이려 했으니, 나는 그만큼 무엄하고 경솔했읍니다.

가장 숭고하시고 가장 가까우시며, 가장 깊이 계시지만 어디든지 계시는 분이시여, 당신은 어디나 전체로 계시지만 공간과 장소에 따라 존재하시는 분이 아니시고, 형체상으로 볼 때 진실로 인간의 형식과는 다르십니다. 그러면서도 인간을 그대와 닮은 모습으로 만드셨읍니다. 그러나 어떻습니까? 그 인간은 공간 속에 한정되어 있읍니다.

4.　암브로시우스의 설교

그런데 나는 당신과 닮은 모습이 어떻게 해서 인간 속에 존립하는가를 몰랐으므로 어떠한 의미로 믿어야 할까에 대해 물어 보아야만 했을 것이며, 조롱삼아 거절해서는 안 되었을 것입니다. 이제 내가 무엇을 완벽한 것으로 확정할 것인가에 대한 염려는, 내가 오랫동안 확실한 지식을 주겠다는 약속에 속아서 어린아이처럼 기뻐하고, 불확실한 것을 확실한 것처럼 성급하게 떠들어댔다는 것에 대해 더욱 초조해졌습니다. 내가 지껄이던 것이 허위였다는 것을 나는 나중에 가서야 깨닫고 부끄러워졌던 것입니다. 지금은 그것이 불확실하다는 것을 분명히 알았지만——나는 당신의 가톨릭 교회가 진리를 가르치고 있는지를 분명히 알지 못한 채——그때는 그것이 확실한 것이라 생각하여 맹목적인 적의를 가지고 비방했던 것입니다. 그래도 교회가, 내가 몹시 비난하던 것을 그들이 가르치지는 않았다는 사실만은 알고 있습니다. 나는 수치스러운 혼란 속에서 마음을 고쳐먹고 나의 하느님이시여, 나는 또한 당신의 독생자의 몸인 몇몇 교회들이 어린애 같은 일에 관심을 두지 않았고——나는 어렸을 때, 당신의 교회에서 당신의 이름을 들었습니다——높고 광대하시지만 지체를 가진 인간처럼, 모든 면에서 형체로 한정되어지신 분처럼, 당신을 교회의 건전한 교리에 대한 어떤 명제로도 공간 내의 어느 장소 안에 계시지 않는다고 믿었다는 것을 기뻐했습니다.

나는 또 당신의 성도들이 실제로 그렇게 생각하지도 않은 것을 마치 (문자적으로) 생각했던 것처럼 비난하여, 그들의 성서를 무의미한 것으로 생각하던 전과 같은 눈으로 다시는 율법과 선지자들의 책을 읽을 수 없게 된 것을 기쁘게 생각했습니다. 또 암브로시우스가 민중을 향한 설교 속에서 종종 「글자는 죽이고 정신은 살린다」는 말을 인용하고, 성서 해석의 기준으로서 매우 열심히 권장하는 것도 기쁘게 들었습니다. 그는 문자 그대로 보면 옳지 않게 가르치고 있는 듯한 대목들의 신비의 베일을 벗겨 버리고 영적인 의미를 명시해 주었읍니다. 그때 나의 비위에 거슬리는 이야기는 조금도 하지 않았읍니다. 하기야 그가 말하는 것이 진리인지 아닌지를 나는 몰랐읍니다. 나는 두려워서 넘어질까 염려되어 결정하기를 주저하고 있었는데 이처럼 결정되지 않은 상태에 붙어 있는 성벽이 나를 죽음 가까이로 끌고 갔던 것입니다.

나는 내가 보지 못하는 일들을, 일곱에 셋을 더하면 열이 된다는 식으로 확실히 알려고 했읍니다. 나는 이런 것을 이해할 수 없을 정도로 실성한 것은 아니므로 다른 일들, 즉 내 감관에 느껴지는 물체적이든 영적인 것이든간에 이것과 같이 되기를 바랐던 것입니다.

물론 나는 믿기만 하면 고칠 수가 있었을 것입니다. 그 믿음으로 인해 영혼의 시야가 넓어져서, 항상 계시며 부족함이 없는 당신의 진리 쪽을 향했을 것입니다. 그러나 흔히 돌팔이 의사에게 혼이 난 사람이 명의에게 보이기를 꺼리듯, 내 영혼도 이와 비슷해 믿지 않고는 나을 수 없었는데도 거짓이 아닌가 하는 마음 때문에 치료받기를 거절했던 것이며, 내 영혼은 당신의 손을 거부했던 것입니다. 그러나 그것이야말로 신앙이라는 약을 손수 지으셔서 전세계의 모든 병든 이에게 주시고 거기에 위대한 효력을 부여하시는 위대한 손이었읍니다.

5. 성서의 권위와 그 필요성에 대하여

나는 그때부터 가톨릭의 교리가 다른 어떤 것보다도 우월하다고 생각하게 되었읍니다. 왜냐하면 마니 교에서는 믿을 만한 것을 비웃고 터무니없는 지식을 약속하며 결국에는 황당무계한 것들을 믿으라고 하는데, 가톨릭에서는 사람에 따라 증명이 되지 않는다든지 전혀 증명할 수 없는 것을 믿으라고 하는 데 있어 매우 공정하고 거짓이 없다는 것을 알았기 때문입니다.

이와 함께 주여, 당신은 서서히 부드러운 손으로 내 마음을 어루만져 가라앉혀 주셨읍니다. 그러는 동안 나는 보지도 못하고 사건이 일어났을 때 현장에 있지도 않은 많은 일들을 그대로 믿었다는 생각을 하게 되었읍니다. 세계 역사에 나타난 그 많은 일들, 본 일이 없는 도시나 고장에 관한 일들, 여러 사람들에 대한 일들을 내가 믿지 않는다면 이 세상에서 아무것도 할 수 없으며, 또 내가 양친한테서 태어났다는 것, 즉 들어서 믿지 않고는 알 수 없는 이 사실을 확실하게 믿는 자로서만 확인할 수 있었읍니다―― 당신께서 모든 민족에게 권위를 주시어 그들에게로 파고들어가 당신의 책을 믿는 사람들을 비난해서는 안 되고 오히려 믿지 않는 사람들을 비난해야 한다는 것과, 또 그 사람들이 「이 책들이 진리와 진실이 되시는 유일신의 영에 의해서 인간에게 주어졌다는 것을 너는 어떻게 아느냐?」고 묻는다면, 그런 말은 들을 필요도 없다는 확신이 내 마음속에 굳어져 가게 하신 분이 바로 당신이었읍니다. 그러나 바로 그것이 가장 핵심이었읍니다. 수많은 저서를 통해 심술궂은 문제로 논박하는 철학자들의 변증을 다 읽어 보았지만 당신이 계시다는 신앙과――그래도 나는 당신이 누구이신지 모릅니다만――인간의 모든 일을 다스리는 것은 당신의 뜻이라는 신앙을 내게서 빼앗아 가지는 못했읍니다.

비록 당신에 대한 내 신앙이 강해졌다 약해졌다 한 것은 사실이지만 당신이 계시어 우리를 돌보아 주신다는 것만은, 당신의 본질이 어떠하며, 또 당신께 이르고 되돌아가는 바른 길이 어디인지 몰랐다 해도 항상 믿어 왔읍니다.

그러므로 우리의 능력은 추리하는 이성으로써는 진리를 발견하지 못한다는 것과, 이러한 근거에서 성경의 권위가 필요하다는 것을 나는 깨달았읍니다. 그리하여 당신께서는 사람이 성경을 통해서 당신을 믿고 성경을 통해서 당신을 찾게 하시려고 하지만 결코 성경에 숭고한 능력을 부여하시지는 않았다는 것을 믿기 시작했읍니다. 나는 항상 마음에 들지 않던 불합리한 대목들을 이치에 맞게 해석하는 것을 듣고는 심원한 오의(奧義)에 관련시켜서 생각하게 되었읍니다. 그것은 누구나 읽을 수 있도록 쉽게 되어 있으면서도 같은 의미 속에 성경의 오의의 위엄을 간직하고 있기 때문에, 이 권위는 그만큼 더 존경할 만하고 거룩한 신앙으로 받들어야만 한다는 것을 알았읍니다.

이처럼 성서는 누구나 알 수 있는 가장 소박한 표현으로 자신을 진술하고 있지만, 경박하지 않은 자들의 주의를 집중시킵니다. 인간을 사랑하는 그 마음이 모든 이에게 허락됐으나, 그 성경은 좁은 문을 통하여 보다 적은 사람을 당신께로 인도하셨으니, 성경이 그처럼 높은 권좌에 있지 않고 많은 무리를 성경의 거룩한 단순성으로 끌어들이지 못했다면 그처럼 많은 사람을 인도하지는 못했을 것입니다.

내가 이런 일들을 생각할 때, 당신은 내 곁에 계셨읍니다. 내가 곤궁 속에서 한숨을 쉴 때, 당신은 그것을 들으셨으며, 내가 흔들리고 있을 때 당신은 이끌어 주셨읍니다. 또한 내가 세속의 넓은 길로 갈 때, 당신은 나를 버리지 않으셨읍니다.

6. 거지 한 사람

내가 명예와 이득과 결혼에 허덕이고 있을 때, 당신은 나를 비웃으셨읍니다. 나는 그러한 욕망으로 인해 극심한 고난을 당했지만, 당신께서는 당신이 아닌 것에서 행복을 허용하시지 않은만큼 나에게 자비로우셨읍니다.

주여, 나의 마음을 굽어 보소서. 당신은 당신 앞에 고백하기를 바라셨읍니다. 당신은 나의 영혼을 그토록 강인한 죽음의 끈끈이로부터 떼어 주셨읍니다. 이제 영혼이 당신에게만 집착해 있도록 해주소서. 내 영혼이 얼마나 비참했기에 당신은 그처럼 아픈 영혼을 찔러서 모든 것을 버리고 당신에게로 돌아가게 하셨나이까? 또 모든 것 위에 계시고 당신 없이는 이 모든 것이 존재할 수 없는 당신에게로 돌아가 치료를 받게 하셨읍니까?

한없이 가엾었던 나! 당신이 보기에 내가 얼마나 비참했으면 나로 하여금 비참을 느끼게 하셨겠나이까. 어느 날 나는 황제에게 바칠 축사를 짓고 있었읍니다. 나는 거짓으로 잔뜩 채워 놓았고 여기에 정통한 사람들의 호평을 받으려고 거짓말을 했읍니다. 나는 이를 걱정하느라고 질식할 정도였고, 살이 빠질 정도로 마음이 타들어가고 있었읍니다. 나는 밀라노의 어떤 거리를 지나가다가 초

다한 거지를 발견했는데 그 거지는 배가 부른지 히히덕거리며 익
살을 떨고 있었읍니다. 나는 한숨을 지으며 같이 가는 친구에게
우리들의 어리석은 행동이 얼마나 고통스러운가 이야기했읍니다.
우리는 당시 나를 억압하던 이러한 일에 사력을 다하느라고, 욕구
라는 가시 밑에서 나의 비참이라는 짐을 이끌어 나갈수록 태산이
앞을 가로막는다는 말을 했읍니다. 우리가 이렇게 하는 것은 전
혀 근심 없는 즐거움을 구하려는 것 외에 다른 목적이 있는 것은
아니었읍니다. 그러나 저 거지는 이미 거기에 이르렀지만, 아마
우리는 거기에 도달하지 못하리라는 말을 했읍니다. 왜냐하면 그
거지는 돈 몇 푼을 구걸해 얻으면 가질 수 있는 것을, 즉 시간적
인 행복에서 오는 기쁨을 생각하고 하는 말이지만, 우리는 온갖
짐을 다지고 험난한 길로 그것을 찾아가야 하기 때문입니다. 확
실히 그는 참된 즐거움을 갖지 못했다지만, 나는 바로 그 기만적
인 즐거움을 찾는 데 정신이 팔려 있었읍니다.

그런 가운데서도 그는 확실히 기뻐하고 있는데, 그는 근심이 없
었으나 나는 근심으로 가득했읍니다. 만일 누군가가 즐거운 것이
좋으냐 아니면 근심하는 것이 좋으냐고 묻는다면, 나는 분명 즐거
운 것이 좋다고 대답할 것입니다. 그러나 그가 계속해서 묻기를,
그러면 이 거지처럼 되고 싶으냐 그렇지 않으면 나의 그 당시의
상태를 원하느냐고 묻는다면, 나는 온갖 근심과 불안으로 가득 찬
나의 상태를 택할 것입니다. 그러나 그것은 그릇된 판단이었읍니
다. 그것을 어떻게 진실이라고 할 수 있겠읍니까?

사실 그 거지보다 학식이 조금 있다고 해서 자기가 낫다고 생
각할 수는 없는 것입니다. 왜냐하면 그 학문의 척도는 기쁨을 얻
는 것이 아니라 오직 사람들의 마음에 들기만을 바라고 있었기 때
문입니다. 게다가 그것도 남을 가르치기보다는 오로지 남의 마음
에 들려는 마음뿐이었읍니다. 그래서 그는 징벌의 지팡이로 내 뼈
를 으스러뜨린 것입니다.

그러므로 내 영혼에게 「사람이란 즐거움이 있어야 한다. 저 거
지에겐 술이 기쁨이요, 네게는 명예가 즐거움이다」라고 말하는 자
가 있다면, 그를 내게서 멀리해 주소서. 주여, 당신 안에 있기

않은 영광을 영광이라 할 수 있겠읍니까?

내가 말한 것처럼 거지의 기쁨이 참된 기쁨이 아닌 것처럼, 내 영광도 참된 것이 아니어서 오히려 나의 마음을 불안하게 할 뿐입니다. 아마 거지는 그날 밤 술이 취해서 밖에서 잤을 것이고 나는 내 집 식구들과 함께 집 안에서 자고 그리고 깨어났읍니다. 이와 같은 일들이 얼마나 오랫동안 되풀이되었던가요?

확실히 사람이 즐거움을 누리는 데는 구별이 있는 줄로 압니다. 그리고 경건한 소망에서 오는 기쁨은 저 거짓된 행복과는 비교도 할 수 없이 큽니다. 그때 우리 두 사람 사이에는 질적인 차이가 있었으나 의심할 여지도 없이 그 거지가 더 행복한 사람이었읍니다. 왜냐하면 나는 근심 때문에 바보처럼 되어 있는데, 그는 남에게 축복을 빌고 술을 얻어 마셨고, 그에 비해 나는 아첨하는 말로 기껏 바람을 잡았을 뿐이기 때문입니다.

그 당시 나는 사랑하는 친구들에게 이런 이야기를 많이 해주었으며, 그런 경우 종종 내가 어떠한 상태에 있는가를 생각해 보았으나 나는 항상 불행하다는 것을 발견했을 뿐입니다. 그래서 나는 한탄했는데, 그럴수록 그 고민은 더해 가는 것이었읍니다. 혹시 행운이 나를 반기는 일이 있어도 곧 잡힐 듯하다가 곧 날아가 버리기 때문에 그것을 붙들기가 싫었읍니다.

7. 알리피우스와 검투

그런 경우 사이좋게 지내던 우리들은 모두 한탄했는데, 특히 그런 일을 함께 이야기한 친구는 알리피우스와 네브리디우스였읍니다. 알리피우스는 같은 고향 출신으로서 양친은 읍내에서 유력자이고 나이는 나보다 아래였읍니다. 그는 내가 우리 고장에서 교사생활을 할 때 나한테서 배웠고, 그후 카르타고에서도 역시 그랬으며 나를 몹시 따르는 친구였읍니다. 그것은 내가 선량하고 많이 아는 것처럼 보였기 때문입니다. 나도 또한 그를 사랑했는데, 그는 어려서부터 탁월한 덕성을 지니고 있었읍니다. 그러나 카르타고의 소용돌이 속에서 그는 투기장의 광기에 사로잡히고

말았읍니다. 그가 그 소용돌이 속에서 떠돌고 있을 무렵, 나는
수사학 교사로 학교를 운영하고 있었읍니다. 그러나 그는 아직 내
제자가 아니었는데, 그것은 그의 아버지와 나 사이에 긴장관계
가 있었기 때문이었읍니다.

그런데 나는 그가 인생을 망칠 정도로 검투를 좋아하는 것을
알고 매우 걱정을 했읍니다. 그처럼 장래가 유망한 사람이 타락
할 것처럼, 아니 이미 타락한 것처럼 여겨졌기 때문입니다. 그
러나 나에게는 친구로서 그에게 경고를 하거나 어떠한 제재를 가
하여 정신을 차리게 할 수 있는 두터운 우정도 없었고, 또한 교
사의 권리도 없었읍니다.

나는 그의 아버지와 마찬가지로 그도 나에 대해 생각할 것이라
고 믿었으나, 그는 그렇지 않았읍니다. 그는 이런 점에서 자기 아
버지의 뜻을 어기고 나에게 아는 체하더니, 마침내 나의 강의실
에 들어와 강의를 듣고 가게 되었읍니다.

무용한 것에 철없이 열중해서 탁월한 재질을 썩여 버리지 않는
것이 좋겠다고 충고하고 싶던 내 마음이, 이제는 내 기억에서조차
완전히 사라진 것입니다. 주여, 모든 것을 만드시고 어디서나 잡
고 조종하시는 당신만은, 당신의 아들들 가운데서 장차 훌륭한
당신의 종이 될 그를 기억하고 계셨던 것입니다. 그리고 그 개심
이 분명 당신께서 행하신 것이라는 사실을 나 자신을 통해서 나
도 알지 못하게 하셨던 것입니다.

어느 날 나는 늘 앉던 곳에 앉았고 앞에는 학생들이 있었는데,
그가 와서 인사하고 앉더니 나의 강의를 주의 깊게 들었읍니다.
마침 나는 어떤 책에 대해 강의를 하고 있었읍니다. 내가 그 책
의 내용을 알기 쉽게 설명하기 위해서는 투기장을 예로 드는 것
이 적절하겠다고 생각하여, 투기장의 광기에 휘말려 있는 사람들
을 맹렬히 비난했읍니다. 하느님이시여, 당신은 아시지만, 나는
그것으로 알리피우스의 고질병을 치료하리라고는 생각하지도 못
했읍니다. 그러나 그는 그 말을 자기에게 하는 것으로 알아듣고,
내가 그런 말을 한 것은 자기 때문이라고 단정지었읍니다. 다른
사람 같으면 내게 몹시 화를 냈을 텐데, 그는 오히려 자기 자신

에게 몹시 화를 내고 나를 더욱더 존경하게 됐던 것입니다.

당신은 벌써 오래 전에 이런 말씀을 하시고 당신의 성경에 「지혜로운 자를 책망하라. 그러면 그는 너를 사랑할 것이다」라고 말씀하셨읍니다. 그러므로 그를 책망한 것은 내가 아니고 당신이었읍니다. 당신은 당신의 눈앞에 있는 질서가 올바르고 정당하기만 하면 그들이 알든 모르든 그 질서대로 만물을 이용하시는 분이므로, 내 가슴과 내 입으로부터 작열하는 석탄을 끄집어내어 쓰러져 가는 영혼을 태워서 고치셨읍니다. 당신의 사랑에 대해서 생각하지 않는 사람은 당신을 찬양하지 않아도 되지만, 나는 마음속 깊이 당신을 찬양합니다.

알리피우스는 내 말을 듣고 그 깊은 구렁텅이에서 뛰어나와 강한 절제로 투기장의 때를 완전히 씻어 버리고, 더 이상 근처에 가지 않게 되었읍니다. 그리고는 나를 마땅치 않게 여기던 아버지에게 나의 제자가 되겠다고 졸라 마침내 허락을 받고 내 제자가 되었읍니다. 다시 내 청강생이 된 알리피우스는 나와 더불어 저 미신에 빠져들게 되었읍니다. 마니 교도들이 내세우는 절제를 영광스럽고 진실한 것으로 믿으며 좋아한 것입니다. 그러나 나중에 안 일이지만 그것은 가장된 덕으로 참다운 덕을 깨닫지 못하고 있는 외견에 속기 쉬운 영혼들을 사로잡는 것이었읍니다.

8. 알리피우스의 격정

그는 양친이 원하는 지상적 입신출세의 길을 버리지 못하여 나보다 먼저 로마에 법률공부를 하기 위해 와 있었읍니다. 그러나 그는 거기서 믿기 어려울 정도로 그를 매혹시킨 검투에 빠져들고 말았읍니다.

사실 그는 그러한 놀이를 경멸하고 외면하고 있었읍니다. 그러나 어느 날, 점심시간에 몇몇 급우들을 우연히 만나자 그들은 완강히 거절하는 그를 끌고 생사의 잔인한 경기가 벌어지고 있는 원형극장으로 갔읍니다. 그때 그는 그들에게 「너희들이 내 몸은 비록 그곳으로 끌고갈 수 있을지 모르지만, 내 정신과 눈을 그곳에 붙잡아 두지는 못할 거야. 그러니까 내가 거기에 간다 해도 없는 것과 마찬가지야」하고 말했읍니다. 그러나 그들은 이 말을 듣고도 마구 끌고 갔읍니다. 아마 그 말을 시험해 볼 속셈으로 그랬는지도 모릅니다.

그들이 원형극장에 이르러 자리를 잡고 앉았을 때는 벌써 야만스런 경기에 온통 들끓고 있었읍니다. 그는 두 눈을 꼭 감고 이런 죄악에 말려들어가지 않겠다고 다짐했으나, 때마침 검투중에 누군가가 쓰러져 관중들의 함성이 들리자 호기심에 못 이겨 눈을 떴읍니다. 그는 무슨 일이 있어도 보지 않겠다고 했고 자기를 억제하고 있었지만, 결국 지고 말았읍니다. 그러나 그의 영혼은 자신이 보려던 검투사가 입은 상처보다 훨씬 더 큰 상처를 입고 처참한 모습으로 쓰러졌던 것입니다. 그 함성이 귀를 통해 그의 속으로 들어가 그의 눈을 뜨게 하고 말았으며, 그의 영혼은 거기에 휩쓸려 얻어맞고 쓰러졌읍니다. 당신을 의지해야 할 영혼이 자신만을 믿었던 탓으로 무력해졌던 것입니다.

그는 피를 보는 순간 전율을 느꼈고, 시선을 다른 곳으로 돌리기는커녕 더욱 거기에 쏠렸고 거친 분노를 들이마셨으며, 이 격투의 비행에서 스스로 상처를 입고 흡혈귀적인 환희에 정신을 빼앗기고 말았읍니다. 그는 이미 올 때의 그가 아니었고 그가 섞여 있는 무리 가운데 한 사람이 되어 그를 끌고 온 자들의 동지가 되었으니, 더 무슨 말을 할 수가 있겠읍니까? 그는 구경을 하면서 소리를 지르고 열을 뿜었으며, 거기에 흠뻑 빠졌읍니다. 그리하여 그는 전에 자기를 끌고 간 자들은 물론 다른 사람들까지 끌고 가게 되었읍니다.

그럼에도 불구하고 당신은 전능하시고 자비로우신 손으로 그를 구원하시어, 자기를 의지하지 말고 당신을 의지하도록 가르치셨읍니다. 그러나 그것은 훨씬 뒤에 일어났읍니다.

9. 알리피우스의 누명

그러나 이 일은 앞으로 구원할 약으로 그의 기억 속에 간직되었읍니다.

지금 이야기하고자 하는 사건도 이와 비슷합니다. 그가 카르타고에서 나의 강의를 들으며 공부할 무렵의 일입니다. 어느 날 그는 다른 학생들과 마찬가지로 광장에서 연설 연습을 하고 있었읍니다. 그때 당신은 그가 광장지기에 의해 도둑으로 몰려 붙들리는 것을 허락하셨읍니다. 내 생각에는 당신께서 그렇게 하신 이유는, 장차 크게 될 사람으로 하여금 자기의 경험으로 남을 심판할 때 성급한 판결을 내리지 않기 위해서는 얼마나 신중하게 생각해야 하는가를 배우게 하시기 위함이었다고 생각합니다.

그가 서판(書板)과 펜을 들고 재판소 앞을 거닐고 있을 때였읍니다. 갑자기 한 청년이——그는 학생으로 진범이었읍니다——알리피우스 몰래 도끼를 품고 환전상의 가게 위에 높이 솟은 납으로 된 창으로 다가가 납을 자르기 시작했읍니다. 아래쪽에 있던 환전상인들이 이 소리를 듣고 호령을 하며 그 사람을 붙들려고 했읍니다. 이 통에 청년은 연장을 놓고 도망을 쳤읍니다. 알리피우스는 그들이 들어오는 것도 모르고 웬 사내가 급히 도망가는 것만 이상히 여겨, 무슨 일인가 알기 위해 그곳으로 갔읍니다. 알리피우스는 거기서 도끼를 발견하고는 섬뜩해서 우두커니 서 있었읍니다. 이때 도끼소리를 듣고 달려온 자들이 그를 보더니 다짜고짜 그를 붙들고는 도둑으로 단정했읍니다. 그들은 광장에 모여든 주민들을 향해 현장에서 도둑을 잡은 것을 우쭐거리며 그를 재판소로 끌고 갔읍니다.

알리피우스의 이 혐의는 충분했읍니다. 주여, 그의 유일한 증인이신 당신은 즉시 무고한 자를 살리기 위해 오셨읍니다. 알리피우스가 감옥인지 아니면 벌을 주기 위한 장소인지 모를 곳으로 끌려가는 도중에 그들은 마침 국가 건물을 주관하는 건축사를 만났읍니다. 그들은 그 사람을 만나자 매우 기뻐했읍니다. 광장에서 물건이 없어질 때마다 그에게 자기들이 의심을 받고 있었는데, 이젠 진범이 밝혀진 것이라고 생각했기 때문이었읍니다.

그런데 그는 자기가 인사차 종종 드나들던 어느 원로원 의원 집에서 알리피우스를 만난 일이 있었으므로 곧 알아보고는 무려들로부터 떼어 놓더니, 어째서 이런 변을 당하게 되었느냐고 물었읍니다. 그가 사실을 얘기하자, 그는 소란을 피우며 위협하는 무리에게 자기를 따라오고 소리쳤읍니다. 그리하여 그들은 범행한 청년의 집으로 갔읍니다. 집 앞에는 어린아이가 서 있었는데, 너무 어려서 자기 주인에게 해로운 결과를 초래할지 어떨지는 모를 것이므로 사실대로 말할 것으로 생각되었읍니다. 사실 그 소년은 자기 주인과 함께 광장에 갔던 것입니다. 알리피우스는 광장에서 그 소년을 보았으므로 건축사에게 일러 주었읍니다. 건축사는 소년에게 도끼를 내보이며 누구 것이냐고 물었읍니다. 그러자 그 아이는 서슴없이 「우리 거예요」하고는 묻는 대로 모든 것을 다 이야기했읍니다.

이리하여 진범이 그 집에 있는 것으로 판명되자, 알리피우스에게 우쭐거리던 무리들은 부끄러워 얼굴을 들지 못했읍니다. 장차 당신 말씀의 분배자요, 교회에서 일어나는 모든 일의 심판자가 될 예정이었던 알리피우스는, 그 사건에서 풍부한 경험과 교훈을 얻게 된 것입니다.

10. 알리피우스의 덕과 네브리디우스의 도착

그런데 나는 이 알리피우스를 로마에서 만날 수 있었읍니다. 그는 나와 끊을 수 없는 우정으로 결합되어 함께 밀라노로 출발했는데 그것은 나와 멀어지기 싫었기 때문이며, 또 그가 얻은 법률 지식으로 양친의 뜻에 따라 무엇인가 하기 위해서였읍니다.

그는 세 번이나 법률 보좌관으로 있으면서 청렴결백으로 사람들을 놀라게 했으며, 그런 자신은 사람들이 결백보다 황금을 더 귀하게 여기는 것을 의아하게 생각했읍니다. 한편 사람들은 그를 유혹하거나 협박하여 그의 성격을 시험해 보기도 했읍니다.

그는 로마에 있을 때 이탈리아 재무관의 법률고문으로 있었읍니다. 그 당시 매우 유력한 원로원 의원이 있었는데, 많은 사람들이 그 사람의 은고(恩顧)에 얽매여 그 힘에 굴복하고 있었읍니다. 그는 사람들에게 권력을 남용하여 법이 허용하지 않는 엄청

난 일을 시도했읍니다. 알리피우스는 반대했읍니다. 사람들이 그에게 보수를 약속하자 일축해 버렸고, 협박을 했지만 그것도 묵살해 버렸으므로 사람들은 모두 알리피우스의 비범한 용기에 놀랐읍니다. 왜냐하면 그는 원하는 대로 남을 돕거나 해를 입힐 수 있는 사람으로 소문이 자자했는데, 알리피우스는 그와 친하려고도 하지 않고 그 사람의 적이 되는 것도 두려워하지 않았기 때문입니다. 그런데, 알리피우스가 보좌하던 재무관까지도 그의 의사에 찬성하지 않았는데 그는 공명정대하게 거부하지 않고 이를 허락하지 않는 알리피우스에게 책임을 전가시켜, 알리피우스 때문에 승낙하지 못하겠다고 고해바쳤읍니다. 사실 그가 고분고분했던들 알리피우스는 당장 그 곁을 떠나 버렸을 것입니다.

그러한 그도 자칫 유혹에 넘어갈 뻔한 일이 있었읍니다. 그것은 학문에 대한 그의 열의가 대단했기 때문인데, 즉 그가 관비로 사본을 베끼려고 했던 일입니다. 그러나 그는 정의에 비추어 생각을 올바른 방향으로 돌렸읍니다. 허용된 권리를 따르기보다는 금하는 공정을 따르는 것이 정의롭다고 생각했던 것인데, 사실 그것은 사소한 일에 지나지 않읍니다. 그러나 작은 일에 충실한 자는 큰 일에도 충실한 법이며, 당신이 말씀하신 「너희가 부정한 재물에 충실하지 않으면 누가 너희에게 참된 보화를 주겠느냐. 또 너희가 남의 것에 충실하지 않으면 누가 너희들의 것을 너희들에게 주겠느냐」*라는 말이 결코 무의미하지는 않읍니다.

그 당시 알리피우스는 그러한 사람이었읍니다. 그는 나와 함께 어떻게 사는게 가장 좋은가 하는 문제로 고민하고 있었읍니다.

그 무렵 네브리디우스도 카르타고 부근의 고향을 버리고──오랜 세월을 보낸 카르타고를 버리고, 나처럼 어머니가 따라오는 일 없이──밀라노로 왔는데, 나와 함께 진리를 연구하기 위해서였읍니다. 행복된 생활의 열렬한 추구자, 가난한 문제의 탐구자로서 그는 우리와 더불어 방황했읍니다. 굶주린 세 사람의 입들은 서로 굶주림을 하소연하며 당신께서 「적당한 때에 음식을 주시리라」고 기대하고 있었읍니다.

* 〈누가복음〉 16장 10절.

사회에서 활동함에 따라 여러 가지 괴로운 일이 일어났지만, 사실 그것은 당신의 사랑에 의한 것이었읍니다. 그러나 그 같은 괴로움을 당할 때마다 우리는 그 이유를 생각해 보았지만 눈앞에는 어둠만이 있을 뿐이므로, 우리는 한숨을 지으며 「이런 상태가 언제까지 계속될까」하는 나약함도 보였읍니다.

우리는 종종 이런 이야기를 주고받았지만, 그런 생활을 버리려 하지는 않았읍니다. 그것을 버린 후에 새로 취해야 할 확실한 것이 아무것도 없었기 때문입니다.

11. 하느님과 세상 사이에서

한편 나는 과거를 돌이켜보고 깜짝 놀랐읍니다. 진리를 발견하기만 한다면 온갖 거짓된 소망과 온갖 거짓된 망상을 다 버리기로 결심한 것이 열 아홉 살 때로, 그로부터 오랜 세월이 흘러서 서른 살이 되었건만 아직도 오물 속에 틀어박혀서 나를 이리저리 끌다가 사라져 없어지는 순간의 선을 마시고 싶어하는 욕망에 사로잡혀 있었던 것입니다. 나는 그때도 이런 말을 했었읍니다. 「내일이면 발견할 수 있겠지. 그것이 명백하게 드러나면 나는 그것을 꼭 붙잡을 거야. 그때 파우스투스가 온다. 그가 오면 모든 것을 해명해 주겠지. 오, 위대한 아카데미 파들이여! 인생은 어느 방향으로 가야 하는지, 확실한 것이라곤 하나도 붙잡을 수가 없다. 아니다, 그래도 용기를 내서 더 찾아봐야지. 결코 절망하지 말자. 성경에서 불합리하게 보이는 것도 사실 불합리한 것은 아니고 달리 선의로 해석할 수 있는 것이니, 나는 거기서 내가 설 자리를 찾겠다. 내가 어렸을 적에 부모님들이 나를 거기에 두셨거니와, 내가 진리를 발견할 때까지 거기에서 발을 떼지 않으련다. 그러나 언제 어디에서 찾는단 말인가. 암브로시우스에게는 여가가 없다.

나에게는 독서할 틈이 없다. 어디서 그 책을 구한단 말인가. 누구에게서 빌까. 우리는 영혼구제를 위해 일정한 시간을 배정하자. 갑자기 커다란 희망이 솟는다. 가톨릭 신앙은 우리가 잘못 생각하고 근거없이 비난하던 것을 가르치지 않는다. 교인들은 하느님을 인간적 육신의 형체로 생각하는 것을 신성모독으로 여긴다.

그렇다면 다른 문제들도 밝히기 위해 문을 두드리기를 왜 주저하는 것일까. 오전 시간은 학생들에게 빼앗긴다지만, 다른 시간은 무엇을 하며 보내는 것인가. 우리는 왜 그 한 가지를 위해 모험하지 않는가. 우리는 은혜를 받기 위해 저 존엄한 친구를 언제 방문할 것인가. 학생들이 우리에게 사 가려는 것을 언제 준비한단 말인가. 근심 걱정에 젖긴 우리의 정신을 가라앉힐 휴식은 언제 취할 수 있을 것인가.

그런 것은 모두 없어져라. 그따위 쓸데없고 어리석은 일은 모두 집어치우자. 다만 진리의 탐구에게만 정신을 쏟자. 삶은 비참하고 언제 죽음이 닥쳐올지 모른다. 그것은 소리없이 갑자기 온다. 그후 우리는 어떻게 될까. 우리가 여기서 게을리한 것을 어디 가서 배울까. 오히려 태만했던 탓으로 벌을 받지나 않을까. 그러나 이 죽음에 의해서 감각과 더불어 일체의 근심이 단절되고 끝난다면 어떨까. 그 점도 역시 탐구해 보아야 한다.

그러나 결코 그럴 리가 없다. 그리스도 신앙이 이렇듯 권위를 떨치고 있는 것이 허망하고 무의미한 일일 리가 없다. 육체의 죽음과 더불어 영혼의 생명도 없어진다면, 그런 위대하고 멋있는 일을 하느님께서 우리를 위해 하실 리가 없다. 그러면 우리는 왜 이 세상의 희망을 버리고 하느님과 행복된 삶을 탐구하기 위해서 온몸과 마음을 내던지기를 주저하는가.

그러나 잠깐만 기다려 다오. 이 세상의 것도 역시 기쁨을 주며 달콤한 것이다. 그 맛은 결코 무시할 것이 아니다. 다시 되새긴다는 것은 쑥쓰러운 일이므로 이 세상의 것과 쉽게 인연을 끊어서는 안 된다. 사실 어떠한 명예로운 지위도 좀더 참으면 획득할 수 있는데, 이 세상에서 무엇을 더 바라겠는가.

유력한 친구가 많으니만큼 그처럼 서두르지 않아도 현지사쯤은 될 수 있다. 그렇게 되면 돈 많은 아내를 얻어 생활비의 부담도 가벼워질 것이며, 이만하면 욕망은 다 채워질 것이다. 진실로 교양있고 중요한 인사들 가운데는 결혼을 하고서도 지혜의 탐구에 몰두해 온 사람이 많다.」

이런 말을 하면서 바람의 방향이 바뀔 때마다 이리저리 쏠리는 동안 시간이 흘러, 나는 「주님께 돌아가기를 머뭇거리고」 당신의 속에 사는 것을 하루하루 미루면서 나날이 자신 속에서 죽는 일을 계속했습니다. 나는 행복된 삶을 사랑하면서도 그 생명의 거처 앞에서는 두려워하여 그 앞을 피하면서도 다시 그것을 쫓아가곤 했습니다.

사실 나는 여자와 살지 않는다면 무척 비참하리라 생각하고, 이러한 약함을 고쳐 주시는 당신의 사랑의 약에 대해서는 경험한 일이 없기 때문에 생각조차 못했습니다. 그리고 금욕이란 나 자신의 능력에 속한 일로 보였지만 내게는 그런 능력이 없었습니다. 어리석은 나는 성서에 기록되어 있듯이 「만일 당신께서 허락하지 않으신다면 아무도 절제할 수 없다」는 것을 전혀 몰랐으며 그것은 오직 인간의 능력에 달린 것으로 생각했습니다.

만약 내가 슬픈 마음으로 당신의 귀에 대고 외치고 확고한 신앙을 가지고 내 근심을 당신에게 맡겼더라면, 당신은 분명 그것을 허락해 주셨을 것입니다.

12. 결혼에 대한 논쟁

알리피우스는 나의 결혼을 적극 반대했습니다. 결혼만 하면 우리가 오랫동안 염원해 왔던, 한가하게 지혜를 사랑하며 함께 생활하는 것이 불가능하다는 것이 그 이유였는데, 그는 이 점에 있어서 놀라울 정도로 절제했습니다. 그러나 청년기로 접어들면서 동서생활을 한 경험이 있었으나 그는 그것에 집착하지 않고 그것을 슬프게 여기며 비난하고, 그후부터는 완전한 금욕생활을 해왔습니다.

나는 그에게 결혼을 하고도 지혜를 탐구하여 하느님 앞에 공을 세우고, 친구들에게 신의를 다하여 사랑했던 사람들의 예를 들어가며 주장했으나, 사실 나는 그러한 위인들과는 동떨어진 인물이었습니다. 나는 육욕에 얽매여 치명적인 쾌락에 취해서 그곳에서

124

풀려 나올까봐 두려워하며, 선한 충고자의 말이 마치 상처난 곳을 만지기나 한 것처럼 뿌리쳤읍니다. 그뿐만 아니라 뱀은 나를 통해서 알리피우스에게 말을 하고, 내 말을 통해서 그 올가미를 엮어서 그의 길 위에 놓아 자유롭고 존경받을 만한 이 방랑자의 발을 얽어맸읍니다.

사실 그는 나를 적잖이 존경하고 있었으므로 내가 육욕에 얽매여 있어서 우리끼리 이런 얘기를 할 때, 절대로 독신생활을 할 수 없다는 말을 하면 매우 이상스럽게 여겼읍니다. 나는 놀라는 그를 보고 다음과 같은 점을 지적하면서 나를 변명했읍니다. 그가 지금은 거의 다 잊어버려서 아무 불쾌감도 느끼지 않고 쉽게 끊을 수 있게 되었지만 아무도 모르는 일로서, 겁탈당했던 그의 파란 많은 연애사건과 다만 결혼이라는 영예로운 이름만이 없을 뿐이지 즐거움을 누릴 수 있는 나의 현상태와는 대단히 큰 차이가 있는 것이라고 했읍니다. 그러자 내가 그러한 생활을 배척할 수 없노라고 말을 했을 때에도 그는 별로 의아하게 생각하지 않게 되었읍니다. 나로 인해 그도 결혼하고 싶다는 생각을 하게 되었는데, 물론 그는 쾌락을 누리려는 것이 아니라 호기심에서였읍니다. 다른 모든 면에서는 그가 합당하게 여기는 것이지만, 그것 없이는 나는 나의 생명을 생명이 아니라 고통으로 느끼기까지 하는 것이 한 가지 있는데, 그는 그것이 도대체 무엇인지 알고 싶다고 말했읍니다. 그 자신은 그러한 사실에 매이지 않았으므로 나의 노예상태를 경이로운 눈으로 바라보고, 그뿐만이 아니라 그것을 한 번 해보고 싶은 욕망이 생겼읍니다. 실제로 가장 좋은 방법으로 이것을 해보고, 따라서 그를 놀라게 했던 이 노예상태에 빠져서 죽음과 약혼을 하려 했지만 위험한 사랑을 하는 자는 그 위험 속에 빠지는 법이었읍니다.

왜냐하면 우리 두 사람에겐 결혼을 하여 집안을 다스리고 자녀를 낳아 기르는 신성한 의무에 대한 관념이 희박했기 때문입니다. 나를 완전히 사로잡아서 괴롭히고 있었던 것의 대부분은 싫증날 줄 모르는 정욕을 싫증나게 하려는 습관이었고, 알리피우스를 끌어당겨 물들게 하려던 것은 호기심이었읍니다.

지고하신 분이여, 당신이 진흙인 우리를 버리지 않으시고 오히려 우리들을 가엾이 여기시어 도와 주러 오실 때까지 우리는 그러한 상태였읍니다.

13. 아들을 위해 신부감을 찾는 모니카

그런데 결혼을 하라고 성화가 대단했읍니다. 이미 나는 구혼을 했고, 어머니가 서두르셔서 약혼까지 한 상태였읍니다. 어머니는 결혼을 하면 나의 죄가 세례로 인해 깨끗이 씻어질 것이라고 믿고 있었읍니다. 어머니는 내가 나날이 수세(受洗)에 어울리는 자가 되어 가는 것을 보고 기뻐했으며, 자기의 소원과 당신의 약속이 나의 신앙 속에서 실현되어 가는 것을 알고는 더욱 기뻐했읍니다.

그밖에도 어머니가 내 요구 때문만이 아니라 스스로 열렬하게 날마다 당신에게 간구한 것은, 앞으로 내가 가질 결혼생활에 대해 어떤 점이든 환상으로 내게 보여 주십사 하는 것이었는 데, 당신은 어머니에게 그 뜻을 알려 주지 않으셨읍니다. 어머니는 무엇인지 헛된 환영을 많이 보았지만, 그것은 어머니가 이런 것에 너무 열중해 있었기 때문에 그 정신적 충동에서 생긴 것으로, 내게 그러한 이야기를 했을 때, 당신의 계시처럼 확신을 가지고 한 것이 아니라 대수롭지 않다는 투로 말했던 것입니다. 다시 말하면 어머니에게는 그 어떤 선한 능력이 있어서, 하느님께서 알려 주시는 것과 자기 자신의 영혼이 꾸는 꿈을 구별할 수 있다고 주장했읍니다.

그럼에도 불구하고 결혼을 서둘러, 결혼 연령이 두 살이나 모자라는* 처녀에게 구혼하여 그녀를 기다리기로 했읍니다.

14. 집단생활의 계획

그 무렵 우리 친구들은 조용한 생활을 무척 좋아하여, 속세를 떠

---

* 당시에는 법률상의 혼령기(婚齡期)가 12세였다.

나 조용히 살아 보자는 말을 주고받으며 끝내는 어떤 계획을 세워서 결정단계에 이르렀는데, 그 한적한 생활계획은 다음과 같습니다. 만약 무엇이고 얻는 것이 있으면 그 전체를 각자의 것인 동시에 전원의 공동 재산으로 한다는 것이었는데, 그 집단에서 생활한 사람은 열 명쯤 되었습니다. 그중에는 아주 부유한 사람도 몇 명이 있었는데, 특히 로마니우스는 어려서부터 나와는 절친한 사이였습니다. 당시 그는 궁중에서 중요하고 어려운 직책을 맡고 있었습니다. 그는 그 계획에 가장 열성적이었고 남을 설득하는 데도 뛰어난 존재였는데, 그 이유는 그가 다른 사람에 비해 많은 재산을 가지고 있었기 때문입니다.

우리는 해마다 두 사람의 관리자를 뽑아서 그들이 필요한 모든 것을 관리하고 나머지 사람들은 편안하게 살도록 했습니다. 그러나 그것에 대해 아내들의 동의를 얻을 것인가를 생각하는 단계가 되자——어떤 자는 이미 결혼을 했고 우리는 곧 결혼을 할 사람들이었습니다——애써 세운 훌륭한 계획은 완전히 물거품처럼 사라지고 말았습니다.

그리하여 우리는 비탄과 한숨으로 속세의 넓고 닳아빠진 길을 따라서 걷기 시작했습니다. 실로 우리는 많은 생각을 했으나 당신의 신의는 영원히 계속됩니다. 당신은 그것에 의해 우리의 생각을 거부하시고 우리를 위해 당신의 생각을 준비하시며, 적당한 시기에 음식을 주시고 손을 펴서 우리의 마음을 축복으로 가득차게 해주셨습니다.

15. 첫번째 아내와 이별하고

그러는 사이에 내 죄는 늘어만 갔습니다. 이제까지 동거해 온 여자와는 결혼에 방해가 된다는 이유로 헤어졌습니다. 그 여자와 단단히 결합되었던 나의 마음은 갈가리 찢어지고 심장에서 생명의 피가 마구 흘렀습니다. 그녀는 당신에게 다시는 다른 남자를 알지 않겠다고 맹세하며 아들을 내 곁에 남겨 두고 아프리카로 돌아갔습니다. 그러나 그녀보다도 못한 죄인인 나는 약혼자를 맞아들일 그 2년이 지루하여 다른 여자를 사귀었는데 물론 아내는 아니었읍니다. 내 병든 육욕이 육체에 얽매인 관습의 노예가 되어 열광하고, 마침내 결혼을 하고 싶다고 마음먹기에 이르렀읍니다. 그러나 첫번째 여자로 인해 받은 상처는 좀처럼 아물지 않았읍니다. 그것은 오히려 심한 열과 고통 끝에 썩어서, 열은 어느 정도 내렸지만 통증은 전보다 더해 절망적으로 되어 갔읍니다.

16. 죽음과 심판에 대한 공포

자비의 샘이시여, 당신에게 감사와 영광을 돌리옵니다.

나의 비참에 비례해서 당신은 점점 더 가까이 오셨읍니다. 당신의 오른손*은 시시각각으로 다가와 진수렁으로부터 나를 건져 내어 깨끗하게 씻어 주려고 했지만, 나는 미처 그것을 깨닫지 못했읍니다. 육욕의 구렁텅이로 빠져들어가는 나를 되돌아오게는 했지만, 그것은 오직 죽음으로서 닥쳐올 당신의 심판에 대한 공포뿐이었읍니다. 내 생각은 여러 번 변했지만, 그 공포만은 결코 나를 떠난 일이 없었읍니다.

나는 가끔 친구인 알리피우스나 네브리디우스 등과 더불어 최고선과 최고악에 대해 토론했읍니다. 그리고 만일 내가 에피쿠로스처럼 죽은 후에도 영혼이 계속된다는 것을 믿지 않는다면, 에피쿠로스에게 승리의 종려나무 가지를 주어야겠다고 생각하고는 이렇게 중얼거리는 것이었읍니다. 만일 우리가 영원히 죽지 않고 감각의 즐거움을 잃을 염려가 없이 그 속에서 살 수만 있다면, 그 이상 무엇을 바랄 것인가. 그러나 나는 이것이 크나큰 불행이라는 것을 깨닫지 못하고, 또 그처럼 가라앉아 눈이 먼 나는 덕의 빛과 그 자체 때문에 사랑해야 할 아름다움의 빛을 구별할 줄 몰랐읍니다. 그것은 이 빛이 물질에만 집착해 있는 눈에는 보이지 않고, 내적인 사람들에게만 보였던 것이기 때문입니다. 비록 쑥스러운 것을 논했을지라도 내게는 친구들과 환담하는 시간이 무척 즐거웠읍니다. 또한 그때 내가 가지고 있던 마음의 상태로서

---

* 하느님의 오른손은 하느님의 능력의 상징이다.

128

는 진실로 모든 육욕을 초월할 수 없었으면서도 친구를 이기심 없이 사랑했고, 또 그들한테서도 이기심없는 사랑을 받으려고 했다는 것이 대체 어떤 숭고한 근원에서 흘러나왔는지 나는 생각하지 못했읍니다.

오, 미로여, 당신과 멀어지면서도 무언가 더 좋은 것을 얻기를 바랐던 뻔뻔스런 영혼이여, 이리저리 둘러봐도 모든 것이 고통일 뿐 안식은 오직 당신뿐입니다. 당신은 언제나 우리 곁에 계셔서 우리를 방황에서 구하시고, 당신의 길로 이끄셔서 위로하시며 이렇게 말씀하십니다.

「달려라, 내가 너희를 데려다 주겠노라. 너희가 가고자 하는 곳까지 너희들을 인도하여 데려다 주겠노라.」

7

철학적 해명

1. 하느님에 대한 영적 개념

이미 나의 사악한 청년시절은 죽고 장년시절로 접어들었지만, 나이가 들어감에 따라 더욱 공허해질 뿐 현실적인 것이라고는 내 눈에 익숙해진 것밖에는 생각할 수가 없었읍니다.

그러나 주님이시여, 나는 지혜에 대한 이야기를 들은 뒤부터는 당신을 인간의 형태로는 생각하지 않게 되었읍니다. 나는 언제나 그러한 생각을 멀리해 왔던 터이므로, 우리의 영적인 어머니인 당신의 가톨릭 신앙에서도 이를 멀리한다는 것을 알고 매우 기뻐했읍니다. 그러나 나는 그때까지 당신을 어떻게 생각해야 할는지를 모르고 있었읍니다.

그래서 나는 인간으로서 당신을 숭고하고 유일하고 참된 하느님으로 생각하려 했으며, 정성을 다해서 영원히 소멸하지 않고 손상받지 않으며 변하지 않으시는 분으로 믿었읍니다. 어떻게 알게 되었는지는 모르지만, 어쨌든 나는 소멸하는 것은 소멸하지 않는 것보다 뒤진다는 것을 인식했기 때문입니다. 더우기 손상받지 않는 것은 손상받는 것보다 낫고, 변하지 않는 것은 변하는 것보다 낫다고 생각하고 있었읍니다.

나의 마음은 내가 만들어 낸 모든 환상에 항거하여 아우성을 치며, 일격으로 밀어 닥치는 환상의 무리를 정신으로부터 뿌리치려고 했으나 순식간에 다시 몰려와 내 시야를 흐리게 했읍니다.

나는 이 소멸하지 않고 상하지 않으며 변하지도 않는 본성에 의해 강요된다는 사실을 발견했읍니다. 그것은 내게 있어서 온갖 소멸하고 상하며 변하는 것 위에 있는 것으로서, 비록 그것이 인간의 육신의 형체는 아니더라도 공간 내의 물체적 존재일 것인데, 세상 안에 퍼져 있거나 혹은 세상 밖으로 무한히 뻗어나갔을 것이라고 생각했읍니다. 그러나 공간적 연장 없이 존재하는 것은 없는 것처럼 생각되었고, 더구나 절대 무이기 때문에 공허도 아니며 공간도 아니라고 생각했읍니다. 따라서 만일 물체가 제자리에서 옮기고 난 후에는 공간이라도 남게 되고, 땅과 물과 공기와 하늘의 모든 물체를 빼어 버리고 남은 공간이 있을 터인즉, 말하자면 이렇게 연장된 무도 아닐 것이라고 생각했읍니다.

이렇게 해서 마음이 둔해지고 자신조차도 투시할 수 없었던 나는 어떤 크기의 공간에서 커졌다 넓어졌다 뭉쳤다 부풀었다 하는 것, 또는 무엇인가를 수용하고 또 수용할 수 있는 것 이외에는 아무것도 존재할 수 없다고 생각했읍니다. 눈은 언제나 형태를 통해서 움직입니다. 마음이 움직일 경우에도 당신에 대해 똑같은 생각을 했읍니다. 즉 당신은 한정된 공간을 넘어 강력하게 뚫고 들어가고 세계의 어디든지 침투하며, 또 그것을 넘어 한없이 무한한 세계로 밀려서 어느 방향으로든지 퍼집니다. 그리하여 하늘과 땅이 당신 안에 있고 만물의 한계를 당신 안에서 찾을 수 있으나, 당신은 한계가 없으시다고 생각했읍니다. 마치 기체가 태양광선에 아무런 장애도 주지 않고 투과작용에 의해 투과하듯이, 당신도 하늘·공기·바다뿐만 아니라 땅의 물체까지도 통과하여 모든 부분에 침투해서 그곳에 현존하실 수 있어서 그 내면적 활동에 의해 만드신 모든 것을 통치하신다고 생각했읍니다.

나는 달리 생각해 볼 수 없었으므로 그같은 억측을 부리고 있었으나 그것은 크나큰 잘못이었읍니다. 만약 그렇다고 한다면 땅의 큰 부분은 당신의 큰 부분을 소유하고 작은 부분은 당신의 작은 부분을 소유했을 것입니다. 그리고 당신은 우주의 큰 부분에는 당신의 큰 부분을, 작은 부분에는 당신의 작은 부분을, 하는 식으로 당신 자신을 현존시키실 테지만, 이것은 있을 수 없는 일입니다. 그러나 당신은 아직 나의 어둠을 밝혀 주시지 않았읍니다.

2. 마니교를 떠나다

주님이시여, 스스로 속으면서 남을 속이는 자들, 수다장이이면서도 벙어리 같은 자들을 반박하기에는, 이미 우리가 카르타고에 있었을 때부터 네브리디우스가 제창하고 그것을 들은 우리 모두가 감탄했던 그 논거만으로도 충분했읍니다. 즉 마니 교도들이 언제나 주장하는, 당신을 적대시하는 이른바 「어둠의 족속」이, 당신께서 그와 대립하지 않으시는 한 당신에 대해서 무슨 짓을 하겠느냐고 그는 반박했던 것입니다. 당신을 해칠 만한 그 어떤 것이 있다면 당신은 손상되고 멸망한다는 뜻이 됩니다. 그러나 그것이 당신에게 아무런 해도 끼칠 수 없다고 한다면 그와 싸울 아무런 근거가 없어집니다. 그 투쟁이란 당신의 한 부분과 지체, 혹은 당신으로부터 나온 작은 싹이 자신의 본질을 적대적 권세와 당신이 창조하지 않은 본성에 합해져서 그것으로 인해 침해당하고 악하게 변해 불행을 자초하므로, 다시 깨끗하게 되려고 도움을 청하게 되었다는 것입니다. 그런데 이 작은 싹이란 당신이 말씀으로써 도와 주러 오신 영혼이며, 노예가 된 영혼을 자유로운 자가 구원하러 오지만, 그 자체도 영혼과 같은 것에서 나오기 때문에 파멸할 것이라고 그들은 말합니다. 그러므로 마니 교도들이 당신을 썩지 않는다고 인정한다면 그들의 모든 사색이 거짓되고 저주받아야 할 것이기 때문에 당신은 썩을 것이라고 생각했으니, 바로 그것 자체가 거짓이고 또한 그 설은 처음부터 배척해야만 했을 것입니다.

이상의 토론만으로도 마니 교도를 반박하기에는 충분하며, 나는 혐오감을 느끼던 그들의 설을 모조리 몰아 냈어야만 했을 것입니다. 왜냐하면 그들이 당신에 대해 이런 식으로 말하거나 생각하는 것은 참을 수 없는 모독이기 때문입니다.

3. 죄의 원인은 자유의지

우리의 주님이시여, 그런데 나는 우리의 영혼뿐만 아니라 육체를 만드시고, 또한 모든 영혼과 모든 물체를 만드신 참다운 하느님은 더럽혀지지 않고 결코 변화하는 일이 없다고 굳게 믿고 있었읍니다. 그러나 악의 원인에 대해서는 명백한 해결을 짓지 못했읍니다. 그 원인이 무엇이든 내가 이 문제를 심오하게 생각하는 데 있어서는 항상 변하지 않는 하느님을 변하는 것으로 믿어서는 안 된다는 것인데, 이는 나 자신이 내가 연구·해명하고자 하는 것, 즉 악한 자가 되지 않으려는 데 있읍니다. 그래서 나는 안심하고 그 원인을 탐구하는 즉시 그 악이 되어서는 안 되겠다는 것을 깨달았읍니다.

이리하여 나는, 마니 교도들이 하는 말에는 진리가 없다는 확신을 가지고 탐구했읍니다. 그들이 악의 근원에 대해 탐구하기는 했어도, 나는 그들이 사악으로 가득 차 있다는 것을 알았읍니다. 그들은 자기들의 본질이 악 때문에 고통을 당한다고 생각했으며, 그들 자신이 악을 행한다고는 믿지 않았읍니다.

나는 인간이 악을 범하는 원인은 자유의지 때문이고, 인간이 벌을 받는 것은 그때의 엄중한 심판 때문이라는 말을 들은 적이 있으므로 그 뜻을 이해하려고 노력했지만, 확실히 이해할 수가 없었읍니다. 그래서 나는 정신의 눈길을 깊은 구덩이에서 끌어내려고 애쓰면서 다시 그 속에 빠져들기를 거듭했읍니다. 한 가지 나를 끌어올려 준 것은, 내가 의지를 지니고 있다는 것은 살아 있다는 증거와 같다는 사실이었읍니다. 무엇을 바라거나 바라지 않거나 하는 경우, 그 바라거나 바라지 않는 것은 바로 나 자신이라는 것이 확실해지자, 내 죄악의 원인이 거기에 있다는 데 대해 점차로 눈을 뜨게 되었읍니다. 또한 본의 아니게 행하는 것은, 내가 행하는 것이 아니라 오히려 당하는 것이라는 사실도 알게 되었읍니다. 그러므로 그것은 죄가 아니라 벌이라고 판단했지만, 당신이 의로운 분이시라는 것을 생각하고, 그런 벌을 받는 것은 당연한 것이라고 수긍하게 되었읍니다.

그러나 나는 다시 말했읍니다. 「누가 나를 창조하셨는가? 그는 선할 뿐만 아니라 최고의 선이신 나의 하느님이 아닌가? 그렇다면 선한 것을 싫어하고 악한 일을 좋아하는 현상은 왜 생기는가? 내가 벌을 받기 위해서인가? 그 속에 나라는 존재가 최고의 선이신 당신에 의해서 만들어졌다면, 괴로움의 씨를 뿌린 사람은 누구일까? 만약 악마가 그랬다면 그 악마는 어디서 생겨났으며, 만약 선한 천사가 사악한 의지로 인해 악마가 되었다면 악마가 되게 한 그 악의는 어디서 생겼을까? 천사는 가장 선하신 창조자가 만드신 것이 아닌가?」

나는 이러한 생각에 짓눌려 가슴이 답답할 지경이었읍니다. 그러나 아무도 당신을 찬양하지 않는 지옥, 그리고 인간이 악을 행한다기보다는 당신이 악에 예속되었다고 믿는 그러한 오류에까지 끌려내려가지는 않았읍니다.

4. 하느님은 소멸하지 않으신다

소멸하는 것보다는 소멸하지 않는 것이 뛰어나다는 사실을 나는 알고 있었기 때문에, 무엇이든간에 당신은 소멸하지 않아야만 한다고 고백하고, 이러한 생각으로 다른 것들도 발견하려고 노력했읍니다. 가장 높고 가장 선하신 당신 이상으로 뛰어난 것을 생각한다는 것은 어떠한 영혼에 의해서도 불가능하며 앞으로도 불가능할 것입니다.

그런데 내가 생각하고 있었듯, 불멸의 것이 소멸하는 것보다 위대하다는 것은 사실이었으므로, 만일 당신이 불멸하는 것이 아니었다면 나의 하느님보다 뛰어난 그 무엇이 생겨났을 것입니다. 그러므로 나는 불멸하는 것은 소멸하는 것보다 뛰어나다는 사실을 알게 되자 당신을 찾아야만 했고, 소멸이라는 것이 어디에서 생기는가 하는 문제에 관심을 돌렸읍니다. 소멸은 조금도 우리 하느님을 해치지 못하므로 의지에 의해서도 필연을 통해서도 상처를 받지 않는 것은 그분이 하느님이시기 때문입니다. 그러므로 그분이 자신을 위해서 원하시는 것은 선이고 그분 자체가 바로 선이지만, 소멸당하는 것은 결코 선이 아닙니다.

당신은 본의 아니게 무엇을 강요하시는 일이 없습니다. 왜냐하면 당신의 의지가 능력보다 크지 않기 때문입니다. 당신이 보다 더 크기를 원하신다면 클 수도 있습니다. 왜냐하면 당신의 의지와 당신의 능력은 하느님 자신이기 때문입니다. 모든 것을 아시는 주님이시여, 그러한 것으로 인해 당신의 그 무엇이 달라질 수 있었을까요? 실로 당신이 그것을 알기 때문이라는 것 외에는 아무것도 달라지지 않습니다.

그것이 만약 소멸하는 것이라면 하느님이 아니므로, 하느님의 실체가 소멸하지 않는 이유를 굳이 설명할 필요는 없습니다.

5. 악의 근원

나는 악이 어디서부터 생기는가에 대해 연구했습니다. 고심하여 연구했지만, 내 눈에는 악이 보이지 않았습니다. 나는 일체의 창조물——땅·바다·공기·별·나무, 그리고 영혼이 있는 생명, 그밖에 우리에게는 감추어져 있는 것들로서 천상계나 천사나 모든 영적 존재——을 내 정신 앞에 펼쳐 놓았습니다. 그리고 이것들을 마치 물체인 양 제자리에 나란히 내 상상에 따라 정돈해 보았습니다.

그리고 물체나 내가 영적인 것으로 상상한 것이나간에 그 모든 창조물을 한 커다란 집합체로 생각했습니다. 나는 이 집합체를 매우 큰 것으로 생각했지만——그 본래의 크기를 알 수 없었으므로, 내가 원하는 대로의 크기로 생각했습니다——역시 한계가 있다고 생각했던 것입니다.

한편 주님이시여, 나는 당신을 이 집합체의 주위로 넘쳐 흐르는 주님이라 믿었고, 이 집합체로 투과해 들어오면서 어느 면으로나 끊임없이 넘치는 분으로 생각했습니다. 마치 어디에나 넘치는 바다가 있어서 어느 방향으로든 무한하여 끝없는 바다가 되고, 이 바다는 크면서도 한계가 있는 해면을 지니고 있어, 이 해면이 무한한 바다를 빨아들인다고 생각했읍니다.

그리하여 나는 당신의 유한한 피조물이 채워져 있다고 생각하고 이렇게 말했읍니다. 「여기에 하느님과 그 창조물이 있다. 하느님은 선하시고 이들보다 훨씬 더 숭고하시다. 그러나 선하신 분이 선한 것을 만드셨으니, 보라, 그분이 모든 것을 둘러싸시고 모든 것 가운데 계신다는 것을! 그런데 악이 어디에 자리잡을 수 있으며, 어느 길로 그것이 들어왔단 말인가? 그렇다면 우리는 아무것도 아닌 것에 대해 두려워했던 것인가? 그의 뿌리는 무엇이고 그의 씨앗은 무엇인가? 또는 그것은 아무것도 아닌가? 또는 우리가 아무것도 아닌 것을 두려워하고 있다 할지라도 이유없이 마음을 불안하게 하고 아프게 하는 것은 하나의 악이요, 이 악은 두려워할 수밖에 없으면서도 아무것도 아니라지만 그럴수록 더 두려워지는 것이다. 그럼에도 불구하고 우리는 두려워한다. 그러므로 우리가 두려워하는 악이 있거나 아니면 우리가 두려워하는 사실이 악이거나 둘 중 하나일 것이다. 하느님이 이 모든 것을 창조하셨다면 악은 어디서 나온 것일까? 분명히 더 선하신 분이, 아니 가장 선하신 분이 덜 선한 것을 창조하셨지만, 창조주만 선한 것이 아니라 피조물도 선한 것이다. 그분이 창조하실 때 사용하신 원재료를 모양도 주시고 질서도 주셨으나, 선하게 만들어 놓지 않은 원재료의 나머지 부분들은 그냥 내버려 두신 것일까? 그렇다면 그 까닭은 무엇일까? 악의 흔적이 남지 않도록 철저하게 변화시킬 능력이 그 전능자에게 없었던 것일까? 결과적으로 그분이 전능하심으로써 이 악한 물질을 완전히 없애 버리지 않으시고 이 재료에서부터 무엇을 만드셨을까? 또는 이것들이 그분의 의지에 거스려 적대할 수 있는 것일까? 또는 그것이 영원으로부터 이미 있었다고 하면 어찌하여 시간의 무한한 공간을 건너 오래도록 방치해 두셨다가 이제서야 만드시려고 했을까? 또는 그분이 무슨 일을 하시려고 한번 작정하셨으면, 그분의 전능하심으로써 애초부터 악한 물질을 버리시는 편이 더 낫지 않겠는가? 그리하여 오로지 당신만이 참되시고 가장 높으시며 선하신 분으로 존재하셔야 하지 않겠는가?

선하신 분으로서 선한 어떤 것을 **만드는** 것이 선한 일이 아니 **라면**, 악한 물질을 모두 없애 버린 다음 하나의 선한 물질을 만들 어 거기에서 모든 것을 창조해 내실 수 있지 않는가? 만약 그분 이 만들지도 않은 물질의 도움을 **받아야만** 선한 것을 창조할 수 있다면, 그분을 전능하신 분이라 **할 수는** 없지 않겠는가?」

나는 어이없게도 이러한 일들을 되새기고 있었으므로 나는 진 리를 발견하지 못하고 그전에 죽게 되면 어쩌나 하는 근심에 휩 싸이게 되었읍니다. 그럼에도 **불구하고** 가톨릭 교회 안에 있는 당신의 그리스도, 우리 주의 신앙만은 내 마음속 깊이 뿌리를 내 리고 있었읍니다. 물론 그것은 여러 가지 면에서 아직 확고하지 않고 끊임없이 흔들리고 있었지만, 내 마음은 그 신앙에서 떠나 지 못하고 오히려 날이 갈수록 그 신앙에 젖어들었읍니다.

6. 점술가를 물리치다

나는 점술가들의 옳지 않은 길흉화복의 예언, 그 망령된 짓을 잊은 지 오래였읍니다. 나의 주님이시여, 나는 그 점에 있어서도 당신의 자비를 마음속 깊이 찬양해야만 합니다. 당신만이 그렇습 니다. 오직 당신만이——죽음을 모르는 생명, 빛을 갈망하는 정신 들을 비추면서 스스로는 아무 빛도 필요로 하지 않는 지혜로써 온 세상을 다스리시는 그분이 아니면 누가 우리를 오류에서 구원해 줄 수 있겠읍니까——나의 아집을 고치려고 올바른 사람을 보내 주셨읍니다. 그 아집이란 내가 빈디키아누스라는 현철한 노인과 영광스런 두뇌를 가진 네브리디우스라는 청년에게 대립하는 것이 었는데, 당신은 그와 같은 완고한 나의 마음을 고치도록 해주신 것입니다. 이에 대해 전자는 굳은 신념을 가지고 말했으나, 후자 는 약간 불확실하게 횡설수설했읍니다. 「장래를 내다볼 수 있는 현실적인 기술이란 존재하지 않는다. 그러나 인간의 억측은 우연 히도 많은 말을 하는 가운데 앞일을 예언하는 경우가 있는데, 그 것은 말하는 자신들이 알고 하는 말이 아니다. 말을 많이 하다 보 니 우연히 들어맞은 것에 불과하다.」

그리하여 당신은 나에게 친구 한 명을 주셨읍니다. 그는 점술 방면의 지식이 뛰어나진 않았지만, 점술가를 찾아다니는 일만은 누구에게도 뒤지지 않았읍니다. 그러나 이것은 호기심에 불과했으며, 그에 대한 지식도 약간은 지니고 있었읍니다. 다만 그것은 그의 말에 의하면 자기 아버지한테서 들은 것이라고 하는데, 점술의 가치를 뒤엎을 만한 지식은 못 되었읍니다. 그의 이름은 피르미누스라고 하는데, 자유학예의 교육을 받았고, 특히 웅변술이 뛰어났읍니다. 그는 나를 가장 친한 친구로 여기고, 자기의 출세를 위해서 가졌던 소망을 어떻게 해야 할는지에 대한 중대한 문제도 나와 의논을 했읍니다. 그는 나에게 자기의 소위 운성(運星)에 대해 물었읍니다. 당시 나는 이런 문제에 대해서는 네브리디우스의 의견에 기울고 있었지만, 그래도 궁금해하는 그에게 거절하지 않고 생각나는 대로 말해 주었읍니다. 그리고 덧붙여서 나는 그러한 일들을 어리석고 근거없는 것으로 확신한다고 말했읍니다. 그러자 그는 자기 아버지가 이런 종류의 책에 큰 흥미를 가지고 있었고, 또 친구 한 사람이 있는데 그도 역시 아버지와 함께 이 일에 종사했었다는 것이었읍니다. 그들은 똑같이 열성으로 도와서 그러한 쓸데없는 일에 마음을 태우고, 심지어 말 못 하는 동물까지도 집에서 새끼를 낳을 때에는 태어난 시각을 관측하고, 이 시간의 성좌의 위치를 기록하여 이 방면에서 신기록을 수립했다고 하는 것이었읍니다.

그런데 그는 아버지로부터 다음과 같은 얘기를 들었다는 것입니다. 그의 어머니가 피르미누스를 잉태했을 때, 아버지 친구의 하녀가 아버지의 친구의 아기를 잉태했다는 것입니다. 물론 이 암캐(하녀)의 해산을 유심히 지켜보던 주인에게는 이런 사실이 숨겨질 수 없었읍니다. 자기 아내와 하녀, 그 두 여인이 해산하는 날짜·시간·분·초까지 자세하게 계산했는데, 같은 운성(運星)의 세밀한 점까지 지금 막 태어난 두 아이, 주인의 자식과 노예의 자식에게 붙여 주지 않으면 안 되게 되었읍니다. 왜냐하면 여자들에게 산기가 있을 때, 두 사람(피르미누스의 아버지와 그의 친구)은 각자 자기 집 안에서 일어나는 일을 서로 알리기 위해 심부름꾼을 대기시키고 있었기 때문입니다. 그러므로 주인들은 집에서 상대편의 보고만 받으면 쉽게 알 수 있게 되어 있었읍니다. 양쪽의 심부름꾼이 두 집 사이의 중간지점에서 만나게 되었으므로, 그의 아버지와 친구는 어쩔 수 없이 똑같은 성좌 위치와 같은 탄생 시간을 상응시킬 수밖에 없었다고 그는 말했읍니다. 그렇지만 피르미누스는 고향에서 존경받는 가문에 태어나서 세상에서는 그럴 듯한 길을 걷고 부자가 되고 명예가 올라갔지만, 그 노예는 그 멍에가 조금도 가벼워지지 않고 상전을 섬기게 되었다고 피르미누스는 증언했읍니다.

나는 얘기하는 사람이 증인이었으므로 그의 말을 믿었읍니다. 그리하여 내가 지금껏 가지고 있었던 반항심이 송두리째 꺾인 것입니다. 나는 우선 피르미누스를 그 호기심에서 건져 주기 위해 이렇게 말했읍니다. 「만일 내가 그의 탄생 운명시(誕生運命時)를 보고서 점을 친다면, 그의 부모들이 시민들 중에서 훌륭한 위치에 있고 또한 그가 자유인으로 태어나서 훌륭한 가정교육과 학문상의 수학도 했으리라는 것을 알았어야 했을 거요. 그리고 만약 그 노예가 똑같은 탄생 운명시를 가지고 내게 점을 친다면, 사실상 똑같은 것인데도 그가 천한 계급에서 태어나서 노예 신분이 되고, 첫번째 사람의 경우와는 엄청나게 다른 환경에 산다는 것을 알아맞혔어야 될 것이오. 그러므로 내가 만일 올바른 점을 쳐 주려면 똑같은 시간에 태어났다고 해도 정반대되는 것을 말해야 하며, 만일 똑같은 얘기를 들려준다면 그것은 틀린 점이 될 것이오. 그런 까닭에 탄생 시간으로 점을 치는 것은 학문적으로 성립되는 것이 아니라 우연히 맞는 때에만 성립되고, 이런 술법을 몰라서 점을 틀리게 치는 것이 아니라 운좋게 그 점친 것이 들어맞지 않기 때문에 틀리는 것이오.」

그 이래 나는 실마리를 얻어서 같은 문제에 대해서 거듭 생각했읍니다. 「이런 일로 벌이를 하는 사람들 가운데서 누군가가 피르미누스가 나에게, 또는 그의 부친이 그에게 한 말이 거짓이었다고 한다면 쌍동이로 태어난 사람들을 본보기로 할 것이다. 그들이 어머니 몸에서 나올 때, 일반적으로 거의 동시에 나오므로 인간의 관찰로는 파악하기 어렵고 점술가가 정확히 재는 데 사용하는 기록법으로도 기록이 불가능할 정도로 극히 작은 차이에 불과한 것이기 때문에, 이런 때에도 점술가는 정확한 점을 칠 수 없을 것이다. 왜냐하면 그가 똑같은 시각에 근거하여 〈에서와 야곱〉* 에 대해서 똑같은 것을 점친다면, 사실에 있어서 다르므로 틀린 점을 칠 것이기 때문이다. 출생한 시간이 같더라도 정확한 점을 치려면 각각 다른 것을 말해야 하고 그렇지 않으면 틀린 점을 칠 수밖에 없다. 그러므로 이 술법을 알아야 점이 맞는 것은 아니고, 우연히 점괘가 사실과 일치해야 그 점이 맞을 것이다.」

「눈은 언제나 형태를 통해서 움직입니다. 마음이 움직일 경우에도 마치 그 형태에 상응하는 것 같은 심상에 따릅니다. 그러나 나는 그 심상을 만드는 정신의 움직임 자체는, 심상과는 어딘지 다른 것이라는 사실은 모르고 있었읍니다.」

나의 하느님, 당신은 우주의 가장 의로운 지배자이십니다. 당신은, 스스로는 그런 줄 모르고 묻고 문답을 하는 자들에게 은연한 영감을 가지고 작용하시어, 누군가가 물을 때 들어야 할 것을 듣도록 만드시지만, 그것은 영혼의 숨은 공과에 의한 것이며, 당신은 그것을 신비스러운 영감을 통하여 당신의 재판의 천명할 수 없는 깊이로써 행하십니다. 아무도 당신에게 이에 대해 「그것이 무엇입니까? 왜 그렇습니까?」하고 말해서는 안 되며 말할 수도 없읍니다. 왜냐하면 우리는 인간에 불과하기 때문입니다.

7. 또다시 악의 근원에 대해

나의 구세주여, 당신은 이렇게 해서 나를 쇠사슬로부터 풀어 주셨지만, 그래도 역시 나는 악의 근원을 계속해서 탐구하며 미궁에서 해맸읍니다.

그러나 당신은 내가 이렇게 고심하는 동안, 신앙에서 멀어지게 하지 않으셨읍니다. 그 신앙이란 당신이 계시다는 것과 당신의 본

---

* 에서와 야곱은 이삭의 아들로서, 리브가에게서 동시에 태어났지만 전혀 다른 운명을 겪었다. 에서는 리브가의 음모로 장자로서의 권리를 야곱에게 빼앗기고, 그 자손은 야곱의 자손에게 굴복하게 되었다.

질은 변함이 없으시다는 것, 또한 당신의 염려와 심판은 인간 때문에 있다는 것입니다. 그리고 당신의 위임을 받은 가톨릭 교회가 우리에게 제시하는 성경 안에서 이를 위해 당신의 아들이 인간에게 사후 생명의 구원의 길을 넓혀 주셨다는 것을 내가 믿었다는 것을 뜻합니다.

이 모든 것은 확실하게 흔들리지 않고 내 정신 속에 있었으나, 악이 어디서부터 왔느냐 하는 문제가 아직도 불안하게 끓어올랐습니다. 나의 주님이시여, 내 마음에는 얼마나 큰 해산의 고통과 한숨이 있었읍니까? 비록 나 자신은 알지 못했으나 당신은 가까이 오셔서 들으셨읍니다. 내가 묵묵히 전력을 다해 탐구할 때, 내 정신의 그 말없는 고통은 당신의 사랑을 향한 외침이었던 것입니다.

오직 당신만이 나의 고뇌를 알고 계실 뿐 인간은 아무도 몰랐읍니다. 그 괴로움에 대해, 내 말이 가장 친한 친구의 귀에조차 어찌 다 전달될 수 있겠읍니까? 시간도 없고 나 자신의 말로도 형언할 수 없는 내 영혼의 갈등이 울부짖는 소리를 그들은 얼마나 들을 수 있었을까요! 그러나 당신은 이 모든 것을 들으셨읍니다. 「내 가슴의 한탄으로 내가 외치고 나의 열망을 당신 앞에 열어 놓았으나, 그것이 나에게, 내 눈의 빛에는 없었읍니다.」 그것은 속에 있었으나, 나는 밖에 있었읍니다. 그리고 그들은 공간 내의 어디에도 없었읍니다. 그러나 내 눈은 공간 내에 자리잡고 있는 것만을 볼 수 있었으므로 평안히 쉴 자리를 찾지 못했읍니다. 그리고 내가 「그만하면 만족하다」고 말할 수 있을 정도의 공간의 사물들도 나를 받아들이지 않았읍니다. 그러나 그들은 내게 적당할 듯한 곳으로 다시 풀어놓아 주지도 않았읍니다. 나는 물론 그들보다 뛰어났지만 당신과는 비교할 수도 없을 만큼 어리석습니다. 당신 밑에 있는 나에게는 당신만이 참된 기쁨의 선이 되어 주시고, 당신께서 나보다 뒤떨어지게 창조하신 모든 것을 또한 내 밑에 복종하게 하셨읍니다.

내 속에 있는 당신의 형상에 충실히 존속하고, 당신을 섬기면서 그것을 지배하는 것이 정당한 선한 관계요, 내 구원을 위한 완전한 수단입니다. 그러나 내가 나 자신의 교만으로 당신에게 거역하고 「곧은 목을 방패삼아」 당신께 돌진했기 때문에, 저 저급한 것들이 내 위에 앉아서 무겁게 나를 짓누르고 어떤 곳에도 짐을 풀지 못한 채 자유로이 호흡할 수조차 없게 되었읍니다. 그것들은 떼를 지어 어느 방면으로나 보는 자의 눈앞에 들이닥쳤읍니다. 그러나 물체성은 사유자의 정신적 고향길을 안으로부터 막았으니, 이는 마치 「어디로 가느냐, 어디로? 이 무가치하고 더러운 놈아!」라고 외치는 것 같았으며, 이 모든 것은 나의 상처로부터 왔읍니다. 왜냐하면 「하나의 상처와 같이 당신은 교만한 인간을 굴복시켰기 때문입니다.」 오만하던 나는 당신을 잃었고, 그 얼굴이 너무 부어올라 눈을 덮어버리고 말았읍니다.

8. 하느님의 자비

그러나 주님이시여, 당신은 영원토록 살아 계시지만 영원토록 우리에게 화를 내시는 일이 없읍니다. 흙과 재에 불과한 나를 가엾게 여기시어, 추한 모습을 당신의 눈앞에 고쳐 만들어 주셨읍니다. 그리고 당신은 내 마음의 눈으로 확실히 당신을 알게 될 때까지는 안심할 수 없도록 마음의 가시로 나를 몰아내셨읍니다. 그래서 오만은 당신의 보이지 않는 사랑으로 깨끗이 가라앉고, 혼탁하고 몽롱했던 정신은 구원을 위한 통증이 수반되는 강력한 언약 덕분에 나날이 밝아지고 있었읍니다.

9. 신플라톤 파의 책에 대한 기독교도의 회고

당신은 제일 먼저 오만한 자를 물리치시지만 겸손한 자에게는 자비를 베푸신다는 것과, 당신의 깊은 자비심에서 인간에게 겸손의 길을 제시해 준다는 것을 알려 주시기 위해 말씀이 육신이 되어 우리 가운데 거하셨읍니다. * 그리하여 당신은 더할 나위 없이 오만으로 부풀어오른 한 인간을 통하여 그리스 어와 라틴 어로 옮

* 〈요한복음〉 1장 14절.

겨진 플라톤 학파*의 책 몇 권을 내게 주셨읍니다.

그 책에는 같은 말은 없었지만, 의미상 똑같은 것을 여러 가지 이성적 근거로써 써 놓았음을 알 수 있었읍니다. 즉「태초에 말씀이 있었다. 말씀은 하느님과 함께 계셨고, 모든 것이 이것을 통하여 창조되었고, 이것 없이 창조된 것은 하나도 없다. 창조된 것은 그 안에 있는 생명이다. 그 생명은 인간을 위한 빛이었고 그 빛이 어둠 속에 있었으나, 어둠이 그것을 파악하지 못하였다」는 것과, 인간의 영혼이 비록「빛에 대하여 증거했으나」그래도「그 자신은 빛이 아니었고」그러나 그 말씀 곧 하느님께서 친히「참 빛이시며, 모든 사람에게 비추었고 이 세상에 오셨다」는 것이며, 하느님은「이 세상 안에 계셨고, 세상은 그분을 통하여 창조되었으나 세상이 그분을 알지 못하였다」는 것 등이었읍니다. 그러나 다른 한 가지, 즉「그분이 자기 백성에게 왔으나, 그들은 그분을 몰랐는데 그분은 자기를 알아보는 모든 사람에게, 그분의 이름을 믿어 하느님의 자녀가 되는 권세를 주셨다」는 것은 내가 읽어 보지 못했읍니다.

마찬가지로 나는 거기서도 하느님이신 그 말씀이「육(肉)에서도, 피에서도, 인간의 뜻에서도, 또는 육의 의지에서도 아니고 하느님께로부터 태어났다」는 것을 읽어 보았으나, 「말씀이 육신이 되셔서 우리 가운데서 사셨다」는 것은 읽지 못했읍니다.

나는 그 책들 가운데서 아들은「본질상 동질이시므로 아버지와 같은 형체를 가져서 하느님과 동등하심을 참칭으로 여기지 않으셨다」는 것에 대해 여러 가지로 다르게 논한 것을 볼 수 있었읍니다. 그러나「그분이 자기 자신을 비워 종의 형체를 쓰고 인간과 같이 되어서 인간과 같이 행동하셨다」는 것, 「그분이 자기를 낮추시어 죽기까지, 십자가에서 죽기까지 순종하였으므로 하느님께서 그를 죽은 자들 가운데서 높이셨다」는 것과, 「모든 이름 위에 뛰어난 이름을 주셔서, 하늘과 땅과 명부에 있는 모든 무릎이 예수의 이름으로 꿇게 되고, 아버지 하느님의 영광을 위하여 모든 혀

* 신플라톤주의자를 말한다. 즉, 플로티노스·폴피리오스·얌브리코스·아프레이우스 등. 아우구스티누스가 입수한 책은 플로티노스의《엔네아데스》몇 권과 폴피리오스의 저작인 듯하다.

들이, 예수는 주님이시라고 고백하게 하시었다」는 것에 대해서는 아무것도 언급하지 않았읍니다.

모든 시간 이전에, 모든 시간을 넘어 그 위에 당신의 독생자는 당신과 더불어 영원하다는 것과, 모든 영혼은 「그의 충만으로부터」 받아 행복하게 되고, 자신 안에 영원히 존재하는 지혜에 참여하여 새롭게 된다는 것을 거기서 찾아볼 수 있었지만, 그가 불경한 자들을 위하여 작정된 때에 죽으셨고 당신께서 당신의 「독생자를 모든 사람을 위하여 내주셨다」는 말씀은 거기에 쓰어 있지 않았읍니다. 왜냐하면 「당신께서는 지혜로운 자에게는 이를 감추시고, 미천한 자들에게는 나타내셨기」 때문입니다. 이는 「수고하고 무거운 짐진 자들이 그에게 오면 그가 그들을 소생하게」 하시기 위한 것입니다. 그는 마음이 겸손하고 온유한 자를 바른 길로 이끄시고, 겸손한 자에게 길을 가르쳐 주십니다. 그는 우리가 수고하시는 것을 보시고 우리의 모든 죄를 용서하셨읍니다.

그러나 그들은 소위 고상한 지식이라는 굽이 높은 장화*를 신고 있어서 키가 컸기 때문에 그의 말을 듣지 못했읍니다. 그는 말하기를 「나는 마음이 온유하고 겸손하니, 내게서 배워라. 그리하면 너희의 영혼은 평안을 발견할 것이다」라고 했읍니다. 그들은 「하느님을 알고도 하느님으로서 영화롭게 하지 않았고 그에게 감사하지도 않았으며, 그들은 자기 자신들의 헛된 사상에 빠져 어리석은 마음이 어두워지고, 지혜롭다고 하나 스스로 바보가 되었읍니다.」

플라톤주의자들에게도 당신의 썩지 않을 영광을 바꾸어, 썩을 인간과 새의 네발 가진 짐승과 기어다니는 짐승의 형상과 모든 형체로 바꾸어 버렸음을 발견한 것입니다. 다시 말하면 그것은 에서가 자기의 장자권을 주고 얻어 먹은 애굽의 음식이었읍니다. 당신의 첫번 낳은 백성들도 당신 대신에 네발 가진 짐승에게 경배했고, 그 마음이 애굽으로 다시 돌아가더니, 당신의 형상과 인간의 영혼이 풀을 뜯어 먹는 소의 형상 앞에 머리를 숙였읍니다.

물론 나는 그것을 그 책에서 발견했으나, 먹지는 않았읍니다.

---

* 그리스·로마의 연극에서는 주인공이 키가 커 보이게 하기 위해 장화를 신었다. 여기서는 무리하게 뽐내는 것을 상징하는 듯하다.

144

「나이 많은 자가 어린 자를 섬기도록」 주여, 당신께서는 야곱으로부터 열등한 자의 누명을 씻어 주셨읍니다. 당신께서는 이방인을 불러다가 당신의 후계자로 삼으셨고, 나도 역시 이방인 중의 한 사람입니다. 그리고 나는 당신의 백성이 애굽에서 가지고 나온 황금을 주의 깊게 살펴보았읍니다. 왜냐하면 황금은 어디에 있건간에 모두 당신의 것이기 때문입니다.

일찌기 당신은 당신의 제자들을 통하여 아테네 사람들에게 「당신 안에 우리가 살고 움직이고 존재한다」고 하셨읍니다. 사실 내가 읽은 저 책들도 그들에게서 나온 것이었읍니다.

그래도 나는 당신의 황금으로 만든 이집트 인의 우상은 생각하지도 않았읍니다. 그들은 하느님의 진리를 거짓과 바꾸고, 피조물을 창조주보다 더 섬기고 숭배했읍니다.

10. 하느님과의 신비적 대면

나는 그 책들로부터 나 자신으로 돌아가라는 요청을 받고 당신에게 이끌리어 내 마음 깊숙한 곳으로 들어갔읍니다. 내가 그렇게 할 수 있었던 것은 당신이 나를 도와 주셨기 때문입니다.

나는 들어가서 내 영혼의 눈과 정신이 미치지 못하는 빛을 보았읍니다. 그것은 보통의 빛이 아닌 빛과 같은 종류이면서 더 크고 훨씬 밝았고, 모든 것을 비추는 그런 빛은 아니었으며 어떠한 것과도 전혀 다른 빛이었읍니다. 그것은 물 위의 기름이나 땅 위의 하늘처럼 내 영혼 위에 있었던 것이 아니라, 바로 내 위에 숭고하게 있었읍니다. 나는 그 밑에 있었으니, 이는 내가 그분에 의해 창조되었기 때문입니다. 누구든지 진리를 알면 그것을 알고, 그것을 아는 사람은 영원을 알며 사랑은 그것을 압니다.

오, 영원한 진리이신 주님이시여, 진실한 사랑이여, 사랑스런 영원이여, 당신만이 사랑을 받을 수 있읍니다. 나의 하느님, 바로 당신이 그렇습니다. 나는 당신을 향해 밤낮으로 한숨을 지었읍니다. 내가 당신을 처음 알았을 때, 당신은 나를 맞이하여 내가 보아야 할 것이 무엇인가를 알게 하고자 나를 치켜올리셨으나, 나는 볼 자격이 없었읍니다. 내 안에서 밝게 빛나는 당신께서 내 눈의 무능을 물리치셨으므로, 나는 사랑과 두려움에 떨며 바라보았읍니다. 나는 기형의 영역에서 당신을 멀리 떠나 있음을 발견했고, 저 높고 먼 곳에서 들려오는 당신의 음성을 들었읍니다. 「나는 장성한 자의 음식이다. 너는 자라나라, 그리하면 먹게 될 것이다. 네가 나를 네 육신의 음식처럼 네 속으로 동화시킬 수 없고, 도리어 네가 내 속에 동화될 것이다.」

나는 당신이 인간을 그의 죄 때문에 벌하시고, 내 영혼을 거미처럼 말라 버리게 하셨음을 알았을 때 나는 이렇게 자문했읍니다. 「진리는 없는 것이 아닐까? 유한공간이나 무한공간에도 펼쳐져 있지 않으니까.」 그때 당신은 저 멀리서 「그럴 리가 없다. 나야말로 존재하는 자이다」라고 외치셨읍니다.

나는 그 소리를 마치 사람들이 실제로 듣는 것처럼 들었읍니다. 나는 조금도 의심할 여지가 없었으며 오히려 내가 살고 있는 것을 의심할망정 피조물이 창조된 그 진리를 의심할 수는 없었읍니다.

11. 피조물의 존재 의미

그리고 나는 당신의 밑에 있는 다른 것들을 바라보고, 그것들이 완전한 의미에서 존재하는 것도 아니고, 전혀 존재하지 않는 것도 또한 아니라는 것을 알았읍니다. 그것들은 확실히 존재하고 있었는데 그것들은 당신으로부터 왔기 때문입니다. 그러나 또한 존재하지 않은 것이기도 합니다. 왜냐하면 그것은 당신이 계신 것과는 다르기 때문입니다. 사실 진정한 의미에서 볼 때 존재한다는 것은 변함이 없이 머물러 있는 것뿐입니다.

하느님께 의지한다는 것은 나에게 있어서는 좋은 일입니다. 만약 하느님 속에 머물지 않는다면 나는 나 자신 속에 머무는 것조차 어렵게 될 것입니다. 그런데 그분은 당신 안에 영원히 머물고 계시면서 만물을 새롭게 해주십니다. 당신은 나의 선을 필요로 하지 않으시므로 당신이야말로 나의 진정한 주이십니다.

12. 존재하는 것은 모두 선하다

그리고 또한 나는 소멸하는 것도 역시 선하다는 사실을 알게 되었읍니다. 물론 그것들이 최고선(最高善)이라면 소멸할 까닭이 없을 것이며, 그것들이 선에서 나온 것이 절대로 아니라면 그들 속에는 소멸할 만한 어떠한 요소도 포함되어 있지 않을 것이기 때문입니다.

소멸이 해를 끼치려 해도 선을 감소시키는 것이 아니라면, 해를 끼치는 것이라고 할 수는 없읍니다. 그러므로 소멸이 해를 끼치려 해도 불가능한 것이 있고, 또한 확실한 점은 소멸당할 수 있는 모든 것은 선을 빼앗기는 것이라는 사실입니다. 그러나 어떤 사물에서 일체의 선이 탈락된다면 그것은 더 이상 존재하지 못할 것입니다. 그것이 실로 소멸을 당하지 않고서 계속 존립할 수가 있다면 그것은 소멸하지 않고 계속되는 것이므로 더 좋을 것입니다. 그러나 그것이 모든 선을 상실했음에도 불구하고, 그것이 더 좋게 될 것이라고 말한다면 그보다 더 모순된 말이 어디에 있겠읍니까? 그러므로 그것이 모든 선을 상실했다면 그것은 결코 더 이상 존재하지 않을 것이고, 그것이 존재하는 동안에는 그것이 선할 것입니다.

그러므로 존재하는 것은 모두 선하고, 내가 그 근원을 찾던 악은 실체가 아닙니다. 만약 악이 실체라면 악이란 선한 것이 될 것입니다. 악이 소멸을 초월한 실체라면 물론 악은 하나의 높은 선일 것이요, 만일 악이 소멸할 실체라면 그 속에 선이 없으므로 소멸당할 수 없을 것입니다.

그리하여 나는 이러한 것을 보고 당신이 모든 것을 선하게 창조하셨다는 것과, 당신이 창조하지 않은 실체는 없다는 것을 알았읍니다. 당신은 모든 것을 평등하게 만들지 않으셨으므로 모든 것이 존재합니다. 그것은 각 개체는 자체대로 선하고 전체로서의 만물은 「아주 선하기」 때문이며, 우리 하느님은 모든 것을 「매우 선하게」 만드셨기 때문입니다.

13. 하느님을 찬양

당신에게는 악이라고는 존재하지 않으며, 당신뿐만 아니라 당신의 피조물 전체에도 악은 존재하지 않습니다. 왜냐하면 외계에서 어떤 것이 들어와서, 당신이 우주에 설정한 질서를 파괴할 수 있는 것은 하나도 없기 때문입니다. 그것의 일부분 가운데 많은 것들과 어울리지 않는 것을 악으로 간주하지만, 그것이 다른 것들과 어울린다면 그 자체로서도 선한 것입니다. 또 이들 모든 부분이 서로 맞지 않아도 땅이라고 하는 저급한 피조물과 조화하고 모든 부분과 조화되는 구름이 끼고 바람이 부는 하늘을 소유하는 것입니다.

그러므로 「그런 것은 없었더라면 차라리 나았을 텐데」하는 말은 하지 말아야 합니다. 사실 그것밖에 보지 않았다면 더 나은 것이 있었으면 하고 아쉬워할지 모르지만, 나는 이것들만 가지고도 당신을 찬양합니다.

「땅에서」 당신을 찬양해야 한다는 것은 다음과 같은 것들로 충분히 알 수 있읍니다. 「거대한 괴물·깊은 바다·불·우박·눈·얼음·폭풍, 그리고 당신의 명령에 거역하지 않고 그대로 행하는 모든 것, 산과 언덕과 열매를 맺는 나무들, 야수와 가축, 기는 것과 나는 새들, 세상의 임금들과 만백성들, 제후들과 온 세상의 백작, 젊은 남녀들, 노인과 어린아이들까지도 당신의 이름을 찬양합니다.」

우리의 하느님이시여, 하늘에 있어서도 당신을 찬양하고 아득히 높은 곳에 있는 모든 천사, 모든 권능(權能)들, 해와 달, 온갖 별과 빛, 하늘 위의 하늘과 그 위에 있는 물이 당신을 찬양합니다.

그러므로 나는 더 이상 선한 것을 바라지 않게 되었읍니다. 왜냐하면 높은 것은 낮은 것보다 더 나은 줄은 알고 있었지만, 그보다 더 선하고 높이, 하나보다는 모든 것을 합친 것이 더 선하다는 사실을 깨달았기 때문입니다.

14. 정화된 하느님의 개념

당신이 만드신 모든 것에 불만을 갖는 자는 건전하지 못한 것처럼, 당신의 피조물에 불만을 느끼던 무렵의 나는 건전하지 못했읍니다. 그러나 내 영혼이 나의 하느님을 기쁘게 여기지 않을 만큼 무모하지는 않았기 때문에, 기뻐하지 않은 내 영혼은 당신의 작품이어야 한다는 것을 승인하려 하지 않았읍니다. 그리하여 내 영혼은 두 개의 실체설(實體說 : 二元論)을 믿기에 이르러 평안을 못 찾고 헛소리를 했읍니다. 또 그 생각을 버리고 나는 유일신을 생각해 보았으나, 그 신이 공간 어디나 가득 찬 것으로 믿고 그 신을 당신으로 착각해 마음속에 모셔들였으므로, 내 영혼은 또다시 당신이 혐오하시는 우상의 전당이 되고 말았읍니다.

그러나 당신은 부지중에 나의 머리를 식히시고 허망한 것을 보지 않도록 나의 눈을 가리셨기 때문에, 한동안 정신을 잃어 광기도 가라앉았읍니다. 그리고는 당신 속에서 눈을 뜨고 당신이 전에 상상했던 것과는 다른 의미에서 무한하다는 것을 보게 되었는데, 물론 그것은 정신으로 본 것이지 육안으로 본 것은 아니었읍니다.

15. 피조물 속에 존재하는 참과 거짓

또다시 나는 다른 것을 바라보고 그것은 당신의 덕으로 존재하며 모든 것은 당신 안에서 예정되어 있음을 인식했읍니다. 그러나 예정되어 있다는 것은 이제까지 내가 생각했던 것과는 다른 의미에서였읍니다. 즉 한 장소에 있도록 예정된 것이 아니라, 만물을 주관하시는 당신의 손, 곧 참된 현실을 통하여 예정하신 것입니다. 그러므로 존재하는 모든 것은 참된 현실적인 것이고, 그렇지 않을 경우 그것은 거짓입니다.

또 나는 모두는 각각 어울리는 장소에 있을 뿐만 아니라, 각각 어울리는 때에 있다는 것, 또 홀로 영원하신 당신은 추측할 수 없는 시간이 경과한 후에 비로소 창조를 시작하셨다는 것을 인식했읍니다. 사실 지나간 시간이나 앞으로 다가올 모든 시간은, 당신이 작용하시고 머물지 않으시는 한 지나가지도 않고 닥쳐오지도 않을 것이기 때문입니다.

16. 악의 정체

맛이 있던 빵도 배탈이 났을 때는 쓰며, 광선도 건강한 눈에는 즐겁게 보이지만 병든 눈에는 끔찍스럽게 보인다는 사실은 경험을 통해서 이미 알았기 때문에 거기에 대해서는 조금도 놀라지 않습니다. 그와 같이 당신의 정의조차도 악인들의 마음에는 들지 않는 법이니만큼, 독사나 구더기를 싫어한 것은 당연한 일입니다. 그러나 당신은 그러한 것들을 피조물의 낮은 영역의 적당한 선에서 선한 것으로 만드셨읍니다. 악인들도 그러한 저급한 데는 잘 어울리는데, 당신을 덜 닮을수록 낮은 영역에 어울리고, 반대로 그들이 당신을 많이 닮을수록 높은 질서에로 접근해 오게 되는 것입니다.

그리하여 나는 악에 대해 탐구해 보았지만 그 실체를 보지 못했고, 그것은 다만 최고의 존재이신 하느님, 즉 당신으로부터 빗나가 저급한 곳으로 떨어지는 것으로서, 내적인 자기를 버리고 외부를 향해 나아가는 잘못된 의지라는 것을 알게 되었읍니다.

17. 하느님과의 만남을 방해하는 것

놀랍게도 나는 당신을 사랑했는데, 그것은 환영이 아니라 진실한 당신이었읍니다. 그러나 나의 하느님에 대한 즐거움에 언제까지나 머물러 있지는 못했읍니다. 당신의 아름다움에 마음이 끌렸다가도 어느새 나 자신의 무게로 인해 당신으로부터 떨어져 나가 본래대로 다시 떨어졌음을 알고 한숨을 지었읍니다. 이 무게라는 것은 질료성에 고착되어 버린 나의 습성이었던 것입니다.

그러나 당신은 나의 의식 속에 머물러 계셨읍니다. 내가 무엇에든 결합되어 있어야 한다는 것과 그것에 내가 결합되어 있지 못하다는 것은 의심할 여지가 없었읍니다. 왜냐하면 소멸하는 가운데 존재하는 나의 육신이 영혼을 무겁게 짓누르고 있었기 때문이었읍니다. 당신이 볼 수 없으리란 것이, 세계창조 이래로 당신의 영원한 능력과 위대함과 더불어 피조물을 매개로 하여 깨달으시고 보실 수 있다는 것을 확신하고 있었읍니다.

내가 하늘과 땅에 있는 물체적 사물의 아름다움을 존중시한 근거가 무엇이며, 내가 여러 각도로 살필 수 있는 사물에 대해 새롭게 판단하면서, 이것은 되어야 할 대로 된 것이고 저것은 그렇지 못하다고 말할 때, 그리고 어떠한 척도가 내게 있었는가 하고 자문해 볼 때, 나는 스스로 변하는 정신 건너편에서 변하지 않고 스스로 영원히 움직이지 않는 진리에 봉착하게 됩니다.

이렇게 해서 나는 단계적으로 물체계에서 시작하여 물체를 통하여 감각하는 영혼에 이르고, 더 나아가 그 영혼의 내적 능력에 이르렀읍니다. 이 능력은 외계의 사물에 대한 육체적 감각의 보고를 받는 것이고, 짐승의 인식력에서는 최상의 한계에 속하는 것입니다. 나는 다시 이성의 사색하는 능력에까지 도달했는데, 여기서 감각적 지각에 대하여 판단을 내리게 되었읍니다. 이러한 판단능력도 내게는 변하는 것으로 경험되었으므로, 이 판단능력은 순수한 정신으로 관망하는 자기통찰에까지 상승했읍니다.

이것은 사유를 인도하여 그 관습의 길에서 벗어나게 하고 환상의 불합리한 온갖 도락을 피하여 그것이 어떠한 빛인가를 알려고 한 것입니다. 그 빛을 만나면 그 판단능력은 절대적이고 단정적으로 해명하기를, 변하지 않는 것은 변하는 것보다 더 위대하다고 했고, 불변적인 것 그 자체에 대한 대답을 그 이성적 능력이 어디서 얻을 수 있는지를 알려 주었읍니다. 만일 그것이 그에 대해 아무런 대답도 가지고 있지 못하다면, 불변적인 것을 결코 확신을 가지고 가변적인 것 위에 올려 놓을 수는 없을 것입니다. 이렇게 하여 나의 이성적 능력은 존재하는 것에까지 이르게 되었는데, 멀리는 눈초리로 번쩍하는 순간에 거기에 이르렀던 것입니다.

그때 나는 비로소 당신의 보이지 않는 것들을, 창조된 것을 통해 깨닫고 분명히 바라보았지만 시선을 고정시킬 수는 없었읍니다. 약한 탓으로 물리침을 당해서 다시 본래의 습관 속으로 들어오게 되었고, 내가 아직까지 가지고 다니는 것이 있다면, 오직 그것에 대한 사랑스런 기억뿐입니다. 나는 마치 음식의 향기를 맡고 난 사람처럼 그것을 그리워했으나, 아직은 그것을 먹을 수가 없읍니다. 그것은 아직 능력이 없기 때문입니다.

18. 그리스도만이 구원에 이르는 길

그래서 나는 당신을 향유할 수 있는 능력을 얻으려고 애썼지만 하느님과 인간과의 중계자인 예수 그리스도를 품에 안을 때까지는 끝내 그 능력을 얻을 수가 없읍니다. 그는 우리를 부르시며 말씀하시기를 「나는 길이요, 진리요, 생명이다」라고 하셨읍니다. 그는 음식을 가지고 계셨으나, 살에 속하는 나는 그것을 먹을 능력이 없었던 것입니다. 이에 말씀이 육신이 되셔서 연약한 우리들을 위하여 당신의 지혜는 우유가 되었읍니다. 당신께서는 이 지혜를 통하여 만물을 창조하셨읍니다.

나는 아직 그를 붙들지 못했읍니다. 나의 주님 예수, 곧 지극히 겸손하신 분을 내가 겸손하게 붙잡지 못했읍니다. 그리고 그의 약하심이 우리에게 무엇을 가르치려는 것인지도 알지 못했읍니다. 당신의 피조물의 고등한 영역보다 더 숭고한 영원한 진리, 곧 당신의 말씀은 자기에게 허리를 굽히는 자들을 자기에게까지 이끌어올리십니다. 그러나 그는 친히 저급한 영역에 계시면서 자기에게 순종해야 할 자들을 그 최고의 위치에서 끌어내려 자기 옆에 두시고, 교만을 부수고 사랑을 키워 주심으로써, 그들이 다시는 교만 속에서 헤매지 않게 하셨읍니다. 그리하여 신성이 우리와 같이 옷을 입으셔서 친히 약하게 되셨다는 사실을 현실로 보아 자신들의 약함을 느끼도록 하시고, 그들이 자신들의 약함을 느끼고서 그 신성 앞에 꿇어 엎드리게 하시려는 것이었읍니다. 그러나 신성은 그들을 데리고 올라가시기 위해서 일어서야만 했읍니다.

19. 그리스도에 대한 착각

그러나 나는 그와는 다른 생각을 했는데, 그리스도를 누구와도 비교할 수 없는 탁월한 지혜를 가진 사람이라고 생각하는 것이 고작이었읍니다. 특히 그것은 그리스도가 영원을 얻기 위해서는 현재를 가볍게 여겨야만 한다는 것의 모범으로써, 기이하게도 동정녀의 몸에서 태어나 우리를 위하는 하느님의 배려로 위대한 스승의 권위를 받기에 이르렀다고 생각했기 때문입니다. 그러나 「말씀이 육신이 되셨다」*는 것이 얼마나 깊은 뜻을 내포하고 있는지는 미처 생각하지 못했읍니다. 나는 다만 성경이 그에 대해 보고한 바에 따라 그가 먹고 마시고 주무시고 걸어다니시고 즐거워하고 슬퍼하셨다는 것과 사람들에게 말씀하셨다는 것, 말씀과 삶의 결합은 인간의 영혼과 정신에 의하지 않으면 안 된다는 것만을 알 뿐이었읍니다. 당신 말씀의 불변성을 아는 사람은 누구나 그것을 알고 있읍니다. 나는 이미 내 능력의 척도대로 이를 알고 있었고 거기에 대해 조금도 의심하지 않았던 것입니다.

때로는 육신의 지체를 마음대로 움직일 수 있으나 간혹 움직이지 못하는 때가 있고, 심성의 혼란이 일다가도 다시 없어지는 때가 있고, 말씀 속의 지혜의 생각을 알려 주는 때가 있다가는 다시 침묵 속으로 잠기는 등 변화무쌍한 하나의 영혼, 하나의 정신의 본래적인 표시입니다.

여기서 그에 대해 기록된 것이 거짓된 가상이라면 모든 거짓말과 같이 의심해야 할 것이고, 이 책들 속에는 믿음을 통해서 얻는 구원에 대한 지주가 하나도 없을 것입니다. 그러나 거기에 씌어 있는 사실은 모두 진실이므로, 나는 그리스도 속에서 완전한 인간을 보았읍니다. 단순한 인간의 육체만도 아니고 또는 육체는 있어도 정신이 없는 감각적 영혼도 아닌 인간 그 자체를 본 것입니다. 그러나 그것이 우리 인간들과 다른 점은, 진리의 구현자로서가 아니라 어떤 탁월한 인간성과 지혜에 의한 것이라고 생각했

* 〈요한복음〉 1장 14절.

읍니다.

그런데 알리피우스는, 가톨릭 교도들의 신앙에 의하면 그리스도 속에는 하느님과 살이 있고 인간의 정신은 없는 것으로 생각하고 있다고 믿고 있었읍니다. 그리하여 그는 영혼이라든지 인간 정신 같은 것은 결코 그리스도에게 돌릴 수 있는 것이 아니라고 생각했읍니다. 그리스도에 대한 전설이 말하는 모든 것은 오직 정령적, 이성적 피조물에 입각해서만 가능한 것이라고 확신했기 때문에, 그는 기독교 신앙에 별로 친근감을 갖지 않았읍니다. 그러나 그는 아폴리나리우스*의 이단자들의 거짓 교훈이라는 것을 알게 된 뒤에는 기꺼이 가톨릭 신앙에 찬동했읍니다.

그러나 솔직이 말씀드리면 「말씀이 육신이 되었다」는 명제를 이해하고서, 가톨릭적 진리는 포티누스**의 오류와는 구별되어야 한다는 것을 어느 정도 지난 뒤에야 시인하게 되었읍니다. 이단적 교설을 배척함으로써 당신의 교회의 판단과, 건전하고 올바른 교리가 무엇인지 뚜렷이 나타나게 되었읍니다. 약한 자들로부터 구별되어 옳다고 인정을 받는 자가 되려면 편당이 있어야 할 것입니다.***

20. 플라톤 파에 의한 득실

그 무렵 나는 플라톤 파의 책을 읽었는데, 거기서 비물체적인 진리를 탐구하라는 가르침을 받아 눈에 보이지 않는 당신의 것을 피조물을 통해서 깨닫게 되었고, 나는 또한 나의 어둠을 뚫고서 보는 데까지도 도달할 수 없었던 것이 무엇이었는지도 알게 되어 다음과 같은 사실이 확실해졌읍니다. 즉 당신은 무한히 존재하고 계시지만 유한 또는 무한으로 생각되던 공간을 넘어 계시지는 않는다는 것과, 당신만이 홀로 현실적으로 존재하신다는 것이었읍니다. 왜냐하면 당신은 항상 변함이 없으시기 때문이었읍니

* 310~390년경, 소아시아 라오디케아의 주교. 그리스 고전에 정통했고 많은 성서 주해를 썼다.
** 344년경에 실미움의 주교가 되었으며, 풍부한 학식과 웅변으로 유명하다.
*** 〈고린도 전서〉 11장 19절.

154

다. 그러나 당신에게서 나온 그밖의 모든 것에 대해서는 확실한
증거로써, 그것이 존재한다는 것을 나는 확신했었읍니다. 이런 문
제에 대해 이 같은 확신을 갖기는 했지만, 전적인 즐거움으로 당
신의 것이 되기에는 너무 약했읍니다. 나는 이에 대해 제법 아는
체하며 지껄였지만, 우리 구주 그리스도 안에서 당신에게로 가는
길을 발견해 내는 데는 파멸할 지경이었읍니다.

나는 온몸에 벌을 받으면서도 지자(知者)라 자처하며 자신의 학
식을 자랑했읍니다. 겸손의 바탕이신 예수 그리스도 위에 세울
사랑이 어디 있었읍니까? 언제 저 책들이 그러한 사랑을 가르쳤
단 말입니까?

당신의 성경을 연구하기 이전에 나로 하여금 저 책들을 읽게 하
신 것은 당신의 뜻이었읍니다. 내가 그 책들로부터 받은 영향이
무엇인가를 잘 기억해 둘 필요가 있었던 것이요, 내가 그뒤 당신
의 말씀에서 평안을 찾고, 당신의 손이 내 상처를 치료하셨을 때
나의 자기만족과 겸손한 고백 사이에는 차이가 생기게 되었읍니
다. 즉, 그것은 인생행로가 어느 방향으로 정해져야 할는지는 알
면서도 그곳으로 가는 길을 알지 못하는 자들과, 그 길 자체 사
이에는 차별이 있어야 한다는 사실이었읍니다. 그 길은 영생에 이
르기까지 우리가 바라볼 뿐만 아니라 가서 살아야 하는 지복의 나
라에까지도 인도하는 길입니다.

내가 만일 당신의 성경에 익숙해져 있어 거기에 위임함으로써
당신의 단맛을 보고 나서 그후에야 플라톤 파의 책을 읽게 되었
더라면 아마 그 책들은 나에게서 하느님 경배의 확고한 근거를 빼
앗아 버렸거나, 혹은 내가 아무런 거부감도 느끼지 않고 그 사상
을 받아들이는 성격이었더라도, 그러한 것은 우리가 다른 책을 읽
어 보지 않더라도 얻을 수 있는 지식이었다고 생각했을지도 모르
는 일입니다.

21. 계시에의 접근

나는 당신의 영혼에 의해 기록된 존귀한 책, 특히 사도 바울의

서신을 탐독했읍니다. 그러나 이전에 모순된 듯하고 율법이나 예 언자의 증언에 맞지 않는 것처럼 보이던 여러 가지 의문이 풀어 지고, 그 순수한 말씀의 모습이 환히 드러나므로 나는 두려움과 즐거움을 동시에 느끼게 되었읍니다.

이러한 방법으로 성서를 읽기 시작한 나는 플라톤 파의 책 속에 서 읽은 진리가 모두 그곳에 있고, 게다가 당신의 은혜를 찬양하 며 씌어 있는 것을 발견했읍니다. 이것은, 보는 사람은 「보는」 것뿐만 아니라 볼 수 있는 기능까지도 모두 받은만큼, 마치 받지 않은 자처럼 자랑하지 말라는 것이었읍니다. 그는 또 언제나 동 일하신 당신을 알라고 하셨을 뿐만 아니라 끊임없이 당신을 굳게 믿는 능력을 얻어야 하며, 멀리 떨어져 당신을 볼 수 없는 사람 은 그곳에 와서 뵙고 모실 수 있도록 꾸준히 그 길을 걸어가야 한다고 하셨읍니다. 사실 인간은 내적인 인간으로서는 하느님의 율법을 즐거워하지만, 몸 속에는 다른 법이 숨어 있어서 정신의 법에 거역하여 그의 몸 속에 있는 죄의 법 아래 인간을 붙잡아 둡니다. 제 마음의 법칙에 항거하는 이 같은 법에 대해서는 어떻 게 하면 좋을까요?

주님이시여, 당신은 의로우십니다. 그러나 우리는 죄를 범하여 당신의 손이 우리를 무겁게 내리눌렀읍니다. 우리는 마침내 죄의 원흉(악마)인 죽음의 수령에게 맡겨졌는데, 그것은 극히 당연한 일입니다. 왜냐하면 죽음의 수령은 우리의 의지를 설득하여 자기 의 의지와 비슷한 것으로 만들기 때문입니다. 그는 자기의 의지 를 가지고 진리 안에서는 견뎌 내지 못합니다.

나는 이제 어떻게 하면 좋겠읍니까? 「우리 주 예수 그리스도로 인한 당신의 은총이 아니라면 그 누가 저를 이 죽음에서 구원하겠 읍니까.」* 「당신은 그리스도를 당신과 마찬가지로 영원한 자로 낳으셨고, 당신 길의 시초에 만드셨읍니다.」** 이 세상의 수령은 그분 속에서 죽어야 할 아무런 이유를 발견하지 못했음에도 불구 하고 그를 죽였읍니다. 이리하여 「우리에게 불리했던 문서는 말

---

* 〈로마서〉 7장 23~25절.
** 〈잠언〉 8장 22절.

소되어 버렸읍니다.」*

이런 것은 저 철학자의 책의 어느 페이지를 보더라도 없었읍니다. 경건한 장면이나 고백의 눈물, 그리고 당신이 원하는 제물, 고뇌하는 영혼, 회개하고 겸손해하는 마음은 없었으며, 민족을 위한 구원이나 신부답게 꾸민 도성(都城) 또는 성령의 보증이나 우리의 몸의 대가인 피의 술잔도 찾아볼 수 없었읍니다. 거기에서는 아무도 「내 영혼이여, 하느님께 순종하지 않겠는가. 나의 구원은 그분에게서 나오고, 그분은 나의 하느님, 나의 구세주, 나의 피난처이시니, 나는 다시는 흔들리지 않을 것이다」**라고 노래하지 않았읍니다.

거기서는 누구도 「고생하는 자는 나에게로 오라」는 소리를 듣지 못합니다. 사람들은 그의 가르침에 관심을 두지 않아, 그로부터 「마음이 유하고 겸손한 자」이기를 배우려 하지 않습니다. 당신은 그런 것을 현명한 자들에게는 숨기시고 우매한 자들에게는 드러내 보이셨던 것입니다.

험난한 산봉우리에서 평화로운 조국을 바라보며 도달할 길을 모르고, 헛되이 길이 없는 곳을 가려다가 「사자와 용」을 수령으로 하여 매복해 있던 탈주병들에게 포위되는 것과, 천상 황제의 비호 아래 그 나라로 가는 길은 전혀 다릅니다. 그 길에서는 천상의 군영을 버린 자들이 감히 약탈하는 일은 없는데, 그 이유는 그들이 천상의 군대를 고역처럼 느끼고 멀리하기 때문입니다.

내가 당신의 사도 가운데서 가장 보잘것없는 자로 알려진 바울의 글을 읽었을 때, 이 모든 것이 무어라 표현할 수 없는 방법으로 내 마음속 깊은 곳까지 밀려들어왔읍니다. 나는 당신의 업적을 생각하며 두려움에 떨었읍니다.

---

* 〈골로새서〉 2장 14절.
** 〈시편〉 61장 2~3절.

8

생의 전환

1. 값진 진주

내 주님이시여, 내게 베푸신 사랑을 다시 한번 감사하게 생각하며 고백하고 싶습니다. 당신의 사랑이 내 뼛속까지 스며들어 「주님이시여, 당신과 비교할 자가 누구입니까? 당신은 나의 사슬을 풀어 주셨으므로 당신을 향해 찬양의 제물을 바치려 합니다」*라고 말하게 해주소서.

주님께서 어떻게 사슬을 풀어 주셨는지를 말씀드리려 합니다. 그 말을 들은 모든 자들이 「하늘과 땅의 주님을 찬양합니다. 주의 이름은 위대하고 놀랍습니다」라고 고백할 것입니다.

당신의 말씀은 내 가슴속 깊이 새겨져서 나는 사방으로 당신에게 둘러싸여 있었습니다. 당신이 나의 영원한 생명이시라는 것도 확실해졌습니다. 당신의 실체는 불멸하다는 것과 모든 실체가 그로부터 생긴다는 점에 대한 의심도 사라졌습니다. 그리고 나는 당신을 정확하게 알려 하기보다는 당신 속에 뿌리를 내리려고 싶은 마음뿐이었습니다.

그러나 나의 현재의 생활에 대해서 말한다면 모든 것이 일정한 자리를 잡지 못하고 흔들리고 있었으며, 마음은 케케묵은 누룩을

---

* 〈시편〉 34편 10절, 115편 16절.

158

씻어 내야만 했읍니다. 구세주이신 그 길이 나를 구원으로 이끌었지만, 좁은 속을 뚫고 갈 생각은 아직 없었읍니다.

당신은 마침 내게 심플리키아누스*를 찾아가야겠다는 생각을 품게 해주셨는데, 내 눈에는 이것이 좋게 보였읍니다. 그는 당신의 선량한 종이었고, 그에게서는 당신의 은혜가 빛나고 있었읍니다. 그는 어려서부터 경건한 마음으로 당신을 섬기며 살아왔다고 했읍니다. 그 당시 그는 이미 고령이었지만, 오랜 세월을 당신에게 순종해 왔으므로 많은 경험과 지식을 소유한 분일 것이라고 생각했는데, 실제로 그러했읍니다. 나는 당신에게 내 고민을 털어놓고 싶었읍니다. 나처럼 고민하는 사람이 당신의 길을 걷기 위해서는 어떻게 하면 좋은가에 대해 조언을 듣고 싶었던 것입니다.

나는 당신의 교회에 많은 사람들이 모인 것을 보았읍니다. 그러나 그들의 걸음걸이는 모두 달라서, 이 사람은 이리로 저 사람은 저리로 갔읍니다. 나는 사는 것에 싫증을 느꼈고, 명예와 재물을 탐하는 삶의 정욕 때문에 어려운 종살이의 고통을 더 당하지 않게 된 다음부터는 그런 생활이 오히려 부담스러웠읍니다. 세상 일에 대한 내 기쁨은 당신의 기쁨 앞에, 「내가 사랑하는 당신의 집의 영광」 앞에 사라져 버렸읍니다. 다만 나는 여성문제에 끈질기게 얽매여 있었읍니다. 사도 바울도 모든 사람이 자기처럼 살기를 바라는 마음에서 보다 나은 경우를 권하고는 있었지만, 그도 나의 결혼만은 금하지 못했읍니다. 나는 금욕하기에는 너무 약한 인간이었으므로 그저 호강하는 편을 택했는데, 이것 때문에 다른 일에도 자신이 없어져서 고통과 근심으로 지치고 병들었읍니다. 내가 한번 노예처럼 예속되어 버린 결혼생활 때문에 어쩔 수 없이 마음에도 없는 다른 일을 해야만 했읍니다.

나는 진리의 입에서 「천국을 위해 스스로 고자 된 자 있나니, 내 말을 받을 수 있는 자는 받아도 좋다」**는 말을 들은 바 있읍니다. 또 「하느님을 알지 못하고, 보이는 것에서 존재하는 것을 믿을 수 없는 자들은 어리석은 자이다」라고도 말씀하셨읍니다. 그

* 암브로시우스가 죽은 후, 밀라노의 주교가 된 사람.
** 〈마태복음〉 19절 12절.

러나 나는 이미 그러한 어리석음에 사로잡혀 있지 않았고, 그런 것을 뛰어넘어 모든 피조물의 증언으로 당신의 말씀, 즉 당신 안에 계시며 당신과 한몸인 하느님에게로 다가갔읍니다. 그리하여 당신이 모든 것을 창조한 하느님임을 발견하게 되었던 것입니다.

그러나 그것과는 다른 종류의 불경건한 자들이 있는데, 그들은 하느님을 알면서도 하느님에게 영광을 돌리지 않고 감사도 하지 않았읍니다. 나도 한때는 그들에 휩쓸려 있었지만, 당신의 오른팔이 나를 붙잡으셔서 나를 그들에게 떼어 내시어 건강을 되찾을 수 있는 장소에 놓아 주셨읍니다. 당신은 인간을 향해서 「보라! 주를 경외함이야말로 지혜다」* 「지혜로운 자인 체하지 말라 」** 「스스로를 지혜롭다고 일컫는 자는 어리석은 자이기 때문이다」*** 라고 말씀하셨읍니다.

그리하여 나는 이미 값진 진주를 발견했으므로 나의 모든 것을 들여서 이를 사들여야만 했건만, 나는 아직까지도 망설이고 **있었** 읍니다.

2. 빅토리누스의 개종

마침내 나는 심플리키아누스를 찾아갔읍니다. 그는 당시 **주교였** **던** 암브로시우스가 세례를 받을 때 대부 역할을 했으므로, 암브로시우스는 그를 친아버지처럼 존경했읍니다.

나는 그에게 나를 오류로 이끌어 가던 사연들을 이야기했읍니다. 한때 로마 시의 수사학자로, 다음에 기독교도가 되어서 **죽었다고** 하는 빅토리누스****가 라틴 어로 번역한 플라톤 파의 책을 읽었다고 하자, 그는 내가 다른 철학자들의 저서에 빠지지 않은 것을 칭찬하며, 그러한 책들은 이 세상의 얕은 지식을 따라 허위와 기만으로 가득 차 있지만, 반대로 플라톤 파의 책들은 갖가지 방법

---

* 〈욥기〉 28장 28절.
** 〈잠언〉 3장 7절.
*** 〈로마서〉 1장 22절.
**** 본래 아프리카 태생으로, 로마에서 수사학자로서 명성을 떨쳤다. 기독교로 개종한 후 교수직을 물러나 신학 연구에만 전념하고, 키케로의 저작을 주해하고 아리스토텔레스·폴피리오스·플로티노스의 저작을 라틴 어로 옮겼다.

으로 하느님과 그의 말씀을 도입해 놓았다고 말했읍니다.

　그는 또 지혜로운 자에게는 숨겨져 있지만, 보잘것없는 자들에게는 오히려 드러나 있는 그리스도의 겸손으로 나를 격려하며 이끌어 주기 위해 빅토리누스에 대해 이야기했읍니다. 그가 로마에 있을 무렵 두 사람은 절친한 사이였다며 그의 얘기를 했는데, 거기에 대하여 지금 나는 잠자코 있을 수 없읍니다. 왜냐하면 그 얘기 속에는 당신의 은혜에 대한 크나큰 영광이 포함되어 있기 때문입니다.

　빅토리누스는 대우 학식이 풍부한 노인으로서 자유인이 알아야 할 모든 학문에 정통해 있었으며 수많은 철학서를 비판력을 가지고 읽었읍니다. 그는 또한 원로원 의원들의 스승으로서 뛰어난 가르침으로 인해——세상 사람들이 가장 높이 평가하는——저 로마 광장에 하나의 입상을 세우게까지 되었읍니다. 그는 이처럼 고령에 이르기까지 우상숭배자였으므로, 우상을 경배하는 의식에 참여했읍니다. 당시 귀족계급은 거의가 이러한 의식에 열중했으며 백성들에게도 오시리스*나 각종 괴물 신상이나 아누비스**의 짖어대는 개를 찬양했으며 동시에 넵튠***과 비너스, 그리고 미네르바****에 대해서는 칼을 내뽑아 휘둘렀읍니다. 로마는 그전에 물리쳤던 그 신들이 애원하게 되자, 늙은 빅토리누스도 여러 해 동안 천지를 진동시킬 듯한 웅변으로 그 신들을 옹호해 왔지만, 그 사람이 어느새 그리스도의 종이 되어 목을 굽히고 십자가의 능욕 앞에서 얼굴을 숙여, 당신의 은혜로 낳은 자식이 된 것을 영광스럽게 여기는 날이 온 것입니다.

　오, 하느님, 당신이 하늘을 구부리시고 내려오셔서 산을 만지시자, 산들은 연기를 내뿜었읍니다. 당신은 어떻게 빅토리누스의 가슴에 파고드셨읍니까?

　심플리키아누스의 말에 의하면 그는 성서를 읽고 기독교의 모

---

　* 이집트 신화에 나오는 지신(地神).
　** 사자(死者)를 명계(冥界)로 인도하는 신. 머리는 황금색 늑대 또는 개의 형태를 하고, 몸은 인간의 형태를 하고 있다.
　*** 그리스 신화의 포세이돈과 동일시되는 바다의 신.
　**** 그리스 신화의 아테네에 해당되는 지혜와 기예의 신.

든 책을 열심히 연구하여 그 심연까지 샅샅이 탐독하고는, 심플리키아누스에게 조용히 속삭였다고 합니다. 「자네만은 내가 이미 기독교도라는 사실을 알아야 하네.」 이에 대해 그는 「나는 믿지 못하겠네. 그리스도의 교회 내에서 자네를 보기 전에는 나는 자네를 교우로 인정하지 않겠네」라고 했습니다. 그러자 빅토리누스는 빈정거리는 투로 「그러한 교회의 벽이 기독교를 만드나」하고 말했습니다. 그가 「나는 기독교도다」라고 말할 때마다 심플리키아누스가 똑같은 대답을 하면, 그는 반드시 「교회의 벽」의 풍자를 되풀이하곤 했습니다.

그는 자기의 친구들, 즉 악마를 섬기는 오만한 자들의 감정을 해칠까봐 두려워했습니다. 만약 기독교도가 된다면 주께서 아직 부수지 않으신 바빌론의 위엄과 레바논의 동백나무에서, 자기에게 무서운 적의가 떨어지리라고 믿었던 것입니다. 그러나 그는 읽고 구하는 동안에 결심이 굳어져서, 만약 여러 사람들 앞에서 그리스도를 모른다고 한다면, 거룩한 천사들 앞에서 그리스도로부터 외면을 당할 것이라고 생각하게 되었습니다. 그와 동시에 그는 만약 당신의 성스러운 말씀은 부끄럽게 여기면서 오만한 악령들의 모독적인 의식을 부끄럽게 여기지 않는다면 큰 죄를 범하는 것이라는 사실을 알게 되자, 거짓을 뿌리치고 진리 앞에 얼굴을 붉히며 「신자가 되고 싶네」라고 말했습니다. 그리하여 심플리키아누스는 기쁨을 감추지 못하며 그를 교회로 데리고 갔습니다.

그는 결심한 자로서 성도들의 표적의 세계에 들어가는 것이 허용되었고, 얼마 뒤에는 세례 지원자가 되었습니다. 로마는 깜짝 놀랐지만 교회는 매우 기뻐했습니다. 오만한 자들은 그것을 보고 화가 나서 어쩔 줄 모르며 애를 태웠습니다. 그러나 당신의 노예가 된 빅토리누스는 하느님만을 희망으로 삼고, 다시는 허영이나 광기의 기만 따위를 거들떠보지 않았습니다.

마침내 그의 신앙을 고백할 때가 왔습니다. 당시 로마의 풍습으로는 당신의 은총을 받으러 나가는 사람은 으레 여러 사람들이 보는 앞에서 높은 곳에 올라가 신앙간증을 하는 것이 상례였습니다. 그러나 수줍어서 제대로 말을 못 하는 사람들에게는 은밀히 신앙고백을 하는 예가 있었으므로, 사제들은 빅토리누스에게 그렇게 하기를 권했읍니다. 그러나 그는 오히려 자기의 구원을 경건한 무리들 앞에서 고백하려고 했읍니다. 그것은 물론 자신이 수사학 교수로서 가르치던 구원은 아니었지만, 그는 이것을 공공연히 강연했던 것입니다. 미련한 무리들 앞에서 자신의 이야기를 서슴지 않고 했던 그가 선량한 당신의 신자들 앞에서 당신의 말씀을 하는 것인데 무엇이 두렵겠읍니까? 그가 고백하기 위해 단 위에 올라갔을 때, 그를 알아본 사람들이 그의 이름을 속삭이며 수군거렸을 만큼 그의 명성은 자자했던 것입니다. 그들은 환호성을 올리며 그의 이름을 불렀으며, 이것이 입에서 입을 통해 온 군중에 두루 퍼지자 「빅토리누스, 빅토리누스」하는 소리가 터져 나왔읍니다.

그를 보고 기뻐하던 환호성은, 그의 말소리를 듣기 위해 곧 가라앉았읍니다. 그가 진실한 신앙을 자신감을 가지고 고백했을 때, 그들은 모두가 그를 자기 가슴으로 끌어들이고자 했읍니다. 그를 사랑하고 즐거워한 것이야말로, 그를 끌어들이기 위해 그들이 사용한 수단이었읍니다.

3. 개종의 행운

선하신 하느님, 항상 위험이 적고 희망적인 영혼보다는, 절망적이었던 영혼이 구원을 받았을 때 더 기뻐하는 이유는 무엇일까요? 자비로우신 아버지시여, 당신께서도 「선한 사람 아흔 아홉 명보다는 회개하는 죄인 하나」를 더 좋아하십니다.*

길잃은 양을 어깨에 메고 집으로 돌아오는 목자의 얘기와, 다시 찾은 은전을 이웃과 함께 기뻐하면서 보물상자에 넣는다는 얘기를 듣고 우리는 진심으로 기뻐합니다. 당신의 집안에서 「죽었다가 살아나고 잃었다가 다시 찾은」 차남의 얘기를 들을 때마다, 당신의 집의 즐거운 경사에 절로 눈물이 솟아납니다. 당신께서는 우리들과 거룩한 당신의 천사들을 기뻐하시며 언제나 같으신 당

* 〈누가복음〉 15장 7절.

신께서는 언제나 같지 않고, 같은 모양이 아닌 것을 같은 방법으로 알고 계십니다.

아끼던 물건을 잃었다가 다시 찾았을 때, 이를 항상 지니고 있었던 때보다 더 기뻐하는 이유는 무엇일까요? 그밖의 모든 일에도 이와 똑같은 상태가 생기는 것은 사실입니다. 이에 대해「그것은 그렇다」고 큰 소리로 외치는 증거가 모든 것 가운데 가득합니다. 여기서 개선하는 장군을 생각해 봅시다. 그가 싸우지 않았더라면 이기지 못했을 것이며, 싸움의 위험이 클수록 승리의 기쁨 또한 한층 큰 것입니다. 폭풍우에 시달리며 난파의 위험을 겪고 있는 항해자를 생각해 보면, 모든 사람들은 죽음을 눈앞에 두고 새파랗게 질립니다. 그러다가 하늘이 개고 바다가 잔잔해지면 기뻐서 어쩔 줄을 모르는데, 그 이유는 공포가 너무도 컸기 때문입니다. 사랑하는 사람이 병들어 맥박이 불행을 예고할 경우, 회복되기를 바라는 사람들은 그와 같이 앓게 됩니다. 그러다가 병세가 좋아지게 되면, 전처럼 힘차게 걸어다니지는 못한다 해도 건강해서 힘차게 다니던 때보다 더 큰 기쁨을 얻게 됩니다.

인생의 갖가지 기쁨의 경우도 마찬가지입니다. 사람들은 생각지도 못한 고통뿐만 아니라 스스로 원해서 고통을 겪음으로써 쾌락을 얻기도 합니다. 굶주리고 목마르지 않으면, 먹고 마시는 쾌락은 느낄 수 없습니다. 음주가들은 갈증을 느끼기 위해 일부러 젓갈을 먹고 나서 술을 마셔 쾌감을 느끼려고 합니다. 약혼한 여자를 상대방에게 바로 넘겨 주지 않는 것은, 결혼 전에는 그토록 바라던 여성을 일단 결혼하고 나면 가볍게 취급하는 일이 생기지 않도록 하기 위해서입니다.

이것은 부끄럽고 저주받을 쾌락의 경우에도 그렇고, 허락되고 용인된 쾌락에서도 마찬가지이며, 사심없는 순수한 우정관계에서도 그렇습니다. 이것은 죽었다가 다시 살아나고, 잃었다가 다시 찾은 자에게도 마찬가지입니다. 보다 큰 기쁨 앞에는 언제나 보다 큰 노력이 있는 법입니다.

주 나의 하느님이시여, 이것은 대체 왜 그렇습니까? 당신을 위해 있는 당신의 피조물의 일부분이 언제든지 당신에게서 기쁨을 언습니다. 세상의 모든 사물들이 성장하고 화복을 받는 것은 무슨 까닭입니까? 당신께서 「높은 하늘에서 아래로」 땅 속 깊이까지, 세계 시간의 처음부터 마지막까지, 천사에서 벌레에 이르기까지, 최초의 운동에서 최후의 운동에 이르기까지 그 나름대로의 선한 것들과 의로운 업적을 각각 적당한 장소에 주시고 그 해당된 시기에 행하시는 것은, 그것들의 존재법칙이며 당신께서 그것들에게 부여하신 척도입니다.

아, 당신은 그토록 높으신 것 속에서도 얼마나 높으신지 알 수 없으며, 깊은 것 속에서 얼마나 깊으신지 알 수 없읍니다. 당신은 어디로 물러나는 일도 없으시지만, 당신께로 되돌아간다는 것은 무척이나 어려웠읍니다.

4. 고귀한 사람들의 개종이 갖는 의미

주님이시여, 속히 우리를 일깨워 주시고, 불러서 돌이켜 주소서. 우리에게 불을 붙여서 당신 앞으로 끌어 주소서. 좋은 향기를 풍겨 단맛이 되어 주소서. 그러면 우리는 곧 사랑하고 당신 앞으로 달려가겠읍니다.

많은 사람들이 빅토리누스보다 더 캄캄한 심연에서 나와 당신에게로 돌아가서 빛을 받아들임으로써 당신의 아들이 될 자격을 얻었으나, 그들이 유명하지 않을 경우에는 그들을 아는 사람들까지도 개종한 것을 그다지 기뻐해 주지는 않습니다. 기뻐하는 사람이 많을수록 개개인의 기쁨도 그만큼 커지게 마련입니다. 왜냐하면 그들은 서로가 남에게 가열되고 점화되기 때문입니다. 더구나 그러한 사람들이 널리 알려진 사람이라면 많은 사람들에게도 구원을 얻는 감동적인 선례가 되고, 그들을 따르는 많은 사람들에 선행함으로써 남을 선행한 사람들의 기쁨도 더 커지는 것입니다. 그 이유는 그들은 자기 스스로에게만 기쁨을 가지는 것이 아니기 때문입니다.

물론 당신의 막사(천국)에서 가난한 자보다 부자가, 천한 신분의 사람보다 귀한 신분을 가진 사람이 대우를 받는 일은 결코 없

었읍니다. 오히려 당신은 강한 자를 욕보이기 위해 세상의 약한
자를 선택하셨읍니다. 즉 세상에서는 전혀 존재가치가 없는 자들
을 선택하시어 마치 존재가치가 있는 것을 없애기라도 하는 것처
럼 하셨읍니다.

그리하여 당신의 「사도 가운데 가장 보잘것없는」 자의 입을 통
해서 이 말씀을 하셨읍니다. 그의 전략으로 지방총독 바울와 교
만을 꺾고, 그를 「그리스도의 가벼운 멍에」 아래 굴복시키고 천
상의 위대한 왕국의 소박한 시민으로 만들어 버렸읍니다. 그는 대
승리를 기념하기 위해 이전에 사용하던 사울이라는 이름 대신 바
울이라고 불러 주기를 원했던 것입니다.

권위가 높고 수가 많은 적일수록 그를 정복하는 일은 호평을
받게 됩니다. 그것은 그들이 부귀나 권세로 교만한 자를 많이 거
느리고 있기 때문입니다. 그러므로 난공불락의 요새처럼 악마가
점령하고 있었던 빅토리누스의 웅변이 크고 예리한 무기가 되어
많은 사람들을 파멸시켰던만큼, 그대의 자식들(신자들)은 기쁨을
누리게 되었읍니다.

왜냐하면 우리의 왕(그리스도)이 강한 자를 묶어 버렸고, 그에
게서 빼앗은 무기가 당신의 영광을 위해 이용되고 모든 선한 업
적을 위해 유용한 자가 되었기 때문입니다.

5. 개종을 지체시킨 것은 무엇인가

당신의 종 심플리키아누스가 빅토리누스에 대한 이런 이야기를
들려 주었을 때, 나는 그처럼 되고 싶어 안달이었읍니다. 사실 그
는 이러한 목적을 위해 그런 이야기를 했던 것입니다. 그는 덧붙
여 이런 말도 했읍니다. 율리아누스* 시대에 기독교도가 문학이나
웅변술을 가르치지 못한다는 명령이 내렸는데, 빅토리누스는 당신
보다는 말뿐인 학교를 버리는 쪽을 택함으로써 당신께서는 「자녀
들의 혀를 웅변으로 만드셨다」는 얘기를 들었을 때, 그를 행복한

---

* 이교숭배자로서, 학교에서는 기독교도가 그에 대해 강의하는 것을 모독으로
여기고 강의를 금했다.

166

사람이라고 생각했읍니다. 왜냐하면 그는 당신에게 봉사할 수 있는 기회를 얻었기 때문이었읍니다.

나도 이렇게 되기를 간절히 바랐지만, 나는 나 자신의 의지의 쇠사슬에 꽁꽁 묶여 있었읍니다. 악마가 나의 의지를 붙잡고 그렇게 만들어 버렸던 것입니다. 이를테면 전도된 의지에서 정욕이 생기고, 그것에서 다시 습관이 생기고, 습관을 따르는 가운데 필연이 되는 것입니다. 그것들은 마치 작은 고리처럼 연결되어 나를 붙들고 구속하여 괴로운 노예로 만들었던 것입니다.

그러나 한편으로는 오직 당신을 위해 봉사하고, 당신에게서 복락을 누려야겠다는 새로운 의지가 내 마음속에 일기 시작했읍니다. 그러나 오랜 관습에 단단히 매여 있던 내 의지를 이기기에는 새로운 의지가 너무도 약했읍니다. 그리하여 옛것과 새것이라는 두 의지가 육체와 영혼에서 나와 저희끼리 서로 충돌했기 때문에, 내 영혼은 갈기갈기 찢겼읍니다.

그리하여 나는 내 경험으로 「육체는 영혼을 거스려 욕구하고, 영혼은 육체를 거스려 욕구한다」*는 사실을 알게 되었읍니다. 분명히 나의 자아는 양자 속에 있었지만, 내가 부인하는 것보다는 내가 시인하는 것 가운데 있는 자아가 더 나 자신이 되었읍니다. 왜냐하면 부인하는 것 속에 있지 않았다는 것은, 내가 좋아서 했다기보다는 억지로 한 일이기 때문입니다. 그럼에도 불구하고 습관은 더욱 나에 대해 완강하게 밀려왔는데, 그것은 모두 내 탓이었읍니다. 공의(公義)로운 벌이 죄인의 말을 따라다니거늘, 누가 이에 대해 불평할 수 있겠읍니까? 지금은 내게 확실해졌지만, 그때는 진리 파악이 불확실했기 때문에, 나는 세상을 가볍게 보고 당신을 섬기는 데 이르지 못했음에 대해 자위할 수 있는 어떠한 변명도 없었던 것입니다. 그러나 아직 땅에 붙잡혀 있어서 당신 섬기기를 거절했고, 사람은 대개 사슬에 매여 있기를 두려워하는 것이 보통이지만, 나는 오히려 그 반대였읍니다.

이와 같이 나는 속세의 무거운 짐에 잠자듯 눌려 있었던만큼, 당신 안에서 하는 차분한 명상은 잠에서 깨어나려는 몸부림처럼

* 〈갈라디아서〉 5장 17절.

끊아떨어지고 마는 것이었읍니다. 그런데 자는 것보다는 깨어 있는 편이 훨씬 낫다는 것은 정칙(正則)인만큼, 항상 잠에 빠져 있기를 바라는 사람은 아무도 없을 것입니다. 그러나 지체가 나른한 사람은 대개가 흔들어 깨우는 것을 싫어하고, 일어날 시간이 되었는데도 더 누워 있기를 좋아합니다. 바로 내가 그러했읍니다. 나는 당신의 사랑에 귀의하는 것이 가장 좋은 줄을 알고 있어서 뜻에 맞아 스스로를 납득시키는 것은 후자인데도 전자에 쾌히 결박을 당하고 있었던 것입니다.

「잠자는 자여 일어나라. 죽은 자 중에서 일어나라! 그리스도는 그대를 비출 것이다」*라고 말씀하시는 당신께 나는 뭐라고 대답해야 좋겠읍니까? 당신께서는 진리만을 말씀하신다는 것을 내 눈 앞에 보이셨기에, 진리에 납득당한 나는 무어라 대답할 바를 몰라서 다만 「이제 곧」「조금만 기다리면」하는 말만 중얼거릴 뿐이었읍니다. 그러나 그 「이제 곧」은 말뿐이어서 일어나지 않았고, 「조금만 기다리면」은 오래 끌기만 할 뿐이었읍니다.

나는 내적인 인간으로서는 당신의 벌을 충심으로 기뻐하고 있었지만, 지체 속에 있는 또 하나의 법이 정신을 거역하여 지체 속에 있는 죄의 법 속으로 나를 끌어들였던 것입니다. 죄의 법이란 습관이 가져다 주는 폭력으로서 마음은 그 힘에 의해 마지못해 끌려가고 억눌리지만 그것이 당연한 일인 까닭은, 마음은 스스로의 의지에 의해 습관에 빠지기 때문입니다. 그러므로 우리 주 예수 그리스도에 의한 당신의 은혜 이외에, 누가 이 죽음의 육체에서 가엾은 나를 구하겠읍니까.

6. 안토니우스의 생애

그처럼 단단하게 묶어 놓고 있었던 육욕의 사슬로부터, 그리고 속된 일의 사슬에서 당신께선 어떻게 나를 구해 주셨는지 이야기하려 합니다. 나를 도와 주시고 속죄하게 해주신 당신 이름을 찬양합니다.

---

* 〈에베소서 〉 5장 14절.

나는 점점 커져 가는 번민 속에서 매일매일 당신을 애타게 그리며 당신의 교회를 자주 드나들었읍니다. 그 무렵 나는 알리피우스와 함께 살았읍니다. 알리피우스는 세번째의 고문직을 내놓은 상태였으므로, 내가 수사학을 팔아먹듯 자기의 충고를 다시 팔아먹을 상대를 찾고 있었읍니다. 또 네브리디우스는 우리들의 우정에 못 이겨 우리들의 친구인 밀라노 태생의 문법학자 베레쿤두스* 밑에서 보좌구실을 했읍니다. 베레쿤두스는 진실로 필요에 의해서 우리 클럽에서 믿을 만한 조력을 구했는데, 물론 이것도 우정상의 특권으로 요청했던 것입니다. 그러므로 네브리디우스는 돈을 벌기 위해 간 것은 아닙니다. 만일 그러한 의도였더라면 그 학문으로 훨씬 더 좋은 일을 했을 것입니다. 다정하고 착한 그 친구는 우정만으로도 우리들의 요청을 들어주었던 것입니다.

그는 그 일을 매우 슬기롭게 해냈으며, 이 세상에서 소위 거물이라고 하는 사람들 앞에 나타나는 것을 삼갔읍니다. 그는 정신을 자유로운 상태에 두기를 바랐으므로 가능한 한 많은 여가를 내어 어떠한 문제를 탐구하고, 책을 읽고 무엇인가를 듣는 일에 전력을 다했읍니다.

그런데 어느 날——그때 네브리디우스가 무엇 때문에 그 자리에 없었는지는 기억할 수 없지만——폰티키아누스라는 사람이 나와 알리피우스를 찾아왔읍니다. 그는 아프리카 태생으로 나와 같은 고향 사람이었고, 궁정에서 높은 지위에 있는 사람이었읍니다. 그런 그가 무슨 일로 왔는지는 알 수 없었지만, 서로 이야기를 나누기 위해 모여 앉았읍니다. 우리 앞에는 놀이를 위해 갖다 놓은 책상이 있었는데 그 위에 책이 있었읍니다. 그는 그 책을 손에 들고 책장을 넘겨 보더니, 그것이 사도 바울의 책이라는 것을 알고는 매우 놀랐읍니다.

그는 그것이 내 직업과 관계있는 것이라 생각하던 터였으므로, 미소를 지으며 이렇게 말했읍니다. 「이런 책이 내 눈앞에 놓인 데는 정말 놀랐다. 정말 훌륭한 일이다.」

그는 착실한 기독교도로 종종 교회에 나가 우리의 하느님이신

---
* 밀라노의 부유한 시민으로서, 아우구스티누스의 친구이다.

당신 앞에 무릎을 꿇고 오래도록 기도를 올리곤 했읍니다. 내가 그에게 나의 최대의 관심이 그 책에 있다고 얘기했더니, 그것을 계기로 이야기는 이집트의 수도사 안토니우스*에까지 미쳤읍니다. 그 이름은 당신의 종들 사이에는 널리 알려져 있었지만, 우리는 전혀 몰랐읍니다. 이같은 사실을 알자 그는 아무것도 모르고 있는 우리들을 이상한 듯 바라보면서, 그 위대한 인물에 대해 자세히 설명해 주었읍니다. 우리들은 우리 시대에 가까운 최근에 진정한 믿음의 세계인 가톨릭 교회 안에서 그 누구도 부인하지 못할 기적이 일어난다는 말을 듣고 깜짝 놀랐읍니다. 우리는 너무도 위대한 일이라는 것과, 그러한 일을 이제야 듣게 된 것을 부끄럽게 생각하며 놀라움을 금치 못했읍니다.

화제는 수도원에 사는 무리들, 즉 당신의 향기를 풍기고 있는 그들의 생활양식과, 황야에서 사는 사람들의 풍족한 생활로 옮겨졌지만 우리는 전혀 모르는 것이었읍니다. 우리는 밀라노 성벽 밖에 이미 오래 전에 생긴 수도원이 있어서, 암브로시우스의 지도 아래 훌륭한 수도자들이 많이 모여들고 있다는 사실조차도 몰랐던 것입니다.

폰티키아누스가 이같은 말을 계속하는 동안 우리는 말없이 귀를 기울였는데, 그는 우연히 이런 말을 했읍니다. 어느 날 오후, 트리엘** 근처에서 황제가 투기장에 구경을 나갔을 때 성벽 앞 공원을 산책하게 되었답니다. 거기서 그들은 둘씩 짝을 지어 가게 되었는데 그도 다른 한 사람과 같이 걷다가 두 사람과는 방향이 달라 따로 걷게 되었답니다. 다른 두 사람이 한참 가다가 오두막 하나를 발견했읍니다. 그곳은 마음이 가난하여 천국이 저희의 것이 된 당신의 종 몇 명이 살던 곳이었읍니다. 그들은 거기서 안토니우스의 생애에 대해 씌어져 있는 책 한 권을 발견했답니다.

* 250~356년경 이집트 태생의 사람. 속세를 버리고 사막에서 약 20년 동안 고독한 기도생활을 했다. 그를 따라 모이는 자가 많아서 그들을 위해 공동생활을 조직했는데, 그것이 기독교적 수도원 생활의 발단이 되었다.
** 모제르 호반에 있는 도시. 디오클레티아누스 황제 이래 서로마 제국의 수도가 되었다. 갈리아·이스파니아·브리타니아 지배의 중심지이며, 알프스를 넘는 제2의 로마라 불렸다.

　그중 한 사람이 그 책을 읽더니, 그는 경탄하기 시작했읍니다. 그는 그것을 읽으며 궁정의 생활을 떠나서 당신을 섬기는 생활을 해 보겠다고 마음먹었읍니다(그들은 소위 황제 대리인이라는 직책을 지닌 고관들이었읍니다). 그리하여 갑자기 거룩한 사랑에 취하여 마치 술에서 깨어났을 때처럼 수치감을 느끼고 스스로에게 역정을 내며 친구에게 이렇게 말했읍니다. 「제발 말해 보게. 우리가 이런 고생 끝에 도달하는 곳이 어디란 말인가? 지금 우리가 찾고 있는 것은 과연 무엇일까? 우리는 대체 무엇 때문에 황제를 섬기고 있는 것일까? 궁정생활에 보람이란 고작 황제의 친구가 되는 것이 아닌가? 그러나 그 지위야말로 끊임없이 변화하고 위험천만한 곳이며 우리가 그 많은 위험을 무릅쓰고 걸어간들 더 큰 위험이 있을 뿐 무슨 이득이 있는가? 그러고도 언제나 그 자리에 오를 것인가? 그러나 하느님의 친구는 마음만 있으면 지금 당장에라도 될 수 있네.」

　그는 이렇게 말하고는 다시 책으로 눈을 돌렸읍니다. 읽어내려가는 동안, 그때 당신이 내려다보시고 있던 그 마음속에는 변화가 일어났고, 조금 뒤에 밝혀진 것과 같이 그의 정신은 속세를 벗어나고 있었읍니다. 그가 읽으면서 마음속으로 깊이 생각했을 때 그의 숨결은 가끔 한숨으로 변했고, 더 좋은 것을 가려 내고 곧 당신을 따르기로 결심하자마자 이미 당신의 사람이 되어서 자기 친구에게, 「나는 이미 우리들의 희망과는 인연을 끊고 하느님만 섬기기로 결심했네. 이 시간 여기 이 장소에서부터 이 일에 몰두할 것일세. 만일 나와 같이 행동하지 않겠다면 제발 나의 길을 막지나 말아 주게」라고 말했읍니다. 그러나 뜻밖에도 그 친구는 그와 더불어 거기 머물러서, 그와 함께 고상한 품삯과 고상한 봉사에 참여하겠다고 대답했읍니다. 그 두 사람은 이미 당신의 사람이었고, 그들은 필요한 비용을 들여 탑을 세우고 세속적인 모든 것을 버리고 당신을 따랐읍니다.

　이 무렵 공원 다른 쪽에서 산책을 하던 폰티키아누스와 그의 친구가 이들을 찾다가 마침 그 장소에서 그들을 발견하고, 날도 저물었으니 돌아가자고 말했읍니다. 그러나 그들은 엉뚱하게도 자기들의 결심과 계획, 그리고 이런 뜻이 생겨서 굳어진 경위를 설명하며, 만일 동지가 되기를 원하지 않는다면 적어도 방해는 말아 달라고 부탁했읍니다. 그러나 개심하지 못한 이 두 사람은 폰티키아누스의 말처럼, 그저 눈물만 흘리며 진심으로 그들을 축복해 주었읍니다. 그리고 자기들을 위해 기도를 올려 달라고 정중히 간청하고는 땅 위에 마음을 끌면서 궁정으로 돌아갔읍니다. 그러나 이들 두 사람은 오두막에 머물렀읍니다.

두 사람은 모두 약혼자가 있었는데, 그 말을 들은 그녀들도 당신에게 정결을 바치고 말았읍니다.

7. 이야기의 감화력

폰티키아누스는 이런 이야기를 했읍니다. 그가 말하는 동안 하느님, 당신은 나를 나 자신에게로 돌려 놓았읍니다. 내가 나를 보기 싫어했는데도 당신은 나를 나 자신의 뒤로 돌려 보내 대면하게 하셨읍니다. 당신께서 나로 하여금 내 얼굴을 마주 보도록 하신 이유는 내가 얼마나 추하고 기형적인가를 깨닫도록 하기 위해서였읍니다. 나는 자신을 보는 순간 소스라치게 놀라 몸둘 바를 몰랐읍니다.

나 자신으로부터 시선을 돌리려고 애쓰노라면 폰티키아누스는 여전히 이야기를 하고 있었고, 당신은 나를 다시 나 자신에게 보여 주시며 자신의 눈 속에 밀어넣다시피 하여 스스로의 불의를 보고 미워하게 하셨읍니다. 나는 그것을 잘 알고 있었지만, 모르는 체하고 억누르며 잊으려고 했읍니다.

그러나 지금 완전히 치유되기 위해서 온 마음과 몸을 바쳤다는 그들의 구제를 향한 마음가짐을 듣고서 그들을 한없이 사랑했지만, 나의 마음을 그들과 비교해 보고는 점점 더 나 자신을 저주하게 되었읍니다.

내가 키케로의 《호르텐시우스》를 읽고 감동을 받아 지혜를 찾기 시작하던 열 아홉 살 되던 해부터 12년이라는 긴 세월이 흘러갔지만, 나는 지혜를 탐구하는 일을 소홀히 해왔읍니다. 그리하여 뒤늦게 탐구하기에 힘을 다했지만 지혜는 발견하지 못했을 뿐만 아니라, 지상의 보화나 왕관을 얻기는커녕 단순한 소유욕을 더 귀하게 여겼읍니다. 나는 어른이 되어 가면서 더 가련하게 되었읍니다. 나는 청년기로 접어들면서부터는 당신에게 정절을 위해 기도는 했지만, 그 기도라는 것이 「나에게 정절과 절제를 주소서. 그러나 지금 주시지 말고 조금 있다고 주십시오」하는 것이었읍니다. 나는 당신이 내 기도를 속히 들어주셔서 나를 정욕이라는 병에서 고쳐 주실까봐 두려웠읍니다. 나는 그런 것이 내게서 없어지기보다는 오히려 만족하고 오래 있기를 더 바랐으며, 신성을 모독하고 미신의 사악한 길로 떠돌았읍니다. 그러나 그것은 전혀 나 자신의 문제가 아니었읍니다. 나는 정욕을 정절보다 더 좋게 생각했고, 정절을 경건한 마음으로 추구하지 않고 도리어 적대시했읍니다.

나는 스스로 말하기를, 세상의 소망을 버리고 당신만 의지하겠다는 생각으로 하루하루를 살아가겠노라고 했읍니다. 그것은 내가 어느 방향으로 가야 할는지에 대해 굳은 신념이 없었기 때문이었읍니다. 그러나 이제는 내가 내 앞에 뚜렷하게 드러났고 양심이 나를 책하는 날이 왔읍니다. 「내 혀는 어디 있는가? 분명 너는 참된 것이 아직 불확실하므로 허망의 무거운 짐을 팽개칠 마음이 생기지 않았다고 했지. 그러나 이제는 확실하다. 그런데 너는 아직 그 무거운 짐에 눌려 있지만 저 사람들은 더 가벼운 그 어깨에 날개까지 얻었다. 그들은 너처럼 탐구를 위해서 심신을 소모하는 일도 없고, 10년 이상이나 그런 일들을 생각해 보지도 않았는데 말이다.」

폰티키아누스가 얘기하는 동안, 내 마음은 가책으로 인해 부끄러워졌읍니다. 그는 이런 말을 하기 위해서 왔는지, 말을 끝내고 떠나갔읍니다. 그리고 나는 다시 내게로 돌아왔읍니다. 사실 내가 나한테 무슨 말인들 못 하겠읍니까. 내가 당신과 더불어 동행하려 할 때 내 영혼으로 하여금 나를 쫓아가게 하기 위해 나는 영혼을 비난하기를 주저하지 않았읍니다. 하지만 내 영혼은 반항하며 듣지 않았읍니다. 그렇다고 변명을 하는 것도 아니었읍니다.

변명을 위한 논거는 구멍이 뚫리고 남은 것은 다만 불안뿐이었읍니다. 게다가 내 영혼은 뒤따르기만 하면 점점 쇠퇴하여 드디어는 죽을 수밖에 없는 습관의 흐름으로부터 자유로와진 것을 마치 죽기라도 하는 것처럼 두려워했읍니다.

8. 정원에서

나는 내밀한 방인 내 마음속에서 자신이 영혼을 상대로 벌인 난투극이 한창일 때, 얼굴과 정신이 일그러진 채 알리피우스에게 이렇게 외쳤읍니다. 「도대체 우리에게 생긴 일이 무엇인가? 자네도 들었지? 도대체 이게 뭔가? 무식한 자들이 불쑥 일어나 하늘나라를 차지했는데 배웠다는 우리는 아무 생각 없이 혈육 속에 뒹굴고 있으니. 앞서 간 자들의 뒤를 따르는 것을 창피하게 생각해서는 안 돼. 그뒤라도 따라가지 못한 것을 부끄럽게 여겨야 하지 않을까?」

나는 이런 말을 하고는 흥분해서 그에게서 나 자신을 빼냈읍니다. 그는 놀란 채 말없이 나를 바라보았읍니다. 그것은 물론 내 말투가 평소와는 달랐기 때문이었읍니다. 내가 하는 말보다는 내 이마·볼·눈이 내 마음을 더 잘 나타내 주었던 것입니다.

우리들 숙소에는 자그마한 정원이 하나 있었는데, 집주인이 살지 않았기 때문에 우리는 내 집같이 쓰고 있었읍니다. 나는 마음의 동요를 참지 못해 그곳으로 갔읍니다. 거기에는 아무도 그 백열전을 방해할 자가 없었기 때문이었읍니다.

그 결과가 어떻게 끝날지는 당신만이 알고 계실 뿐 나는 몰랐읍니다. 그러나 내가 그처럼 광란 상태에 빠진 것은 사실은 구원을 받기 위한 것이었고, 죽을 지경에까지 이르는 것은 살기 위한 것이었읍니다. 나는 나 자신을 악한으로만 생각하고, 얼마 후에 얼마나 착한 사람이 될 것인가 하는 것은 몰랐읍니다.

나는 정원으로 갔읍니다. 알리피우스가 내 뒤를 따라왔읍니다. 그가 곁에 있다고 해서 내 괴로움이 감소되는 것은 아니지만, 그토록 괴로와하는 나를 어떻게 혼자 버려 둘 수 있었겠읍니까?

우리는 되도록 집에서 멀리 떨어진 곳에 가서 앉았읍니다. 그러나 나는 속이 떨리고 분노가 치밀어 올랐읍니다. 그것은 내가 당신의 마음에 들거나 당신과 화해하지 못했기 때문이었읍니다. 이것은 내 모든 뼈가 몹시 열망하고 찬양하던 발걸음이었읍니다. 하늘까지의 거리는 우리가 지금 앉아 있는 곳에서 집까지 가는 정도밖에 되지 않았으므로, 오래 걸어갈 필요도 배나 수레를 탈 필요도 없었읍니다. 오직 가고자 하는 욕망만 있으면 되는 것입니다. 반쯤 상한 의지로 이리저리 흔들거리는 욕망이 아니라 굳세고 온전한 욕망이 필요합니다.

결국 나는 갈피를 잡지 못하는 고민 속에서 몸부림치고 있었읍니다. 그것은 마치 손발이 없거나 사슬에 묶였거나, 또는 묶이지 않았다 해도 마음만 있을 뿐 힘이 없어서 할 수 없는 사람 같았읍니다. 머리털을 움켜쥔다든가 이마를 친다든가 무릎을 끌어안고 손가락을 꼬곤 했지만, 사실 나는 그러고 싶어서 그랬던 것입니다. 이 경우, 사지가 움직여 주지 않았다면 마음만 있을 뿐 실행할 수는 없었을 것입니다. 이처럼 나는 의욕과 능력이 상반되는 일들을 많이 했읍니다.

한편 나는 내 마음에 꼭 맞는 것을 하지 못했읍니다. 내가 할 마음만 있으면 할 수 있었던 일도 하지 않았읍니다. 내가 원하기만 하면, 설령 원하지 않았다 하더라도 할 수 있었던 것이라면, 여기에 의지와 능력이 일치하고 의욕 그 자체는 이미 행위가 되지만 이런 일은 없었읍니다. 영혼이 자신의 위대한 의지를 그 의지 안에서만이라도 관철시키기 위하여 자기 자신에게 복종하는 것보다는 육체가 영혼의 미세한 의지에 더 쉽게 복종하고 눈짓만 해도 온몸을 움직였읍니다.

9. 두 가지 마음

이런 야릇한 일은 대체 왜 생기는 것입니까? 당신의 자비를 비추셔서 나로 하여금 묻게 해주소서. 혹시 인간에게 무겁게 내려진 숨은 벌과 아담의 후예들이 겪고 있는 고뇌에 대해 그 누가 대답해 줄는지도 모릅니다.

대체 이 불가사의한 일은 어디에서 오며 왜 생기는 것입니까? 마음이 육체에 명령하면 육체는 즉시 복종하는데, 정신이 스스로에게 명령하면 거절을 당합니다. 정신이 손에게 움직이라고 명령하면 그것은 쉽게 행해지므로 명령과 실행이 구별되지 않을 정도이지만, 그래도 정신은 정신이고 손은 육체입니다. 만일 정신이 정신에게 의욕을 가지라고 명령하면 동일한 하나의 정신이면서도 이를 행하지 않습니다. 이 불가사의한 일은 어디서 생기는 것일까요? 이 경우, 정신에게 의욕을 가지라고 명령해도 그럴 마음이 없으면 명령한 것을 이행하지 않을 것입니다.

그러나 정신이 원하지 않으면 명령도 하지 않을 것입니다. 그것은 정신은 의욕을 가질 때만 명령하고, 명령한 것은 의욕을 갖지 않는 한 실행되지는 않기 때문입니다. 즉 의지는 스스로가 명령받는 자로서 하나의 의지가 되라고 명령하기 때문입니다. 그러므로 그러한 의지는 완전한 의지로서 명령하는 것이 아니며, 이에 따라 그가 명령한 것도 동일하지는 않습니다. 만일 의지가 완전한 의지라면 이미 되어 있는 것에 대해 명령할 필요가 없기 때문입니다.

그러므로 반은 의욕을 가지고 반은 의욕을 갖지 않는다는 것은 정신의 병에 불과합니다. 정신은 진리에 의해 떠받쳐지면서도 습관에 눌려서 일어나지 못하는 것입니다. 그래서 두 가지 의지가 존재하게 되지만 두 가지 의지 가운데 어느 한쪽도 완전한 의지는 아니며 한쪽이 가지고 있는 것을 다른 한쪽은 갖지 못하기 때문입니다.

10. 의지의 분열

하느님이시여, 헛된 말을 하고 영혼을 속이는 자들, 즉 생각하기에 따라서는 두 개의 의지를 인정할 수 있다는 것을 이유로, 본성에는 하나의 선한 정신과 하나의 악한 정신이 있다고 주장하는 자들이 있는데, 그들을 당신 앞에서 멸하게 해주소서.

이런 나쁜 생각을 품고 있는 자들이야말로 악한 자들이지만, 만약 그들이 진리를 믿고 진리에 순응한다면 그 같은 자들도 선하게 됩니다. 그때 당신의 사도는 그들에게「너희가 한때는 어둠이었지만, 지금은 주님 안에 있는 빛이니라」*하고 말할 것입니다. 그들은 영혼의 본성은 하느님이라고 생각하고 주에게 있어 빛이 되기를 바라지 않으며, 자기 자신에게 있어서 빛이 되고자 함으로써 도리어 캄캄한 어둠이 되었읍니다. 그것은 그들이 매우 오만해져서 이 세상에 오는 모든 사람들을 비추시는 당신으로부터 점점 멀리 떠나기 때문입니다.

「너희들은 말을 삼가고 스스로 얼굴을 붉히며 그분에게 다가가 빛을 받아라. 그러면 너희가 얼굴을 붉히는 일이 없을 것이다.」

그런데 나는 오래 전부터 뜻하고 있었던 것처럼 주이신 나의 하느님을 섬기기를 망설이고 있었을 때, 바라보고 있었던 것은 나였고 망설이고 있었던 것도 나였으므로, 결국 모두가 나 하나였읍니다. 나는 완전한 방법으로 바랐던 것도 아니며, 또한 완전한 방법으로 망설였던 것도 아니었읍니다. 그 때문에 나는 나 자신과 싸워서 나 자신으로부터 분리되었읍니다. 이 분열은 뜻밖에 생긴 것이며, 그러나 그 분열이 낯선 정신의 본질을 지적해 준 것은 아니었읍니다. 그것은 나 자신의 벌이었고, 그러므로 분열시킨 것은 내 안에 사는 죄였읍니다. 즉, 보다 자유로운 상태에 있었던 사람이 범한 죄의 벌이었읍니다. 왜냐하면 나는 아담의 자식이었기 때문입니다.

상반하는 의지의 수효만큼 상반하는 본성이 존재한다면, 그 수는 둘뿐만이 아니라 더 많아야 할 것입니다. 예컨대 누군가가 그들의(마니 교도) 모임에 참가할까, 극장으로 갈까 하고 망설인다고 합시다. 그때 그들이 외칠 것입니다.「보라, 여기 두 개의 본성이 있다. 착한 본성은 이쪽으로 끌어 당기지만 악한 본성은 저쪽으로 끌어 당긴다. 만약 그렇지 않다면 서로 상반되는 두 개의 의지가 망설일 까닭이 없지 않은가.」

그러나 나는 모두 나쁘다고 생각합니다. 즉 그들 쪽으로 끌어가는 본성이나, 극장 쪽으로 끌어 당기는 본성도 악합니다. 그러

* 〈에베소서〉 5장 8절.

나 그들은 자기들에게로 오는 본성만이 선하다고 믿는 것입니다.

그렇다면 만약 우리의 동지 가운데 누군가가 극장으로 갈까, 교회로 갈까 하고 망설이고 있는 경우를 생각해 봅시다. 그들은 어떻게 대답해야 좋을지 몰라 당황할 것이며, 이렇게 되면 그들은 자기들이 원하지 않는 말을 승인해야 할 것입니다. 즉, 그들의 비의(秘儀)를 믿고 그것에 결합된 사람들이 귀의하는 격으로, 사람이 교회로 가는 의지는 선한 의지라고 해야 할 것입니다. 그렇지 않다면 동일한 사람 속에서 두 가지 악한 본성끼리, 그리고 두 가지 악한 영혼끼리 서로 싸우고 있다고 말해야 할 것이며, 그렇게 한다면 하나는 선한 의지요 하나는 악한 의지라고 말했던 것이 거짓이 되고 말 것입니다. 그런 것도 아니라면 그들은 진리에로 영광을 돌려야 할 것이며, 망설이는 사람 안에는 하나의 영혼이 있어 각각 다른 여러 종류의 의욕 사이에서 주춤거리고 있을 것입니다.

그러므로 한 사람 안에서 두 가지 뜻이 서로 다투는 것을 인정한다고 해서 선과 악의 상반되는 두 영혼이 서로 다른 두 실체, 즉 두 개의 원리에서 나오는 것이라고 주장해서는 안 됩니다. 진리의 하느님이신 당신께서 거짓말장이를 반박하시고 거짓을 들추어 내어 그 오류를 인식시켜 주시기 때문입니다.

두 개의 의지가 모두 나쁠 경우를 생각해 봅시다. 예컨대 어떤 사람이 누군가를 죽이려 할 때, 독약으로 죽일까 칼로 죽일까 망설일 경우가 그렇고, 이 사람의 토지를 사취할까 저 사람의 것을 사취할까 하고 망설이는 경우가 그렇고, 또 사치스러운 생활로 향락하여 탕진해 버리든가 혹은 소유욕에 불타 금전을 긁어모을 때가 그러하며, 혹은 마침 기회가 닿으면 남의 집에서 도둑질을 할까, 또는 가능하다면 간음을 할까 하고 망설이는 경우가 모두 그러합니다.

이 모든 것이 같은 시각에 일어나서 한꺼번에 모두 하고 싶을 경우를 상상해 봅시다. 이 경우 그들의 정신은 서로 다른 네 가지 의지, 아니 욕구하는 일이 많으면 많을수록 더 많은 의지로 갈라집니다. 그러나 그들은 서로 다른 실체가 그토록 많다는 말은 하지 않습니다.

착한 의지의 경우도 그렇습니다. 만일 내가 그들에게 사도의
글을 읽고 즐거워하는 것이 좋은가, 〈시편〉의 장중한 가락을 음
미하는 것이 좋은가, 아니면 복음서를 해석하는 것이 좋은가 하
고 묻는다면 그들은 어떤 물음에 대해서도 좋다고 대답할 것입니
다. 이 모든 것이 똑같은 정도로 똑같은 시기에 우리에게 즐거움
을 주고 그중에서 어느 하나를 선택해야 할 경우에, 사람의 마음
은 혼란에 빠지지 않을 수 없을 것입니다. 이 모두가 선한 것이
므로 그 가운데서 하나가 뽑히기까지는 다수의 의지가 흩어져 서
로 싸우게 될 것입니다.

이와 마찬가지로 높은 곳에서 영원한 것이 우리를 초대하고, 낮
은 곳에서는 시간적인 선의 향락이 놓아 주지 않을 때, 그 영혼은
온전히 전체가 된 의지를 가지고 어느 것을 원해야 할지를 모릅
니다. 그리하여 하나는 진리이기 때문에 영광을 돌리면서도, 다
른 하나는 관습 때문에 버리지 못하여 그 영혼은 심한 고통을 맛
볼 수밖에 없게 됩니다.

11. 영(靈)과 육(肉)의 투쟁

이처럼 나는 병들어 있었습니다. 나 스스로의 몸을 지금까지보
다도 심하게 고문하면서 사슬이 끊어질 때까지 결박된 상태로 뒹
굴고 있었습니다. 사슬은 이미 느슨해졌지만, 그래도 나는 여전
히 묶여 있는 것입니다.

내 주님이시여, 당신은 나의 마음속 깊은 곳에서 나를 몰아세
우시고, 엄하신 자비로 두려움과 부끄러움이라는 두 가지 채찍을
가하셨습니다. 그것은 혹시 내가 다시 망설이며, 가늘게 남아 있
는 사슬이 끊어지지 않고 다시 굳어져서 나를 더욱 단단하게 묶
어 버리는 일이 없도록 하시기 위한 것이었습니다.

사실 나는 마음속으로 「그렇다, 지금부터 하자. 지금이야말로
그때다」하고 중얼거렸으며, 말뿐만 아니라 결심한 단계에 이르러
그것을 행할 만큼 굳건해졌으나, 아직 실행하지는 않고 있었습니

다. 그렇다고 해서 그전 상태로 질질 끌려가는 일은 없었으며,
다만 그 언저리에서 빙빙 돌고 있었읍니다.

나는 다시 용기를 냈지만 아직 모자랐읍니다. 조금만 더 나아
갔더라면 거기에 도달해서 그곳을 차지했을 것입니다. 그러나 나
는 아직 거기에 이르지 못했고, 그것을 붙들지도 못한 채 죽음으
로 끌려들까, 아니면 다시 살아날까 망설이고 있었읍니다. 이미
상습적이 된 옛날의 사악이 아직 습관화되지 못한 선보다도 더 강
하게 나를 제압한 것입니다. 내가 다른 것이 되어야겠다는 중요
한 지금이라는 시점에 더 접근할수록 옛 질풍이 다시 내게로 세
차게 불어닥칩니다. 그러나 나를 뒤로 넘어지지도 못하게 하고
도피하지도 못하게 하여 마침내는 엉거주춤한 상태로 만들고 말
았읍니다.

내가 행했던 옛날의 헛된 일과 어리석은 일들이 내 옷자락을 붙
들고 유혹하는 것이었읍니다. 「당신은 우리를 버리고 떠날 작정
이세요? 그렇게 되면 우리는 이제 당신과 영원히 헤어지게 돼요.
이제부터 당신은 영원히 아무것도 못 하게 돼요.」

나의 하느님, 지금 「이것, 저것」하면서 유혹한 것은 도대체 무
엇을 암시하는 것입니까? 제발 당신의 자비가 그러한 일들을 내
영혼으로부터 물리쳐 주십시오. 그 얼마나 불결하고 쑥스러운 속
삭임인가요? 나는 이미 먼 곳에 떨어져 있어 그 여자들의 목소
리를 반도 듣지 못했읍니다. 그 여자들은 감히 정면에 나서서 말
하지 못하고 등뒤에서 소곤거리며, 내가 한눈을 팔도록 만들려고
했읍니다.

그처럼 그녀들은 나의 발걸음을 지체하게 만들었읍니다. 습관
이 성난 목소리로 「너는 여자들 없이도 살 수 있다고 생각하는가」
라고 말했을 때, 나는 망설였읍니다.

그러나 그 목소리는 지쳐 있었읍니다. 내가 얼굴을 번쩍 쳐들
고 뛰어가려던 그쪽에 정절이 엄숙한 모습으로 나타났기 때문입
니다. 해맑은 정절은 방탕한 면이 없는 웃음과 고상한 태도로 나
를 맞이하기 위해 손을 내밀었는데, 그 손은 착한 선인(先人)의
무리로 가득했읍니다. 거기에는 소년소녀들도 많았고 청년들도

않았으며, 착실한 과부와 나이 많은 처녀도 있었습니다. 정절을 지킨 이 모든 사람들 가운데 자식을 가진 자도 있었는데, 그녀들은 당신을 배우자로 삼아 수많은 기쁨의 자식을 낳는 풍요한 어머니였던 것입니다. 그녀는 짓궂은 격려의 미소를 지으며 이렇게 말하는 것처럼 느껴졌습니다. 「이런 남녀들이 한 일을 그대가 못하다니 ! 그들이 주 하느님께 맡기지 않고 스스로 할 수 있었던가요? 그들의 하느님께서 나를 그들에게 주신 것입니다. 그대는 어찌하여 설 힘도 없는 자신에게 의탁하려 하는지요? 어서 그분께 자신을 맡기세요. 두려워하지 마세요. 그분은 그대가 기대면 넘어질 만큼 약하지는 않습니다. 마음놓고 자신을 맡기세요. 그분은 그대를 끌어안아 구원해 주실 거예요.」

나는 부끄러웠습니다. 아직도 그 어리석은 자들의 속삭임이 귀에 쟁쟁하여 어리둥절했기 때문입니다. 그러자 다시 이런 목소리가 들리는 것 같았습니다. 「흙이 되어 죽게 될 그대의 불순한 지체의 말을 듣지 마세요. 그것들이 당신에게 말하는 쾌락이란 주 하느님의 율법과는 도저히 비교할 수도 없지요.」

이와 같은 쟁론은 내 마음속에서 나 자신을 두고 벌어지는 것이었습니다. 그러나 알리피우스는 잠시도 내 곁을 떠나지 않고 심상치 않은 내 거동을 묵묵히 지켜보는 것이었습니다.

12. 개종의 눈물

깊은 상념이 내 영혼의 밑바닥에서 나의 비참을 들추어 내어 마음의 눈앞에 쌓아 놓자, 눈물이 한없이 흘러내렸습니다. 나는 혼자서 소리내어 맘껏 울기 위해 알리피우스 곁을 빠져 나갔습니다. 나는 그가 곁에 있는 것만으로도 방해가 될 것 같아 아주 멀리 떨어져 나왔습니다. 그는 내가 그러한 상태였다는 것을 눈치챘습니다. 그때 나는 무슨 말을 했는데, 나의 목소리는 금방이라도 울음을 터뜨릴 것만 같았습니다. 나는 그러한 모습으로 일어섰으며 그는 우리가 앉아 있던 자리에 멍하니 앉아 있었습니다. 나는 어느 무화과나무 밑에 주저앉았습니다. 눈물이 폭포처럼 줄줄 흘러내렸는데, 이것은 당신께서 사랑하시는 제물이 되었읍니다.

나는 그때 다음과 같은 말을 당신에게 되풀이해 중얼거렸읍니다. 「주님이시여, 언제까지입니까? 언제까지입니까? 나의 주님이시여, 마지막 날까지 노하실 것입니까? 제발 우리들이 그 옛날에 범한 죄악을 기억하지 마옵소서.」 나는 아직도 내가 옛날의 죄에 얽매여 있는 것처럼 생각되어, 애처로운 목소리로 부르짖었읍니다. 「대체 언제까지, 언제까지 내일 또 내일입니까? 왜 지금 이때로 추악한 내가 끝나지 않는 겁니까?」

이런 말을 하는 내 마음은 갈가리 찢어지고 쓰디쓴 회한의 눈물이 흘렀읍니다. 이 무렵 이웃집에서 성별을 알 수 없는 어린아이의 「집어서 읽어라. 집어서 읽어라」하는 노랫소리가 들려왔읍니다. 그 순간 나는 안색이 달라져서 곰곰이 생각해 보았읍니다. 어린아이들이 무슨 놀이를 하면서 저런 노래를 부를까 하고. 그러나 어디서고 그런 노래를 들어 본 기억이 없었읍니다. 나는 쏟아지는 눈물을 참고 자리에서 일어섰읍니다. 그것은 성서를 펴 놓고 최초로 눈에 띈 대목을 읽으라는 하느님의 명령임에 틀림이 없다고 해석한 것입니다. 나는 안토니우스가 우연히 펼친 복음서의 한 구절, 즉 「네가 가진 모든 것을 팔아 그것을 가난한 자에게 주어라. 그리하면 너는 하늘에서 보화를 얻을 것이다. 그리고 나를 따르라」*라는 말씀을 자신에 대한 가르침으로 판단하고, 이 분부를 따라 즉시 당신에게로 돌아갔다는 얘기를 들은 적이 있었읍니다.

그리하여 나는 급히 알리피우스가 앉아 있는 곳으로 돌아갔읍니다. 거기에 사도 바울의 서간을 두고 왔기 때문입니다. 나는 말없이 그것을 집어들고는 첫눈에 들어오는 대목을 말없이 읽었읍니다. 「폭식과 폭음과 음탕과 방종과 쟁론과 질투에 나아가지 말고 오직 주 예수 그리스도로 옷 입을지어다. 또한 정욕을 위하여 육체를 섬기지 말지어다.」**

나는 더 읽으려 하지 않았으며, 읽을 필요도 없었읍니다. 왜냐

* 〈마태복음〉 19장 21절.
** 〈로마서〉 13장 13절.

하면 이 말을 읽고 난 순간, 내 가득한 슬픔에 가슴속으로 하나의 빛과 같은 확실성이 흘러들어와서 내 마음을 환히 밝혔기 때문입니다.

그리고 나는 책갈피에 표시를 하고 덮은 다음, 평온한 표정으로 알리피우스에게로 돌아가 모든 것을 이야기했읍니다. 그때 알리피우스는 방금 자신의 내부에서 일어났던 일을 다음과 같이 얘기해주었는데, 내가 알지 못했던 일이었읍니다. 내가 읽은 대목을 보여 달라고 하기에 보여 주었더니 그는 내가 읽은 부분보다 더 읽어 내려갔읍니다. 나는 그 아래 무슨 말씀이 씌어 있는지는 몰랐읍니다. 그것은 「너희는 믿음이 약한 자를 받아들이라」*는 말씀으로서, 그는 그것을 자기에게 하신 말씀이라고 여기고 내게 말했읍니다.

이 말씀에 확신을 갖게 된 그는 불안이나 망설임이 없이 훌륭한 결의와 의도로 나와 일치하게 되었고 그 결의와 의도는 그의 성격에 어울리는 것이었읍니다. 그는 이로 인하여 오래 전부터 나와는 동떨어진 선한 방향으로 걸어가고 있었으니까요.

우리는 그 길로 어머니에게로 가서 그 얘기를 했더니 어머니는 매우 기뻐하셨읍니다. 어떻게 해서 그러한 일이 일어났는가를 이야기하자, 어머니는 놀라며 「우리가 간구하거나 이해할 수 있는 것 이상을 하시는」 당신을 찬양했읍니다. 그것은 어머니가 나를 위해서 슬픔과 눈물과 한숨으로 간구하던 것보다도 더 많은 은혜를 당신께서 내려 주신 것을 역력히 보았기 때문입니다.

마침내 당신은 나를 당신에게로 돌아가게 해주셨읍니다. 그리하여 나는 이미 아내나 세속의 어떠한 욕망도 찾지 않고, 다만 당신께서 몇 해 전에 어머니에게 계시하셨던 신앙의 그 자[尺] 위에 꿋꿋이 서게 되었읍니다. 그렇습니다, 당신은 어머니의 비탄을 즐거움으로 바꾸어 주셨읍니다. 그것은 어머니가 바라던 것보다도 더 풍요롭게, 내 육체에서 생겨난 자식들에게 기대하던 기쁨보다 더 존귀하고 더 청순한 기쁨이었읍니다.

---

* 〈로마서〉 14장 1절.

9

개종과 모니카의 죽음

1. 죄에서 벗어나다

오, 내 주님이시여, 「나는 당신의 노예, 당신의 여종의 아들입니다. 당신이 나의 사슬을 끊어 주셨으므로 나는 당신에게 찬양의 제물을 바치나이다.」 내 마음과 내 혀로 당신을 찬양하게 하옵소서. 그리고 「내 모든 뼈로 하여금 주여, 당신을 닮은 자가 누구냐고 부르짖게 하시고」 당신은 이들의 말에 화답하여 내 영혼에게 「내가 네 구원이다」라고 말해 주옵소서.

아, 나는 누구이며 어떤 자였읍니까? 내가 한 일 가운데서 악하지 않은 것이 무엇이며, 행위나 말 가운데서, 아니면 내 마음 속에 악하지 않은 것이 무엇입니까? 그러나 주님이시여, 당신께서는 선하시며, 자비로우십니다. 그리하여 당신의 오른손은 내 죽음의 깊이를 굽어 보시고, 마음의 밑바닥으로부터 파멸의 심연을 다 퍼내어 주셨읍니다. 이것으로 나는 오직 당신이 원하는 것만을 원하게 되었읍니다.

이 여러 해 동안 내 자유의지는 어디에 있으며, 깊은 은신처로부터 순식간에 호출되어 나의 구세주이며 속죄주이신 당신의 부드러운 멍에 아래 목덜미를, 또한 가벼운 당신 짐에다 나 스스로를

183

맡기게 되었읍니까? 나는 단번에 복락을 누리게 되었으니, 전에는 잃을까 두려워하던 것을 이제는 즐거운 마음으로 버리게 되었읍니다. 이런 것들을 나에게서 제거해 주신 사람은 참된 낙이신 당신이었으며, 당신은 그들의 자리에 들어오셨읍니다. 당신은 어떠한 쾌락보다도 감미로우시지만 혈육에 대해서는 감미롭지 않으시며, 어떠한 빛보다도 밝으시지만 스스로를 존귀하다고 하는 사람들에게는 존귀하지 않습니다.

이미 내 마음은 좋은 지위를 얻기 위해 뛰어다닌다거나 육욕 속에서 뒹굴며 나의 몸을 괴롭히는 일에서 벗어났읍니다. 그리하여 나의 영광, 나의 부(富), 나의 구원, 나의 주, 나의 하느님이신 당신과 이야기할 수 있게 되었읍니다.

2. 수사학 교수직의 사임

당신이 보시는 앞에서 나는 시끄럽게 떠들지 않고 조용히 이곳을 떠나려 했읍니다. 그것은 당신의 율법과 평안을 모르며, 다만 거짓과 사기와 법정에서의 투쟁에 이기려는 젊은이들을 피하기 위한 것이었읍니다.

마침 포도 수확 휴가*가 얼마 남지 않았으므로 그때까지 참았다가 사직하기로 하고, 이제 당신에게 팔린 이상 다시는 팔려다니는 노예의 상태로 되돌아가지 않기로 결심했읍니다. 우리의 계획은 당신에게만 밝히고 누구에게도 알리지 않기로 했읍니다. 그런데 당신은 층계의 노래**를 부르며 눈물의 계곡을 올라가는 우리의 기만의 혀를 누르기 위해 날카로운 화살과 불타는 숯덩이를 던지셨읍니다. 그 기만의 혀는 얼핏 보기에는 충고처럼 보이지만 사실은 이 일을 반대하고 사랑의 대상을 삼켜 버리는 것입니다.

당신은 우리의 마음을 사랑의 화살로 뚫으셨읍니다. 우리는 창자에 꽂힌 당신의 말씀을 폐부에 새겼으며, 어두운 자를 밝은 자로, 죽은 자를 산 자로 만드신 당신의 노예들의 선례가 우리의 품

* 법령에 의례 8월 22일부터 10월 15일까지 정해져 있다.
** 〈시편〉 119~133편까지를 말한다.

안에 들어와 다시는 궁지에 빠지지 않도록 상심한 마음을 불사르셨읍니다. 그러한 선례들이 우리를 부채질했으므로 기만의 혀로부터 불어오는 반대의 폭풍은 우리의 불꽃을 더욱 잘 타오르게 할 뿐 결코 끄지는 못했읍니다.

그러나 온 땅 위에 두루 거룩하게 하신 당신의 이름으로 인해 우리의 의도와 결심을 칭찬해 줄 사람이 있을 것이므로, 곧 다가오는 방학 때까지 기다리지 않고 공직을 떠난다는 것은 어쩐지 유세를 부리는 것처럼 생각되었읍니다. 왜냐하면 그것은 나의 행실을 주시하는 사람이 나를 보고 무슨 대단한 사람처럼 보이고 싶어서 그런다는 등의 말을 할까봐 두려웠기 때문입니다. 사정이 이러할진대 무엇 때문에 내 속마음에 대해 이러니저러니 수군거리게 하여, 우리의 구원이 이루어 놓은 선한 일을 욕먹일 필요가 있겠읍니까?

그런데 그해 여름 나는 폐가 약해졌읍니다. 호흡이 곤란하고 가슴이 답답하며 뻐근한 것으로 보아 분명 폐가 상한 것이므로 오랫동안 강의하는 것이 불가능했읍니다. 나는 당황했읍니다. 어쩔 수 없이 교직을 사퇴해야만 할 사정이었고, 또한 치료를 받아 건강을 회복했다 해도 중단해야 할 사정이었기 때문입니다.

그러나 당신이 주님이시라는 것을 알기 위해 귀의하려는 결심이 굳어지게 되자──주님이시여, 당신은 모든 것을 아십니다만──마땅한 이유가 발견된 것을 기뻐하게 되었는데, 그것은 나에게 자기 자녀들을 부탁했던 학부모한테! 거짓이 아닌 변명을 할 수 있게 되었기 때문었읍니다.

나는 그것을 기뻐하며 20여 일이나 되는 그 기간이 지나가기만을 기다렸읍니다. 그러나 그러는 데에는 상당한 인내가 필요했읍니다. 이제까지는 힘든 일을 참을 때에는 늘 욕망이 함께 있었는데 그것이 사라져 버린 지금에, 만약 인내가 도와 주지 않았던들 나는 실패하고 말았을 것입니다.

혹시 당신의 노예인 내 형제들 가운데 당시 내가 당신을 섬기고 싶은 욕망을 가득 품고 일시적이나마 강단에 있었던 것을 죄악이라고 말하는 자가 있을지 모르나, 구태여 그들에게 변명하지

는 않겠읍니다. 그러나 지극히 자비로우신 내 주님이시여, 당신은
이 죄도 역시 다른 무서운 죽음의 죄와 함께 성스러운 물(세례)로
사면해 주신 것입니다.

3. 베레쿤두스의 고민

그러나 우리의 이러한 행복도 베레쿤두스에게는 크나큰 고민거
리가 되었는데, 그는 자기를 굳게 얽어 맨 사슬 때문에 우리들로
부터 소외당할 것이라고 생각했던 것입니다.

그는 기독교도가 아니었지만 독실한 신자인 아내가 가장 큰 속
박이 되어, 우리가 접어든 길을 떠났읍니다. 그의 말대로 그는 불
가능한 방법으로만 기독교도가 되려고 했기 때문입니다.

그래도 그는 우리에게 자기의 별장을 빌려 주며 그곳을 사용하
라고 했읍니다. 내 주님이시여, 당신께서 그에게 「의인(義人)의
몫」을 허락해 주소서. 사실 당신은 이미 그 몫을 저에게 주셨는
데, 우리가 로마에 있는 동안 그는 중병에 걸려 있다가 기독교도
가 되었으나 우리는 그의 곁에 있지 않았었고, 그는 기독교도가
되어 이 세상을 떠났으며, 당신은 그뿐만 아니라 우리에게도 자
비를 베푸신 것입니다. 만일 우리가 그를 당신 가운데서 찾지 못
했더라면, 그 친구가 우리에게 베푼 친절을 생각할 때, 우리는 많
은 고통에 시달렸을 것입니다.

감사합니다, 우리 하느님이시여, 우리는 모두 당신 것입니다.
당신의 훈계와 위로가 이것을 증명해 줍니다. 약속에 충실하신
당신은 베레쿤두스가 카시키아쿰에 있는 별장을 제공해 준 데 대
해 당신의 영원히 푸른 낙원의 아름다움으로 그에게 갚아 주실 것
입니다. 그 이유는 당신께서는 그가 지상에서 지은 죄를 젖과 꿀
이 흐르는 당신의 땅, 능력을 베푸시는 땅이신 그리스도 안에서
용서해 주셨기 때문입니다.

그러한 이유로 베레쿤두스가 괴로움에 시달릴 때 네브리디우스
는 우리와 함께 기뻐하고 있었읍니다. 왜냐하면 그 사람도 아직
은 기독교도가 아니었기 때문입니다. 우리가 개종하여 세례를 받

고 재생한 지 얼마 되지 않아 그도 가톨릭 신자가 되어 정절과 자중으로 아프리카의 친가에서 당신을 섬겼고, 그의 집안 식구들이 모두 기독교도가 되었을 때 당신은 그를 육체의 사슬로부터 해방시켜 주셨읍니다.

지금 그는 아브라함의 품안에서 살고 있으며, 이「품안」이라는 말이 무엇을 뜻하건간에 나의 네브리디우스는 그곳에 살고 있읍니다. 나에게는 사랑하는 친구이고 당신에게는 자유의 몸으로 만들어 줌으로써 얻은 아들입니다. 사실 그러한 영혼이 살 곳이라곤 그곳뿐입니다. 그는 그 장소에 대해 이 경험없는 나에게 수없이 질문을 했었읍니다. 이제 그는 귀를 나의 입에 댈 필요 없이 영혼의 입을 당신의 샘에 대고 맘껏 마시며 행복을 누릴 것입니다. 그러나 그가 나를 잃어버릴 정도로 지혜에 취해 있다고는 생각되지 않습니다. 나의 주님, 그가 마시고 있는 지혜, 즉 당신은 우리를 잊으시는 일이 없기 때문입니다.

우리 또한 그와 같습니다. 우리는 베레쿤두스를 위로했읍니다. 그는 우리와 사귀고 있으면서도 우리의 전환된 생애를 슬퍼했읍니다. 우리는 그에게 결혼한 그대로 신앙생활을 하라고 권했읍니다. 그러나 우리는 네브리디우스가 우리를 따르기를 기대했던 것입니다. 그는 그러한 일을 충분히 할 수 있는 사람이었으며 마침내 그날이 다가왔읍니다.

사실「나의 마음이 당신에게 아뢰기를, 나는 당신의 얼굴을 찾습니다, 주여, 당신의 얼굴을 찾습니다」라고 노래부르기 위한 자유롭고 한가한 날을 열망하던 나에게 있어서, 그때까지의 기다림이란 너무나도 지루했읍니다.

4. 카시키아쿰·네브리디우스·〈시편〉

수사학 교수직에서 해방되는 날이 왔읍니다. 그와 더불어 당신은 나의 혀도 해방시켜 주셨으므로 나는 당신을 찬양하면서 기꺼이 동지들과 함께 별장으로 갔읍니다.

내가 거기서 어떠한 일을 했는지에 대해서는 거기에 있었던 사탐들과 행한 토론문*과, 나 자신과 더불어 홀로 대화하던 철학서적들**이, 그리고 멀리 떨어져 있던 네브리디우스와의 시간들이 증명해 줄 것입니다.

그러나 그 당시 우리에게 베푸셨던 당신의 커다란 은혜를 빼놓지 않고 서술해 내기에 충분한 시간은 언제쯤 생길까요? 그러나 지금은 그보다 더 중요한 일을 위해서 서둘러야 합니다. 가만히 돌이켜보면 주님이시여, 고백하는 것조차 즐겁습니다. 당신께서는 내 속에 찌르는 가시를 두어 나를 복종시키시고, 마음의 기복을 고르게 하여 굽은 것을 똑바로 펴시고, 굳은 마음을 부드럽게 하셨습니다. 그리고 나의 절친한 친구 알리피우스를 당신의 독자, 우리의 주이며 구세주이신 예수 그리스도의 이름 아래 굴복시키신 것입니다.

알리피우스는 초기에 그리스도의 이름을 우리의 저작 속에 넣는 것을 반대했는데, 그 이유는 그는 우리의 저작 속에 뱀의 독을 막는 약초의 향기보다는 학교에 있는 백향목의 향기가 감돌기를 바라고 있었기 때문이었습니다. 그러나 그 백향목은 주께서 이미 꺾어 버리셨읍니다.

내가 다윗의 〈시편〉을 낭송했을 때, 당신에게 무엇이라고 외쳤겠읍니까? 나의 하느님이시여, 그것은 신앙의 노래이며 오만한 정신이 끼어들 여지가 없는 경건함이었읍니다. 나는 아직까지는 당신의 참된 사랑에는 어린이와 같아서 같은 세례 지원자인 알리피우스와 별장에서 쉬고 있었고, 우리 옆에는 어머니까지 모시고 있었읍니다. 어머니는 비록 외모는 여자였지만 남자 같은 신앙의 소유자로서, 노년기의 성숙한 인격과 모성애와 신도다운 경건을 갖추고 있었읍니다. 내가 이 〈시편〉을 읽고 당신에게 얼마나 불타올랐는지 모릅니다. 가능하다면 온 세상에 있는 교만한 자들에게 그것을 알려 주고 싶은 생각이 불처럼 타올랐는데, 그 〈시편〉은 전 세계에서 낭송되었읍니다. 그리고 아무도 타오르는 당신의 빛 앞에서는 자신을 숨길 수 없읍니다.

---

* 《아카데미 파 논박》, 《행복의 삶》, 《질서론》
** 카시키아룸에서 쓴 네번째 책인 《독어록(獨語錄)》을 말한다.

나는 통렬하고 신랄하게 마니 교도들을 비난했으나, 한편 그들을 동정했읍니다. 그들은 거룩한 말씀, 즉 유익한 약을 모르고 저 독약을 자기들의 병을 고칠 수 있는 것처럼 사용했읍니다. 나는 오직 그들이 알지 못하는 사이에 내 근처로 와서 내 얼굴을 알아보고, 평온하게 〈시편〉 4편을 읽는 내 목소리를 듣고 이 〈시편〉에 무슨 말씀이 씌어 있는지 그들이 알게 되었으면 좋겠다고 생각했읍니다. 「그것은 내가 당신을 부르니, 의로우신 내 하느님이시여, 당신은 나의 청을 들어 주셨으며 환난 속에 있던 나를 편안하게 해주셨읍니다. 주여, 나를 가엾게 여기시어 나의 기도를 들어주옵소서」라는 내용이었읍니다.

그들이 그 〈시편〉의 낭송을 나 자신이 모르는 사이에 들어주었으면 좋겠다고 생각한 이유는, 내가 그동안 한 말이 그들 때문이었다는 말을 듣기가 싫어서였읍니다. 만약 그들이 나를 보고 있다든가 듣고 있다는 것을 눈치채기라도 했다면 나는 그것을 절대 말하지 않았을 것이며, 설사 말한다 해도 그들은 내가 당신 앞에서 진실한 마음으로 나와 더불어, 그리고 나에게 얘기하는 것으로 받아들이지는 않았을 것입니다.

나는 두려움에 떨면서, 한편으로는 당신이 베푸시는 자비에 즐거워하면서 희망에 불타올랐읍니다. 그리고 그 모든 당신의 영혼이 우리를 향해 「인간의 자식들이여, 언제까지 무거운 마음으로 있으려는가. 어찌하여 헛된 것을 좋아하고 허위를 추구하는가」라고 말할 때, 눈과 목소리를 통해 얼굴에 나타났읍니다. 사실 나는 허무한 것을 즐기고 허위를 추구했던 것입니다.

주님이시여, 그러나 당신께서는 이미 당신의 성자(그리스도)를 죽은 자들 가운데서 부활하게 하시어 영광을 주시고 당신의 오른편에 앉히셨읍니다. 그리하여 그는 거기서부터 높은 곳에서 진리의 영인 구세주를 보내시기로 약속하셨읍니다. 그가 이미 그분을 보내셨지만 나는 모르고 있었읍니다. 그러나 그는 이미 보내셨고 죽은 자 가운데서 부활하여 승천하셨으므로, 우리에게 보내신 것입니다. 그러나 그 이전에는 예수가 아직 영광을 받지 않았으므로 영을 보내지 않으셨읍니다.

그래서 예언자는 이렇게 외칩니다. 「언제까지 무거운 마음으로 있는가? 무엇 때문에 허무한 것을 즐기고 허위를 추구하는가? 주는 성스러운 자를 위대하게 만드셨다는 것을 알라」고. 그는 「언제까지인가」라고 외치며 「알라」*고 외칩니다. 그러나 나는 이때까지 허무한 것을 사랑하고 허위를 추구해 왔으므로, 그 말을 듣자 겁이 났습니다. 내가 진리 대신에 꼭 붙잡고 있던 환상 속에는 거짓말과 허위가 있었습니다. 나는 죽은 사람을 생각하고는 슬퍼 큰 소리로 울었습니다. 죽는 그날까지 그들은 여전히 허망한 것을 좋아하고 거짓말을 따랐습니다. 이 말씀을 조금이라도 들었더라면 좋았을 텐데! 그들이 만일 불편을 느꼈더라면 그 더러운 것을 토했을 텐데! 또한 그들이 당신을 애타게 찾았더라면 당신께서는 그들을 위로 끌어올리셨을 것입니다. 우리를 대신하여 당신께 나아가는 그분이, 우리를 위하여 그 육신을 따라 진실로 죽었기 때문입니다.

나의 하느님, 「분은 품어도 죄는 범하지 말라」는 말씀을 읽고 매우 감동하여, 다시는 죄를 짓지 않으려고 과거에 대해 화를 낼 줄 알게 되었습니다 그것은 마땅히 화를 내야 했습니다. 왜냐하면 저 사람들의 말과 같이, 내 속에 있는 어둠에서 나온 다른 본성이 죄를 짓는 것은 아니기 때문입니다. 그들은 자기 자신에게 화내지 않습니다. 그리하여 당신의 의로우신 심판의 계시가 나타나는 날에 대비해서 노여움을 쌓아올리는 것입니다. 이미 나의 「선」이 다시는 밖에 있지 않고, 햇빛 아래서 육신의 눈으로는 그것을 찾을 수 없읍니다. 밖에서 즐거움을 만들어 보려는 자들은 쉽게 자신을 상실하고, 눈에 보이다가 다시 사라져 버릴 형상만을 갈망하고 있읍니다.

오, 그들이 배가 고파 지쳐서 「누가 우리에게 착한 것을 보여줄 것인가」라고 말한다면 그 이상좋은 일이 어디 있겠읍니까. 그러면 우리는 「주여, 우리의 내부에 당신 얼굴의 빛이 새겨졌읍니다」라고 대답할 것입니다. 오, 그들이 그 말을 들어주었으면 좋으련만. 물론 우리는 당신에 의해 밝아진 자로서, 이제는 어둠

---
* 〈시편〉 4편 3절.

앞에서 당신 안에 있는 빛이 되었읍니다.

오, 그들이 저 영원한 내재자들을 볼 수만 있다면 얼마나 좋을까요. 나는 이미 그걸 보았으므로 다른 이들에게 보여 주지 못하는 것이 안타까웠읍니다. 그들이 당신으로부터 떨어져 외부로 돌린 눈 속에 갖는 마음을 나에게로 돌려 「누가 우리에게 착한 것을 보여 줄 것인가」하고 말한다면 얼마나 좋을까요. 사실 자신에 대해서 분노를 터뜨린 그 장소에서, 즉 회한으로 고통스러워하는 낡은 자기를 죽여서 제물로 바치며 새 사람이 되기를 당신에게 기도하던 장소에 당신께서 나타나 내 마음에 기쁨을 주셨읍니다. 나는 이 모든 것을 겉으로는 크게 소리내어 읽었으며, 속으로는 깊이 깨달았읍니다. 나는 시간적인 것을 삼키면서 또 시간적인 것한테 삼킴을 당하면서 지상적인 것의 선에 더 이상 집착하지 않고 영원단순하신 자에게서 다른 종류의 「곡식과 새 포도주」*를 가졌읍니다.

또한 나는 계속되는 구절을 마음속으로 더 크게 외쳤읍니다. 「오, 평화 속으로, 오, 같으신 분 안으로!」「나는 잠들 것이며, 포근히 자리라!」「죽음이 승리 안에 삼켜졌도다」**라는 말이 실현될 때 감히 누가 우리에게 항거하겠읍니까. 당신이야말로 변함없이 항상 같으시고, 또 당신 내부에는 모든 수고를 잊게 하는 안식이 있읍니다. 거기에는 당신 이외의 아무도 없으며, 당신 이외의 어떤 허구의 것을 추구할 필요도 없읍니다. 그러기에 주여, 오직 당신만이 나를 희망 안에 두셨읍니다.

나는 그 구절을 읽고 정열이 끓어올랐지만, 저 듣지 못하는 사자들에게 어떻게 해주어야 할지를 몰랐읍니다. 나 자신 재앙있는 한 사람으로서 천상의 꿀로 인해서 달콤하기 이를 데 없고 당신의 빛이 환히 비치던 빛의 성경에 대해서 나는 개처럼 짖어 댔읍니다. 그러나 지금은 그 성서의 적들 때문에 안달하고 있읍니다. 휴가기간에 일어난 일들을 추억할 날은 언제인가. 그러나 나는 당

신의 회초리와 놀랍게도 빠른 자비만은 잊지 않을 것이며, 절대로 입을 다무는 일은 없을 것입니다.

그 무렵 당신은 치통으로 나를 고문하셨읍니다. 통증이 너무 심해서 말을 할 수 없게 되었을 때 곁에 있는 사람들에게 건강의 주인이신 당신에게 나를 위해 기도해 달라고 부탁해야겠다는 생각을 했읍니다. 나는 그 내용을 납판에다 적어서 그들에게 주어 읽게 했읍니다. 그런데 우리가 정성을 모아 무릎을 꿇자마자 아픔이 사라지고 말았읍니다. 얼마나 고통이 심했는지 모릅니다. 그런데 그 고통이 어떻게 해서 사라졌을까요?

내 주, 내 하느님이시여, 나는 정말 놀랐읍니다. 왜냐하면 철이 든 지금 그런 일이라곤 한 번도 겪어 보지 못했기 때문이며, 그로 인해 다시 한번 당신의 뜻을 마음속 깊이 새기게 되었읍니다. 나는 즐거운 마음으로 당신을 찬양했읍니다. 그러나 그 신앙이 아직 당신의 세례를 통하여 지난날의 나의 죄사함을 받지 못한 까닭에 나의 마음은 평안하지 못했읍니다.

5. 개종을 알리다

포도 수확의 휴가가 끝날 무렵, 나는 밀라노 시민들에게 학생들을 위해 다른 선생을 찾으라고 했는데, 왜냐하면 나는 당신을 섬기기로 결심했고, 또한 호흡이 곤란하고 가슴이 아파서 더 이상 그 일을 할 수 없었기 때문입니다. 한편 당신의 주교인 거룩한 암브로시우스에게는 편지를 통해서 그릇된 내 과거와 현재의 결심을 알림과 함께, 그처럼 큰 은혜(세례)를 받으려고 하는데 보다 더 완전한 준비를 하려면 당신의 성서 가운데 특히 어느 부분을 읽어야 좋은지 가르쳐 달라고 했더니 그는 〈이사야〉를 읽으라고 했읍니다. 그것은 다른 어느 곳보다도 뚜렷하게 복음과 이방인의 성스러운 부름을 예언해 놓았기 때문이었읍니다. 그러나 처음 읽는 부분을 이해할 수 없었으므로 전편이 모두 그러하리라 생각하고, 주의 말씀에 익숙해진 뒤에 다시 읽기로 하고 접어 두었읍니다.

6. 세   례

그러는 동안 세례 지원자 명부에 기록해야 할 날이 다가왔으므로, 우리는 전원을 떠나서 밀라노로 돌아갔읍니다. 알리피우스도 역시 당신 안에서 다시 태어나기로 결심했는데, 그는 이미 당신의 비적을 받을 만한 겸손의 의상을 입고 있었으며, 또한 극기심도 대단해서 얼어붙은 이탈리아의 땅바닥을 맨발로 걸어가기도 했읍니다. 우리는 또한 아데오다투스라는 소년을 데리고 갔는데, 그는 육체적으로는 내 죄악으로 인해 태어난 아이였지만 당신은 그 아이를 훌륭하게 만드셨읍니다. 그의 나이는 겨우 열 다섯이 었지만, 총명하기가 학식이 많은 어른들을 능가할 정도였읍니다.

나의 주님이시여, 만물의 창조자이시며 우리의 잘못된 것을 선하게 하시는 하느님이시여, 당신의 선물에 감사합니다. 사실 나는 그 소년과는 나의 과오를 빼놓고는 아무런 관계가 없읍니다. 우리는 그 아이를 당신의 가르침대로 양육하기는 했지만, 우리에게 그렇게 하도록 하신 분은 다른 누구도 아닌 바로 당신이십니다. 당신께 그 선물에 대해 감사합니다.

나의 저서 가운데 《교사론(敎師論)》이라는 책이 있는데, 나는 그 책 속에서 그와 대화를 나누었읍니다. 여기에 씌어 있는 대화 내용의 전부가 열 여섯 살 먹은 제 아들의 사상이라는 것을 당신께서는 알고 계십니다. 나는 그 아이에게서 그보다 더 놀라운 재능을 발견했으며, 이러한 재능에 나는 두려움을 느끼게 되었읍니다. 당신을 떠나서 누가 이런 기적적인 일을 할 수 있겠읍니까?

당신은 일찌기 그의 생명을 이 세상에서 데리고 가셨읍니다. 그렇기 때문에 나는 더욱 평안한 마음으로 그의 유년시절이나 청년시절, 또는 인간 자체에 대해서 회상하는 것입니다. 그러므로 당신의 은혜 안에서는 우리와 똑같은 나이를 가진 그를, 우리는 당신의 가르침대로 양육하기 위하여 우리들과 함께 하기로 했읍니다. 마침내 나는 세례를 받고 나니 과거의 고뇌가 완전히 사라져 버린 것을 느낍니다.

그 무렵 나는 인류의 구원에 대한 당신의 뜻을 생각하며 불가사의한 감미로움에 젖어들곤 했읍니다. 당신의 교회에서 들려오는 찬미가나 성가를 듣고 얼마나 울었는지 모릅니다. 그 목소리는 내 귀에 스며들고 진리는 내 마음속으로 배어들었읍니다. 거기서 경건한 내적 감정이 솟아올라 눈물이 흘렀읍니다. 나는 이 눈물과 함께 행복을 느꼈읍니다.

7. 밀라노의 송가

밀라노 교회가 이러한 종류의 위로와 교훈으로써 대단한 열의를 가지고 마음을 합쳐서 합창을 하기 시작한 것은 그렇게 오래된 일이 아니었읍니다.

1년 전에 어린 황제 발렌티아누스*의 어머니 유스티나가 아리우스 파들에게 유혹을 당해서, 그 이단파 때문에 당신의 사람 암브로시우스를 박해한 일이 있었읍니다. 경건한 백성은 주교와 함께 죽음을 각오하고 교회에서 밤을 지샜읍니다. 그리하여 당신의 여종인 나의 어머니 모니카는 온갖 염려나 경계를 맡아서 하고 오직 기도 속에서 살았읍니다. 우리는 아직 냉랭한 가운데 당신의 영으로 불을 받지 못했지만 온 도시의 경탄과 소송에 휩쓸려 들었읍니다. 그때 동방교회에서 하는 것처럼 찬송과 〈시편〉을 노래하도록 되어 있었는데, 그것은 백성의 고난에 압도당해 낙심하는 일이 없도록 하기 위해서였읍니다. 그 습관이 그때부터 오늘날까지 지속되어 이제는 여러 교회에서, 아니 지상에 있는 모든 교회가 그대로 하고 있읍니다.

그 무렵 그때는 지금 말씀드린 주교에게 순교자 프로타시우스와 게르바시우스의 시신이 있는 곳을 환상으로 가르쳐 주셨읍니다. 당신은 그 시신을 여러 해 동안 부패시키지 않고 비밀의 보고 속에 감추어 두셨는데, 그것은 황후의 흉포를 누르기 위해서

---

* 발렌티아누스 2세(375~391년 재위). 네 살에 제위에 올랐으나 후에 부하에게 살해당했다.

였읍니다. 그들이 시신을 발굴하여 암브로시우스의 교회로 운반했을 때, 귀신들린 자들이 나았을 뿐만 아니라 **날때 소경이 눈을** 뜨게 되었읍니다.

그 소경은 시민들이 기뻐서 날뛰는 이유를 물어 보고는, 안내인에게 당장 그곳으로 가는 길을 가르쳐 달라고 부탁했읍니다. 그는 그곳에 이르러 자기의 손수건을 거룩한 관에 대 보겠다고 간청하여 허가를 얻었읍니다. 그가 손수건을 당신의 눈앞에서 **값없게 죽**은 성자의 관에 대자마자 눈을 뜨게 되었읍니다. 그 소문이 널리 퍼지자 불길같이 빛나는 찬송이 일어났고, 저 적의로 가득 찼던 황후의 영혼이 신앙의 구원은 못 받았어도 우리를 박해하던 손을 거두었읍니다.

나의 하느님, 당신에게 감사드립니다. 당신은 나의 기억을 어디서부터 어디까지 인도하여, 내가 잊어버리고 특별히 주의하지 않고 지나갔던 이 위대한 일까지도 고백하게 하시는 것입니까? 당시 당신의 기름의 향기가 그렇게도 향기롭게 퍼져 나갔는데도 나는 그뒤를 따라서 뛰지 않았고, 그렇기 때문에 나는 당신의 찬송을 들으면서 더욱 크게 울었던 것입니다. 이미 오래 전부터 당신을 애타게 그리워해 왔던 내가 이제야 초막(나 자신)에 들어오는 바람을 마음껏 들이마시게 되었읍니다.

8. 에보디우스의 개종과 모니카의 교육

뜻이 맞는 사람들끼리 한집에 살게 하신 당신은, 같은 동네 **출**신인 에보디우스*를 우리에게 보내 주셨읍니다. 그는 궁정의 **관리**로 있던 사람으로서 우리들보다 먼저 세례를 받았고, 그로부터 이 세상의 관직을 버리고 당신을 섬길 준비를 하고 있었읍니다. 우리는 함께 살면서 거룩한 당신의 뜻을 받들기로 하고 당신을 섬기기에 가장 좋은 곳을 찾던 끝에 모두 아프리카로 **떠나기로** 합의 했읍니다.

---

* 아우구스티누스가 로마에 머무는 동안 착수한 대화편 《영혼의 크기에 대해서》와 《자유 의지론》에서 그의 상대역을 하고 있다.

그리하여 티베르 강 하구에 있는 오스티아*에 이르렀을 때, 어머니가 돌아가신 것입니다. 나는 지금 서두르느라고 많은 것을 빼놓았습니다. 내 주님이시여, 헤아릴 수 없는 많은 일을 침묵 속에서 행한다 하더라도 나의 고백과 감사를 받아 주소서. 어쨌든 당신의 여종인 내 어머니에 대해서 떠오르는 것만은 침묵할 수가 없습니다. 그녀는 육신으로 나를 낳아 이 시간의 빛을 보게 하고 마음으로는 나를 영원으로 태어나게 하셨습니다.

나는 지금 어머니에 대해서보다도, 당신이 어머니에게 베푸신 선물에 대해서 말씀드리고자 합니다. 사실 그녀를 창조하고 양육한 것은 당신이었고, 그녀의 양친들도 자신의 딸이 앞으로 어떻게 될지를 몰랐습니다. 그들은 나의 어머니를 양육할 때 당신을 두려워하고, 당신의 채찍, 즉 당신의 독생자의 권위로 신앙이 두터운 가정에서 당신의 교회의 값진 일원으로 키웠습니다.

그밖에도 어머니는 자기의 양육에 대해서 말할 때 지금은 아주 노쇠한 하녀를 자기의 어머니, 곧 나의 외할머니보다 더 자랑했읍니다. 하녀는 그의 아버지가 어릴 때, 지금도 처녀가 아이들을 업어 주듯이 그렇게 키웠다는 것입니다. 그뿐만 아니라 연로한데다 훌륭한 생활태도 때문에 신자 가정의 주인들로부터 매우 존경을 받았읍니다. 그리하여 주인 집 딸들을 돌봐 주는 일을 맡게 되었는데, 그 하녀는 딸들을 정성껏 돌봐 주고 영리하고 신중하게 그들을 가르쳐 주었읍니다. 부모들 식탁에서 매우 검소한 식사를 하는 경우 이외엔 타는 듯이 목이 말라도 그녀는 버릇이 잘못 들까 하여 물을 마시는 것조차 절제하게 했는데 나쁜 습관이 몸에 배지 않도록 하기 위함이었읍니다. 그러면서 그녀는 다음과 같은 말을 덧붙였다고 합니다. 「지금은 너희들에게 술마시는 것이 금지되어 있으므로 물을 마시지만, 시집을 가서 부엌 살림과 술통을 맡게 되면 이번에는 술 마시는 습관이 붙게 된단다.」

이러한 교육방법과 권위있는 명령으로 어린 나이의 욕망을 억누르고 갈증조차도 참아 낼 만큼 소녀들을 훌륭한 성격의 소유자

---

* 지중해 교역의 요지. 5세기 초까지는 번창했으나 그후 야만족의 침입과 더불어 쇠퇴했다.

로 만들었던 것입니다.

그럼에도 불구하고——당신의 하녀가 이 자식에게 들려 준 것처럼——어머니에게 술맛이 몰래 스며들어왔습니다. 그녀는 술을 모르던 처녀시절에 부모의 술심부름을 하게 되었습니다. 즉, 잔의 위쪽을 기울여 술통에서 술을 떠오라는 것이었는데, 그녀는 병에 술을 붓기 전에 입술로 약간 맛을 보았습니다. 술이 매우 써서 더 이상은 맛볼 수 없었기 때문이었습니다. 그것은 물론 마시고 싶어서가 아니었고 그 나이의 넘치는 호기심 때문이었으나, 이런 것은 어른들의 압력으로 억제되기 일쑤입니다.

그런데 그렇게 해서 그녀는 그「아주 조금」에 매일「조금」을 덧붙여서 마침내는 습관이 되었고, 나중에는 순수한 술 한 잔 정도는 쉽게 마시게 된 것입니다.

그때 저 현명한 노파와 그의 준엄한 금령은 어디에 있었습니까? 아버지와 어머니, 그리고 유모가 없을 때도 곁에서 돌보아 주시는 당신, 우리를 창조하시고 부르시며, 손위의 사람들을 시켜 좋은 일을 하시는 나의 주님이시여, 당신은 그때 무엇을 하셨습니까? 어떻게 치료하시고 어떻게 해서 고쳐 주셨습니까? 의사가 환부를 칼로 단번에 베어 내듯, 당신의 신비스런 방지책으로 다른 영혼에게 부탁하여 험하고 날카로운 욕설을 퍼붓게 하시지는 않으셨습니까? 어머니는 그 하녀와 더불어 항상 술통 있는 곳으로 가곤 했는데, 그럴 때면 언제나 둘이서 말다툼을 했습니다. 하녀는 어머니의 행동을 날카롭게 비난하며,「모주망태」라고 불렀습니다. 이 욕설 한마디에 충격을 받은 어머니는 자기의 행동이 잘못된 것임을 알고 스스로 바로잡았습니다.

아첨하는 친구가 멸망으로 이끌듯 비난하는 친구는 흔히 바로 잡아 줍니다. 그러나 당신은 사람들이 하는 일에 보상을 해주시는 것이 아니라, 그들 스스로가 원했던 일에 대한 보상을 해주십니다. 이 하녀가 그처럼 화가 나서 비난한 것은 결점을 고쳐주기 위해서가 아니라 놀리려는 의도였던 것입니다. 그는 아마도 그때 그곳이 싸우기에 알맞는 장소였으므로 남몰래 기회를 탄 것이거나, 또는 자신이 이 사실을 너무 늦게 발견했기 때문에 자기도 꾸중을 들을까 두려워서 그랬는지도 모릅니다.

그러나 천지의 지배자이신 당신께서는 깊은 격류의 방향을 뜻대로 바꾸시고 세상의 어지러운 형편도 바로잡으시지만, 광기 섞인 영혼을 이용해서 다른 영혼도 고쳐 주십니다. 이것은 누구든 남을 고쳐 주려 할 때, 상대가 자기 말에 의해 개심한다면, 그가 자기의 능력으로 그것을 고칠 수 있었다고 하는 자만심을 갖지 못하게 하기 위한 것입니다.

9. 모니카의 부부애

이와 같이 정숙하고 검소한 교육을 받은 그녀는 양친에 의해서 당신을 섬겼다기보다는, 당신에 의해서 양친을 섬겼읍니다. 그리고 결혼을 하고 나서는, 주를 섬기듯이 남편을 섬기며, 자기의 행실을 통해 당신의 증거를 보여서 남편을 당신 안에 있게 하려고 많은 노력을 했읍니다. 그 행실에 의해 그녀는, 남편에게 있어서는 아름답고 존경할 만하며 사랑스럽고 매력있는 여자가 되었는데, 당신이 그녀를 그처럼 만드신 것입니다. 그런만큼 그녀는 남편의 불의도 잘 참아서 남편과 다툰 일은 한 번도 없었읍니다. 남편도 일단 당신을 믿게만 된다면 정절있는 사람이 될 것이라고 믿은 어머니는, 당신의 자비만을 기다렸읍니다.

아버지는 누구보다도 마음이 착한 사람이지만 화도 잘 냈읍니다. 그녀는 남편이 화를 낼 때에는 어떠한 말이나 행동으로도 그를 거역하지 않았읍니다. 그리고 그가 화를 가라앉힌 틈을 엿보아서 어머니는 자기 행동에 대한 변명을 했읍니다.

훨씬 순한 남편을 둔 부인들이 얼굴에 매맞은 자국을 하고서 자기 남편이 나쁘다고 비난하면, 어머니는 점잖게 그들에게 충고를 했읍니다. 「소위 결혼 계약서라는 것을 읽고 난 순간부터 여자들은 이를테면 그것이 남편의 종이 되었다는 증서라고 생각해야 합니다. 그러니까 자신들의 신분을 생각해서 주인을 거역하는 일은 하지 말아야 합니다. 그리하여 그대로 행한 부인들은 좋은 결과를 얻어 감사하는가 하면 지키지 않은 부인들은 전과 다름없이

「남편에게 매를 맞으며 고통스럽게 살았읍니다.」

시어머니도 처음에는 악의에 찬 하녀들의 고자질을 듣고 그녀에 대해 반감을 품고 있었지만 인내와 관용으로 한결같이 섬기는 며느리에게 감격하고 말았읍니다. 그리하여 자기와 며느리 사이의 평화를 깨뜨리는 하녀들의 거짓말을 아들에게 알려서 그들을 처벌하라고까지 했읍니다. 또한 어머니의 말씀에 순종하는 아들이 가정의 화목과 합심을 생각해서 어머니의 뜻대로 그들을 매로 다스리며, 「누구든 내 비위를 맞추려고 며느리 욕을 하는 자에게는 이같은 벌을 내릴 것이니, 명심하도록 하라」고 말했읍니다. 그 이후 그런 짓을 하는 자들이 없어졌으므로 그들은 단란한 분위기 속에서 생활을 했읍니다.

그녀의 태내에 나를 창안하신 나의 하느님이시여, 나의 자비시여, 당신은 선한 저 하녀에게 또 하나의 커다란 선물을 주셨읍니다. 그것은 사람들끼리 의견이 맞지 않아 서로 등지고 있을 경우, 그들 사이에서 중재의 역할을 하는 것이었읍니다. 그녀는 쌍방으로부터 서로 상대를 헐뜯는 소리를 들을 경우에도, 쌍방을 화해시키기 위해서 도움이 되는 경우가 아니면 이쪽 말을 저쪽에 건네는 일이 없었읍니다. 많은 사람들이 이러한 일로 희생을 당한 슬픈 경험이 없었던들 이런 일쯤은 사소한 선으로 보았을는지도 모릅니다. 그러나 헤아릴 수 없이 많은 사람들이 무서운 전염병에 걸려, 성난 적에 대한 얘기를 그 사람에게 가서 해줄 뿐만 아니라 누구도 하지 않은 말까지 덧붙여서 전하는 것이었읍니다. 그러나 인간이라면 악한 말을 해서 사람들 사이에 적의를 품게 하거나 나쁘게 만들지 말아야 하고, 오히려 좋은 말을 함으로써 적의를 없애 주도록 노력해야 할 것인데 어머니가 바로 그러했읍니다. 그것은 당신께서 내적인 스승이 되어 가슴속에서 가르치셨기 때문입니다.

또한 어머니는 아버지가 세상을 떠날 무렵에 그를 당신의 곁으로 부르셨읍니다. 그리하여 믿지 않았을 때 슬퍼하던 것을, 믿은 후에는 다시 슬퍼하지 않게 되었읍니다. 어머니는 또 당신의 노예들의 하녀였읍니다. 그녀를 아는 사람들은 누구나 그녀 안에서 당신을 찬양하고 존경하고 사랑했습니다. 왜냐하면 이 거룩한 행실의 열매로 인해 어머니의 마음속에 당신이 임하심을 느꼈기 때문입니다. 나의 어머니는 한 남자의 아내였고, 자기 부모를 성실하게 공양하는 딸이었으며, 가정을 신앙으로 다스렸고 덕망이 높았으며, 자식들이 당신으로부터 멀어지는 것을 볼 때마다 산고를 겪으며 간구했습니다.

마지막으로 주님이시여, 당신의 하인들에게 은혜를 내리시어 당신의 종이 거기에 대해 말할 수 있게 되었으므로 덧붙입니다. 우리는 어머니가 영면하기 전에 세례의 은혜를 받고 모두가 함께 살았는데, 그때 그녀는 모든 자들을 친자식처럼 돌보아 주었고, 또 그녀 자신이 그 모든 자들에게서 태어난 딸인 것처럼 우리 모두를 위해 봉사했던 것입니다.

10. 모니카와의 대화

어머니가 이 세상을 떠날 무렵——이것은 당신이 배려해 주신 일이라고 믿지만——우연히도 나는 어머니와 단둘이서 창문에 기대어 서 있었습니다.

거기서는 우리가 묵고 있는 집 안의 정원이 내려다보였습니다. 그것은 티베르 오스티아에서의 일이었습니다. 우리는 지루하고 고달픈 여행 끝에 거기서 배를 타기 위해 기다리고 있었습니다.

우리는 단둘이서 즐겁게 얘기를 주고받았습니다. 이미 지나간 일들은 잊고 미래의 일에만 열중하여 진리이신 당신 앞에서 성자들이 앞으로 받을 영원한 생명에 대해 서로 묻는 것이었습니다. 그것은 볼 수도 없고 들을 수도 없으며 마음에 떠오르지도 않는 것입니다. 우리는 그 미래의 생활에 대한 마음의 문을 크게 열고 당신 앞에 있는 생명의 샘, 그 샘물의 천상의 흐름을 갈망하며 그 깊은 뜻을 생각해 내려고 했습니다.

그리하여 우리의 대화가 육체적·감각적 쾌락은 아무리 크고 기쁜 것일지라도 영생의 기쁨에 비하면 아무것도 아니라는 결론에 도달했을 때, 본질적 존재에 대한 열렬한 소망으로 상승하여 단계적으로 모든 물체계를 뚫고 지나서 저 하늘에까지 이르렀읍니다. 우리는 당신의 업적을 생각하고 이야기하고 또 찬양하면서 계속 오름으로써, 마침내 우리 정신계에 이르러서는 다시 솟구쳐 다할 줄 모르는 풍요의 땅에 도달했읍니다. 당신은 그 땅에서 이스라엘을 영원한 진리의 양식으로 먹이셨읍니다. 그곳에서는 생명이 지혜이며, 그 지혜로 말미암아 이제까지 존재하고 앞으로도 존재할 일체의 피조물이 발생합니다. 지혜 그 자체는 생성이 없고 언제나 그대로이며, 앞으로도 그럴 것입니다. 다시 말해서 그것은 과거나 미래가 없고 오직 현재만 있는데, 그것은 영원하기 때문입니다. 과거와 미래는 영원하지 않습니다.

우리가 지혜에 대해 이야기하고 갈망하는 동안 우리의 온 마음을 그 일 하나에 집중시켜 순간적이나마 그것에 살짝 대어 보려고 했읍니다. 우리는 한숨을 길게 내쉬고는「정신의 첫 열매」를 그곳에 남겨 두고 말의 시작과 끝이 있는 대화로 되돌아왔읍니다. 그러나 그것은 당신 속에 멈추면서 늙지 않고, 더구나 만물을 새롭게 하시는 우리의 주이신 당신의 말씀에 비해서 얼마나 생소한 것이었는지 모릅니다.

그래서 우리는 다음과 같은 얘기를 주고 받았읍니다.

만약 누군가의 내부에서 육체의 외침이나 땅이나 물이나 공기가 침묵하고 천계도 영혼도 스스로 침묵함으로써 자신을 잊고자할 때, 또한 꿈이나 상상적인 환상이 침묵하고 모든 말의 표지나 생멸하는 모든 것이 침묵하며 자기들을 만드신 분에게로 귀를 기울일 때, 또한 하느님 자신이 그것을 통해서가 아니라 홀로 말씀하시고 우리로 하여금 그 말씀을 육체의 혀나 비유를 통해서가 아니라 그분이 친히 우리에게 이런 말씀을 하심을 들을 수 있게 된다면, 마치 지금 우리가 이것을 만져 보고 바람결같이 흐르는 생각에 영원한 것, 그러니까 모든 것 위에 고정하는 지혜를 대 볼 수 있었던 것처럼, 또한 만일 이것이 계속되어 성질이 다른 것은 모두 사라지고 관찰자가 이것만을 붙잡아 받아들이고 내적인 기쁨 속으로 가라앉는다면, 그리하여 영생이 우리가 동경에 한숨짓는 순간의 인식과 같다면, 그것은 바로「네 주의 기쁨 안으로 들어가라」고 하신 말씀이 아니겠읍니까? 그러나 그것이 언제쯤이 겠읍니까? 그것은 바로 「우리는 모두 부활하지만, 모든 자가 반드시 변화하는 것은 아니다」하는 말씀이 아니고 무엇이겠읍니까?

이와 꼭 같은 말을 한 것은 아니지만, 이와 비슷한 말을 했읍니다. 주여, 당신은 알고 계십니다. 그날 이런 말들을 하는 동안, 이 세상은 온갖 쾌락과 더불어 허무하게 보였읍니다. 그때 그녀는 말했읍니다. 「내 아들아, 이 세상에는 이제 나를 기쁘게 할 것은 더 이상 없다. 내가 여기서 무엇을 더 해야 할지, 도대체 내가 왜 여기에 있는지조차 나는 알지 못한다. 내가 이 세상에서 조금 더 살고 싶어했던 이유는, 내가 죽기 전에 네가 그리스도의 아들이 되는 것을 보기 위해서였다. 하느님은 내 소원을 넘치도록 들어 주셨지. 네가 지상의 행복을 버리고 하느님의 노예가 된 것을 보게 되었으니 말이다. 이제 내게 더 할 일이란 아무것도 없다.」

11. 모니카의 죽음

어머니의 이 말에 무슨 대답을 했는지 확실히 기억할 수는 없읍니다. 이런 일이 있은 지 닷새도 못 되어 어머니는 열병으로 자리에 누웠으며, 어느 날 잠시 동안 의식을 잃은 일이 있었읍니다. 우리는 서둘러 달려갔지만, 어머니는 잠시 후에 의식을 회복하시고 곁에 서 있던 나와 내 동생을 바라보시며 「내가 어디에 있었지?」하고 의심스러운 듯이 물으신 후 비탄에 잠긴 우리를 바라보았읍니다. 그리고 「나를 여기에 묻어 다오」하고 말씀하셨읍니다. 나는 말없이 눈물을 억제했읍니다. 내 동생은 어머니를 타향이 아닌 고향에서 돌아가시게 하고 싶다는 말을 했읍니다. 그 말을 듣자, 그녀는 찌푸린 표정으로 왜 그런 생각을 하느냐고 꾸짖은 다음, 나를 향해 「네 동생이 무슨 말을 했느냐」고 물었읍니다. 그리고 우리 두 사람에게 「너희는 나를 어디에 묻든지 상관하지 말아라. 하지만 한 가지 너희에게 부탁하고 싶은 것은 너희가 어디를 가든지 주님의 제단에서 나를 기억해 달라는 것이다」라는 말을 마치고는 밀려오는 통증 때문에 고통스러워하셨읍니다.

보이지 않는 하느님이시여, 나는 당신이 신자들의 마음에 씨를 뿌리시고 거기에서 신기한 열매를 맺게 하시는 당신의 선물에 기뻐하고 감사하면서, 다음과 같은 일을 회상했읍니다.

나는 언젠가 어머니가 자기 남편의 무덤 옆에 자리를 보아 두고 거기에 묻히게 되기를 바랐던 일을 기억합니다. 그녀는 생전에 남편과 정답게 살았던만큼 그의 곁에 묻히기를 원했고, 그리하여 세상 사람들에게 어머니는 바다를 건너 돌아다녔어도 두 사람은 같은 곳에 묻혔다는 말을 듣고 싶어했던 것입니다. 그러나 그처럼 허무한 생각은 어느새 당신의 사랑이 충만함에 따라서 어머니의 마음속에서 사라지기 시작했읍니다. 그리하여 어머니가 그같은 고백을 하셨을 때 나는 몹시 기뻐했읍니다. 이미 저 창가에서 대화할 때, 어머니가 「내가 여기에서 더 할 일이 무엇이겠느냐」고 하신 것을 생각해 보아도, 어머니에겐 고향에 가서 죽고 싶다는 생각이 없었다는 것을 알 수 있었읍니다. 어머니가 이미 오스티아에 계실 때, 어느 날 몇몇 친구들과 함께 어머니 같은 마음으로 이 삶을 가볍게 생각하고 죽음이 선행이라는 말을 했다는 것을 나는 나중에서야 들은 일이 있었읍니다. 이에 친구들은 당신께서 주신 어머니의 위대한 영혼에 놀라면서 묻기를 고향에서 멀리 떠나 그 주검을 타향에 내버려 두는 것이 무섭지 않느냐고 했더니, 어머니는 「아무것도 하느님으로부터 멀리 떠나 있지 않으며, 세상 끝날에 하느님께서 나를 어느 곳에서 부활시킬지에 대해 두려워할 필요도 없는 것이다」라고 답변하셨답니다.

그리하여 앓은 지 9일 만에, 어머니 나이 쉰 여섯, 내 나이 서른 세 살 때, 신앙심이 두터운 경건한 영혼은 육체로부터 벗어날 수 있었던 것입니다.

12. 어머니의 죽음을 슬퍼하다

나는 어머니의 눈을 감겨 주었으며 내 가슴속에서는 슬픔의 물결이 세차게 복받쳐 눈물이 되어 흘러내렸읍니다. 나의 눈은 즉시 정신의 엄한 명령을 받고 눈물의 근원을 빨아올려 말라 버리게 했으나, 그 노력을 하기란 몹시 괴로운 것이었읍니다.

어머니가 마지막 숨을 거두었을 때 어린 아데오다투스는 울음을 터뜨렸으나, 모두들 달래는 바람에 곧 울음을 그쳤읍니다. 어린애 같기는 마찬가지여서 나도 울음이 터져 나오려 했지만 어른다운 꿋꿋함으로 눌렀읍니다. 그것은 우리가 어머니의 장례를 비탄이나 눈물 또는 한숨 속에서 행하는 것은 옳지 않다는 생각이 들었기 때문입니다. 대개의 경우 사람들은 죽은 사람이 불쌍하거나 아주 소멸해 버리는 줄로 생각하기 때문에 눈물을 흘리며 애통해하는 것이 상례지만, 어머니는 불쌍하게 죽은 것도, 완전히 죽은 것도 아닙니다. 우리는 그것을 일상생활의 행실과 꾸밈없는 신앙과 확실한 신념으로 인해 굳게 믿었읍니다.

그렇다면 나는 왜 그토록 마음속으로 고통스러워했을까요? 그것은 다만 지극한 사랑과 행복 속에서 같이 살아오던 습관을 갑자기 빼앗겨서 생긴 새로운 상처에 불과했읍니다. 어머니는 내가 부드럽게 공양해 드린 것을 기억하여 임종의 순간까지도 나를 착한 아들이라고 부르고, 내 입에서 상스러운 말이나 부모의 말을 거역한 일이 없다고 칭찬하셨는데, 그것이 내게는 큰 기쁨이었읍니다. 그러나 우리를 만드신 하느님이시여, 그런 하찮은 것이 무슨 소용이 있읍니까? 내가 어머니를 공양한 것과, 어머니가 내게 베푸신 봉사를 어떻게 감히 비교할 수 있겠읍니까? 나는 그처럼 어머니의 큰 위안을 잃어버렸기 때문에 영혼은 상처를 입고 나의 생명과 어머니의 생명으로 이루어진 하나의 생명이 갈기갈기 찢어진 것입니다.

소년이 울음을 그치자, 에보디우스는 〈시편〉을 펴들고 그중 한 편을 노래했읍니다. 그러자 온 집안 사람들이 거기에 맞추어 「주님이시여, 당신의 자비와 심판을 당신에게 찬송합니다」하고 따라 했읍니다.

소식을 듣고 남녀 교우들이 모여들었읍니다. 장례를 맡은 사람들이 풍습대로 하는 동안, 나는 한구석으로 물러앉아 나를 혼자 버려 둘 수 없다고 생각한 사람들 틈에 끼여, 이야기를 했읍니다. 나는 그러한 진리의 진정제로 오직 당신만이 알고 계신 괴로움을 달랬던 것입니다. 그런 줄도 모르고 나의 이야기에 귀를 기울이는 사람들은, 내가 아무런 슬픔도 느끼지 않는 것처럼 생각했던 것입니다. 그러나 나는 그들 가운데 누구 한 사람도 들을 수 없도록 당신의 귓전에 대고 감정의 나약함을 꾸짖고, 슬픔의 눈물을 억제했읍니다. 그리하여 슬픔을 얼마 동안 참을 수 있었읍니다. 그러다가 다시 슬픔이 복받쳐 올랐지만, 눈물을 흘리거나 슬픈 표정을 짓지는 않았읍니다. 그래도 내 마음속에 눌러 둔 슬픔이 통곡하는 것을 깨달았읍니다. 이 인간적인 것이 사물의 질서에 따라, 우리의 현존재의 운명에 따라 한 번은 꼭 오고야 말 것이며, 내가 자신에 대해 괴로와하므로 내 괴로움에 새로운 괴로움까지 배가되어 나에게 이중의 상처를 주었읍니다.

마침내 어머니의 유해가 묘지로 운반되었읍니다. 그러나 우리는 눈물을 흘리지 않았고, 거기서 떠나올 때에도 눈물을 흘리지 않았읍니다. 그 지방의 풍속대로 무덤에 시체를 안치하고 어머니를 위해 속죄의 제물로 당신에게 기도를 드릴 때, 즉 당신을 위해 기도를 올릴 때에도 나는 울지 않았으나 온종일 그저 묵묵히 마음속으로 깊은 슬픔에 잠겨 있었읍니다. 그리고 산란한 마음으로 이 슬픔을 낮게 해주십사고 기구했으나, 당신은 들어주시지 않았읍니다. 아마도 그것은 모든 습관의 유대라는 것이 정신에 대해서까지도 그 얼마나 큰 힘을 가지고 있는가를 명심하자는 뜻인 듯했읍니다.

그리하여 나는 목욕을 하는 것이 좋을지도 모른다고 생각했읍니다. 그리스 인들이 마음의 근심을 떨어 버리는 것을 「바르네이온(목욕)」이라고 한다는 말을 들었기 때문입니다. 고아의 아버지시여, 나는 그 일조차도 당신의 자비 앞에 낱낱이 고백합니다. 목욕을 하긴 했지만, 하기 전과 달라진 것은 하나도 없었읍니다. 여전히 슬픔의 쓰라림은 마음속에서 사라지지 않았읍니다. 나는 한숨 자고 난 후에야 슬픔이 어느 정도 가라앉았다는 것을 깨달았고, 혼자 누워 암브로시우스의 그 진실에 넘치는싯구*를 생각하

* 암브로시우스 《찬미가》 제1장 2절.

고 있었읍니다.

> 하느님이시여, 당신은 모든 것의 창조자,
> 온 하늘을 밝히웁니다.
> 밝은 빛으로 낮을 옷 입히시고,
> 포근한 잠으로
> 밤을 옷 입히시며,
> 하늘을 다스리는 임.
> 나른한 팔다리 쉬게 하시어
> 내일의 힘을 길러 주시고
> 피곤한 마음에 생기를 주시어
> 시름에 찬 고달픔을 잊게 하십니다.

그로부터 나는 점차로 당신의 여종을 기리게 되었고, 당신에게
는 경건하고 우리에게는 부드럽고 거룩하며 상냥하던 그녀를 생
각하게 되었읍니다. 나는 당신 앞에서 그녀와 나를 위해서, 그리
고 그녀와 나에 대해서 울고 싶었읍니다. 억제했던 눈물이 마구
흘러내렸기 때문에 나는 쏟아지는 눈물 위에 마음의 자리를 펴고
거기에 슬픈 마음을 뉘어 놓았읍니다. 내가 이처럼 큰 소리로 울
어도 비방할 사람이 아무도 없었고, 오직 당신의 귀만 있었기 때
문이었읍니다.

주님이시여, 지금 당신에게 그 사실을 글자로 써서 고백하오니,
읽고 싶은 자는 읽고 멋대로 해석해도 좋습니다. 그러나 내가 당
신의 면전에서 살 수 있도록 여러 해를 두고 나를 위해 울어 준
어머니에 대해 이처럼 약간의 눈물을 흘린다고 비난하지는 말았
으면 좋겠읍니다.

차라리 원대한 사랑이 있다면 모든 그리스도의 형제들의 아버지
인 당신 앞에서 슬퍼해야 할 것입니다.

13. 죽은 어머니를 위한 기도

그러나 지금은 육적(肉的)이라는 이유로 힐책을 받을 만한 마

음의 상처는 깨끗이 나았으므로 나의 주님이시여, 나는 당신을 향해서 당신의 여종을 위해 이제까지와는 다른 종류의 눈물을 흘리는 것입니다. 그것은 아담 안에서 죽은 모든 영혼을 위협하는 위협을 보고 두려움에 떠는 정신에서 흐르는 눈물입니다. 내 어머니는 육체에서 해방되기 전에 그리스도 안에서 깨어나서, 그 신앙과 행동이 당신 앞에 찬양이 되도록 일을 수행했습니다. 그러나 나는 당신이 세례에 의해서 그녀를 새로 탄생하게 하신 이후,' 당신의 계명에 어긋나는 말을 한마디도 한 적이 없었다고 장담할 수는 없습니다.

사실 당신의 아들인 진리는 「만약 누군가가 그 형제를 향해 〈어리석은 자〉라고 말한다면, 그는 게헨나의 불을 만날 것이다」*라고 말씀하셨습니다. 만일 당신이 자비를 베풀지 않으시고 문책을 하신다면 칭찬할 만한 삶조차도 저주스러운 것이 되지만, 당신은 우리의 죄를 가혹하게 다루지 않으므로 우리는 믿고 당신 곁에 어떠한 자리가 주어지기를 원하는 것입니다. 그러나 누구든 당신을 향해 자신의 공적을 내세우는 자는, 비록 그것이 진실한 공적일지라도 당신의 선물을 내세우는 것에 불과합니다. 오, 만약 인간들이 자기가 인간이라는 것을 깨닫고 주 안에서 자랑을 한다면 얼마나 좋겠습니까?

그러기에 나의 영광, 나의 생명, 내 마음의 하느님이시여, 이제 어머니의 선행에 대해서는 잠시 접어 두고 어머니가 범한 죄에 대해 당신에게 애원합니다. 십자가에 올라 당신의 오른편에 앉아 우리들을 위해 변명하고 그 상처를 고쳐 주시는 저 약물(예수 그리스도)에 의해 나의 기도를 들어 주소서. 나는 어머니가 자비를 베풀어 진정으로 어머니에게 죄지은 자들을 용서해 준 것을 압니다. 그러니 구원의 목욕을 한 후, 여러 해를 살면서 저질렀을지도 모르는 어머니의 죄를 당신께서도 용서해 주소서.

부디 용서하십시오, 용서하소서. 부탁이오니 그녀를 심판하지 마십시오. 자비가 심판에 이기기를 빕니다. 당신의 말씀은 진실입니다. 당신은 자비스런 자에게 자비를 약속하셨고, 어머니 모니

*〈마태복음〉 5장 22절.

가가 자비스러웠던 것도 당신 때문이었습니다. 「당신께서 지금 자비를 베풀어 주시는 자에게는 앞으로도 자비를 베푸실 것이고 지금 불쌍히 여기시는 자는 또한 앞으로도 불쌍히 여기실 것입니다.」

당신은 나의 기도를 벌써 들어주신 줄 믿지만, 주여 내 입의 제물을 가상하게 여겨 주소서. 어머니는 육체로부터 해방되는 날이 왔을 때, 자신의 육체가 값비싼 천으로 싸여지거나 비싼 향유로 발리는 것, 또한 훌륭한 비석을 원하거나 고향의 무덤에 묻히기를 원하지 않았습니다. 그녀는 이 가운데 어느 것도 부탁하지 않았으나, 다만 한 가지 당신의 제단 앞에서 기억되기만을 원했는데, 그녀는 거기서 거룩한 제사가 베풀어지는 것을 알고 있었던 것입니다.

실로 그 희생에 의해서 불리한 증서는 지워지고 적은 타파되었습니다. 적은 우리의 죄를 들춰 내며 우리에게 대적할 만한 일을 찾아 헤매지만 그분 안의 어디서도 그러한 것을 찾지 못합니다. 죄 없이 흘린 피를 누가 그분에게 다시 갚을 수 있으며, 누가 그 적에게 값을 치르고 우리의 몸을 적으로부터 다시 찾을 수 있겠습니까?

당신의 여종은 자기의 영혼을 신앙의 끈으로 그 속죄의 대가인 비적에 붙들어 맸으므로 아무도 당신의 비호로부터 그녀를 앗아가는 일이 없기를 빕니다. 사자나 용도 폭력이나 음모에 의해 당신과 어머니 사이에 뚫고 들어오는 일이 없기를 빕니다. 그녀도 또 「나에게는 어떠한 부족함도 없다」라고 대답하여 저 간악한 고발자(악마)에게 약점을 잡히는 따위의 일은 아마 없을 것입니다. 그분이 스스로 아무런 흠도 없이 우리를 위해 지불해 주신 대가에는 그 누구도 보답할 수 없는 일입니다. 그러므로 그녀가 남편과 더불어 편안하기를 빕니다. 그녀는 남편과 결혼하기 전이나 결혼한 후에도 다른 누구와 결혼하지 않았습니다. 그 남편조차도 당신에게 돌려드리기 위해 그에게 봉사하고, 인내로써 당신께 열매를 맺어 그를 당신 앞으로 **나오게** 했습니다.

나의 주, 나의 하느님이시여, 당신의 노예들, 나의 형제들, 당신의 자식들, 나의 스승들에게 영혼을 불어넣어 주십시오.

이 책을 읽는 모든 사람들에게 영광을 불어넣으셔서 당신의 여종 모니카와 그의 남편 파트리키우스를 당신의 제단에서 잠시 동안 기억하게 해주소서. 당신은 그 두 사람의 육체를 통해서 나를 이 세상에 끌어내셨는데, 그 이유는 나도 모릅니다.

변천하는 빛 아래서는 나의 양친이며 어머니요, 가톨릭 교회에서는 당신을 아버지로 한 나의 형제이며, 저 영원한 예루살렘에서는 나와 같은 시민인 그 두 사람을 기억하게 하소서. 거기서 출발하여 거기로 되돌아가는 날까지, 당신의 백성인 순례자들은 한숨쉬며 그 예루살렘을 동경하는 것입니다.

이와 같이 해서 그녀가 임종시에 내게 바랐던 것이, 오직 나 혼자의 기도보다는 이 고백을 통해 많은 사람들의 기도에 의해 풍부한 영적 열매가 이루어지기는 바랍니다.

10
고 백

1. 하느님을 알다

나를 아시는 주님이시여, 내가 당신에게 알려졌듯이 당신을 알게 해주소서. 내 영혼의 힘이시여, 나의 영혼 속으로 들어와 그 영혼을 당신에게 어울리게 만들어서 당신이 그것을 더럽히지 않고 보전하도록 하옵소서. 그것이 나의 소망이므로 나는 아뢰고 소망하는 가운데서 기쁨을 누리며, 내가 슬기로운 참 기쁨 속에 있을 때마다 기뻐합니다.

이에 반해서 이 세상의 모든 일들은 덜 슬퍼해야 할 때 더 슬퍼하고, 더 슬퍼해야 할 때 덜 슬퍼합니다. 「오, 그렇습니다, 주님은 진리를 사랑하십니다.」 오직 진리를 행하는 자만이 빛 아래로 옵니다. 나는 주님 앞에서는 고백에 의해서, 여러 증인들 앞에서는 이 글에 의해서 진실을 행하고자 합니다.

2. 하느님께 고백하다

그러나 주님이시여, 당신의 눈앞에는 인간적인 양심의 심연까지도 환히 드러나 있읍니다. 그러므로 당신은 설사 내가 마음속에 있는 것을 고백하지 않는다 해도 당신은 모르시는 것이 없읍니다.

당신은 나로부터 숨을 수 있겠지만, 당신께 나 자신을 숨길 수는 없습니다. 내 한숨이 증명하듯이 나 자신에 싫증을 느낀 지금에 와서는, 당신만이 빛을 비춰 주시고 만족을 주십니다. 그리고 사랑과 희망을 주십니다. 나는 자신이 부끄러워 자신을 버리고 당신을 붙들고는, 오로지 당신에 의해서만 나와 당신에게 만족스러운 자가 되고 싶습니다.

주님이시여, 나는 당신 앞에 적나라하게 드러나 있고, 나는 내가 당신에게 고백하는 이유를 이미 말씀드렸습니다. 사실 나는 육체의 말이나 음성의 말로 고백한 것이 아니라, 오직 영혼의 말과 사상의 외침으로 했습니다. 당신의 귀는 그것을 듣고 계십니다. 내가 악할 때에 당신에게 고백하는 것은 내가 스스로에게 미움을 샀기 때문이요, 반대로 경건할 때에 고백하는 것은 경건을 자신의 공으로 돌리지 않으려는 것입니다. 왜냐하면 주님이시여, 의로운 사람에게는 축복을 내리시는 당신은, 그보다 먼저 경건하지 못한 그 사람을 의롭게 하시기 때문입니다. 그러므로 주님이시여, 나의 고백은 당신의 시선 앞에서 침묵 속에서 행해지는 것이 아닙니다. 소리를 내지 않는다는 점에는 침묵 속에서 행해진다고 할 수 있지만, 마음속으로는 외치고 있습니다.

나의 말은, 내가 사람들에게 음성으로 얘기할 때에는 참된 것을 말하지 못했습니다. 당신께서는 전에 나에게서 그 참된 말을 듣지 못하셨습니다. 그러나 당신께서 내게 그것을 말씀하신 뒤로는 당신은 나에게서 참된 것을 들으셨습니다.

3. 현재의 자기에 대해 고백하다

사람들은 나와 도대체 무슨 상관이 있어서 나의 고백을 듣기를 원하는 것일까요? 그들이 나의 병을 치유해 주기라도 한단 말입니까?

남의 생활은 몹시 알고 싶어하면서도 자신의 생활은 고치려 하지 않는 게으른 무리! 그들은 당신으로부터 자기들이 어떤 자인가를 들으려 하지 않고, 왜 나로부터 내가 어떤 자인가를 들으려

한단 말입니까?

설사 나한테서 나 자신에 대한 말을 듣는다 해도 인간의 마음 속에서 일어나는 일은 그 자신의 영혼밖에 없는데, 그들이 어찌 그 이야기가 진실인지 아닌지를 알 수 있겠읍니까? 그들이 당신 에게서 그들 자신에 대한 말을 듣고서 「주님이 거짓말을 하셨읍 니다」하고 얘기하지는 못합니다. 당신으로부터 우리 자신에 대 한 말씀을 듣는다는 것이 우리 자신을 깨닫는 것 외에 무엇이겠 읍니까? 자신을 깨달으면서 「그것은 거짓말이다」라고 말하는 자 가 있다면, 그 사람은 자신을 속이는 것입니다.

그러나 「사랑은 모든 것을 믿는 것」이며, 적어도 그것은 서로 가 모든 것을 사랑하여 하나로 결합된 사람들 간에는 진실이기 때 문에, 주님이시여, 나도 당신에게 고백하되, 사람들이 알아듣도 록 고백합니다. 이처럼 나도 자신의 고백이 진실한 것인지를 사 람들에게 증명해 보일 수는 없지만, 사랑이 그들의 귀를 내게 기 울이도록 한다면 내 말을 믿어 줄 것입니다.

내 마음속 깊은 곳에 계신 주님이시여, 내가 고백할 때는 어 떠한 유익한 일이 있는지 가르쳐 주십시오. 당신은 과거에 있었 던 나의 잘못을 용서하시고 덮어 주셨으며, 신앙과 당신의 비적 에 의해서 내 영혼 안에 변화를 일으키셨읍니다. 사람들이 이 고 백을 읽고 듣는다면 절망 속에서 졸면서 「이제 나는 틀렸다」는 따위의 말을 하지 않고, 오히려 당신의 자비와 자신의 달콤한 은 혜와 감미로움 속에서 깨어나게 될 것입니다. 여기에서 자신의 약함을 깨달은 자들은 그 은혜로 인해 강해질 것입니다. 지금은 악에서 벗어난 선한 사람들도 이미 지나간 과거의 죄악에 대한 말을 즐겨 들으려고 합니다. 그것은 그들이 악한 행위를 좋아해 서가 아니라, 악이 다 지나가 버리고 지금은 있지 않다는 사실 이 기쁘기 때문입니다.

내 주님이시여, 그러면 무슨 목적으로——나의 양심은 자신의 결백성보다는 당신의 자비에 희망을 가지고 날마다 당신에게 고백 하고 있읍니다만——이런 글을 통하여 과거에 어떤 사람이었는가 가 아니라 현재 어떤 사람인가를 고백하려 하는 것일까요?

내 과거의 고백이 나에게 어떠한 결과를 가져다 주는가 하는 것은 나 자신도 잘 알고 있읍니다. 말씀드린 그대로입니다만, 사람들은 고백록을 쓰고 있는 지금의 내가 누구인가를 몹시 알고 싶어할 것입니다. 그들 가운데 어떤 사람은 나를 잘 아는 사람이고 또 어떤 사람은 전혀 모르는 사이이긴 하지만 직접 또는 간접으로 무엇인가를 듣고 있을 것입니다. 그러나 그들은 나의 마음에 귀를 기울이고 들을 수는 없읍니다. 그러므로 그들은 눈으로도, 귀로도, 생각으로도 알 수 없는 내가, 과연 어떠한 자인지 나의 고백을 통해 들으려고 합니다. 그들은 그 고백을 믿으려고 합니다만, 과연 속속들이 알 수가 있을까요?

그들은 그들이 가지고 있는 사랑으로 말미암아 선한 사람이 되었으므로 그 사랑이 그들에게, 내가 거짓으로 고백하는 것이 아니라는 것을 가르쳐 줍니다. 그리고 그들은 마음속에 간직하고 있는 사랑에 의해서 나를 믿는 것입니다.

4. 이 고백의 의도와 효과

그러나 그들은 무슨 이유로 나의 고백을 들으려 하는 것일까요? 그들은 내가 당신의 은혜로 당신에게로 가까이 다가갔다는 말을 듣고서 나를 축하해 주려는 것일까요? 아니면 내가 자신의 힘으로는 이미 당신에게 갈 수 없다는 말을 듣고서 나를 위해 기도를 올리려는 것일까요? 나는 이런 사람들에게 나 자신을 하나도 숨김없이 드러내고 싶습니다.

사실, 주님이시여, 나의 하느님이시여, 나로 인해 많은 사람들이 당신에게 감사드리고 또 나를 위해 기도해 준다면 그것은 크나큰 결실입니다. 형제들의 마음이 당신께서 사랑할 만한 것이라고 지적해 주신 것이 있다면 그것을 사랑하게 해주십시오. 그리고 슬퍼해야 할 것이 있으면 슬퍼하게 해주셨으면 좋겠읍니다. 낯설지 않고 친절한 형제의 마음이 이를 행하게 하시고, 얘기를 할 때에 허망한 것을 말하고 악의 오른손을 자기의 오른손으로 삼는 낯선 자녀들의 마음을 간직하지 못하게 하소서. 저 형제의 마음이 나를 칭찬할 때 내가 기뻐하고 그가 나를 비난할 때 내가 슬퍼합니다. 그가 나를 비난하고 칭찬하는 것은, 그가 나를 사랑하기 때문입니다. 그렇습니다. 나는 그러한 사람들에게 나를 나타내 보이렵니다. 그들은 나의 선을 보고 모두 마음을 놓지만, 나의 악을 볼 때는 모두 한숨을 내쉽니다. 내게 있는 선은 모두 당신이 하신 일이며 당신의 은혜입니다. 그러나 내게 있는 악은 나의 죄과이며 당신의 심판입니다. 나의 마음속에서 선을 볼 때에는 기쁜 숨을 쉬고, 악을 볼 때에는 슬픔의 한숨을 쉬었으면 좋겠읍니다. 그리하여 찬가와 비가가 번갈아 가며 당신의 향기인 형제들의 마음으로부터 당신 앞에 올라가기를 빕니다. 그러나 주님이시여, 성스러운 신전의 향기를 축복하셔서, 당신 이름으로 자비를 가지고 우리를 가엾게 여겨 주소서. 착수하신 일을 절대로 버리지 마시고 나의 불완전함을 완성시켜 주십시오.

그것이야말로 이 고백, 즉 과거에 있어서 자기가 어떠한 자였는가가 아니라 현재 어떠한 자인가에 대한 고백이 가져오는 좋은 효과입니다. 나는 두려워 떠는 가운데, 고요한 기쁨과 소망 가운데 비애로 당신에게 고백할 뿐만 아니라 믿는 사람들의 귀에나 내 친우들에게도, 죽음으로 사라지는 동반자들에게도 고백할 것이며, 나의 이웃들에게도, 내 앞에 서든지 뒤따르든지 함께 걷든지 나와 더불어 순례하는 자들에게도 고백하렵니다.

그들은 주님의 종들이며 나의 형제들입니다. 당신은 그들이 당신의 아들인 동시에 나의 주가 되시기를 바라시고, 만약 내가 당신과 함께 당신에 의해서 살려고 한다면 그들을 섬기면서 살아야 한다고 명령하셨읍니다. 만일 당신께서 친히 앞서 행하지도 않으시고 가지도 않으시며 오로지 말로만 명령하셨다면 그것은 충분하지 못합니다. 나는 말과 행위로 섬기면서 나의 고백을 하되, 당신의 날개 그늘에서 행합니다. 만약 자기의 영혼이 당신에게 굴복하여 그 날개 밑에 놓여 있지 않고, 자기의 약함이 당신에게 잘 알려져 있지 않으면 실로 커다란 위험에 직면하게 될 것입니다.

나는 단지 어린애에 불과하며, 나의 아버지는 항상 살아 계시고 완벽한 보호자이십니다. 그것은 나를 낳아 주시며 지켜 주시기

때문입니다. 그분은 언제나 동일하시고 나를 낳아 보호하시며, **친**
히 내게 있는 온갖 선이 되십니다. 내가 당신과 함께 있기 **전에**
이미 당신은 나와 함께 계시는 전능자이십니다. 당신께서 나에게
섬기라고 하신 그 사람들에게, 내가 과거에 어떠한 자였는가가 아
니라 현재 어떤 자인가 하는 것을 고백하려 합니다. 그러**나 나는**
자신을 심판할 수 없습니다. 그런만큼 이런 의미에서 **나의 이야**
기를 들어주시기 바랍니다.

5. 하느님만이 아신다

　주님이시여, 나를 심판하시는 분은 당신뿐입니다. **인간 속에서**
일어나는 일을 아는 것은 그 사람 속에 있는 영혼뿐이라고 **하지**
만, 인간 속에는 인간의 영혼조차 알지 못하는 그 무엇이 **있읍니**
다. 그러나 당신은 인간을 창조하셨으므로 인간 속에 있는 **것을**
모두 알고 계십니다. 비록 내가 당신 앞에서는 자신을 재와 **티끌**
에 불과하다고 업신여기고 있읍니다만, 나 자신은 **모르는 대신**
에 당신에 대해서는 무엇인가 조금은 알고 있읍니다.

　지금은 거울을 통해 어슴푸레 볼 뿐 아직은 얼굴과 얼굴을 맞대
고 보지 못하므로 당신과 멀리 떨어져 편력하는 한, 당신 앞에 **있**
기보다는 차라리 나 자신 앞에 있다고 해야 할 것입니다. 나는 당
신께서 결코 해를 입지 않으신다는 것을 그녀를 통해서 알았읍니
다. 그러나 내가 내 능력으로 어떤 유혹을 이기고 어떤 시험을 이
긴다고 단언할 수는 없읍니다.

　그러나 나는 희망을 품고 있읍니다. 당신은 진실이시며 우리에
게 참을 수 없는 시련을 감당하게 하시며, 시련과 더불어 시련을
피할 길을 마련해 주셔서 능히 이기게 해주시기 때문입니다.

　그리하여 나는 자신에 대해 무엇을 알고 있는가를 고백하는 동
시에 무엇을 모르는가에 대해서도 고백하려 합니다. 내가 나 자
신에 대해 아는 것은 당신의 빛에 의해서이며, 자신에 대해 모르
는 것은 내 어둠이 당신 앞에서 대낮처럼 밝아지는 날이 아직 오
지 않아서입니다.

6. 만물 위에 계시는 하느님

주님이시여, 나는 당신을 사랑하는 데 있어서 의심을 갖지 않으며, 오히려 확신을 가지고 사랑합니다. 당신께서 당신의 말씀으로 나의 마음을 관통하셨기 때문에 당신을 사랑하게 되었읍니다. 천지와 그 가운데 있는 만물도 모든 방면에서 나에게 당신을 사랑해야 한다고 말하고, 아무도 변명하지 못하도록 모든 사람에게 계속 말하고 있읍니다.

한편 당신은 불쌍한 자를 더욱더 가엾게 여기시고, 불쌍한 자에게는 자비를 베푸실 것입니다. 그렇지 않다면 저 하늘과 땅이 귀머거리에게 당신의 찬가를 들려주는 셈이 됩니다.

내가 당신을 사랑한다고는 했지만 대체 당신의 무엇을 사랑하는 것일까요? 그것은 육체의 아름다움도 아니고, 감동된 시간의 취미도 아니며, 눈으로 보기에 좋은 빛의 광채도 아니고, 갖가지 음악의 아름다운 멜로디도 아니며, 꽃과 향유의 냄새도 아니고, 꿀도 아니며, 육체적인 포옹에 알맞는 몸뚱어리도 아닙니다. 내가 나의 하느님을 사랑한다는 것은 이 모든 것 가운데 어느 하나라도 사랑하는 것이 아닙니다.

그럼에도 불구하고 하느님을 사랑할 때 나는 일종의 빛·소리·향기·음식, 그리고 일종의 포옹 등 모든 것을 사랑합니다. 나의 하느님은 나의 내적인 인간의 빛이며, 내적인 소리이며, 향기이며, 음식이며, 포옹입니다. 거기에는 어떠한 장소에서도 포착되지 않는 빛이 마음을 비추고, 어떠한 시간에도 빼앗기지 않는 소리가 울리고, 어떠한 바람에도 날아가지 않는 향기가 감돌고, 아무리 먹어도 싫증나지 않는 음식과 부둥켜안고 비벼대도 싫증이 나지 않는 포옹이 있읍니다.

그러면 대체 그것은 무엇일까요? 내가 땅에게 물어 보았더니 땅은, 「그것은 내가 아니다」라고 말했읍니다. 땅에 있는 모든 것이 똑같은 말을 했읍니다. 나는 바다와 심연과 그 속에서 꿈틀거리는 생물에게 물어 보았읍니다. 그러자 그들은 「우리는 당신의

하느님이 아니다. 우리들 위에 있는 것에게 물어 보라」고 대답
했읍니다. 나는 다시 불어오는 산들바람에게 물어 보았읍니다. 그
러자 온 우주의 공기가 그 가운데 있는 모든 거주자들과 더불어
말하기를 「아나크시메네스*가 잘못 생각했어. 나는 하느님이 아
니야」라고 대답했읍니다. 그리하여 나는 하늘과 해와 달, 그리고
별에게 물어 보았읍니다. 그러나 그들은 「우리는 그대가 찾고 있
는 하느님이 아니다」라고 대답했읍니다.

그리하여 나는 내 육신의 문호를 에워싸고 있는 만물에게 「너
희들이 하느님이 아니라면 제발 나의 하느님에 대해 말 좀 해다
오」라고 했더니, 「그분이야말로 우리를 창조하신 분이다」라고 외
쳤읍니다. 나의 질문은 나의 관찰이었고, 그들의 대답은 그들의
아름다움이었읍니다.

다시 내가 나 자신을 향해 「너는 대체 누구냐?」라고 물었을 때
나 자신은 「나는 사람이다」라고 대답했는데, 바로 그렇습니다. 나
의 속에는 육체와 영혼이 있으며, 하나는 안에 하나는 밖에 있읍
니다. 내가 시선을 사환(使喚)삼아 보내면서 육신의 방법으로 땅
에서 하늘까지 두루 찾아 헤매던 나의 하느님을 묻던 것은, 영혼
과 육체 가운데 어느 것이었읍니까?

물론 안에 있는 영혼이 더 좋을 것입니다. 왜냐하면 물체인 모
든 사자들과 하늘과 땅, 그리고 그 안에 있는 모든 것들이 「우리
는 하느님이 아니다. 그분은 우리를 창조하셨다」고 대답한 것을,
저 높은 어른이신 심판관에게 보고했기 때문입니다.

안 사람은 밖의 봉사를 통해서 이것을 아는 법입니다. 영혼적
자아인 내가 내 육신의 감각적 존재를 통해 그것을 알게 되었읍
니다. 그래서 내가 우주를 향하여 내 하느님을 물었더니, 그는
「내가 아니라, 나를 창조하신 이가 그분이다」라고 대답했읍니다.

감각이 둔한 사람이 아니라면 누구든지 전세계의 이 아름다움
을 뚜렷이 볼 수 있을 것입니다. 그 아름다움은 모든 사람에게 같
은 말을 하지 않을까요? 작은 동물이나 큰 동물도 그같은 아름

---

* 기원전 6세기 중엽에 살았던 그리스 철학자. 그는 「공기」를 만물의 근원으로
삼았다.

218

다음을 보지만, 그들은 물어 볼 줄은 모릅니다. 왜냐하면 그들의 감각에는 심부름꾼은 있어도 주인은 없는데, 말하자면 그것에 관해 판단하는 이성이 없기 때문입니다. 이에 반해서 인간은 하느님의 보이지 않는 것을 창조물을 통해 감지할 수 있고 분명히 물을 수가 있습니다. 그러나 인간은 그분이 창조하신 것에 대한 애착 때문에 거기에 빠져 복종하면 올바른 판단을 할 수가 없습니다. 또한 이 피조물들도 판단할 줄 아는 사람에게만 대답을 합니다. 보기만 하는 자와, 보면서 묻는 자에 따라서 이 사물들이 그 음성, 곧 형태를 바꾸어 이런 자에게는 이렇게 보이고 저런 자에게는 저렇게 보이는 것이 아니라 누구에게나 똑같은 모양으로 보입니다. 그러나 한 사람에게는 잠자코 있는 것이 되고 다른 사람에게는 대응하는 것으로 보입니다. 바꾸어 말하면 모든 사람에게 말하지만, 외부에서 받아들인 목소리를 내부의 진리와 비교해 보는 자만이 그 목소리를 이해할 수 있습니다.

즉 진리는 나에게 「하늘도 땅도, 어떠한 물체도 너의 하느님이 아니다」라고 말합니다. 그것은 이미 사물의 본성이 이를 보는 사람들에게 말했던 것인데, 체적(體積)의 부분은 전체보다 작기 때문입니다. 그러므로 영혼이여, 네게 말해 두지만, 나는 분명 네가 이런 것들보다 더 낫다고 생각한다. 왜냐하면 너는 네 능력으로 네 육신의 체적을 통과하고 거기에 생명을 부여하지만, 어떠한 물체든 다른 물체에다 생명을 줄 수는 없기 때문이다. 그런데 너의 하느님은 너를 위해서 생명을 주시니, 그는 네 생명의 생명이시다.

7. 신체적 감각

그렇다면 나의 하느님을 사랑할 때, 내가 사랑하는 것은 무엇입니까? 내 영혼의 꼭대기에 계신 분은 누구입니까? 나는 나의 영혼을 통해서 그분께로 가까이 갈 것입니다. 나는 나의 능력을 넘어서, 그 능력으로 인해 내가 육체에 결합되고 그 접합된 것을 생명으로 채울 것이나, 이 능력으로는 나의 하느님을 발견할 수 없읍니다. 만일 발견할 수 있다면, 이성이 없는 말이나 당나귀도 발견할 수 있을 것입니다. 그들의 육체를 살리는 능력도 우리의 능력과 똑같기 때문입니다.

나에게는 또 하나의 능력이 있읍니다. 그것은 육체를, 생명뿐만 아니라 감각까지도 갖춘 것으로 만듭니다. 그것은 듣기 위한 눈, 보기 위한 귀가 아니라, 보기 위한 눈, 듣기 위한 귀를 주고 다른 감각기관에도 각기 그에 어울리는 소임을 주었읍니다. 그뿐 아니라 나는 그 감각기관을 통해 온갖 일을 하는 것이며, 그것은 하나의 영혼인 것입니다. 그러나 나는 이 능력마저도 초월해야 하겠읍니다. 왜냐하면 말이나 당나귀도 이 능력을 지니고 있고 그것들 역시 육체를 통해서 느끼기 때문입니다.

8. 기 억 력

나는 나의 본성에 갖추어진 이러한 능력을 넘어서 단계적으로 나를 창조해 주신 분께로 올라갈 것입니다. 그리하여 나는 마침내 기억이라는 광대한 궁전으로 들어갈 것입니다. 거기에는 감각에 의해 반입된 여러 가지 사물에 대한 수없는 영상의 보고(寶庫)가 있읍니다. 또한 거기에는 감각에 의해서 접촉한 것을 사유에 의해 증감하고, 또는 무슨 방법으로든지 바꿈으로써 얻어진 것이 모두 수록되어 있읍니다. 그밖에도 망각 속에 삼켜지고 매몰되지 않는 것이 있다면, 그것들도 역시 모두 거기에 숨겨져 있고 보관 되어 있읍니다.

내가 그 보고 속에 들어가서 무엇이고 내가 원하는 것을 내놓 도록 한다면 어떤 것은 즉시로 발견됩니다. 그러나 어떤 것은 발 견하는 데 무척 시간이 걸려서 무슨 비밀스런 창고에서라도 끌어 내는 것처럼 발견됩니다. 그런데 어떤 것은 떼를 지어 나타나서 다른 것을 찾고 있는 한복판에 뛰어들어 「혹시 우리를 찾으려는 것이 아닌가」하고 외치면서 기억 속에 떠오릅니다. 내가 마음속 의 손을 흔들어 내 기억의 눈앞에서 그것을 쫓아 버리면 내가 원 하던 것이 안개 속에서 어렴풋이 나타나서 결국은 뚜렷이 보이게

됩니다. 그런데 어떤 것은 요구대로 순서적으로 떠올라 앞서 온
것은 뒤에 온 것에 자리를 양보하고 사라지는데, 사라질 때도 내
가 원하면 언제나 나타날 준비를 하고 사라집니다. 내가 기억을
더듬어 이야기할 때에는 언제나 이같은 일들이 일어납니다.

이 기억이라는 곳에는 모든 것이 저마다 제 통로로 들어와 각
기 종류에 따라 보존되어 있읍니다. 예를 들면 빛과 색채와 물체
의 모습은 눈을 통해서 들어오고, 모든 종류의 소리는 귀를 통해
들어오며, 모든 냄새는 코를 통해서, 모든 맛은 입을 통해서 들
어오는 것입니다. 또 신체의 안에 있건 밖에 있건간에 단단한 것,
차가운 것, 부드러운 것, 뜨거운 것, 찬 것, 매끈매끈한 것, 거
친 것, 무거운 것, 가벼운 것 따위의 영상은 전신에 분포되어 있
는 감각에 의해서 들어오는 것입니다.

이 모든 것은 기억이라는 광대한 창고와 그 깊이를 알 수 없는
밀실에 간직되어, 언제든 필요할 때면 꺼내 쓸 수 있게 되어 있
읍니다. 그 모든 것은 각기 저마다의 문호를 통해서 들어와서는
그곳에 보관된 것입니다. 그러나 사물 자체가 들어오는 것이 아
니고 오직 감각된 여러 사물의 심정이 거기에 있어서, 떠오르는 생
각에 언제나 응할 수 있도록 준비를 하고 있는 데 불과합니다.

이들 심정이 어떠한 감각에 의해서 포착되고 내부에 보관되었
는가 하는 것은 분명합니다만, 어떻게 해서 만들어졌는가 하는 것
은 아무도 설명하지 못합니다. 어둡고 조용한 속에서도 나는 마
음만 먹는다면 색깔을 기억할 수 있고, 흰색과 검은색 그외에 마
음대로 생각해 낸 어떠한 색도 구별할 수 있읍니다. 이때 비록 감
추어진 상태로 보관되어 있어서 겨우 기억이나 하는 정도일지라
도, 정신의 눈앞에 그려져 있는 것을 결코 중단시키거나 방해하
지 못합니다. 내가 그것을 회상하고 싶을 때에는 언제나 그것이
기억에 떠오릅니다. 혀도 놀리지 않고 목청이 울리지 않아도 얼
마든지 하고 싶은 노래를 부를 수가 있읍니다. 그리고 비록 색깔
의 영상이 나타나 있을 경우라도 귀를 통해서 들어와 보고에 쌓
였던 다른 부분이 가동할 때 중간에 끼어들거나 방해하지 않습
니다. 이와 같이 다른 감각에 의해서 들어와 쌓여 있는 다른 영

상까지도 마음대로 기억해 낼 수가 있읍니다. 그리고 나는 백합 향기와 오랑캐꽃 향기를 아무 냄새를 맡지 않고도 구별할 수가 있으며, 포도즙보다는 꿀이 더 달다든가, 매끈매끈한 것이 거친 것보다는 좋다는 것은 생각만으로도 구별할 수가 있읍니다.

나는 그러한 일들을 내 마음속, 즉 기억의 거대한 방 속에서 행합니다. 거기에는 하늘이나 땅, 그리고 바다도 그것들 속에서 감각할 수 있었던 모든 것과 더불어 단지 잊어버린 것을 제외하고 보관되어 있읍니다. 나는 거기서 또 나 자신을 만나서 나의 행동이 언제 어디서 어떻게 일어났으며, 그 행동을 했을 때 어떤 기분이었는가를 다시 한번 생각해 봅니다. 거기에는 내가 겪었던 것이든지 남이 겪었던 것이든지 내가 상기하는 모든 것이 있읍니다. 동일한 것에서 나 자신이 새로 겪은 형상이나 남이 겪은 사물을 과거의 것과 결부시켜서 그것들로부터 미래의 행동, 즉 그것이 어떻게 될 것인지 무엇을 바랄 수 있을지를 생각하게 되는데, 이 모든 것은 다시 정신 앞에 실재하는 것처럼 보입니다.

나는 이러한 사물의 영상으로 가득 찬 나의 마음이라는 거대한 밀실 속에서 「이것을 하자. 저것을 하자」「그러면 이러한 결과가 생기겠지」「제발 이러저러했으면 좋겠는데」「주님이시여, 이 일 또는 저 일이 생기지 않게 해주십시오」하는 따위의 말을 합니다.

내가 이같이 독백을 하는 동안에, 기억의 보고에서 모든 것의 영상이 나타나는 것입니다. 만약 영상이 없었다면 나는 그것 중에서 무엇 하나 들추어 낼 수가 없는 것입니다.

주님이시여, 기억력은 위대합니다. 실로 위대합니다. 그것은 광대무변한 속마음입니다. 누가 그 속마음을 규명해 낼 수가 있겠읍니까? 더군다나 이것은 내 영혼의 힘으로서 본성에 속하는 것인데 나는 그 나라는 것의 전체를 파악할 수가 없읍니다. 그렇다면 정신은 어째서 자기 자신을 파악할 수 없을까요? 생각이 여기에 미치면 정신이 얼떨떨해지며 매우 놀라게 됩니다.

흔히 사람들은 높은 산, 거센 파도, 넓은 강, 광막한 바다, 별의 운행 따위를 보고 놀라지만 자기 자신의 일은 소홀히 합니

222

다. 내가 이러한 일들에 대해 이야기할 때도, 아무것도 보지 않고 말한다는 것을 알고도 전혀 놀라지 않습니다. 내가 보았던 산천과 넓은 바다와 별, 그리고 내가 말로만 들었던 대양을 마치 외계에서 보는 듯이, 내 기억속에 매우 뚜렷이 자리잡고 있는 것을 생각하지 않는다면 거기에 대하여 내가 아무 말도 하지 못할 것입니다. 그러나 내가 그것들을 보았을 때 그것들을 내 안에 흡수해 버리지는 않았으며, 다만 영상이 내 속에 있을 뿐입니다. 그리고 나는 어떤 것이 육체의 그 어느 감각을 통해서 내게 어떤 인상을 주었는가를 기억합니다.

9. 정신적인 것에 대한 기억

내 기억의 깊이를 잴 수 없을 정도의 큰 수용력은 이런 것들만을 간직하고 있는 것이 아닙니다. 거기엔 배워서 익힌, 아직 잊혀지지 않은 모든 것이 저장되어 있습니다. 그것은 더 깊숙한 곳에 박혀 있는 듯하지만, 장소라고 할 만한 곳은 못 됩니다. 나는 그것들에 대해서는 영상이 아닌 바로 그것 자체를 기억하고 있는 것입니다. 문학이나 논리학, 또는 수사학은 내가 아는 그대로 기억 속에 간직하고 있기 때문입니다.

그것은 사물 그 자체는 밖에 남겨 두고 영상만을 보관하는 따위가 아닙니다. 예를 들어 소리는 한 번 울리고 난 다음에도 그 소리가 귀에 남아 있기 때문에 되새기기만 하면 울리지 않을 때도 그 소리를 기억해 낼 수가 있습니다. 향기도 이와 같습니다. 향기는 바람을 타고 사라지지만 후각을 자극시키기 때문에 제 영상을 기억에 남겨서, 우리는 이것으로 돌이켜 볼 수가 있습니다. 이밖에 음식의 경우에도 그러해서, 뱃속에 든 것이 맛이 있을 리 없으나 기억으로 그 맛을 되살릴 수 있습니다. 또한 우리 살에 닿았던 것이 멀리 떨어진 후에도 기억 속에서 상상되는 것입니다.

이 경우, 이런 것들의 물체 자체가 스스로 기억 속으로 들어가는 것이 아니라 오직 이들 영상만이 놀라운 속도로 포착되어, 불가사의한 창고 같은 곳에 비축되었다가 되새길 즈음에 상기되어

나오는 것입니다.

10. 기억 속의 비감관적인 것

나는 질문의 종류에는 「존재하는가?」「무엇인가?」「어떻게 되어 있는 것인가?」라는 세 가지의 것이 있다고 들었읍니다. 이 경우, 이러한 말을 형성하고 있는 소리의 영상은 지니고 있으나, 그 말소리는 공중을 울리면서 지나가 버려서 이미 존재하지 않는다는 것을 압니다.

그러나 그 말소리로 표시되는 사물 자체는 내 육신의 감각으로는 파악하지도 못하고 내 정신말고는 어디서도 본 일이 없지만, 나는 그 영상이 아닌 물체 자체를 기억 속에 간직하는 것입니다. 그러면 이 물체 자체가 어디서부터 내게 들어온 것인지 생각해 보십시오. 아무리 내 육체의 문을 샅샅이 살펴보아도 그것이 어디로 들어온 것인지 나는 알 수가 없읍니다. 눈은 말하길 「빛깔이 있으면 내가 말해 주련만」합니다. 그러자 귀가 「소리가 났으면 벌써 우리가 가르쳐 주었지」하고, 코는 「냄새나는 것이라면 나를 거쳐 갔을 텐데」하고 말합니다. 또 미각은 「맛이 없는 것이라면 묻지도 마」하고, 촉각은 「물체가 아니면 만져 볼 수가 없고, 만져 보지 못했으면 뭐라고 말할 수도 없다」고 말합니다.

그러면 이것들이 어떻게 해서 내 기억 속에 들어왔는지 나로서는 알 수가 없읍니다. 내가 그것을 알았을 때 남의 정신에 의탁하지 않고 내 정신으로 재인식했읍니다. 그리고 그것을 진실이라고 인정하여 그것을 나의 정신에 맡겼읍니다. 마치 내가 그것을 원할 때 다시 끌어내기 위해서인 것처럼 그곳에 보관해 두었읍니다. 그러므로 그것은 내가 알기 전에 정신 속에 있었으나, 기억 속에는 없었읍니다.

그러면 어디에 있었을까요? 그것들을 배웠을 때, 「그렇다, 정말이다」라고 내가 인정하고 말한 것은 어째서일까요? 그러나 그것들은 보이지 않는 어둠 속에라도 숨어 있듯 기억의 깊숙한 곳에 숨어 있기 때문에, 남이 그것을 불러내지 않았더라면 나로서는 결코 그것을 생각하지 못했을 것입니다.

11. 배운다는 것

여기서 다음과 같은 사실을 알 수 있습니다. 우리는 그것들의 영상을 감각기관을 통해서 받아들이지 않고, 있는 그대로의 물체 자체를 아무런 영상도 없이 통찰합니다. 그러나 그것들을 배운다는 것은 기억이 무질서하게 지니고 있던 조각들을 생각하며 거두는 일이고, 이전에는 흩어진 채 돌보는 일 없이 기억 속에 숨어 있던 것을 손 위에 놓고, 이미 친근해진 마음을 그곳으로 향하기만 하면 곧 나올 수 있는 상태로 만드는 것에 불과합니다.

사실 나의 기억은 이러한 것을 얼마나 많이 가지고 있는지 모릅니다. 그것들이 지금 말한 것처럼 손 위에 놓은 듯이 명확해질 때, 우리는 무엇을 배웠다거나 또는 안다고 말하는 것이다. 그러나 잠시 생각을 게을리하면 알던 것도 잊어버리고, 캄캄한 어둠으로 들어가 버린 듯한 것을 다시 생각해 내려면 거기에서 다시 불러내야만 합니다. 즉 안다는 것은 흩어져 있는 것을 거둔다는 뜻이므로 흔히 생각을 모은다고들 합니다.

왜냐하면 「cogo(거두다)」와 「cogito(생각하다)」와의 관계는, 「ago」와 「agito」, 「facico」와 「factico」의 관계와 비슷하기 때문입니다. 그럼에도 불구하고 이 「cogito」라는 동사의 의미를 마음이 독점해 버렸기 때문에 다른 장소가 아니고 오직 마음이라는 장소에서 수집되어(colligitur) 종합되는 것이라고(cogitur) 말하는 것은 이제 「생각」이라는 특별한 의미를 가지는 것입니다.

12. 수학에 관한 기억

이밖에 기억은 수와 양에 관한 무수한 비례관계나 법칙을 지니고 있습니다. 그것들은 색채나 음향·냄새, 또는 맛을 지니지도 않고 만질 수도 없기 때문에, 어느 것도 육체의 감각을 통해서 인상지워진 것은 없습니다. 물론 그것들을 다룰 경우 그 낱말들의 소리가 있기는 하지만, 이 말과 그 대상은 별개의 것입니다. 말은 그리스 어나 라틴 어로 울려 나올 수 있겠지만, 그 대상은 그리스 어나 라틴 어, 그밖의 다른 어떤 언어로도 정해져 있지 않습니다.

나는 설계사들이 제도한 아주 가느다란 선들을 보았습니다. 그 선들은 기하학의 선과는 달라서 육안으로 전달된 그런 선의 영상이 아닙니다. 어떤 물체도 생각하지 않고 마음속에 인식할 수 있는 자라면 그러한 기하학의 선을 알고 있습니다.

또 나는 자기들이 세는 수를 신체의 모든 감각에 의해서 인지한 일이 있습니다. 그러나 「그것에 의해서 헤아리는 수」는 별개이며, 인지되는 수의 영상도 아니기 때문에 훨씬 더 뛰어난 것입니다. 만일 그러한 수를 볼 수 없는 사람은 이런 말을 하는 나를 비웃어도 좋습니다. 나는 오히려 그들을 불쌍히 여기겠습니다.

13. 회상에 의한 회상

나는 이러한 모든 개념을 기억으로 간직하고, 그것을 어떻게 배웠는가 하는 것도 기억에 의해 간직하고 있습니다. 또한 이 사실에 반대하여 여러 가지 잘못된 논리를 펴는 것도 내 귀로 듣고 기억하고 있습니다.

그것들이 잘못된 논리라 할지라도 내가 그것을 기억하고 있는 것은 사실입니다. 내가 그것을 기억해 냄으로써 옳고 그른 것을 구별해 낼 수가 있습니다. 그러나 내가 그 두 가지를 구별하고 있다는 것을 지금 아는 것과, 내가 전에 늘 생각해서 그 두 가지를 구별하곤 했던 것을 기억하는 것과는 각각 다른 일입니다. 그러므로 내가 종종 이것들을 이해한 것도 기억하고, 또 지금 내가 구별하고 이해한 것도 기억하고 있습니다. 그러나 그것은 나중에 가서도 지금 내가 이해했다는 것을 기억하기 때문입니다. 그렇기 때문에 나는 내가 기억했다는 것까지도 기억하고 있고, 또 나중에 지금 기억하고 있는 사실을 회상한다면 그것은 다름 아닌 기억의 힘으로 되새길 것입니다.

14. 감정의 기억

이 기억은 나의 감정까지도 간직합니다. 그러나 마음의 감동을 경험하는 식으로 간직하는 것이 아니라 기억의 본성에 따라 간직하는 것입니다. 즉 나는 과거에 기뻤던 일을 지금 기뻐하지 않고도 상기하고, 언젠가 무서웠던 일을 지금 아무 공포감 없이도 기억해 내며, 과거의 욕정을 지금 그 욕정을 느끼지 않고도 기억하고 있습니다. 때로는 반대로 지나가 버린 슬픔을, 지금 기쁨을 가지고 상기하고, 기쁨은 슬픔을 가지고 상기하는 일도 있습니다.

이 사실이 신체에 관한 한 그렇게 놀랄 일이 못 되는 것은, 마음과 몸은 별개의 것이기 때문입니다. 그러므로 지나간 신체의 고통을 지금 기뻐하면서 상기한다 해도 이상할 것은 없으나, 마음의 경우는 전혀 이와는 다릅니다. 왜냐하면 기억 그 자체가 마음에 지나지 않는 것이기 때문입니다. 사실 누군가를 향해서 무엇인가를 기억해달라고 부탁할 때에는 「자, 이것을 명심하시지요」라고 말합니다. 잊었을 때에는 「마음에 떠오르지 않았다」라든가 「마음으로부터 사라져 버렸다」라든가 하는데, 이러한 경우에 우리는 기억 그 자체를 「영혼」이라고 부르는 것입니다.

만약 그렇다면 내가 과거의 슬픔을 기쁨으로 회상할 때, 비록 슬픔을 기억한다 해도 내 영혼은 즐거운 까닭이 무엇입니까? 내 영혼이 즐거움과 동시에 슬픔을 기억하고 있는 기억 그 자체는 슬프지 않은 것이 웬일입니까? 그렇다면 기억은 영혼에 속하지 않는 것일까요? 누가 감히 그런 주장을 하겠습니까?

그러므로 틀림없이 기억은 영혼의 위(胃) 같은 것이며, 기쁨이나 슬픔은 달콤한 음식과 쓴 음식 같은 것이겠지요. 일단 기억에게로 넘겨지면 위 속에 들어간 것같이 그 속에 간직되기는 해도 그 맛은 알 수 없는 것입니다. 이 두 가지를 비슷하다고 하면 우습지만, 전혀 비교할 수 없는 것도 존재하지 않습니다.

내가 영혼에는 네 가지 감정, 즉 욕망·기쁨·두려움·슬픔이 있다고 말할 때에도 역시 기억 속에서 상기해 내는 것입니다. 내가 이 네 가지를 종류대로 분류하고 그 개념을 규정하면서 이에 대해서 무엇을 말하든가 또는 말해야 할는지를 거기서만 발견하고 거기서부터 이끌어내지만, 내가 이것에 대하여 기억하고 얘기할 때는 어떠한 것에 의해서도 마음이 동요되지 않습니다. 내가 그것들을 기억해 내고 고찰하기 이전에 그것들이 그곳에 있었으므로 내가 그것들을 기억해 낼 수 있었던 것뿐입니다.

마치 음식이 위로부터 반추에 의해서 되새김이 되듯, 이것들도 기억의 되새김에 의해서 꺼내질 것입니다. 그렇다면 왜 사람은 즐거움이나 슬픔에 대해서 말하거나 회상할 때, 의식의 위 속에서 그것을 맛보지 못할까요? 비슷한 것이 완전하지 못하므로 여기에는 비슷하지 않은 것이 놓여 있읍니까? 만약 우리가 슬픔이나 불안을 입에 올리기만 해도 슬퍼지거나 두려워진다면, 누가 그러한 것을 굳이 입에 올리려 하겠읍니까? 그러나 우리가 그것에 대해 아무 말도 하지 못한다면 감각적으로 받아들인 그 말의 울리는 소리뿐만 아니라 사물 자체의 개념도 우리의 기억 속에서 발견할 수 없을 것입니다. 이 개념은 어떤 육신의 문을 통해서 우리 속에 들어오는 것은 아니며 다만 영혼이 그 정열을 경험할 때, 영혼 자체가 깨닫고 기억에 맡겼거나 아니면 기억이 위임을 받지 않고도 그냥 받아 두었거나 한 것입니다.

15. 현존하지 않는 것도 기억한다

그러나 이것이 영상에 의한 것인지 아닌지를 누가 쉽게 단언할 수 있겠읍니까?

사실 나는 그 물체 자체가 내 감각 속에 있지 않을 때에도 돌이라든가 태양이라고 말할 수 있는데, 그것은 그 영상들이 분명 내 머릿속에 있기 때문입니다. 육체적인 고통을 말한다고 해도 내게 어떤 고통이 없는 한, 고통이란 현존해 있지 않습니다. 그러나 만약 그 영상이 머릿속에 현존하지 않는다면 나는 무슨 말을 하고 있는지 모를 것이며, 말을 할 때 기쁨과 고통을 구별할 수도 없을 것입니다.

내가 건강한 상태에 있으면서 육체의 건강에 대하여 말하게 되는 것은, 건강 그 자체가 내게 현존해 있기 때문입니다. 그러나 내 기억에 관한 영상이 없다면 나는 이 말이 무엇을 의미하는지 결코 생각해 내지 못할 것입니다. 병든 사람 역시 건강이란 말이 뜻하는 바를 아는 것은, 비록 그 자체가 자기 몸에는 현존해 있지 않지만 기억력으로는 그 영상을 지니고 있기 때문입니다.

우리가 헤아리는 수를 입으로 얘기할 경우 우리의 머릿속에 있는 것은 영상이 아니라 바로 수 그 자체입니다. 「태양의 영상」이라는 말을 할 때, 그 영상이 내 기억 속에 있으면 내가 회상하는 것은 그 영상의 영상에 지나지 않는 것이 아니라 영상 그 자체이고 이것은 내가 회상할 때 현존해 있는 것입니다. 그리하여 내가 기억이라고 말하면 내가 말하는 그 기억이 무엇을 뜻하는지 알게 됩니다. 그러나 그것을 그 기억 자체 내에서가 아니면 무엇을 통해 알 수 있겠읍니까? 그러면 이것도 그의 모형 속에 존재하는 것입니까? 다시 말해서 그의 현실성 가운데 현존하는 것이 아닙니까?

16. 망각의 기억

그러면 내가 「망각」이라는 말을 입에 담고, 그 입에 담은 말을 인식하는 것은 무엇 때문입니까? 그것을 인식하는 것은 바로 그것을 기억하고 있기 때문이 아닐까요? 지금 말하는 것은 그 말의 음향이 아니라 그 말이 의미하는 사상(事象)을 생각하는 것입니다. 내가 그 음향이 무엇을 의미하는지를 잊었다면 그것을 결코 이해하지는 못했을 것입니다.

그러므로 내가 기억을 기억하는 경우, 기억 자체는 그 자신을 통해서 현존합니다. 이와 반대로 내가 망각을 기억하는 경우엔 기억과 망각 두 가지가 현존합니다. 즉 기억을 통해서 내가 기억하고, 망각은 내가 기억하고 있는 것입니다. 망각이란 바로 기억의 결핍입니다. 그러면 망각을 기억하기 위해서 그것은 어떤 식으로 기억에 현존하는 것일까요? 만약 망각이 기억에 현존한다면 기억할 수는 없지 않겠읍니까? 그러나 우리가 기억하는 것만을 기억할 뿐 망각은 기억하지 못한다면, 이 「망각」이라는 말만 듣고 그 말에 의해서 그 뜻을 인식하기란 절대로 불가능합니다. 그렇기 때문에 결국 망각은 기억에 현존합니다. 그렇지 않다면 우리는 그것을 잊어버릴 것이며, 망각이 기억에 현존하는 경우에도 우리는 잊어버릴 것입니다.

여기서 우리가 망각을 기억하는 경우, 기억 속에 존재하는 것이 망각 자체가 아니라 그 영상이라는 것을 우리는 이해할 수 있을까요?——망각 자체가 현존한다면 기억은커녕 오히려 망각을 위해서 존재하는 셈이 되고 말 것입니다——그러나 누가 이 문제를 규명할 수 있겠읍니까? 그것이 어떤 형태인가를 누가 이해할 수 있겠읍니까?

주님이시여, 저는 이 문제를 위해 노력하고 나 자신을 위해 애썼읍니다. 나 스스로가 곤란과 땀을 필요로 하는 말이 되었읍니다. 지금 나는 천계를 재는 것도 아니고 별과 별의 거리를 재는 것도 아니며, 땅의 중량을 재는 것은 더욱 아닙니다. 오직 나, 다시 말해 기억하는 나의 영혼이 문제인 것입니다. 내가 아닌 것이 나 자신의 자아에서 멀리 있다는 것은 하나도 이상할 것이 없읍니다. 그러나 나 자신보다 내게 가까운 것은 없읍니다. 그러나 보십시오. 나 자신의 기억은 내가 파악하지 못하지만 그것이 없다면 나는 나 자신에 대해 말할 수도 없을 것입니다. 내가 선명하게 나의 망각을 기억한다면 나는 이에 대해 무엇이라고 말해야 하겠읍니까? 그것은 어쩌면 내가 상기하는 기억 속에 있지 않을 것이라고 말해야 하겠읍니까, 그렇지 않으면 내가 망각하기 위해서라도 내가 그 망각을 내 기억 속에서 인지하고 있다고 말해야 하겠읍니까? 그러나 모두가 어리석은 일뿐입니다.

그러면 제 3의 해결은 어떻습니까? 내가 망각을 기억하고 있을 때 나는 망각의 영상을 기억에 보관하는 것이지 망각 그 자체를 보관하는 것이 아니라고 어떻게 감히 말할 수 있겠읍니까? 어떠한 것이건 그 영상이 기억에 새겨지기 위해서는 우선 그것 자체가 현존해야 합니다.

내가 카르타고를 기억하고, 그전에 살았던 모든 장소를 기억하고, 그전에 본 사람들의 얼굴을 기억하고, 다른 여러 감각이 전하는 것을 기억하고 또 육체의 건강이나 아픔을 기억하는 것도 모두가 그러한 방법에 의한 것입니다. 즉 이러한 것들이 현존할 때 기억은 그것들로부터 영상을 받아들였읍니다.

그래서 그것들이 현존하지 않아도 상기하는 경우에는, 마치 현존하듯이 마음으로 보고 상기할 수가 있는 것입니다. 그러므로 만약 망각이 그 자체에 의하지 않고 영상에 의해서 기억되어 있다고 한다면, 그 영상이 파악되기 위해 우선 망각 자체가 현존했을 것입니다. 그러나 망각이 현존했을 때에 그것은 어떻게 해서 자기의 심상을 기억 속에 새겨 놓을 수가 있었을까요? 망각은 현존함으로써 이미 거기에 새겨져 있었던 것까지도 말소하는 것인데 말입니다.

그럼에도 불구하고 설사 어떤 방법에 의하든지, 비록 불가해하기 때문에 설명하기 곤란한 방법이라 할지라도 망각 그 자체까지도——우리가 기억하고 있는 것은 그것에 의해서 메워져 버림에도 불구하고——내가 기억하고 있다는 것은 확실합니다.

17. 기억력에 있어서도 위대하신 하느님

주님이시여, 기억의 힘은 위대합니다. 그것은 얼마나 신비스럽고 깊으며 다양한 것인지 모릅니다. 이것이 바로 내 영혼, 곧 나 자신입니다. 그러면 나는 도대체 누구일까요? 주님이시여, 나는 어떠한 본성을 지닌 사람일까요? 그것은 복잡다양하고 실로 무한한 생명입니다.

주여, 보십시오. 내 기억은 대평원이며 수많은 사물이 가득 찬 동굴이며 만(灣)입니다. 그중의 어떤 것은 모든 물체같이 영상에 의해서, 어떤 것은 여러 가지 학문의 지식같이 현존하는 방식에 의해, 또 어떤 것은 마음에 생기는 감정같이 어떤 관념이나 지표 같은 것에 의해 기억 속에 포함되어 있읍니다. 그리고 기억 속에 있는 것은 전부 마음속에 있읍니다. 기억이 그것들의 관념

이나 지표를 보존하면서 마음은 **그런 감정을 느끼지 않는 일도 있**
읍니다. 그런데 나는 그러한 기억 사이를 배회하며 **가능한 한** 기
어들어가 봅니다. 그러나 그것은 어디에도 끝이 없으며, 기억의
힘은 그처럼 큽니다. 죽어야 할 자로서 살아 있는 **인간** 속에 그
다지도 큰 생명의 힘이 내포되어 있는 것입니다.

주님이시여, 나의 영원한 생명이시여, 그러면 내가 어떻게 해
야 하겠읍니까? 나는 이 기억이라는 나의 힘까지도 초월하여 감
미로운 빛이신 당신에게 다다를 것입니다.

주님이시여, 당신은 나에게 무엇을 말씀하고 계십니까? 보십
시오. 나는 내 위에 상주하시는 당신께로 나를 올리면서, 기억이
라 부르는 나의 능력을 넘어서 당신을 만져 보려고 합니다. 우리
가 당신을 만질 수 있는 곳에서 내가 만지려 하고, 우리가 당신께
매달릴 수 있는 그곳에서 내가 당신께 매달리려 합니다. 사실 새
나 짐승도 기억력이 있읍니다. 그 기억력이 없다면 제 집이나 그
밖의 습관이 된 여러 가지 일을 하지는 못할 것입니다. 사실 기억
이 없이는 어떠한 일에도 익숙할 수 없읍니다.

그러므로 나는 이 기억력을 초월해서 당신에게 다다르고자 합니
다. 나를 네발 가진 짐승과 다르게 만들어 주셨고, 나는 새보다
도 슬기롭게 만들어 주신 그분께 도달하기 위해 기억마저 넘어서
려 합니다. 그러나 어디서 당신을 찾을 수 있겠읍니까? 진실한 선
이시며, 무한한 즐거움이신 당신을 어디서 발견하겠읍니까? 만
약 나의 기억 밖에서 당신을 본다면 나는 당신을 기억하지 **못**
할 것입니다. 그러나 내가 당신을 기억하지 못한다면 어떻게 **당**
신을 발견하겠읍니까?

18. 기억과 재인식

예컨대 한 여자가 은화를 잃고 열심히 찾았다고 합시다. 그러
나 만일 그것을 기억하지 못했더라면 영영 찾지 못했을 것입니
다. 만약 그녀가 발견한 후라도 기억이 없다면 그것이 돈인지 아
닌지를 전혀 모를 것입니다. 나는 잃은 것을 찾다가 발견한 일이

많으므로 그것을 잘 알고 있읍니다.

언제나 물건을 찾을 때 「이것이냐, 저것이냐」하다가 찾는 것이 나오지 않을 때면 으레 「그것이 아니다」라는 대답만을 했읍니다. 잃은 것이 무엇이든 만약 기억하고 있지 않았다면 눈앞에 나타난다 해도 알아볼 수가 없었을 것입니다. 왜냐하면 나는 그것으로 알아볼 수가 없을 것이기 때문입니다. 우리가 잃은 것을 찾다가 발견하는 경우에는 언제나 이럴 것입니다.

무엇인가가 시계(視界)로부터는 없어져 가도 기억에서는 사라지지 않을 경우, 즉 어떤 가식적 물체의 경우에는 그 영상이 마음속에 보존되어 있읍니다. 그래서 그것이 다시 눈앞에 나타날 때까지 찾아 발견하면, 내부에 있는 영상에 의해 찾고 있었던 물체가 바로 그것임이 확인됩니다. 그것을 인식하지 않고는 잃어버린 것을 발견했다고 할 수 없으며, 또한 기억하지 못하는 경우에는 확인할 수도 없읍니다. 어쨌든 무엇을 잊어버리는 것은 눈뿐이며, 기억 속에는 그것을 간직하고 있는 것입니다.

19. 재인식이란 무엇인가

우리가 무엇인가를 잊어버리고 나서 다시 기억해 내려고 할 때, 기억 자체가 어떤 것을 모두 다 잊었을 경우에 어디서 그 기억을 찾는단 말입니까? 무엇인가 찾는 것과는 다른 것이 나타나면 우리는 찾는 것이 나타날 때까지 계속 찾을 것입니다. 그러다가 그것이 나타나면 우리는 「이것이다」하고 말합니다. 우리가 그렇게 소리치는 이유는 그것을 인식하기 때문이며, 우리가 그것을 인식할 수 있는 것은 회상하기 때문입니다. 물론 우리가 분명히 그것을 잊어버리긴 했지만.

우리가 전체를 망각한 것이 아닌 경우에, 우리가 기억하는 부분으로부터 다른 부분을 찾아보게 됩니다. 왜냐하면 기억은 이것이 전체가 아니라는 것을 깨닫고, 눈멀고 절룩거리면서 그 없어진 부분을 찾아 헤매기 때문입니다.

아는 사람을 만났거나 혹은 생각하다가 그 이름을 잊었을 경우

가 그렇습니다. 이 이름 저 이름을 떠올려도 관습은 이 이름과
그 인물을 결부시키지 않으므로, 우리는 그의 참 이름이 나타날
때까지 모두 물리쳐 버립니다. 그리하여 마침내 그의 참 이름이
나타나면 아무런 혼란도 일으키지 않고 경험된 관습이 그 이름을
마땅하게 여깁니다.

　이 이름이 나타난 것이 기억이 아니고 무엇이겠읍니까? 다른
사람이 우리에게 그 이름을 상기시키고 우리가 그 이름을 옳다고
판단했을 때, 그 이름은 본래 기억에서 나온 것입니다. 이것은
우리가 어떤 새로운 것이라도 믿는 듯이 생각하지 않고 오히려
우리가 회상해 보고「아, 그것이다」라고 말하는 것입니다. 만일
우리의 정신에서 모두 없어져 버린 것이라면, 남이 귀띔을 해준
다 해도 기억이 나지 않을 것입니다. 그러므로 자기가 잊어버렸
다는 것을 기억하는 한, 완전히 잊어버린 것은 아닙니다. 완전히
잊어버렸다면 어떻게 잃은 것을 다시 찾을 수가 있겠읍니까?

20. 복락과 기억

　그러면 주님이시여, 나는 당신을 어떻게 찾아야 합니까? 사실
나의 하느님이신 당신을 찾으면, 영생복락을 찾는 것과 같읍니
다. 내 육체는 영혼에 의해서 살고, 내 영혼은 당신에 의해서 살
기 때문입니다. 그러면 나는 영생복락을 어떠한 방법으로 찾아야
하겠읍니까?「충분하다. 이것으로 족하다」라고 말할 때까지는
아직 나에게는 영생복락이 없는 것입니다. 이미 기억에서 멀어져
갔지만, 아직 희미하게나마 남아 있다고 회상을 하며 찾아야 하
겠읍니까? 아니면 한 번도 안 적이 없거나 그것을 잊었다는 것
조차 기억하지 못할 정도로 모두 잊어버린 상태에서, 그것을 마
치 모르기라도 하는 것처럼 희구하면서 찾아야 합니까? 영생복
락은 모든 사람이 갈구하는 것이며, 이것을 원하지 않는 사람은
아무도 없을 것입니다. 그러면 그들은 이것을 어떻게 알았으며,
이것을 사랑하고 있다는 사실은 어떻게 알았읍니까?

　분명히 우리는 이것을 소유하고 있지만, 나는 이것을 어떻게

소유하고 있는지 모릅니다. 그러나 양상은 달라도 어떤 사람은 그것을 지니고 있기 때문에 행복한 경우가 있고, 어떤 사람은 소망하는 가운데 행복한 경우가 있습니다. 후자는 이미 이것을 소유하고 있는 전자보다 조금 가지고 있습니다. 그러나 이를 소유하지도 못하고 소망도 없는 사람들보다는 더 좋은 상태에 있는 사람들입니다. 하긴 그 사람들도 이것을 어느 정도는 가지고 있습니다. 그렇지 않다면 그들은 행복해지기를 바라지는 않았을 것입니다. 그들이 이것을 갈망한다는 것은 확실합니다. 그들이 어떻게 이것을 깨닫고 어떠한 방식으로 지금 감각에 지니고 있는지를 나는 모르나, 이 깨달음이 회상에서 나온 것인지를 규명해 보려고 했습니다. 그러한 깨달음이 있다는 것은 우리가 한순간 행복했었다는 것을 의미합니다. 그러나 나는 우리들 각자가 행복했었는지, 모든 사람이 처음 죄지은 저 한 사람 안에서만 행복했었는지에 대해서 묻는 것은 아닙니다(우리는 이미 그 한 사람 안에서 죽었고, 그에게서 우리가 모두 비참 속으로 태어났습니다). 내가 묻는 것은 단지 우리 기억 속에서 영생복락이 있느냐 하는 것뿐입니다.

만약 우리가 그것을 몰랐더라면 그것을 사랑하지도 않았을 것입니다. 우리는 영생복락이라는 말을 듣고 모두가 그것을 갈망하는 것이 사실입니다. 그저 그 말 자체만으로 기뻐하는 것이 아닙니다.

그리스 인이 라틴 어로 이런 말을 들을 경우, 그는 그것이 무엇을 뜻하는지 모르기 때문에 결코 기뻐하지 않습니다. 그러나 라틴 사람들이 들으면 기뻐합니다. 그와 같이 그리스 인도 그리스 어로 발음되는 것을 들으면 기뻐할 것입니다. 왜냐하면 이들이나 그밖의 다른 나라의 언어를 말하는 사람들도 모두 내 것으로 만들고 싶다고 갈망하는 것은 그리스 어나 라틴 어 자체가 아니기 때문입니다.

영생복락 그 자체는 많은 사람들에게 알려져 있습니다. 그렇기 때문에 만약 만인을 향해 단 한마디로 「너희들은 영생복락을 누리고 싶은가?」라고 한다면 모두가 서슴지 않고 「그렇다」고 대답할 것입니다. 이것은 그 말이 뜻하는 행복 자체가 기억에 **없다면** 불가능한 일이기 때문입니다.

21. 모든 사람은 행복을 원한다

영생복락은 내가 본 일이 있는 카르타고를 기억하는 것 같은 종류는 아닙니다. 그것은 물체가 아니므로 눈으로는 확인할 수가 없습니다.

그렇다면 그것은 수를 헤아리는 식으로 기억 속에 있을까요? 그렇지는 않습니다. 수를 지식 속에 소유하는 자는 그 이상으로 한층 더 자기 것으로 하겠다는 따위의 생각은 절대로 하지 않습니다. 그러나 이에 반해 우리는 영생복락을 지식 속에 가지고 있고, 바로 그 이유 때문에 사랑합니다. 그러나 그것만으로는 만족하지 못하고 영생복락을 누리기 위해 한층 더 그것을 내 것으로 하기를 바라는 것입니다.

그렇다면 그것은 변론술을 기억하는 방식으로 기억 속에 포함되어 있는 것일까요? 그렇지도 않습니다. 분명히 「변론술」이라는 이름을 들으면 아직 변론에 능통하지 못한 사람들도 그 이름에 의해서 표시되어 있는 「것 자체」를 생각해 내고, 많은 사람들은 변론에 능통하기를 원합니다. 그러므로 그것이 그들의 지식 속에 포함되어 있는 것은 분명한 사실입니다. 그러나 그들은 신체의 감각을 통해 다른 사람들이 변론에 능통해 있는 것을 인정하고 기뻐하며, 자기도 그렇게 되기를 원합니다. 그들이 가장 기뻐하는 것은 내적인 지식에 의한 것이며, 기뻐하지 않으면 그렇게 되기를 원하지 않을 것입니다. 이에 반해서 영생복락을 신체의 감각에 의해서 타인 속에서 경험하는 것은 결코 아닙니다.

그렇다면 그것은 우리가 기쁨을 기억하는 것과 마찬가지로 기억 속에 포함되어 있을까요? 아마 그럴 것입니다. 사실 나는 슬픔 속에서도 기쁨을 간직하고 있습니다. 그것은 현재 비참한 상태에 있으면서도 영생복락을 기억하는 것과 같다고 할 수 있습니다.

또 나는 나의 기쁨을 신체의 감각에 의해서 보거나 들은 것도 아니며 냄새를 맡은 것도 만져 본 것도 아닙니다. 단지 기쁠 때 마음속에서 경험한 것이고 그 지식이 기억에 들어왔기 때문에, 지금 그 기쁨을 기뻐했다고 기억하는 대상의 종류에 따라 때로는 경멸을 가지고 또는 동경하면서 회상할 수가 있는 것입니다. 즉 나는 그전에 추악한 것에 대해 특별한 기쁨을 느꼈던 일이 있습니다만, 지금 생각하면 협오스럽고 끔찍하기만 합니다. 어떤 때는 선하고 훌륭한 것에 대해 만족할 만큼의 켜다란 기쁨을 느꼈읍니다만, 지금은 그것이 없어졌기 때문에 슬퍼하면서 지나간 기쁨을 생각합니다.

그러면 내가 언제 어디서 어떤 느낌을 주는 영생복락을 경험했었기에 그것을 기억하고 좋아하며 동경하는 것입니까? 나의 이웃뿐만 아니라 나를 포함한 모든 사람이 행복해지기를 원하며, 우리가 거기에 대해 확고부동한 지식이 없었더라면 그렇게 굳은 결의로써 갈구하지는 않았을 것입니다. 그렇다면 이 어찌된 일입니까?

우리가 두 사람에게 군대에 나가 근무하길 원하느냐고 묻는다면, 한 사람은 원한다고 하고 한 사람은 원하지 않는다고 대답할 수도 있을 것입니다. 그러나 우리가 그 두 사람에게 행복해지기를 원하느냐고 묻는다면, 그들은 주저하지 않고 즉시 행복해지기를 원한다고 대답할 것입니다. 군복무를 원하는 사람이든 원하지 않는 사람이든간에 모두가 행복을 추구하는 데 지나지 않습니다. 이 사람은 여기서, 저 사람은 다른 곳에서 각각 기뻐하는 것입니까? 그렇습니다. 그들은 기뻐하기를 원하느냐는 물음에 똑같은 대답을 하는 것과 같이, 똑같이 복된 삶을 원하고 있습니다. 그들은 이 기쁨을 복된 삶이라고 부릅니다. 한 사람은 여기서, 다른 한 사람은 다른 곳에서 찾으나, 그들이 구하는 것은 오직 한 가지, 기뻐하는 것입니다. 그것이 무엇이든지간에 그들이 그것을 경험하지 못했다고 말할 사람은 아무도 없읍니다. 그러므로 영생복락이라는 말이 울려 나올 때, 그 기억 속에 이미 있었으므로, 이를 인식할 수 있는 것입니다.

22. 지복의 삶

주님이시여, 멀리해 주십시오. 당신에게 고백하는 종의 마음으로부터 아주 멀리 떠나게 해주십시오. 「어떠한 기쁨으로 기뻐할지라도 나는 복되다」하는 생각이 내게서 떠나게 해주십시오.

불경한 자들에게는 주어지지 않으며 오로지 당신만을 의지하는 자에게만 주어지는 기쁨이 한 가지 있읍니다. 그들에게는 주님이신 당신 자신이 기쁨이 되십니다. 복된 삶이란 당신을 향하여, 당신한테서, 당신으로 인하여 기뻐하는 것일 뿐 다른 것은 결코 아닙니다. 그런데 다른 것을 복된 삶이라고 말하는 사람들은, 참된 기쁨이 아닌 다른 기쁨을 갈망하는 것입니다. 그러나 그들의 마음은 어떠한 기쁨의 영상으로부터 완전히 벗어난 것도 아닙니다.

23. 진리를 소유하고 있을 때

그러므로 모든 인간은 행복해지려고 한다는 결론을 내릴 수가 없읍니다. 왜냐하면 복된 삶은 오로지 당신 한 분뿐이므로, 당신에게서 기쁨을 찾으려 하지 않는 자들은 복된 삶을 향유할 수가 없기 때문입니다. 아니 행복을 원하지도 않는 것입니다. 원한다 하더라도 육체가 원하는 것은 영혼에 위배되고 영혼이 원하는 것은 육체에 위배되어 원하는 대로 하지 못하기 때문에, 그들이 할 수 있는 것에만 빠져서 그로써 만족하는 것입니다. 즉, 그들은 자신들이 도달할 수 있는 것에 이를 만큼 열심히 구하지 않기 때문입니다. 왜냐하면 사람들은 진리를 더 기뻐하는가, 거짓을 더 기뻐하는가 하고 물을 때, 누구든지 진리를 더 기뻐한다고 대답하기 때문입니다. 그것은 마치 스스럼없이 행복해지고 싶다고 대답하는 것과 같습니다. 실로 복된 삶이란 진리로 인해서 생기는 기쁨입니다. 즉, 그것은 진리이신 당신으로 인해 생기는 기쁨입니다. 주님이시여, 당신은 나를 비춰 주시는 영원한 빛이시며, 내 영혼의 구원이십니다.

모든 사람이 이 복된 삶을 원하고 이 삶은 홀로 복된 것이어서 모든 사람이 원하며 모든 사람이 진리에의 기쁨을 원합니다. 나는 사람을 속이기를 좋아하는 사람들을 많이 알고 있습니다. 그러나 나는 남에게 속고 싶어하는 사람을 아직 한 명도 본 일이 없습니다. 그러면 그들은 어디서 이 복된 삶을 알았을까요? 그것은 그들이 진리를 안 바로 그곳일 것입니다. 그들은 속기를 원하지 않으므로 진리도 사랑합니다. 또 진리로 인해서 생기는 기쁨 이외의 그 무엇도 아닌 복된 삶을 사랑할 때, 분명히 진리도 사랑합니다. 그러나 만약 진리에 대한 어떤 지식을 기억 속에 가지고 있지 않다면 그들은 진리를 사랑할 수 없을 것입니다.

그러면 그들이 왜 진리 안에서의 기쁨에 도달하지 못합니까? 그들이 왜 복락을 누리지 못합니까? 그들은 자기들의 삶을 복되게 해줄 것을 매우 희미하게 기억하고 있을 따름이고, 자기들을 더욱더 비참하게 만드는 것에 단단히 붙잡혀 있기 때문입니다. 그렇습니다. 인간에겐 아주 잠시 동안만 빛이 있을 뿐입니다.

그러면 어찌하여 진리가 증오를 낳았읍니까? 사람들이 진리에의 기쁨인 영생복락을 갈구하며 사랑하는데, 참을 사랑하는 당신의 사람이 이 진리로 인해 미움을 받는 까닭은 무엇입니까? 다른 것을 사랑하는 사람들까지도 자기들이 사랑하는 그것이 진리이기를 바랄 정도로 인간들이 진리를 사랑하기 때문에, 또한 그들은 속으려 하지 않기 때문에 자신이 속은 자라고 남들이 말하기를 원하지 않는 것입니다. 그들은 자신들이 진리인 줄 알고 사랑하는 것 때문에 스스로 진리를 미워하고 있읍니다. 그들은 진리에서 뿜어 내는 빛은 사랑하지만, 진리의 심판은 미워합니다. 그들은 속는 것은 싫어하지만, 속이는 것은 좋아합니다. 그래서 진리가 진리 자신을 나타낼 때에는 사랑하지만, 진리가 자신을 폭로할 때에는 증오하는 것입니다. 그리하여 진리는 그들에 대해 이런 식으로 보답할 것입니다. 즉 진리로 인해 폭로되기를 싫어하는 그들의 뜻을 어겨 폭로함과 동시에, 진리 자신은 그들 앞에 그 모습을 나타내지 않는 식으로 말입니다.

바로 인간의 마음은 이렇습니다. 즉 자신의 마음속에는 맹목이 잠들어 있어 천하고 보잘것없으면서도 자신은 감추어져 있기를 바라고, 반면에 다른 것은 무엇이나 자신 앞에 드러나기를 바라고 있습니다. 그러나 그는 정반대의 보답을 받아 자기를 진리 앞에서 숨기지 못하고, 더구나 진리는 자기 앞에 숨어 있게 됩니다. 인간은 이와 같이 고통스러운 상태에 있으면서도 허위보다는 진리를 더 기뻐하려고 합니다. 그렇기 때문에 인간의 마음은 어떠한 방해물조차도 중간에 개입시키지 않고 모든 참다운 것에 의한 진리 그 자체를 기뻐하는 경지에 이를 때 비로소 복락을 누리게 될 것입니다.

24. 기억 속에 계시는 하느님

주님이여, 나는 당신을 찾기 위해 얼마나 오랫동안 나의 기억 속을 헤맸는지 모릅니다. 그 기억 밖의 어디에서도 당신을 발견하지 못했읍니다. 사실 내가 당신에 대해서 무엇인가를 발견했다면, 그것은 모두 당신을 알게 된 후 기억 속에 보관해 둔 것 이외의 무엇도 아닐 것입니다. 당신을 알게 된 후 당신을 잊은 적은 결코 없읍니다. 진리를 발견한 곳에서 바로 진리 그 자체인 나의 하느님을 발견했읍니다.

그러므로 당신을 안 이후 당신은 나의 기억 속에 머무르시며 당신을 상기하며 당신을 기뻐할 때, 당신을 거기에서 발견합니다. 이것은 당신이 나에게 주신 성스러운 열락이며, 그것은 나의 가난한 마음을 굽어 살피는 당신의 자비입니다.

25. 하느님이 계시는 곳

그러나 주님이시여, 당신은 나의 기억 속 어느 곳에 머물고 계십니까? 당신을 위해 어떤 곳을 마련해 두셨읍니까? 어떤 성소(聖所)를 당신을 위해 세우셨읍니까? 당신은 영광스럽게도 나의 기억 속에 현존해 계시지만, 그곳을 알 수가 없읍니다.

당신을 생각할 때, 나는 짐승조차도 가지고 있는 기억의 공간을 초월했읍니다. 사물의 영상 속에서는 당신을 발견하지 못했기 때문입니다. 그리하여 마음의 감정을 간직한 곳으로 왔지만, 거기에서도 당신을 찾지 못했읍니다.

그리고 기억 속에서 나의 마음이 차지하는 거처에 들어가 보았지만——사실 마음은 자기 자신까지도 기억하고 있읍니다——거기에도 계시지 않았읍니다. 당신은 사물의 영상이 아니고 기뻐하고 슬퍼하고 갈망하고 두려워하고 기억하고, 그밖에 그와 비슷한 마음을 갖는 것의 감정도 아니며 마음 그 자체도 아닙니다. 진실로 당신이야말로 모든 것의 주인이시며, 이 모든 것을 움직이면서도 당신께선 만물을 초월해서 변함이 없으십니다. 게다가 당신을 알게 된 후부터 당신은 영광스럽게도 나의 기억 속에 계십니다.

나는 왜 실제로 거기에 장소가 있는 것처럼 기억의 어느 곳에 계시느냐고 묻는 것일까요? 어쨌든 그곳에 당신이 사시는 것은 사실입니다. 왜냐하면 그것을 알게 된 후 지금까지 당신을 기억하고, 또 상기할 때에는 언제나 당신을 기억 속에서 찾아 내기 때문입니다.

26. 하느님은 어떻게 찾을 수 있는가

그러나 당신을 어디서 찾아야 합니까? 내가 당신을 알기 전에는 나의 기억 속에 계시지 않았읍니다. 그러면 어디서 발견하여 알게 되었을까요? 다름 아닌 「모든 것을 초월한」 당신에게서가 아니었읍니까? 결코 장소는 없읍니다. 우리는 당신과 가까와지기도 멀어지기도 합니다만, 결코 장소는 없읍니다.

진리이신 하느님이시여, 당신은 당신에게 묻는 자들 앞에 계시어 갖가지 질문을 하는 사람에게 대답하십니다. 당신은 명료하게 대답하시지만, 모든 사람이 다 똑똑히 알아듣는 것은 아닙니다. 모든 사람은 자기가 듣고 싶은 말만을 당신에게 묻습니다. 그러나 반드시 원하는 답을 얻는다고는 할 수 없읍니다.

자기가 듣고 싶은 것을 당신에게 듣기보다는, 당신에게 듣는 것을 그대로 받아들이려고 하는 사람이야말로 가장 착한 머슴입니다.

27. 하느님의 아름다움

늦게서야 당신을 사랑했읍니다.
이렇듯 오래고, 이렇듯 새로운 아름다움이시여,
이렇게 늦게서야 당신을 사랑했읍니다.
내 안에 당신이 계시거늘 나는 밖에서,
나 밖에서 헛되이 당신을 찾았읍니다.
당신의 아름다운 피조물에 이끌려
더러운 나의 육체를 그 속에 던져 버렸읍니다.
당신은 내 곁에 계시는데
나는 당신과 함께 있지 않았읍니다.
당신 안에 있지 않으면 존재하지도 못할 것들이
나를 당신으로부터 멀리 떨어뜨려 놓았읍니다.
당신께서는 부르시고 소리치시어
내 막힌 귀를 뚫어 주셨읍니다.
당신께서는 비추시고 밝히시어
내 눈의 암흑을 거두셨읍니다.
당신께서 향기를 풍기시어
나는 그것을 마시고
당신을 향해 숨을 쉬게 되었읍니다.
당신의 멋을 보고 나니
나는 허기와 갈증을 느낍니다.
당신이 나를 만져 주시니
내 마음은 평화를 찾아 불타오릅니다.

28. 비참한 이 세상의 삶

나의 모든 것을 바치고 당신에게 의지하면, 어떠한 슬픔이나
괴로움도 사라지겠지요. 그때 나의 삶은 온통 당신으로 충만해져

서 비로소 한 생명이 됩니다. 당신께서 충만하게 한 사람을 당신께서 세우시지만, 나는 아직 당신으로 가득 차지 않았으므로 나는 나 자신에게 짐이 되었읍니다. 내 안에 슬픈 기쁨과 기쁜 슬픔이 서로 다투고 있지만 승패를 알 수가 없읍니다.

아, 이 무슨 일입니까. 주님이시여, 불쌍히 여겨 주십시오. 악한 슬픔과 선한 슬픔이 서로 싸우고 있읍니다. 어느 쪽이 이길는지 알 수 없읍니다. 주님이시여, 가엾게 여겨 주십시오. 보십시오, 나는 상처를 감추지 않습니다. 당신은 의사이시고 나는 환자입니다. 당신은 자비로우시고 나는 불쌍합니다.

지상의 인간생활은 바로 시련 그 자체입니다. 귀찮고 어려운 일을 좋아할 사람이 어디 있겠읍니까? 당신은 참으라고 명하시지만, 그것을 사랑하라고 말씀하시지는 않습니다. 인내를 사랑하는 자는 있어도, 참아야 할 대상을 사랑하는 자는 없읍니다. 자기가 참고 있는 데에 기쁨은 느껴도 가능한 한 참아야 할 것 따위는 없기를 바랍니다. 나는 어려움에 처했을 때는 순경을 갈망하고 순경에서는 역경을 두려워합니다. 이 두 가지 중에 인생은 시련 아닌 곳이 어디 있겠읍니까?

이승의 순경은 헤아릴 수가 없읍니다. 그것도 이중의 의미에서, 즉 순경일 때에는 언젠가 역경이 오지나 않을까 하는 두려움이 있읍니다. 언젠가는 순경의 기쁨이 사라진다는 이중의 의미에서 말입니다. 이승의 역경 역시 헤아릴 수가 없읍니다. 그것도 하나 둘이 아닌 삼중의 의미에서, 즉 역경에서는 순경이 한없이 그립고 또 역경 그 자체가 괴로우며, 언젠가 역경을 견딜 수가 없게 될 위험이 있다는 삼중의 의미에서 말입니다.

실로 지상에서의 인간의 삶은 끊임없는 시련의 연속이 아니겠읍니까?

29. 모든 희망은 하느님 안에

그러므로 모든 희망은 참으로 위대하신 당신의 자비에 달려 있읍니다. 당신이 명령하시는 것을 베풀어 주십시오. 당신이 원하는 것을 명령해 주십시오.

당신은 자제를 명령하십니다. 「만약 하느님이 그 선물을 주시지 않는다면」 아무도 자제할 수 없다는 것을 나는 분명히 알고 있읍니다. 그러므로 그 선물을 누가 주었는지를 아는 것 자체가 지혜에 속하는 것이라고 말하는 사람도 있읍니다.

사실 사람은 절제를 통해 자신을 다스리고 하나로 되돌아갑니다. 사람은 이 하나에서 떨어져 나가 여러 개로 흩어졌읍니다. 당신 이외의 다른 것을 사랑하는 자는 당신을 너무 조금 사랑하고, 그것도 당신 때문에 다른 것을 사랑하는 것이 아닙니다. 오, 나의 사랑, 당신은 언제나 타오르고 결코 꺼지지 않으십니다. 오, 나의 사랑, 나의 하느님! 내게 불을 붙여 주십시오. 당신은 절제하라고 명령하십니다. 당신이 명령하시는 것을 베풀어 주시고 당신이 바라는 것을 명령해 주십시오!

30. 정   욕

당신은 분명히 육신의 정욕과 눈의 정욕, 그리고 세속적 욕심으로부터 떠나서 절제하라고 명령하십니다.

당신은 사통(私通)하는 것을 금하셨고, 허가하신 합법적 혼인에 대해서도 선한 길을 명령하셨읍니다. 그리고 그 선물을 받은 나는 당신의 비적을 베푸는 자가 되기 전에 이미 명령하신 길을 걷는 자가 되었읍니다. 그러나 기억 속에는——그것에 대해서는 이미 많은 이야기를 했읍니다——습관에 의해 형성된 그런 일들의 영상이 아직 많이 남아 있읍니다.

그들 영상은 자각하고 있는 나에게 나타날 때는 미약한 것에 불과합니다. 그리고 꿈속에 나타날 때에는 나를 즐겁게 하기는커녕 기쁨에 동조시키고, 실제로 이 일을 행하는 기분으로 만들어 버립니다. 영상의 환영은 영혼과 육체 사이에서 난폭한 힘을 발휘하므로 자각하고 있을 때라면 실물을 보아도 유혹을 받지 않을 만한 일도, 잠들었을 때는 환영을 보는 것에 지나지 않는데도 유혹되고 맙니다.

244

주님이시여, 나의 하느님이시여, 그때 나는 나 자신이 아닐까요? 그렇게 큰 차이가, 나와 나 자신과의 사이에 각성에서 수면으로 옮겨서, 수면으로부터 각성으로 돌아가는 순간에 존재합니다. 그 이성은 도대체 어디에 있을까요? 이성 덕분에 자각하고 있을 때에는 그러한 속삭임에 거역하여 실물이 나타나도 태연자약한데 말입니다.

이성은 눈을 감는 것과 동시에 닫혀지는 것일까요? 어쨌든 자각하고 있는 나와 수면하고 있는 나 사이에는 많은 차이가 있으므로, 그것과는 다른 일이 생긴 경우에도, 즉 자고 있는 가운데 유혹에 동조한 경우에도——깨어나면 평정한 양심으로 돌아가는 그러한 차이가 있는 것이므로, 자고 있는 가운데 일어나는 일은 내가 아니라고 인정하는 것입니다. 나 자신 속에 어떠한 방법을 따르든간에 그 일이 생긴 것이 유감입니다.

전능하신 하느님이시여, 당신의 손은 나의 영혼의 모든 병을 고치고 지금보다 더 풍요한 은혜를 쏟아, 자고 있는 가운데 일어나는 음란한 마음의 움직임까지도 없애 버리실 수는 없을까요?

주님이시여, 내 마음속에 그 선물을 더욱더 풍요하게 해주십시오. 그러면 영혼은 정욕이라는 끈끈이로부터 해방되어 스스로를 따르면서 당신을 향해 전진하고, 스스로에게 거역하는 일 없이 자고 있는 가운데서도 감각적 영상에 의해 저 더러운 추행을 하고 살을 유출시키는 데까지 가는 일이 없을 뿐만 아니라, 전혀 육욕에 동조하는 일도 없어질 것입니다.

사실 이러한 종류의 어떠한 유혹도 즐거워함이 없이, 비록 자는 중이라도 순결한 마음을 가진 사람이라면 뜻대로 자제할 수 있을 만큼 미약한 유혹의 경우에도 기뻐하지 않도록 「이승에서뿐만 아니라」 바로 지금 이 나이에 해주신다는 것, 그것은 우리가 요구하고 이해하는 이상의 앎을 하실 수 있는 전능하신 당신으로서는 조금도 어려운 일이 아닙니다.

그러나 지금 나는 이러한 종류의 악에 있어서 내가 어떠한 자인가를 말씀드렸습니다. 당신이 베풀어 주신 것에 대해서는 한없이 기뻐하고 나의 부족한 점에 대해서는 후회하고 슬퍼하면서, 나는 당신이 나의 마음속에 자비를 심어 주시고 죽음이 없어질 때, 나의 안팎이 당신과 더불어 평화를 누릴 수 있을 것입니다.

31. 식욕의 조절

그밖에도 「그날의 고통」이라는 것이 있습니다만, 그날의 고통은 그날로 충족되기를 빕니다. 즉, 당신께서 음식과 위를 멸하실 때까지는 우리는 매일 시들어 가는 육체를, 먹고 마시는 일로 보완시킵니다. 그때에는 당신께서 충족하게 채워 주심으로써 우리의 욕망이 사라지게 해주시고, 이 소멸할 것을 영존할 비소멸성으로 입히십니다. 그러나 지금 내가 필요로 하는 것은 쾌락이므로, 쾌락의 포로가 되지 않기 위해 이 쾌락과 싸우고 있습니다. 그리고 단식하고 날마다 싸워서 이따금 육체를 굴복시키지만, 그 고통을 멸하기 위해서는 쾌락을 이용합니다. 사실 굶주림과 갈증은 일종의 고통이며, 만약 영양이라는 의약이 다시 도와 주지 않으면 열병이 사람을 죽이듯이 나의 몸을 산화시켜 버리겠지요. 그런데 그 영양이라는 의약은 당신의 위로에 가득 찬 선물에 의해 준비되어 있어서 땅과 하늘, 그리고 물은 그 선물을 가지고 우리를 도와 주므로 본래 재앙이어야 할 이 음식을 우리는 「맛」이라고 부릅니다.

당신은 영양을 섭취함에 있어 약을 먹는 자세로 하라고 가르쳐 주셨습니다. 그럼에도 불구하고 공복의 고통에서 포식의 만족으로 옮기려 할 때, 그 과정에는 육욕의 함정이 기다리고 있습니다. 사실 그 통로 자체가 쾌락입니다. 필요에 의해 통과해야만 하는 통로는 없습니다. 먹고 마시는 것은 건강을 유지하기 위한 것이지만, 그때 어떤 위험한 쾌락이라는 동반자가 끼어들어, 내가 말하기는 건강을 위해 먹고 마신다고 하면서도 사실은 「쾌락」 이외에 아무것도 아닌 경우가 있습니다.

그러나 건강과 쾌락의 기준은 결코 일정하지가 않습니다. 건강에 있어서 충분한 것은 쾌락에는 불충분합니다. 그리하여 우리는 육신을 돕기에 필요한 염려를 하는가, 그렇지 않으면 쾌락으로 유혹하는 향락을 위해서 하는가를 묻게 됩니다. 가엾은 영혼은 이 불확실성을 만족스럽게 여기고 있습니다. 그리고 변명의 여지를 마련해 두고 건강이 필요로 하는 것이 어느 정도인지 사람들이 알지 못하는 것을 매우 즐거워하면서, 육신의 필요라는 구실 아래 쾌락의 일거리를 감추어 둡니다. 나는 그러한 유혹을 물리치려고 매일 노력하고 당신의 오른손으로 나를 도와 달라고 부르짖고, 내 마음의 불안을 당신에게 맡깁니다. 왜냐하면 이러한 종류의 문제에 있어서는 나로서는 확실한 판단을 내릴 수 없기 때문입니다.

나는 하느님께서 「음식과 술로 마음을 둔하게 해선 안 된다」*고 명령하시는 것을 알고 있습니다. 술은 나 자신이 멀리하고 있습니다. 당신께서는 그런 것이 내게 접근하지 못하도록 자비심을 베풀어 주실 것입니다. 그러나 식욕과도 같은 육욕은 당신의 노예를 여러 번 사로잡았습니다. 당신께서는 그런 것이 내게서 멀어지도록 자비를 베푸실 것입니다.

만약 당신께서 보살펴 주시지 않는다면 아무도 절제할 수가 없습니다. 당신은 우리의 기도에 응낙하시고, 우리가 구하기 전에 우리가 필요로 하는 모든 것을 주셨습니다. 우리가 나중에 가서야 그것을 깨닫게 된 것도 우리가 당신한테서 받은 것입니다. 나는 결코 애주가가 아니었으나, 당신으로 인해 어떤 애주가가 금주가로 된 것을 알고 있습니다. 그러므로 본래 애주가가 아닌 사람이 앞으로 금주가가 된다면 그것은 당신으로 인해서이고, 애주가가 금주가가 되는 것도 당신으로 인해서이며, 그들이 그와 같이 된 것을 깨닫는 것도 당신으로 인해서입니다.

나는 또 「육욕을 좇지 말고 쾌락으로부터 멀리 떨어져라」 하시는 당신의 음성을 들었습니다. 그것은 당신의 선물이었습니다. 나는 그 음성을 무척 좋아합니다. 「우리는 비록 먹더라도 아무것도 얻지 못하지만, 먹지 않더라도 잃는 것이 없습니다.」** 즉, 그것은 어떠한 것도 나를 풍요롭게 하거나 가난하게 할 수 없다는

---

* 〈누가복음〉 21장 34절.
** 〈고린도 전서〉 8장 8절.

뜻입니다.

　나는 또 다른 말씀을 들었읍니다. 「나는 내가 처한 형편에 만족할 줄 알게 되었읍니다. 나는 풍요한 데 처할 줄도 알고 곤궁한 데서 인내할 줄도 압니다. 나는 나를 강인하게 하시는 분 안에서라면 무엇이든지 할 수 있읍니다.」*

　이렇게 말하는 것은 하늘나라의 병사이며, 우리들과 같은 먼지가 아닙니다. 그러나 주님이시여, 우리는 먼지이며, 당신은 먼지로부터 인간을 만드시어, 인간은 일단 사라졌다가 다시 발견된 것이라는 사실을 잊지 말아 주십시오.

　바울 역시 먼지였기 때문에 그렇게 할 수가 없었읍니다. 그러나 그는 당신께서 불어넣어 주신 숨결로 인해 그러한 말씀을 남겨 놓았읍니다. 그러므로 나는 그를 그처럼 사랑하고 존경합니다. 그는 「나를 강하게 만드시는 분 안에서 모든 것을 할 수 있읍니다」라고 말했읍니다.

　나를 강하게 하셔서 나도 할 수 있게 만들어 주십시오. 당신께서 명령하실 것을 내려보내신 후에 당신의 뜻대로 명령하십시오. 바울은 받았다고 고백했고, 자랑도 주님 안에서 했읍니다. 나는 어떤 사람이 받게 해달라고 기도하는 것을 들었읍니다. 그는 「나의 배의 정욕을 내게서 취하소서」라고 했읍니다. 나의 거룩하신 하느님, 무엇이든 그렇게 되라고 명하게 된다면, 그것은 당신께서 주시는 것이 분명합니다.

　어지신 아버지이신 당신께서 내게 가르치시기를 「깨끗한 자에게는 무엇이든 깨끗하지만, 사람이 먹는 것으로 인하여 마음에 걸리면 악이 된다」라고 하셨읍니다. 그리고 당신의 모든 피조물은 선하여 버릴 것이 하나도 없으며, 사람은 모름지기 감사하는 마음으로 취해야 하고, 또 하느님 앞에서는 음식이 우리에게 가치를 부여해 주는 것이 아니고 더구나 어느 누구도 우리가 먹고 마시는 것 때문에 우리를 판단하지 못하며, 그리고 「모든 것을 먹는 자는 먹지 않는 자를 판단하지 말고, 먹지 않는 자도 먹는 자를 판단하지 말라」고 하셨읍니다.

　───────────
　* 〈빌립보서〉 4장 11~13절.

나는 이러한 것을 배웠읍니다. 내 마음을 공명하게 하시고 내 마음 위에 빛을 비추신 나의 스승이시요 나의 하느님이신 당신에게 감사하고 당신을 진정 찬양합니다. 모든 유혹에서 나를 구원해 주시옵소서. 내가 두려워하는 것은 부패한 음식이 아니라 추잡한 식욕입니다. 노아는 먹어서 영양이 될 고기는 무엇이나 다 먹도록 허락받았고, 엘리야는 고기를 먹고 기운을 얻은 사실을 알고 있읍니다. 한편 절제의 은사(恩賜)를 받은 요한은 짐승의 고기와 메뚜기를 먹었어도 더러워지지 않았고, 에서는 죽 한 그릇에 넘어갔고 다윗은 물 한 모금 마시려다가 실수하여 스스로를 책했고, 우리의 왕도 고기가 아닌 빵으로 시험당하셨읍니다. 그리고 광야의 백성이 벌을 받게 된 것도 고기를 탐한 때문이 아니라, 음식투정으로 주님을 거스려 떠들어 댔기 때문입니다.

그러한 유혹에 처한 나는 매일 식욕과 싸우고 있는데, 이것은 성적인 교접처럼 한번에 끊어 버리고 나면 다시는 되풀이하지 않는 경우와는 다릅니다. 위(胃)의 고삐는 적절히 조절해야 하기 때문입니다.

주님이시여, 이같은 일에 있어서 꼭 필요한 분량만큼을 조금도 넘지 않은 인간이 있을까요? 그렇게 할 수 있는 인간이 있다면 그는 훌륭한 인물이며, 그 사람으로 하여금 주님을 찬양하도록 해야 합니다. 그러나 나는 그러한 위인이 아니라 죄인입니다.

그렇지만 나도 당신의 이름을 찬양합니다. 세상에서 승리하신 분(그리스도)이 나의 죄를 도맡아 자신의 한 허약한 지체로 여겨 주십시오. 왜냐하면 이 완전하지 못한 것을 당신의 눈이 확인하시고, 모든 것이 당신의 책에 기록되어 있기 때문입니다.

32. 후각의 자극

후각의 유혹에 관해서는 별로 관심이 없읍니다. 없어도 아쉬워하지 않고 있으면 구태여 물리치지 않고, 항상 없어도 그리 곤란하지는 않습니다. 그러나 혹시 속고 있는지도 모릅니다. 여기에도 내 능력조차 알아 볼 수 없는 혹심한 암흑이 있어서, 내 정신은 나의 능력에 대해 물어 볼 때조차도 쉽사리 믿지 못합니다. 왜냐하면 정신에 고유한 것은 모두 경험이 밝히기 전까지는 대부분 숨어 있기 때문입니다. 그러므로 세상에 사는 동안은 시련의 연속이어서, 악한 상태에서 선한 상태로 된 자가 또다시 악한 자가 되지 않는다고 확신을 가지고 말할 수 있는 사람은 아무도 없읍니다.

유일한 희망, 유일한 믿음, 유일한 확약——그것은 바로 당신의 자비입니다.

33. 청각의 자극

귀의 쾌락은 나를 어찌할 수 없도록 꼭 얽어매고 있었지만, 당신은 나를 풀어 놓아 자유롭게 해주셨읍니다. 나는 지금도 밝고 아름다운 목소리로 노래를 하면, 당신의 말씀으로 감동되듯이 항상 즐겁게 마음의 안정을 찾습니다. 그러나 내가 그것에 집착함이 없이 언제든지 필요한 때는 털고 일어날 수 있읍니다. 그러나 그 생명을 형성하고 있는 말로써 그 목소리가 내 마음에 들려고 그것의 훌륭한 위엄으로 내 마음속에 자리를 잡으려 할 때, 나는 그것에 맞는 응분의 자리를 바로 내어주지는 않습니다. 왜냐하면 때로는 어울리지 않는 명예를 주어야 한다고 생각하는 일이 있기 때문입니다. 거룩한 말씀도 이처럼 노래하면 가락에 맞추어 부르지 않았을 때보다 더 우리의 마음을 생생하게 감동시켜 준다는 것을 나는 느낍니다. 또 우리들의 정신의 모든 자극은 그 종류에 따라 음성과 노래에서 그 본래의 표현을 발견합니다. 그러나 그것이 어떻게 저 신비스러운 음조와 어울려 나타나는지 나는 알지 못합니다. 정신이 감각의 즐거움에 굴복하면 유약해지고, 감각이 이성을 동반자로서 관계하기보다는 가끔 속이는 경우가 많습니다. 감각은 이성 때문에만 존재할 가치가 있는 것이면서도 순순히 이성을 좇아가지 않고, 오히려 앞질러 가려고 이성을 자기의 길로 이끌어 갑니다.

그러나 때때로 내가 이런 속임수를 지나치게 경계하다가 너무

나 엄격한 나머지 잘못을 저지를 때도 있었는데, 다윗의 〈시편〉
이 노래로 불려질 때 그 즐거운 음악까지도 모두 내 귀와 교회의
귀에까지 들리지 않도록 쫓아 냈읍니다. 그러므로 내게는 알렉산드
리아의 아타나시오스*의 말이 떠오르면서, 그것이 차라리 안전하
게 여겨졌읍니다. 내가 들은 것에 의하면 그는 〈시편〉을 읽는 사
람에게 노래라기보다는 낭독이라고 생각될 만큼 억양을 되도록 작
게 하여 읽으라고 했읍니다.

그렇지만 나는 신앙을 되찾기 시작한 초기에 교회에서 들려오
는 노래를 듣고 눈물을 흘리던 일을 상기하고는, 지금도 그것이
밝은 목소리와 정확한 박자로 불려지는 것을 듣거나, 가락보다는
가사의 내용에 감격하는 것을 보면 그 습관이 매우 유익했다는 것
을 다시금 느끼게 됩니다.

이와 같이 나는 감각적 즐거움의 위험과 그것이 가지고 있는 구
원적 효과의 경험 사이에서 동요하고 있었지만——결정적인 판단은
아니지만——교회에서 노래부르는 것이 더 좋다는 결론을 내리게
되었읍니다. 그것은 귀를 즐겁게 함으로써 마음이 연약한 사람에
게도 경건한 감정을 불러일으킬 수가 있기 때문입니다. 어쨌든
내 경우에 있어서는 가사보다는 노래 자체에 더 마음이 끌렸으며,
그리하여 나는 벌받아 마땅한 죄를 범했다는 것을 고백합니다.
그러한 경우는 노랫소리조차도 듣지 않는 것이 더 좋았을지도 모
르겠읍니다.

이것이 지금의 나의 상태입니다. 마음속에 어느 정도의 선을
구하며 선행을 쌓는 사람들이여! 나를 위하여 나와 더불어 울어
다오! 나처럼 마음이 아프지 않은 자들은 내 말이 곧이들리지
않을 것이다.

주 나의 하느님이시여, 나의 기도를 들으시어 돌아보시고 나를
보살펴 주십시오. 나를 불쌍하게 여기시어 고쳐 주십시오. 당신
이 보시는 앞에서 나는 나 자신에게 있어서 수수께끼가 되었읍니
다. 이것이 곧 나의 병입니다.

---

* 293~373년, 알렉산드리아의 주교로서, 예수 그리스도의 신성을 주장하고 탁
신론(託身論)과 삼위일체론의 형성에 기여했다.

34. 눈의 유혹

당신의 신전인 형제들의 귀, 즉 경건한 자들의 귀가 들어야 할 고백이 아직 남아 있는데, 그것은 다름 아닌 육체가 가지고 있는 시각의 유혹입니다. 그것을 가지고 비탄 속에 잠긴 나, 「하늘이 주시는 장막을 껴입기 위해서 열망하는」 나를 아직도 괴롭히는 이 육체적 욕망에 대한 유혹 이야기를 끝내고자 합니다.

눈은 갖가지 아름다운 모습이나, 밝고 고운 색깔을 좋아합니다. 그러나 나의 영혼이 겉으로 보이는 이것들에게 사로잡혀서는 안 됩니다. 이러한 좋은 것들을 창조하신 하느님만이 나를 차지하셔야 합니다. 그러나 나의 선은 하느님 자신이며, 그런 것들은 결코 아닙니다. 그런 것들은 눈을 뜨고 있는 한 매일매일 내 눈 앞을 얼씬거리며 잠깐의 휴식도 허락하지 않습니다. 청각의 경우에는 조용해지는 시간이 있으므로 휴식을 취할 수 있지만, 이것은 그렇지 못합니다.

색채의 여왕인 빛은 우리의 시야가 미치는 모든 것을 비춰 주며, 낮이면 어디를 가나 내가 다른 일에 몰두하여 빛을 깨닫지 못하는 순간에도 갖가지 모습으로 유혹해 옵니다. 게다가 너무나 교묘하게 달라붙기 때문에 갑자기 몸을 가리면 그리워서 다시 찾게 되고, 오랫동안 빛이 없으면 서글퍼지기까지 합니다.

오, 빛이여! 토비아스가 눈이 멀었어도 아들에게 생명의 길을 가르쳐 주고, 실수없이 사랑의 발걸음으로 앞서 가면서 느꼈던 빛입니다. 이삭이 노령으로 인해 눈이 어두워져 자기 아들들을 알아보지 못하면서도 그 빛을 보고 축복했으나, 그러면서 깨달았읍니다. 야곱이 고령으로 역시 시력을 잃었어도 마음속으로 그 빛을 보고서 자기 아들에게서 태어날 미래의 민족을 미리 내다보았으며, 요셉이 낳은 그의 손자들에게 축복할 때 팔을 교차시켜 놓으니 아이들의 아버지가 아는 척하면서 그 팔을 바꾸어 놓으려 했으나, 그는 이미 마음속으로 그 두 손자를 구별하여 보았던 것입니다. 그렇습니다. 그것은 빛입니다! 그것은 오로지 하나이고, 이것을 바라보고 사랑하는 사람들은 모두 하나입니다.

이와는 반대로 앞서 말한 사물의 빛은, 그것을 애호하는 소경들에게 이승의 삶에 유혹적이고 위험한 즐거움을 얹어 줍니다. 그러나 그러한 빛에 대해서도 하느님이시여, 그 빛으로 당신을 찬미할 줄 알게 되면 꿈속에 빠져들기보다는 오히려 당신의 송가에 이를 다루게 되는 것이오니 나도 이같이 되기를 바라옵니다.

나의 눈으로 인한 유혹을 극복해 당신께로 향하여 나아가는 나의 발걸음이 붙잡히지 않게 하시고, 당신께서 「내 발을 줄에 얽어 매이지」않게 해주시도록 나는 보이지 않는 눈을 당신께로 향하게 합니다. 그 줄이 얽혀 있으므로 당신께서 그것을 하나하나 풀어 주실 것입니다. 여러 군데 놓아 둔 덫에 언젠가 한 번 내가 걸려들지 모르지만, 당신은 이스라엘을 수호하시는 분이요, 졸지도 않으시고 주무시지도 않으십니다.

인간은 그들의 눈을 위해 갖가지 기술과 손재주를 부려서 의류나 구두·그릇, 그밖에 온갖 종류의 일용품·그림·조각, 그밖에 생활의 필요한 정도, 또는 경건한 의무를 무시하면서까지 온갖 기교를 부려 놓았읍니다. 그리하여 외면적으로는 자기들이 만든 것을 추구하면서 내면적으로는 자기들을 만드신 분을 외면하고, 그분에 의해 자기 자신 속에 만들어진 것 (하느님과 닮은 모습)을 저버리는 것입니다.

그러하오나 나의 영광, 나의 하느님이시여, 나는 이런 것 때문에 당신에게 송가를 올리고 나를 거룩하게 만드신 당신에게 나를 기꺼이 바칩니다. 예술가의 영혼을 통해 익숙한 팔에 맡겨지는 온갖 아름다운 것은 영혼을 넘어서서 존재하고, 나의 영혼이 밤낮으로 추구하는 아름다움 그 자체에서 비롯되는 것이기 때문입니다. 그런데 표면적인 아름다움을 만들어 내거나 갈망하는 사람들은 아름다운 것의 판단기준을 아름다움 그 자체로부터 끌어내면서도, 사용기준은 거기에서 끌어내지 않습니다. 거기에는 사용기준도 있는데 그들은 보지 못합니다. 만약 보았다면 멀어지는 일이 없이 당신을 위해 힘을 모아 두었다가 방종한 쾌락을 위해 써 버리는 일은 결코 없을 것입니다.

이렇게 말하고 분별하는 나 자신조차도 이러한 것에 끌려들어 가는 경향이 있읍니다. 그러나 주님이시여, 당신이 끌어내 주십니다. 당신의 자비는 언제나 나의 눈앞에 있읍니다. 사실 나는 불쌍한 모습으로 이러한 것에 걸려들지만, 당신은 자비를 가지고 끌어내십니다. 때때로 나도 모르는 사이에 살짝 걸려들지만, 때로는 깊이 빠져들어 고통을 느낍니다.

35. 제 2의 유혹, 지식욕

여기에 다른 형태의 유혹이 또 하나 있읍니다. 그것은 더 위험한 것입니다. 즉 그것은 육체적인 유혹에 근거를 둔 것으로서, 당신을 떠나서 당신의 노예가 되려는 자들이 즐기고 향락하는 정욕인데, 이것이 우리의 영혼 속에 있읍니다. 그것은 지식이니 학문이니 하는 미명을 쓴 허망한 호기심입니다. 그것은 지식욕 안에 내재하고 있는 것이지만 모든 감각 속의 인식이라는 점에서 우위를 차지하는 것은 눈이므로, 성서 속에서는 이를 가리켜 「눈의 욕망」이라고 합니다.

사실 「본다」는 역할은 본래 눈이 하는 일이지만, 우리들은 그 동사를 다른 감각에 대해서도 흔히 이용합니다. 그것은 이들 감각을 인식의 필요에 이용할 경우입니다. 예컨대 「어떻게 번쩍이는지 들으라」든가, 「어떻게 비치는지를 냄새 맡아라」라든가, 「어떻게 빛나는가를 맛보아라」라고 말하지 않고, 「얼마나 눈부신가를 만져 보라」고도 말하지 않으며, 이런 경우는 모두 「보라」고 말합니다. 그런데 우리들은 단순히 「어떻게 빛나는가를 보라」 ──이것은 오직 눈만이 느낄 수 있읍니다── 라고 말하며, 또한 「어떻게 울리는가를 보라」 「어떤 맛인지 보라」 「어떻게 판단하는지 보라」고도 합니다. 그러므로 모든 감각에 의해 얻을 수 있는 경험은 보통 지금 말한 것처럼 「눈의 욕망」이라고 부릅니다. 왜냐하면 본다는 역할에 대해서 으뜸을 차지하는 것은 눈이지만, 기타의 감각도 무슨 인식에 대한 것을 더듬는 경우에는 눈과 흡사한 일을 하기 때문입니다.

여기서 또 감각에 의해서 움직일 경우, 쾌감이 하는 것과 호기심이 하는 것의 구별도 한충 명확해집니다. 쾌감은 아름다운 것, 좋은 소리가 나는 것, 향기로운 것, 맛있는 것, 부드러운 것을 추구하지만, 이에 반해 호기심은 그것과는 상반되는 것을 시험삼아 추구합니다. 그것은 굳이 불쾌감까지도 참고 견디기 위해서가 아니라 경험해 보고 싶다거나 알고 싶다는 욕망에 그 원인이 있읍니다.

예를 들면 갈가리 찢겨진 시체를 보고 무서워 떠는 것이 어떻게 즐거움이 되겠읍니까? 그래도 사람들은 송장이 어디 있다고 하면 뛰어가서 보고는 슬퍼합니다. 더구나 꿈에 나타날까봐 두려워합니다. 생시에 누가 억지로 가서 보라고 했듯이, 혹은 아름다운 것에 대한 소문이나 되는 것처럼 거기에 끌려갑니다.

그밖의 다른 감각도 마찬가지입니다. 그것을 모두 말하자면 길어질 것이므로 생략하겠읍니다. 이 병적인 호기심 때문에 외계의 자연에 숨겨진 것을 탐구해 내지만, 그것을 안다고 해도 아무 짝에도 쓸모가 없는 것이요, 인간이 오직 알고 싶다는 마음을 가졌기 때문에 하는 것입니다. 이 호기심 때문에 사람들은 같은 의도하에 마술의 술법을 통하여 어리석은 지식을 깨닫고자 문제삼는 것입니다. 사람들은 이 호기심 때문에 종교에 있어서조차도 하느님을 추구하되 기적적인 일과 표적을 구하는데, 이것은 구원받으려는 데서 생긴 행위가 아니라 오직 알아 보고 싶은 마음에서 생긴 것입니다.

위험으로 가득 찬 이 거대한 숲속에서 실상 나는 많은 것을 마음속에서 버렸읍니다만, 그럴 수 있었던 것은 나의 구원의 하느님이시여, 당신이 자비를 베풀어 주셨기 때문입니다. 그러나 매일같이 이런 것들이 우리 주위에서 맴돌고 있으므로, 그러한 것에 정신이 쏠려서 바라본다든가 허무한 생각을 채울 생각은 없다고 감히 말할 수 있을 때가 언제이겠읍니까?

물론 나는 영화구경에 마음을 쓰는 일도 없고, 별의 운행을 알려고도 하지 않으며, 또 나의 영혼은 망령에게 회답을 청한 일도 없읍니다. 나는 모든 더러운 종교의식을 배격하고 있읍니다.

그럼에도 불구하고 주 나의 하느님이시여, 당신을 겸손하고 순수하게 섬김이 마땅한데, 저 악마는 온갖 술수를 다 써서 기적을 청해 보라고 꾀고 있읍니다.

그러나 나는 우리의 왕과 깨끗하고 티없는 조국 예루살렘을 통해서 당신에게 빕니다. 지금 내가 그러한 꾐에 넘어가지 않고 멀리 떨어져 있는 것처럼, 더 멀리 떨어져 있게 해주십시오. 그러나 누군가의 구원 때문에 애원할 경우에는 나의 목적과 의도는 앞의 경우와는 매우 다릅니다. 그리고 바라는 바를 행하시는 당신은 나에게 당신을 흔쾌히 따르는 능력을 주시고, 앞으로도 계속 베풀어 주실 것입니다.

그렇지만 얼마나 많은, 극히 하찮은 일들에 있어서조차 우리들의 호기심은 늘 유혹에 질 수밖에 없는 것일까요? 얼마나 자주 유혹에 빠지는지 모릅니다. 아무도 그 횟수를 헤아릴 수 없읍니다. 대수롭지 않은 이야기를 하는 사람들에 대해 처음에는 그들의 기분을 상하지 않도록 하기 위해 견디며 듣다가, 어느 틈에 자진해서 귀를 기울이는 일이 얼마나 많은지 모릅니다.

이젠 토끼를 쫓는 개 구경을 하기 위해 원형극장에 가는 일은 없읍니다. 그러나 간혹 들을 지나다가 그런 일이 생겼다면 무엇이든 중대한 생각을 하다가도 중지하고 그 뜀박질에 정신이 쏠릴지도 모릅니다. 설사 타고 가던 말머리를 돌리지 않는다 해도 마음은 기울어질 것입니다. 이 경우, 당신께서 내 약함을 보시고 당장 깨우쳐 주시지 않는다면, 즉 그러한 환상에서 당신에게로 옮아갈 생각을 주심으로써 아주 무시해 버리고 지나가도록 인도해 주시지 않았더라면, 나는 멍하니 입만 벌리고 있을 것입니다.

내가 가만히 앉아서 도마뱀이 파리를 잡는 것을 지켜본다든지, 거미가 거미줄에 뛰어든 파리를 잡아먹는 모습에 정신을 뺏기는 일이 종종 있읍니다. 그러나 그것은 어찌된 일입니까? 작은 동물이라고 해서 이치가 다를 것은 없지 않습니까?

나는 그런 것들을 보면 거기에서 만물을 오묘하게 다스리시는 당신을 찬양하기에 이릅니다. 그러나 처음부터 당신을 찬양하려고 마음먹은 것은 아닙니다. 쓰러져서 곧 일어나는 것과, 쓰러지지 않는 것은 그 성질이 다릅니다.

나의 생활은 그러한 것으로 가득 차 있읍니다. 희망은 오직 하나, 당신이 베푸시는 자비뿐입니다. 우리의 마음이 그러한 종류의 것을 담는 그릇이 되어 허무한 것의 거대한 무리를 운반할 때에는, 기도는 종종 중단되거나 방해를 받습니다. 그리고 당신이 보시는 앞에서 마음의 소리를 당신의 귀에 조금씩 쏟아 내고 있을 때, 어디선지 하찮은 여러 가지 생각이 들어 그처럼 소중한 일을 중단시킵니다.

36. 제 3 의 유혹, 교만

이러한 것은 아무래도 좋은 일 속에 넣어도 상관없겠읍니까? 주님의 사랑 이외에 우리에게 희망을 줄 수 있는 것은 아무것도 없읍니다. 사실 이미 당신은 우리를 바꾸어 놓으셨읍니다. 어느 정도로 바꾸어 놓으셨는가 하는 것은 당신이 더 잘 아십니다. 당신은 처음에 자기변호를 하려고 정욕을 고쳐 주셨읍니다만, 그것은 내가 가지고 있는 다른 불의까지도 가엾게 여겨 모든 병을 고치고, 부패로부터 생명을 구원하시고, 자비와 연민으로 내 머리를 꾸며 주시고, 행복으로 내 욕구를 채워 주셨읍니다.

당신은 나의 교만을 당신에 대한 두려움으로 누르시고, 당신의 멍에로 내 목덜미를 부드럽게 만들어 주셨읍니다. 지금 나는 그 멍에를 등에 지고 있으며, 그것은 가벼운 것이 되었읍니다. 당신은 약속하신 대로 해주신 것입니다. 그전부터 가벼운 것이었음에도 불구하고 등에 지기를 두려워했던 시절에는 그것을 몰랐읍니다.

그러나 주님이시여, 오로지 당신만이 당신 위에 주를 모시지 않는 참된 주이시며, 오직 홀로 교만함이 없이 지배하십니다. 그러나 제 3 의 유혹도 나에게서 제거해 주셨을까요? 혹은 전생애에 걸쳐서 결코 그 유혹이 다시는 솟아나지 않을까요?

즉 그것은 사람들로부터 존경받고 사랑받고 싶어하는 유혹입니다. 그것도 다른 목적을 위해서가 아니고 바로 그 존경받고 사랑받는 것에 대한 기쁨을 느끼기 위한 것입니다. 그러나 그것은 진실된 기쁨은 아닙니다. 불쌍한 삶이며 더렵혀진 허세에 불과합니다. 특히 당신을 사랑하지 않고 진심으로 당신을 두려워하지 않는다는 것도 그 욕망 때문에 생겨나는 것입니다. 그러므로 당신은 교만한 자를 물리치고 겸손한 자에게 은혜를 베푸십니다. 세상의 야심가의 머리 위에 천둥을 치시면 산들은 그 뿌리까지 흔들리는 것입니다.

그런데 우리들은 인간사회에 있어서의 그 직분상 아무래도 사람들로부터 사랑받고 존경받아야 할 위치에 있기 때문에 진실한 행복을 시기하는 악마는 우리에게 접근해 와서 곳곳에 올가미를 쳐 놓고는「장하다, 장하다」라는 칭찬을 늘어놓습니다. 만약 그 칭찬을 굶주린 듯이 주워 모은다면 모르는 사이에 악마의 포로가 되어, 기쁨을 당신의 진리 속에 두지 않고 인간들의 기만 속에 두게 될 것입니다. 그리하여「당신을 위해서가 아니고」차라리「당신 대신에」사람들로부터 존경받고 사랑받기를 즐기게 됨으로써 악마와 닮은 자가 되어, 사랑의 일치를 위해서가 아니라 벌에 말려들기 위해서 그들과 한패가 될 것입니다. 악마는 그 자리를 북쪽 끝에 두려고 결심했읍니다만, 그것은 암흑 속에서 냉랭해진 사람들이 당신을 거꾸로 하여 빗나간 방법으로 흉내를 내는 악마를 섬기기 위한 것이었읍니다.

그러나 주님이시여, 우리는 당신의 작은 무리입니다. 우리를 소유해 주십시오. 당신의 날개를 펼쳐 주십시오. 그 밑에 숨겠읍니다. 당신이 우리의 영광이 되기를 바랍니다. 당신으로 인하여 사랑받고, 말씀이 우리를 통해서 존경받기를 바랍니다.

당신의 구중을 든더라도 사람들에게서 칭찬을 받고 싶어하는 자는 당신의 심판이 있을 때 사람들의 변호를 받지 못할 것이요, 당신이 단죄하실 때 구원받지 못할 것입니다. 이와 반대로 죄인은 마음의 회망을 칭찬받지 못하며, 불의를 행하는 자는 찬양받을 수 없으며, 당신으로부터 받은 어떤 선물 탓으로 칭찬을 받는 경우라도 만약 그가 그것으로 인해 칭찬을 받는 것보다도 차라리 타인으로부터 받는 칭찬을 기뻐한다면 역시 그 사람도 타인으로부터는 칭찬을 받으면서 당신의 꾸지람을 들을 사람이 되는 것입니다. 그리고 그런 경우, 칭찬한 사람이 칭찬받는 사람보다 낫다고 할 수 있읍니다. 왜냐하면 그럴 경우 칭찬한 사람은 인간 속에 있는「하느님의 선물」을 기뻐했는데, 칭찬 받은 사람은 하느님의 선물보다는 인간의 선물을 기뻐했기 때문입니다.

37. 칭찬에의 유혹

주님이시여, 우리는 항상 이러한 유혹을 당하고 있읍니다. 항상 우리를 시험하는 도가니는 사람의 혀입니다. 당신은 우리에게 그러한 일에 대해서도 근엄할 것을 명하십니다. 우리에게 명하시는 바를 주시고 바라는 바를 명하십시오. 당신은 그러한 일들에 대해서 당신에게 향하는 내 마음의 애원과 내 눈에 흐르는 눈물을 잘 아십니다.

왜냐하면 나는 다른 종류의 유혹이라면 어떤 것이건간에 그것에 대해서 나 자신을 음미하는 힘을 지니고 있지만, 그 종류의 유혹에 대해서는 아무런 힘도 없기 때문입니다. 예컨대 육의 쾌락이나 불필요하게 무엇을 알려고 하는 호기심에 대해서 스스로의 마음을 억제하는 능력을 얼마만큼 얻을 수 있었는가 하는 것은, 그것들이 스스로에게는 없을 때——자신의 의지를 버렸건 또는 자연히 없어졌건간에——분명히 알 수가 없읍니다. 그때 나는 나 자신에게 그것을 갖지 않는 것이 얼마나 불쾌한가, 또는 불쾌하지 않은가를 물어 볼 수가 있는 것입니다.

그리고 이 세 가지 유혹 중에서 하나나 둘, 아니면 세 가지 모두를 채우고자 하는 부(富)도 영혼이 이것을 멸시하는지 어떤지를 알아 보기 어려울 경우에는 시험삼아 내던질 수도 있읍니다.

그러나 칭찬이라는 것은, 우리가 만일 칭찬을 바라지 않고 어떤 일을 하려고 할 때, 우리가 나쁜 짓을 해서까지 남에게 비난을 받을 필요가 있겠읍니까? 그런 말을 하는 것은 물론, 생각하는 것조차 쓸데없는 일입니다. 선한 생활과 선한 행위에는 칭찬이 따르는 것이 통례이거니와, 선행 자체와 마찬가지로 칭찬도 버릴

수 없는 것입니다. 어떤 것이 없어도 내가 괜찮다고 생각할지, 또
는 고통스럽게 여길지는 당해 보아야 알 일입니다.

주님이시여, 이런 종류의 유혹에 대하여 내가 당신에게 어떻게
고백해야 하겠읍니까? 그러면 칭찬 이외에 나를 즐겁게 할 것이
무엇이겠읍니까? 하기는 나는 진리를 칭찬보다 더 좋아하고 있
읍니다. 만일 어리석은 생활을 하면서 그러한 잘못을 범하며 온
세상의 칭찬을 받아야 할까, 혹은 진리 안에 굳게 서서 변하지
않는 인간으로서 일반의 비난을 받아야 할까 하는 문제가 생기면
나는 어느 것을 택해야 할지는 알고 있읍니다. 그렇지만 내가 선
행에 대해 기뻐할 때 남들이 칭찬한다고 해서 더 기뻐하게 되기를
바라지는 않습니다. 그러면서도 칭찬받으면 더 기쁘고 비난받으면
좋지 않다는 것을 나는 고백합니다.

그러나 나의 이러한 형편이 나를 불안하게 만들면 나도 모르는
사이에 변명이 생깁니다. 주님이시여, 그것이 가치있는 일인지
나는 확실히 모르나, 당신은 잘 알고 계십니다. 당신은 우리에게
절제만을 명령하신 것이 아닙니다. 다시 말하면 우리가 무엇을
사랑해서는 안 되는가만을 명령하신 것이 아니라, 무엇을 사랑해
야 할까, 즉 정의도 명령하셨읍니다. 당신만을 사랑하라는 것이
아니라 이웃도 사랑하기를 원하셨읍니다. 올바르게 이해할 줄 아
는 사람이 칭찬할 때, 나는 이웃이 진보하고 앞을 내다보는 통찰
력을 가졌다는 데 대해서 기쁨을 느낍니다. 그러나 자기가 이해
하지도 못하고 무엇이 옳은지 무엇이 선한지도 모르면서 이를 부
인하는 이웃을 볼 때 유감스럽게 생각합니다.

때로는 나 자신이 못마땅하게 여기는 점이 내게 있거나 별로 대
수롭지 않은 선이 있을 때, 남들이 요란스럽게 칭찬해 준다면 그
것도 역시 섭섭한 일로 생각합니다. 남이 내게 대해서 나와는 달
리 생각한다고 해서 내가 섭섭히 여길 것인지 어떻게 알 수 있읍
니까? 가장 좋은 것을 생각해도 나를 감동시키지 못하지만, 내가
기뻐하는 선을 남도 기뻐할 때 그 기쁨은 더욱 커집니다. 말하자
면 내 마음에 들지 않거나 약간 마음에 들 때 내가 나에 대해 칭
찬하지 않게 되고, 그런 경우에는 어떤 의미로는 내가 칭찬받지

못하는 사람이 됩니다. 이런 일에 대해서는 내가 불확실하지 않습니까?

그러나 진리여, 당신을 통해서 봅니다──인간이 칭찬을 받을 때 나는 그것에 의해서, 나를 위해서가 아니라 이웃 사람의 이익을 위해 마음이 움직여야만 한다는 것을 진실로 바랍니다. 그러나 나는 그처럼 움직여지고 있는가 그렇지 않은가를 잘 모릅니다. 이 점에 대해서 나는 당신에 대해 아는 만큼도 나 자신에 대해 알지 못합니다. 하느님이시여, 간절히 바랍니다. 나의 속에 존재하는 상처를 분명히 보고 나를 위해 간절히 기도하고 있을 형제들 앞에서 고백할 수 있도록 나 자신을 내 앞에 드러내 보여 주십시오. 다시 한번 나 자신을 자세히 음미해 보겠읍니다.

만약 내가 타인의 칭찬을 받을 때, 나의 마음이 움직이는 것이 이웃의 이익을 위해서라면 누군가 타인이 부당하게 비난받을 때, 내가 비난을 받을 때만큼 나의 마음이 움직이지 않는 이유는 무엇일까요? 나를 향해서 모욕이 던져질 때 몹시 마음이 언짢은데, 그와 똑같은 부당한 모욕이 내 앞에서 타인에게 던져지는 것을 볼 때 그다지 마음이 아프지 않은 이유는 무엇일까요? 그 이유를 나는 모르는 것일까요? 아니면 「나는 나 자신을 속이고 있다. 마음에서도 혀에서도 당신 앞에서 진실을 행하지 않고 있다」* 는 것이 최후의 결론이 되는가요.

주님이시여, 이러한 광기를 우리들로부터 사라지게 해주십시오. 나의 혀로 하여금 나의 머리에 칠하는 죄인의 기름 역할을 하지 않게 해주십시오.

38. 허무한 영광의 위험

나는 부족하고 가난합니다. 조금이라도 나은 자가 되는 것은 자신에게 불만을 가져 남모르게 한숨을 짓고 당신의 자비를 애원하면서, 나의 결함이 고쳐지고 완성되어서 최후의 평화에 다다를

---

* 〈갈라디아서〉 6장 3절.
  〈요한 1서〉 1장 6절.

날을 기다리자고 마음먹을 때입니다. 그것은 스스로 잘났다고 생각하는 사람에게는 주어질 수 없는 평화입니다. 하여간 사람의 입을 통해 나오는 많은 말과 사람들에게 알려지는 행위와의 사이에는, 칭찬을 사랑하는 마음으로부터 생기는 극히 위험한 유혹이 뒤따르고 있습니다. 그런 마음에서 사람은 자기 한 사람이 위대해지기 위해 사람들의 찬동을 모으려고 합니다.

이 칭찬을 사랑하는 마음은 자기가 자기비판을 하는 경우에도, 바로 그 자기비판이라는 행위에서 자기를 유혹합니다. 또 사람은 종종 허무한 영광을 멸시하는 것을 자랑스럽게 말하고 있지만, 사실은 그때 앞서의 경우보다 더 허무한 영광을 자랑하는 격이 됩니다. 그러므로 이미 영광을 멸시하는 것을 자랑스럽게 여긴다고도 할 수 없습니다. 왜냐하면 자랑하는 경우에는 그것을 멸시하고 있다고는 할 수 없기 때문입니다.

39. 자애의 힘과 본성

게다가 나의 내부에는 같은 종류의 악한 유혹이 숨어 있읍니다. 그것은 타인에게는 만족을 주지 않고 때로는 불쾌감을 주며, 그뿐만 아니라 타인에게 만족을 주기 위한 노력을 전혀 하지 않고 허무한 자기만족에 빠지려는 유혹입니다.

그러나 자기만족을 하는 사람들은 당신에게 많은 불쾌감을 줍니다. 그것도 착하지 않은 것을 착한 것처럼 느끼고 자기만족을 하는 경우뿐만 아니라 당신의 선을 자기 것처럼 여기고 자기 만족을 하는 경우, 또는 비록 당신이 주신 선이라고 생각하면서도 자기에게는 당연히 그것을 받을 만큼의 가치가 있다고 생각하고 자기만족을 하는 경우, 또는 비록 당신의 은혜에 의한다고 하더라도 모두 함께 기뻐하려 하지 않고 그 은혜에 타인도 참여하는 것을 시기하는 경우, 그처럼 자기만족을 하는 자는 당신에게 많은 불쾌감을 주는 것입니다.

당신은 이 모든 것 속에서, 또는 이와 흡사한 모든 위험과 노고의 사이에서 나의 마음이 떨리며 설레고 있는 것을 보십니다.

나는 이미 그런 상처를 다시 입게 되리라고는 느끼지 않으며, 그 보다는 그런 상처를 입자마자 당신에 의해서 고쳐지는 것을 느 끼는 것입니다.

40. 모든 사물 속에서 찾는 하느님

진리여, 당신은 항상 내 곁에 계십니다. 당신께서는 어떤 경우 에도 항상 나와 함께 걸어가 주셨읍니다. 이 낮은 지상의 세계에 서 볼 수 있었던 모든 것을 당신에게 알리고 조언을 구했을 때, 무엇을 피해야 하는가와 무엇을 구해야만 하는가를 가르쳐 주셨 읍니다.

나는 할 수 있는 만큼 외계에 존재하는 세상을 나의 오관(五官) 으로 바라보고, 내 육체와 감관에 활기를 불어넣어 주는 생명을 생각합니다. 그러고 나서 분리된 기억의 공간 속으로 빠져듭니다. 그곳은 매우 넓은 방입니다. 놀라운 방법으로 지난 일들이 가득 히 쌓여 있어서 두루 살펴볼 수조차 없읍니다. 나는 사면을 살펴 보고는 매우 놀랐읍니다. 당신이 아니시라면 나는 이 모든 것 가 운데 그 어느 하나도 식별하지 못할 것입니다. 그러나 그 어느 것 가운데서도 당신이 누구신지 발견하지 못했읍니다. 모든 것을 두 루 살피면서 탐구하는 나 자신이 모든 것을 분류하고, 그 가치를 평가하고, 어떤 것은 감각의 사환 격인 감관을 통해서 받아들이 고, 나 자신과 뒤섞여 있는 것을 감지하고, 그것을 다시 구별한 연후에 내 기억의 방대한 보고(寶庫)에서 어떤 것은 검증하고 어 떤 것은 다시 쌓아 두고 어떤 것은 이끌어 냅니다. 그러나 그러한 일을 한 것은 나 자신이나 나의 능력이 아니었읍니다.

그러나 그 능력은 당신 자신도 아닙니다. 왜냐하면 당신은 영 원히 변하지 않는 빛이기 때문입니다. 그 빛을 향해서 나는, 모든 것에 대해서 그것들의 존재 여부와 어느 정도로 평가 해야 하는가 를 묻고, 그 빛이 나에게 가르치고 명령하시는 것을 들을 수 있 었읍니다.

나는 그런 행동을 잘 합니다만, 이것은 나의 큰 기쁨입니다. 그

러므로 나는 해야 할 일에서 벗어나면 언제나 이 쾌락 속으로 도
망치는 것입니다. 나는 당신의 조언을 구하면서 그 모든 것의 사
이를 뛰어다니지만, 그것들의 어디에서도 영혼이 있을 안전한 곳
을 당신에게서밖에는 찾지 못했읍니다. 당신은 내 속에 흩어져
있는 모든 것이 모이는 장소이십니다. 거기서는 내 지체 중 어느
것이라도 당신으로부터 떨어져 나가지 않습니다. 당신은 여러 번
나로 하여금 말할 수 없는 행복을 느끼게 해주시는 일이 있읍
니다만, 그 감미가 나의 내부에서 극치에 달하면 그것은 이 세상
의 것이라고 할 수 없는 그 무엇이 되겠지요. 그러나 안타깝게도
나는 많은 무게에 눌려 차츰 옛 생명으로 가라앉아 버리고, 옛
습관의 생명이 다시 나를 붙잡아 단단히 묶어 놓습니다. 내가 몹
시 슬퍼해도 여전히 묶인 채로였읍니다.

　이와 같이 관습은 우리의 무거운 짐입니다. 내가 있을 수 있는
이곳에는 내가 있으려 하지 않고, 내가 있을 수 없는 저곳에는
있으려고 합니다. 가지고 있는 때도 비참하고 없는 때도 역시 비
참합니다.

41. 세 가지 욕망

　그리하여 나는 세 가지 욕망 속에 나타나는 나의 죄의 병을 고
찰하고 치료를 위해 당신의 노력을 애원했읍니다. 나는 아픈 마
음으로 당신의 광채가 빛나는 것을 보았읍니다. 나는 뒤로 물러
서면서 말하기를「누가 그것을 할 수 있읍니까? 나는 당신의 눈
앞에서 쫓겨났읍니다」라고 했읍니다.

　주님이시여, 당신은 만물을 넘어서 당신을 지배하시는 진리입
니다. 그런데 나의 마음은 당신을 잃고 싶지는 않으면서도, 당신
외에 거짓까지 소유하려고 했읍니다. 어떤 거짓말장이라도 진리
가 무엇인지 모를 정도로 거짓과 사기 속에 묻혀 있기를 바라는
사람은 없을 것입니다. 그러므로 나는 당신을 잃었읍니다. 그것
은 당신이 하나 안에 거짓과 당신을 함께 소유하도록 인도하지
않으시기 때문입니다.

42. 하느님께 이르는 길

당신과 나를 이해시키기 위해서는 누구를 찾아야 합니까? 천사들에게 부탁을 해야 합니까? 그것은 얼마만큼의 간절한 기도나 의식이어야 합니까? 내가 알기에는 많은 사람들이 당신에게로 다시 돌아가려고 했으나 스스로의 힘으로는 할 수가 없으므로 애만 쓰다가 호기심의 공상에 빠지고 말았으며, 당연한 대가로써 조소의 대상이 되었다고 들었읍니다. 그들은 학식을 앞세워 오만해지고 가슴을 펴고 당신을 찾아다녔읍니다. 그리고 비슷한 자들끼리 그들의 자랑과 연관된 「공중의 권력자」를 불러 내다가 마술적인 능력을 통하여 그들에게 이용당하면서, 그들을 깨끗하게 해준다는 중개자를 찾았읍니다. 그러나 그 불러 냈다는 존재는 다름 아닌 바로 빛의 천사의 형체를 한 악마였읍니다. 그 자신은 살과 뼈를 가진 육체가 아니었으나, 육의 교만에 대해 몹시 아첨하는 자였읍니다.

당신을 찾으려는 사람은 죽을 수밖에 없는 죄인이었지만, 월권이라는 수단으로 당신과 같이 되고자 합니다. 그러나 주님이시여, 당신은 영원히 죽지 않으시는 분이요, 아무 죄가 없으십니다. 그러나 중개자는 하느님과 인간 사이에 있어서, 하느님과 흡사한 것도 가지고 있고 인간과 흡사한 것도 가지고 있어야 한다고 말을 했지만, 인간과 흡사하다는 점에서는 하느님께로부터 아주 멀리 있게 되고, 하느님과 흡사하다는 점에서는 인간으로부터 아주 멀리 있을 것이므로 그런 자는 중개자의 자격이 없읍니다. 그러므로 저 거짓된 중개자로 인하여 교만은 당신의 신비스러운 법 질서에 따라 모독죄의 벌을 받거니와, 그 중개자에게 인간과 공통된 점이 있다면 죄가 있다는 한 가지뿐입니다. 그는 하느님과 공통된 점을 가지고 있는 척합니다. 그는 육신을 입고 있지 않으므로 죽지 않는 자인 듯이 자랑하고 있읍니다. 그러나 죄의 대가는 죽음이므로, 그 중개자라는 인간은 인간과 더불어 결국 죽음이라는 공통된 저주를 받았읍니다.

43. 진실한 중개자

그러나 인간들이 그것을 거울삼아 겸손을 배우듯, 숨은 연민에 의해 당신이 인간들에게 보내 주신 진실의 중개자는 바로 신과 인간을 이어 주는 인간 예수 그리스도입니다.

그분은 죽어야 할 죄인과 불사의 의로운 하느님 사이에 계셨읍니다. 즉 인간들과 더불어 죽어야 할 자, 하느님과 더불어 의로운 자로서 나타났읍니다. 그것은 하느님과 결합한 의로움에 의해——의로움의 보수는 생명과 평화이므로——의롭게 여겨진 불경한 자들의 죽음을 헛되게 하기 위함이며, 그 때문에 그는 사람들과 죽음을 함께 하고자 하셨던 것입니다. 그리스도는 또 구약시대의 성자들에게도 몸소 행하셨지만, 그것은 그와 같이 해서 그들도 또——마치 우리들이 이미 일어난 그리스도의 수난에 대한 신앙에 의해 구원되었듯이——미래에 일어나야 할 그리스도의 수난에 대한 신앙에 의해 구원되기 위함이었읍니다.

사실 그리스도는 인간인 한에서는 중개자이지만, 「말씀」인 한에서는 인간과 하느님과의 중간에 위치하는 자는 아닙니다. 왜냐하면 하느님과 마찬가지로 하느님의 품안에 계신 하느님이며, 하느님과 더불어 하나인 하느님이시기 때문입니다.

선하신 아버지여, 당신이 우리에게 베푸신 사랑은 큽니다. 우리를 위해서 당신의 외아들을 아낌없이 이 불의한 자의 손에 맡기셨읍니다.

얼마나 깊이 사랑해 주셨는지 모릅니다. 당신의 외아들은 당신과 같다는 것을 참칭한 것도 아닌데 죽음을 당하셨고, 십자가의 죽음에 이르기까지 당신의 뜻에 따르셨읍니다. 그것도 우리들을 위해서였읍니다.

그러나 모든 사자(死者) 가운데 오직 그 한 분만이 자유이며, 생명을 버릴 권리와 더불어 회복할 권리도 가지고 계십니다. 그분은 당신에게 있어서 승자인 동시에 희생자가 되셨는데, 그것도 우리들을 위해서였읍니다. 그는 당신의 귀한 제단 앞에 우리를 위한

266

제사장이요, 그것도 제물이었기 때문에 바로 우리의 주교인 것입니다.

그분은 당신으로부터 태어나서 우리들을 섬기고, 그럼으로써 노예였던 우리들을 당신의 아들이 되게 해주셨읍니다. 내가 지니고 있는 온갖 병을 당신은 그분을 통해서 고쳐 주시리라는 강한 희망을 나는 그분에게 걸고 있으며, 그것은 당연합니다. 그분은 당신의 오른편에 앉고 우리를 변호해 주시기 때문입니다. 그렇지 않으면 나는 아주 희망을 잃어버릴 것입니다.

아, 내가 지닌 병은 실로 많고도 중합니다. 그러나 당신의 약의 힘은 그것보다 더 큽니다. 만약 말씀이 살이 되고 우리들 사이에 없었더라면, 말씀은 인간과의 결합이 매우 어려운 것으로 생각하고 우리는 자기 자신에 절망해 버렸을지도 모릅니다.

나는 나의 죄와 너무나도 큰 비참이 두려워서 고독한 땅으로 도망치려고 생각하고 있었읍니다만, 당신은 금하시고 이렇게 말씀하여 용기를 북돋아 주셨읍니다.

「그리스도는 모든 사람을 대신해 죽으셨다. 그것은 살아 있는 사람들이 저희 자신을 위해 살지 않고, 오직 저희를 대신하여 죽었다가 다시 사신 분을 위하여 살게 하려 함이니라.」*

그렇습니다. 주님이시여, 나는 살기 위해 근심걱정을 당신에게 모두 맡기고, 당신의 법 속에 숨은 신비로움을 숭앙하겠읍니다. 당신은 나의 미숙과 약함을 알고 계십니다. 가르쳐 주십시오. 고쳐 주십시오.

당신의 외아들이——지혜와 지식의 모든 보배는 그분 속에 숨어 있읍니다——피에 의해서 나를 사들여 주셨던 것입니다. 오만한 자들이여, 나를 비방하지 말아 다오. 나는 나의 값을 잘 생각하고, 그것을 먹고 마시고 나누는 것입니다. 그리고 그것을 먹고 마시는 사람들 사이에 끼여 가난한 한 인간으로서 나도 또 그것에 만족을 느끼기를 열망합니다. 그를 찾는 자들이 주님께 찬양할 것입니다.

* 〈고린도 후서〉 5장 15절.

11

창조의 말씀

1. 모든 것을 아시는 하느님

하느님이시여, 당신은 영원히 당신 것이며 모든 것을 알고 계시므로 내가 말씀드리는 것을 모르실 리가 없읍니다. 또 시간 안에서 생기는 일들을 시간 안에서 보실 리도 없읍니다. 그러면 나는 왜 당신께 그런 자질구레한 일을 말씀드리는 것일까요?

나의 이야기를 통해서 비로소 당신이 그것을 아시기 때문은 물론 아닙니다. 그것은 나의 마음과 이것을 읽는 사람들의 마음이 당신을 향해 입을 모아 소리 높이 「위대하도다, 주께서는. 진정 찬양하리라」라고 말하게 하기 위함입니다. 앞서도 말했읍니다만, 지금 다시 같은 말을 하고 싶습니다. 「당신의 사랑을 사랑하기 때문에 나는 그것을 한다」고. 사실 우리는 기도하지만 진리는 말씀하십니다. 「너희들의 아버지는 너희들이 원하기 전에 이미 너희들이 필요로 하는 것을 알고 계신다.」 그러므로 우리 마음을 터놓고 우리들의 어리석음과 우리들에게 쏠리는 당신의 연민을 고백하지만, 그것은 당신이 이미 시작하신 일을 계속하셔서 우리를 완전히 자유롭게 해주심으로써 우리가 우리들 스스로 어리석은 자가 안 되게 하고 당신 보시기에 행복한 자가 되게 하기 위함입니다. 주께서는 마음이 가난한 자, 애통하는 자, 의(義)에 목마로고 굶주린 자를 자비롭고 마음이 깨끗하고 평화로운 자로 만들기 위해서 우리에게 오셨읍니다. 그래서 나는 이와 같이 내가 할 수 있었던 일과 바랐던 일을 수없이 당신에게 기도해 왔읍니다만, 그것은 우선 당신이 나에게 고백하기를 바라셨기 때문일 뿐입니다. 주 나의 하느님, 나로 하여금 당신을 향해, 「주님이시여, 당신은 착하신 분. 그 연민은 영원히 세상에서 지속됩니다」라고 고백하도록 바라셨기 때문일 뿐입니다.

2. 성서를 이해하는 힘을……

당신의 모든 격려, 모든 엄포, 위로와 인도를 전부 말하기에 흡족한 시간이 언제나 주어질 것이며, 어찌 글로 다 설명할 수 있겠읍니까? 당신은 그런 방법으로 인도하시어, 드디어 나를 당신의 백성에게 말씀을 전하고 비적을 나누어 주는 위치에까지 끌어올려 주셨읍니다. 그러나 비록 이런 일에 관해 순서대로 이야기하는 데 흡족한 시간이 주어졌다 하더라도, 「시간의 물방울」*은 지금의 나에게 있어서 너무나도 소중한 것입니다.

이미 오랫동안 나는 당신의 법에 관해 가슴 깊이 생각하고, 그것에 관해 아는 일과 모르는 일, 당신에 의해 밝혀져서 겨우 이해할 수 있게 된 일과 여전히 남아 있는 무지의 어둠——그것은 약함이 강함에게 삼켜지는 날까지 계속되겠지만——을 말씀드리고 싶은 열망에 불타고 있읍니다. 그러므로 나는 육체의 피로를 회복하거나, 정신을 쓰거나, 의무로써 사람들에게 봉사하거나, 의무가 아니더라도 사람들에게 봉사하기 위해서 꼭 해야 할 일들로부터 벗어난 시간을 그것 이외의 일 때문에 분산시키고 싶지는 않은 것입니다.

주 나의 하느님이시여, 나의 기도에 귀를 기울여 연민을 가지고 간절한 소원을 들어 주십시오. 나는 나 개인을 위해서 소원을 불태우고 있는 것이 아니라, 형제들에게 대한 사랑을 위해 쓸모있기를 바라는 것입니다. 당신은 나의 마음속을 관찰하시어 그 모

---

*물시계를 연상한 것인 듯하다.

든 것을 알고 계십니다. 생각과 혀의 봉사를 당신에게 바치고 싶습니다. 바쳐야 할 것을 베풀어 주시옵소서. 나는 가난하여 아무 것도 가진 것이 없습니다만, 당신은 당신에게 말을 거는 모든 자에 대해서 풍족하시며 우리들로 인하여 고민하는 일이 없이 고민하고 계십니다. 나의 입술일랑, 안에서나 밖에서나 모든 경솔함과 허언을 베내어 주십시오. 성서가 나에게 더러움없는 아름다운 낙이 되기를 간절히 바랍니다. 성서를 앞세워 과오를 범함이 없고, 성서에 의해 타인이 과오를 범하게 되는 일이 없기를 원합니다. 주님이시여, 사랑으로 보살피셔서 나에게 연민을 내려 주십시오.

주님이시여, 나의 하느님이시여, 강한 자의 빛인 동시에 약자의 힘이시고, 또한 보는 자의 빛인 동시에 강자의 힘이기도 하신 신이여, 나의 영혼을 보살피셔서, 심연으로부터의 나의 외침에 귀 기울여 주십시오. 사실 그 심연에도 당신의 귀가 없었다면 우리는 어디로 갈 것입니까? 어디를 향해서 소리치면 좋겠읍니까?

낮은 당신의 것, 밤도 또한 당신의 것, 각기 그 순간은 당신의 뜻 안에서 흘러가고 있읍니다. 당신의 깊이 숨은 법의 의미를 생각하려고 한 우리들에게, 거기로부터 아낌없는 시간을 꺼내 주십시오. 문을 두드리는 자에게 법의 문을 닫지 말아 주십시오. 당신은 이처럼 두껍고 비밀에 찬 책이 씌어지기를 바라셨는데, 그것은 헛된 일이 아니었읍니다. 이 숲속에는 사슴도 살고 있어, 숲속에 깊이 들어가서 쉬고, 걸어다니거나 풀을 뜯거나 뒹굴거나 되씹거나 하고 있읍니다.

오 주님이시여, 나를 완성시키시고, 그 책 속의 깊은 의미를 펼쳐 보여 주십시오. 진정 당신의 음성이야말로 나의 유일한 기쁨이며, 당신의 음성은 모든 쾌락보다 좋습니다. 내가 사랑하는 것을 베풀어 주십시오. 진실로 나는 사랑하고 있읍니다. 게다가 그 「사랑한다」는 선물을 주신 것도 당신인 것입니다. 당신의 선물을 무시하지 말아 주십시오. 당신을 목마르게 갈망하고 있는 풀을 소홀히 여기지 마십시오. 나는 당신의 책 속에서 느낄 수 있는 것을 모조리 당신에게 말씀드리고 싶습니다. 그리고 찬미의 소리를 듣고 당신을 알고, 천지를 만드신 시초부터 당신과 더불어 영원히 계속되는 성스러운 당신의 나라를 지배할 시기에 이르기까지 당신의 법 속에 숨어 있는 신비로운 것을 나는 바라보고 싶습니다.

주님이시여, 나를 가엾게 여기시어 나의 소원을 들어주십시오. 생각해 보면 그 소원은 땅에 관한 것도 아니고, 금은보석·좋은 의복·명예·권력·육의 쾌락에 관한 것도 아니고, 육체나 이승의 편력생활에 필요하다거나 관계되는 것도 아닙니다. 이것들은 모두 당신의 나라와 의로움을 찾기만 한다면 반드시 주어질 수 있을 것입니다.

나의 하느님이시여, 나의 열망은 어디로부터 오는가를 보십시오. 불의의 사람들은 나에게 여러 가지 즐거움을 말해 주었읍니다. 그러나 주여, 그것은 당신의 법과는 비교할 수도 없읍니다. 그렇습니다. 그 법이야말로 나의 열망의 원천입니다. 보십시오, 아버지시여. 바라보고 보살피고 받아들여 주십시오. 당신의 연민의 눈길 아래 당신 앞에서 은혜를 발견할 수 있게 해주십시오. 문을 두드리는 내 앞에 말씀의 숨은 뜻을 열어 주십시오.

우리의 주 독생자, 당신의 오른편에 앉은 자, 사랑의 아들 예수 그리스도를 통해 간절히 바라나이다. 당신은 그분을 당신과 우리들의 중개자로서 굳혀 주시는 것입니다. 또 당신을 찾지 않았던 우리들을 그분을 통해서 찾아 주셨읍니다. 찾아 주신 것은 우리들이 당신을 찾게 되기 위함이었읍니다. 그분이야말로 당신의 말씀이고, 그것에 의해서 당신은 만물을 창조하시고, 그 속에서 이러한 나도 만드셨읍니다. 그분이야말로 당신의 독생자, 그를 통해서 당신은 믿는 자들의 백성을 양자로 부르셨는데, 그 속에는 나도 포함되어 있는 것입니다. 당신의 오른편에 앉아 우리를 위해 감싸 주시는 그분을 통해서 간구합니다. 지혜와 지식의 보배는 그분 속에 모조리 숨겨져 있읍니다. 나는 당신의 책 속에서 그 보배를 찾습니다. 모세는 그분에 관해서 기록했읍니다. 그렇게 말씀하시는 것은 그분 자신입니다. 진리가 그렇게 말씀하시는 것입니다.

3. 천지창조

나로 하여금 듣게 하고 이해하도록 해주십시오. 어떻게 해서 당신은 「태초에 천지를 창조」하셨는가를.

이렇게 쓴 것은 모세입니다. 그는 그것을 쓰고 나서 당신의 뜻에 의해 이승으로부터 당신 곁으로 갔읍니다. 그는 나의 앞에 이미 없읍니다. 만약 있다면 그에게 물어 그 말의 뜻을 가르쳐 주도록 당신을 통해서 간청할 것입니다. 그리고 그의 입으로부터 쏟아져 나오는 말에 나는 귀를 기울일 것입니다.

게다가 만약 히브리 어로 이야기를 한다면 그 소리가 나의 감각을 건드려도 허사이며, 거기에서 나의 정신을 건드리는 것은 아무 것도 없을 것입니다. 이에 반해서 만약 라틴 어로 이야기한다면 무엇을 말하는지를 알 수 있겠지요. 그러나 그 말이 진실인가 아닌가를 어떻게 알 수 있겠읍니까? 만약 알 수 있었다 하더라도 그것을 나는 모세를 통해 알 수 있을까요?

결코 그렇지는 않습니다. 나의 내부에 있어서, 내적인 사유의 주거에 있어서 진리가 나에게 말할 것입니다. 게다가 그것은 히브리 어도 그리스 어도 라틴 어도 야만인의 말도 아니고, 구설(口舌)의 기관에 의하지 않고 음절의 울림도 없이 「그는 진실을 이야기하고 있다」고 말할 것입니다. 그 소리를 듣자마자 나는 확신에 차서 모세를 향해, 「그대는 진실을 말하고 있다」고 말할 것입니다.

그러나 나는 그에게 물을 수는 없읍니다. 하느님이시여, 당신에게 간청합니다. 모세도 역시 당신에 의해 충족되어 이야기할 수가 있었읍니다. 제발 나의 죄를 사하여 주십시오. 당신은 당신의 종인 그 사람에게 그 말을 이야기할 선물을 부여하셨으므로, 나에게도 역시 그 의미를 이해하는 선물을 주십시오.

4. 피조물의 외침

주여, 보십시오. 천지는 존재합니다. 그리고 「창조되었다」고

272

외치고 있읍니다. 사실 천지는 항상 변동하고 변화하고 있읍니다. 그런데 만들어지지 않고 존재하는 모든 것은 그 속에 전에 없었던 것을 간직하고 있는 일은 없읍니다. 전에 없었던 것을 간직하게 되는 것이야말로 변동하고 변화하는 것입니다. 또한 천지는, 「우리가 우리를 만든 것이 아니다」라고 외치고 있읍니다. 「우리는 만들어졌기 때문에 존재한다. 그러므로 우리는 아직 존재하기 전에 스스로가 스스로를 낳게 할 수 있는 방법으로 존재하고 있었던 것은 아니다.」 우리에게 확실히 보이는 천지의 모습 자체가 그렇게 외치는 것입니다.

그러므로 주님이시여, 그것들을 만든 분은 당신입니다. 당신은 아름답습니다. 왜냐하면 그것들은 아름답기 때문입니다. 당신은 선합니다. 왜냐하면 그것들은 모두 선한 것이기 때문입니다. 당신은 존재합니다. 왜냐하면 그것들은 존재하기 때문입니다. 그러나 그것들은 그것들의 창조주인 당신만큼 아름답지 못하고, 당신만큼 선하지 못하며, 당신처럼 존재하지도 못합니다. 당신에게 비교한다면 그것들은 아름답지도 않고 선하지도 않으며, 존재하지도 않읍니다. 우리는 그것들을 알고 있읍니다. 지(知)를 베풀어 주신 은혜에 대해 감사드립니다. 그러나 우리의 지도 당신의 지에 비하면 무지(無知)와도 같습니다.

5. 세계는 무에서 만들어졌다

주여, 당신은 어떻게 천지를 창조하셨을까요? 그처럼 위대한 업적을 이룩하는 데 어떤 도구를 사용하셨을까요? 분명 그것은 인간이 하는 것 같은 방법과는 다를 것입니다. 사람은 제 마음의 판단에 의해서 어떤 물체를 소재로 삼아 다른 물체를 만듭니다. 그 정신은 내적인 안목에 의해 자체 속에 인정되는 임의의 현상을 물건에 부여할 수가 있읍니다——그렇게 할 수 있는 것은 당신이 정신의 창조주이기 때문입니다——그리고 형상을 물체에 부여합니다만, 그 물체(자재·소재)는 이미 존재하고 존재를 소유하고 있는 것, 즉 땅이라든가 돌이라든가 나무라든가 황금이라든가 그던 종류에 속하는 것들입니다. 그러나 만약 당신이 그런 것들을 만들어 주시지 않았더라면 어떻게 존재할 수 있었을까요? 제작 자에게 신체를 만들어 준 것은 당신이고, 수족에게 명령을 하는 정신을 만들어 준 것도 당신입니다. 제작자가 무엇인가를 만들 수 있는 그 소재를 만들어 준 것도 당신입니다. 제작자가 기술을 익 히고 외부에 만들어야 할 것을 마음속에 볼 수 있는 재능을 만들 어 준 것도 당신입니다. 그것을 매개로 해서 만들어야 할 것을 정 신으로부터 끌어내어 소재로 옮기고, 「무엇이 만들어졌는가」를 정신에 고할 수 있는 신체의 감각을 만들어 준 것도 당신입니다. 이처럼 고하면 정신은 내부에서 자신을 지배하고 있는 진리와 의 논함으로써, 「선하게 만들어졌는가 아닌가」를 판단할 수가 있는 것입니다.

이런 모든 것들이 만물의 창조주인 당신을 찬양합니다. 그러나 어떻게 당신은 그런 것들을 만드실까요? 하느님이시여, 어떻게 당신은 천지를 창조하셨을까요? 하늘과 땅에서, 또는 공기나 물 에서 하늘과 땅을 만들지 않으신 것도 확실합니다. 왜냐하면 그 것들도 역시 하늘과 땅에 속하기 때문입니다. 전우주를 전우주 속에서 만드신 것도 아닙니다. 전우주는 존재하도록 생각하기 전 에는 있어야 할 공간이 아직 없었으니 말입니다.

당신은 손에 무엇인가를 들고 그것을 사용하여 천지를 만드신 것도 아닙니다. 만약 무엇인가를 들고 계셨다면 그 소재 자체는 대체 어디로부터 당신에게 온 것일까요? 사실 존재하는 것은 당 신이 계심으로써 비로소 존재하는 것이 아니겠습니까? 그러므로 그것들은 당신이 「있어라」고 말씀하셔서 만들어진 것입니다. 당 신은 그것들을 말씀으로 만드신 것입니다.

6. 세계의 탄생을 위한 말씀

그러나 당신은 어떻게 말씀하셨을까요? 구름의 저쪽에서 「이는 내가 사랑하는 아들이니라」라는 소리를 내신 그런 식으로 말씀하 신 것은 아닙니다. 사실 그 소리는 들렸다가 사라졌습니다. 처음과 끝이 있었읍니다. 음절이 잇따라 울렸다가는 끝나 제 1 음절 다음에 제 2 음절, 제 2 음절 다음에는 제 3 음절……그와 같이 잇따라 계속되어, 드디어 다른 모든 음절 다음에 최후의 음절이 왔다가 그후에 침묵이 온 것입니다.

여기서 다음의 사실이 분명해집니다. 즉 그 소리를 나타낸 것이 피조물의 움직임이었다는 사실 말입니다. 그 움직임은 시간적인 것이었읍니다만, 당신의 영원의 뜻을 보여 주는 데는 도움이 되었읍니다. 그리고 시간 속에서 나온 당신의 말씀은 외적인 귀에 의해 이해력을 갖는 정신에 전달되었읍니다. 다만 정신의 속에 있는 귀만은 영원의 말씀에 끌려 있는 것입니다.

그래서 정신은 시간 속에 울리고 있던 그 말을, 침묵 속에서 나오게 된 영원의 말씀과 견주어 보고 나서 이렇게 말했읍니다.

「이것은 아주 다르다. 이 말은 나보다 훨씬 아래이며 존재하지도 않는다. 왜냐하면 그것은 도망쳐서 사라져 가는 것이므로. 이와 반대로 하느님의 말씀은 나의 위에 영원히 머물고 계신다.」

그러므로 천지를 낳게 하기 위해 울리며 지나가는 말로 말씀하셨다면, 그런 식으로 천지를 창조하셨다고 하면 천지가 존재하기 이전에 이미 물체적 피조물은 존재하고 있었다고 할 수 있읍니다. 그 이전에 이미 존재하고 있었던 천지의 시간적인 움직임에 의해서, 신의 음성은 시간적으로 울려 퍼졌을 터이니 말입니다. 그러나 천지의 존재 이전에는 어떤 물체도 결코 존재하지 않았었읍니다.

비록 존재했다고 하더라도 물체를 만드는 데 지나가는 음성을 사용하지 않으신 것만은 확실합니다. 천지를 낳게 하시기 위해 사용하시는 그 「지나가는 음성」까지도 당신은 그 물체에 의해 만드실 테니 말입니다.

사실 그러한 소리가 거기에서 발하게 되는 근원이 어떤 것이든간에, 만약 당신에 의해 만들어지지 않았다면 절대로 존재하지 않았을 것입니다. 그러므로 이들 지나가 버린 말이 생기는 근원의 물체가 생기기 위해서는 당신은 어떤 방법으로 이야기하시는 것일까요?

7. 영원불멸의 말씀

그러므로 당신은 하느님이신 당신 품에 계신 하느님이시며, 영원히 말씀하시며 또 그것에 의해 영원히 하시는 말씀을 이해하도록 우리를 부르십니다. 사실 모든 것을 말하기 위해 그때까지 말하던 것을 마치고 다른 일을 말하는 식으로 연달아서 말씀하시는 것이 아니라, 모두들 동시에 영원히 말씀하시는 것입니다. 그렇지 않으면 거기에는 시간과 변화가 끼어들어서 참다운 영원이나 참다운 불사(不死)는 없게 됩니다.

하느님이시여, 나는 그것을 알고 있습니다. 알 수 있었던 것을 감사드립니다. 주님이시여, 나는 그것을 알고 당신께 고백합니다. 누구든지 확실한 진리에 대해 망은하지 않는 사람이라면, 내가 알 듯이 그것을 알고 당신을 찬양합니다. 주여, 우리는 알고 있습니다. 어떤 것이든간에 그전에 있었던 것이 지금 없어지고, 그전에 없었던 것이 지금 있는 한은 물건은 사멸하고 생성한다는 사실을 알고 있습니다. 그런데 실로 당신의 말씀은 죽지 않고 영원하므로, 어떤 부분이 없어지거나 나중에 생기거나 하는 일은 없습니다. 그러므로 당신은 당신과 마찬가지로 영원한 말씀에 의해 말씀하신 모든 것을 동시에, 그리고 영원히 말씀하십니다. 그리고 당신이 생기도록 말씀하신 모든 것은, 당신이 말씀하심에 따라 만드시는 그대로 생겨납니다. 그러나 당신이 말씀하심에 따라 만드시는 모든 것은 동시에 생기는 것은 아니고 영원히 생기는 것도 아닙니다.

8. 진리에의 첫걸음

그러면 주 나의 하느님이시여, 그 이유는 도대체 무엇입니까? 어느 정도는 이해할 수 있습니다. 그러나 웬일인지 정확히 설명할 수가 없습니다. 아마 이런 것이 아닐까요? 존재하기 시작했다가 존재하기를 그만두는 모든 것은 지금이야말로 존재하기 시

작해야 하며, 존재하기를 그만두어야 한다고 영원의 이념에서 인
정되는 바로 그때 존재하기 시작하거나, 또는 존재하기를 그만
두지만 그 영원의 이념 속에서는 어느 것도 존재하기 시작하는
일 없이 존재를 그만두지도 않습니다. 그리고 그 영원의 이념이
야말로 당신의 말씀입니다. 그것은 또한 시초이기도 합니다. 왜
냐하면 그것은 우리에게 처음으로 말씀하신 분이기 때문입니다.
그처럼 말씀은 복음 속에서 살을 통해 말씀하십니다. 그 말이 외
부에 울려서 우리 사람들의 귀에 들린 것은, 그것이 믿어지고 마
음속에서 찾아지며 영원의 진리에서 발견되기 위함이었읍니다.
그 영원의 진리에서 모든 제자를, 유일한 스승이신 그리스도가 가
르쳐 주십니다.

주님이시여, 거기에서 당신의 음성을 들을 수 있읍니다. 그 음
성은 나에게 이렇게 말합니다. 「그대들에게 가르치는 자는 그대
들에게 말하며, 반대로 그대들에게 가르치지 않는 자는 비록 말
을 해도 사실은 그대들에게 말하지 않고 있는 것이다.」 그러면
우리에게 가르쳐 주는 것은 대체 누구일까요? 그것은 항상 불변
의 진리 이외에 아무것도 아니지 않겠읍니까? 사실 우리가 가
변적인 피조물을 통해서 충고를 받는 경우에도 우리들은 항상 불
변의 진리에 인도되고 있는 것이며, 거기에 멈추어 서서 그분의
말씀을 듣고 우리들을 자기의 존재의 근원으로 되돌려 주는 사랑
의 음성을 기뻐할 때 바로 그 영원불변의 진리에서 진정한 의미
를 배우는 것입니다.

그것은 또 시초라고도 합니다만, 만약 그것이 언제나 존재하지
않는다면 우리가 망설일 때 되돌아갈 곳이 없을 것입니다. 망설
임의 길로부터 되돌아올 때 분명히 우리들의 자각에 의해서 되돌
아옵니다. 그러나 자각하도록 도와 주는 것은 그분입니다. 즉 시
초이며 말씀하시는 그분인 것입니다.

9. 마음에 주시는 말씀

하느님이여, 당신은 태초에 천지를 창조하셨읍니다. 즉 말씀을

통해, 독생자를 통해, 힘을 통해, 당신의 지혜를 통해, 당신의
진리를 통해 신기한 방법으로 말씀하시고 신기한 방법으로 만드셨
읍니다. 그 신비로운 업적을 누가 모두 이해하며, 누가 다 표현할
수 있겠읍니까? 그러면 그것은 누구일까요? 나의 속에 깊이 들
어와서 상처도 입히지 않고 마음을 때리는 자는 누구일까요? 나
는 몹시 놀라는 동시에 불타오릅니다. 몹시 놀라는 이유는 내가
그자와 닮지 않았기 때문이며, 그럼에도 불구하고 불타오르는 것
은 내가 그자와 닮았기 때문입니다.

　나의 속에 스며들어 구름을 걷어 주는 것은 지혜입니다. 그러
나 구름은 다시 나를 둘러싸고, 나는 나를 무겁게 억누르는 죄의
암담함으로 말미암아 지쳐 버립니다. 사실 나의 힘은 결핍 속에
완전히 힘을 잃어버리기 때문에 주여, 당신이 나의 모든 불의를
불쌍히 여기시어 모든 병을 고쳐 주시기까지는 나 자신이 가지고
있는 선에도 견딜 수 없게 되어 버리는 것입니다. 그러나 당신은
부패의 상태에서 나의 삶을 도맡으시어 연민과 사랑으로 내 머리
를 장식해 주시겠지요. 그리고 나의 희망을 갖가지의 착한 것으
로 충만하게 해주시겠지요. 나의 청춘은 마치 독수리의 청춘처
럼 되살아날 것이기 때문입니다. 우리는 희망에 의해 구제되었읍
니다. 그리고 지금 당신의 약속을 인내를 가지고 기다리고 있읍
니다. 할 수 있는 자는 자신 속에 말을 해주시는 당신의 말을 들
을지니, 그러나 나는 당신의 알림을 믿고 말하겠읍니다.

　「하느님, 당신의 업적은 실로 위대합니다. 당신은 모든 것을
지혜를 통해 만드셨읍니다.」

　　10. 육적 (肉的) 오류에 찬 사람들

　우리들에게 「천지를 창조하기 전에 하느님은 무엇을 하고 있었
는가」하고 반문하는 사람들은 사실 낡은 육적인 오류에 차 있는
것이 아닐까요? 그들은 이렇게 말합니다.

　「만약 하느님이 무위(無爲)여서 아무것도 하지 않았다면, 왜 그
후에도 계속해서 전과 같이 쉬지 않으셨는가? 만약 무슨 새로운

움직임이 하느님 속에서 생겨나 이전에는 결코 만들지 않았던 피조물을 만들고자 하셨다면 이미 참뜻에서의 영원은 있을 수 없을 것이다. 이전에 있었던 듯이 거기에 생겼으므로 말이다.

그런데 하느님의 뜻은 피조물보다 앞선 것이다. 만약 창조자의 뜻이 앞서지 않는다면 그 무엇도 창조될 수 없기 때문이다. 그러므로 하느님의 뜻은 하느님의 본질 그 자체에 속해 있다. 따라서 만약 하느님의 본질 속에 이전에 없었던 무엇인가가 생겼다면 그 본질은 진정한 의미에서의 영원이라고 할 수는 없다. 만약 피조물을 존재시키려는 하느님의 뜻이 영원하다면 왜 피조물도 영원으로부터 존재하지 않았는가.」

11. 하느님의 영원한 시간

그런 말을 하는 사람들은 아직 당신에 대해 모르고 있읍니다. 오오, 하느님의 지혜여, 정신을 비추는 빛이여, 당신의 뜻에 의해서, 당신을 통해서 어떻게 일들이 생겨나는지를 그들은 아직 이해하지 못하고 있읍니다. 그들은 영원한 것을 음미하려고 하지만, 그 마음은 사라졌다가는 되돌아오는 여러 사물의 움직임 속을 헤매이며 여전히 허무합니다. 누가 그런 사람들의 마음을 진정시키고 항존하는 영원의 빛남을 잠깐이라도 엿보게 할 수 있겠읍니까? 결코 멈추지 않는 시간과 도저히 비교될 수 없는 것을 깨닫게 할 수 있겠읍니까? 시간을 끌기 위해서는 동시에 연장될 수 없는 많은 지나간 움직임을 잇대어야 하지만 영원에 있어서는 지나가는 것이라고는 전혀 없으며, 전체가 현재에 있는데 이와 반대로 어떠한 시간도 전체가 현재에 있는 경우는 없읍니다. 자나간 모든 것은 닥쳐올 것에 쫓기고 닥쳐올 것은 지나간 것의 뒤를 이어서 오지만, 모든 지나간 것과 닥쳐올 것은 언제나 현재인 것에 의해 창조되고 거기로부터 흘러갑니다.

이런 것을 누가 그로 하여금 이해하게 할 수 있을까요? 인간의 마음을 포착하여 진정시키고 멈추시는 영원이 미래도 아니고 과거도 아닌데, 어떻게 미래의 시간과 과거의 시간을 규정하신다는 것을 깨닫게 할 수 있겠읍니까?

나의 손으로 그것을 할 수 있을까요? 나의 「구설」의 손이 말로써 그렇게 위대한 일을 해낼 수가 있을까요?

12. 세계가 창조되기 이전

그러면 답하겠읍니다. 「천지를 창조하기 전에 하느님은 무엇을 하고 있었는가」하고 묻는 자에 대해서 말입니다. 어떤 사람은 이 두려운 질문을 농담으로 얼버무리려 하면서, 「그 깊은 뜻을 캐내려는 사람들을 위해 지옥을 준비하고 계셨다」고 합니다. 나는 그처럼 성실하지 못한 답은 하지 않겠읍니다. 인식하는 것과 익살을 떠는 것과는 다릅니다. 나는 그런 대답은 안 합니다. 깊은 뜻을 묻는 자가 웃음거리가 되고 허위의 답을 한 자가 칭찬을 받는 따위의 대답을 할 정도라면 모르는 것은 「모른다」고 대답하는 편이 차라리 낫습니다.

그러나 우리의 하느님이시여, 나는 말합니다. 「당신은 모든 피조물의 창조주입니다」라고. 또 만약 「천지」라는 이름 아래 모든 피조물이 표현되는 것이라면 나는 확신합니다. 「천지를 창조하기 전에 하느님은 아무것도 하지 않으셨다」고. 만약 무엇인가를 하고 계셨다면 피조물을 만들고 계셨다는 것 이외에 다르게 생각할 길이 없지 않습니까? 이만큼 확실한 것은 없습니다.

알면 구원을 위해 소용되기 때문에 알고 싶다고 생각하는 것을 모조리 그것처럼 확실히 알 수 있다면 얼마나 좋겠읍니까?

13. 시간이 창조되기 이전

그러나 만약 누군지 경망한 마음을 가진 사람이 지나가 버린 시간을 생각하며 방황하면서 전능하고 만물을 창조하고 보지하는 하느님, 천지를 만드신 당신이 업적을 이룩하시기 전에 수세기에 걸쳐서 그렇게도 위대한 업적에 손을 대지 않고 있었던 것에 의문을 품고 있다면, 그 사람은 신중히 생각해 봄으로써 거짓 앎을

280

의심하고 있다는 것을 깨달아야 합니다. 사실 당신은 모든 세기의 창시자이며 건설자이므로, 만드시기 전에 어떻게 수많은 세기가 지나가 버릴 수 있었겠읍니까? 또 당신에 의해 창조되지 않았던 시간이 있었을까요? 만약 없었다면 어떻게 지나갈 수가 있었겠읍니까? 이처럼 당신은 모든 시간을 만드신 분이므로, 만약 당신이 천지를 창조하시기 전에 얼마만큼의 시간이 있었다고 한다면, 「당신은 일에 손을 대지 않고 계셨다」는 따위의 말을 어떻게 할 수가 있겠읍니까? 바로 시간 그 자체를 당신은 만드셨으므로, 시간을 만드시기 전에 시간이 지나간다는 등의 일은 있을 수 없읍니다. 그러나 천지가 존재하기 전에는 시간도 존재하지 않았다고 한다면, 「그때 당신은 무엇을 하고 있었는가」하고 어떻게 물어 보겠읍니까? 시간이 없었던 곳에는 「그때」도 없었던 것입니다.

당신은 시간보다 앞섭니다만, 시간에 있어서 시간에 앞서는 것은 아닙니다. 그렇지 않으면 당신이 모든 것의 「시간에 앞설」 수는 없을 것입니다. 그러므로 당신이 모든 지나간 시간보다 앞서는 것은 항상 현재인 영원의 높이에 의한 것입니다. 그것에 의해 당신은 모든 다가올 시간을 넘어서 계십니다. 사실 그 시간들은 지금은 미래이지만 다가오면 과거가 될 것입니다. 그러나 당신이야말로 언제나 변함없으시고, 그 세월은 다함이 없읍니다. * 당신의 세월은 멈추어 있읍니다. 그런데 우리들에게 있어서 어떤 세월은 오고 어떤 세월은 갑니다.

당신의 세월은 모두가 동시에 멎어 있읍니다. 왜냐하면 모두가 정지해 있으며, 가는 세월이 오는 세월에 의해 밀려나는 일도 없기 때문입니다. 당신의 세월은 옮겨가지도 않으니까 말입니다. 그런데 우리들의 세월은, 모든 세월이 드러나는 것은 모든 세월이 지나서 없어졌을 때의 일이겠지요.

당신의 세월은 하루입니다. 게다가 당신의 날은 「매일」이 아니고 「오늘」입니다. 사실 당신의 「오늘」은 「내일」에게 자리를 내주지 않고, 어제에 연이어서 온 것도 아닙니다. 당신의 「오늘」은 영원입니다. 그러므로 당신은 자신과 마찬가지로 영원한 자를 낳

* 〈시편〉 102편 27절.

으시어 그분을 향해 「오늘 나는 너를 낳았노라」고 말씀하셨읍니다. 당신은 모든 시간을 창조하시고 모든 시간의 앞에 계십니다. 그러므로 시간이 없었던 때가 존재한 적도 없읍니다.

14. 시간의 세 가지 다른 점

그러므로 당신은 무엇인가를 창조하시는 데 시간을 통해서 만드신 것은 아닙니다. 왜냐하면 시간 자체도 당신이 만드신 것이니 말입니다. 또 어떠한 시간도 당신과 같이 영원하지는 않습니다. 당신은 항존하십니다만, 만약 시간이 항존한다고 하면 이미 시간이 아닐 테니 말입니다.

그러면 대체 시간이란 무엇일까요? 그것을 쉽고도 간단하게 설명할 수 있는 사람이 있을까요? 그것을 말로 표현하기 위해 사상을 통해서라도 시간을 포착할 수 있는 자가 있을까요? 우리가 회화를 할 때 시간만큼 친근하고 익숙하게 표현하는 것은 없읍니다. 그것에 관해 이야기할 때 우리는 정확히 이해하고 있읍니다. 타인이 이야기하는 것을 들을 때도 분명히 우리들은 이해하고 있읍니다. 그러면 대체 시간이란 무엇일까요? 아무도 나에게 물어 보지 않을 때 나는 알고 있는 듯하다가 막상 질문을 받고 나면 설명할 수가 없읍니다. 그러나 나는 「알고 있다」는 가장(假裝)을 가지고 말할 수 있는 일이 있읍니다. 그것은 「만약 그 무엇을 가로막지 않는다면 과거의 시간은 없을 것이다. 그 무엇도 닥쳐오지 않는다면 미래의 시간은 없을 것이다. 아무것도 없다면 현재의 시간도 없을 것이다」라는 것입니다.

그러면 그 두 개의 시간, 과거와 미래란 어떻게 해서 있는 것일까요? 과거란 「이미 없는」 것이며 미래란 「아직 없는」 것인데 말입니다. 또 만약 현재는 언제나 있고 과거로 옮겨가지 않는다면 그것은 이미 시간이 아니고 영원이 될 것입니다. 그러므로 만약 현재가 시간인 것은 과거로 옮겨가기 때문이라면, 「현재가 있다」는 말도 어떻게 할 수가 있겠읍니까? 현재에 있어서 그것이 「있다」고 일컬어지는 이유는 바로 그것이 「없을 것이다」이기 때문입니다. 즉 우리가 진정한 의미에서 「시간이 있다」고 할 수 있는 것은 바로 그것이 「없는 방향으로 향하고 있기」 때문입니다.

15. 시간의 척도

그럼에도 불구하고 우리들은 「오랜 시간」이라든가 「짧은 시간」이라는 말을 사용합니다. 그것은 오직 과거의 시간이나 미래의 시간에 관해서만 적용할 수가 있는 말입니다. 과거의 긴 시간이라고 우리가 부르는 것은 예컨대 이제까지의 백 년간을 말하며, 또한 미래의 긴 시간이란 앞으로의 백 년간입니다. 또 짧은 과거의 시간이란 예컨대 이제까지의 열흘간을 말하며, 짧은 미래의 시간이란 앞으로의 열흘간을 말합니다. 그러나 없는 것이 대체 어떻게 해서 길었다가 짧았다가 합니까. 사실 과거는 이미 없습니다. 미래는 아직 없습니다. 그러므로 우리는 「길다」고 말해서는 안 됩니다. 과거를 말할 때는 「길었었다」, 미래를 말할 때는 「길 것이다」라고 표현해야만 합니다.

나의 주님이시여, 나의 빛이여, 여기에서도 당신의 진리는 인간을 비웃는 것은 아닐까요? 즉 과거의 시간이 길었다고 말하지만 그것은 이미 지나가 버렸을 때 길었을까요, 아니면 아직 현재일 때에 길었을까요. 사실 그것이 길 수 있었던 것은 길어야 할 것이 거기에 있었기 때문입니다. 그런데 과거는 이미 없었습니다. 즉, 전혀 없었기 때문에 길 수도 없었던 것입니다.

그러므로 우리들은 「과거의 시간이 길었다」고 말해서는 안 됩니다. 과거란 존재하지 않기 때문에 무엇이 길었는지, 그 긴 것을 우리는 발견해 낼 수가 없습니다. 그보다는 우리는 이렇게 말해야 할 것입니다. 「그 현재의 시간은 길었었다」고. 왜냐하면 그것이 길었던 경우는 현재였을 때의 일이기 때문입니다. 그것은 아직 지나가 버려서 없어질 정도는 아니었습니다. 그러므로 거기에는 「길 수 있는 것」이 있었던 것입니다. 그런데 지나가 버린 뒤에는 그것은 있기를 중단하는 동시에 길기까지도 중단해 버리는 것입니다.

그러므로, 오, 인간의 영혼이여, 현재의 시간은 길 수 있는지 어떤지를 한번 생각해 봅시다. 그대에게는 시간의 길이를 느끼고 측정할 만한 힘이 주어져 있으니 그대는 나에게 무엇을 답해 줄 것인가. 현재 있는 백 년은 긴 시간일까. 우선 생각해 봅시다. 백 년이라는 시간은 현재일 수 있는가를——예컨대 그 백 년 중의 제1년째가 경과하고 있을 때에는 그 제1년째는 현재이지만 99 년은 미래이며 따라서 그것은 아직 없읍니다. 제2년째가 경과할 때에는 1년은 이미 과거이며, 다른 1년은 현재이고 98년은 미래입니다. 이와 같이 해서 이 백이라는 숫자, 해의 중간에 있는 어떤 1년을 현재로 하든간에 그해보다 이전의 해는 과거이며, 그 이후의 해는 미래인 것입니다. 그러므로 백 년이라는 해는 절대로 현재일 수가 없읍니다. 그렇다면 적어도 지금 경과하고 있을 그 1년은 현재인가 아닌가에 대해 생각해 봅시다. 그 1년의 제1월째가 경과할 때에는 제1월은 이미 지나갔으며, 나머지 달은 아직 없읍니다. 따라서 경과하고 있는 1년도 전체로서, 현재 있는 것은 아닙니다. 만약 전체로서 현재가 아니라면 1년은 현재가 아닙니다. 왜냐하면 1년은 12개월이지만, 그중 어느 한 달이 경과해 버렸을 경우 그 달은 현재이지만 다른 달은 과거로 되어 있든가 그렇지 않으면 미래이기 때문입니다. 그러나 지금 경과하고 있는 한 달도 현재는 아닙니다. 현재인 것은 1일입니다. 제1일째에는 나머지 날은 미래이고, 마지막 날에는 중간의 다른 날은 모두가 과거입니다. 이 중간의 날은 언제나 과거의 날과 미래의 날의 사이에 있읍니다.

어떨까요, 현재라는 시간은——오직 그것만이 「길다」고 말해야 한다는 것을——겨우 하루 사이에까지 단축되어 버렸읍니다. 그러나 그 하루까지도 더 세밀하게 분석해 봅시다. 그 하루도 사실은 전체로서 현재 있는 것은 아닙니다. 즉 하루는 밤과 낮을 모두 합쳐서 24시간으로 이루어져 있읍니다. 그중의 제1시간째는 나머지 시간을 미래에 두고 있읍니다. 그 중간에 있는 임의의 시간은 자기 앞에 과거의 시간을, 자기 뒤에 미래의 시간을 두고 있읍니다. 그리고 그 한시간 자체가 지나가는 많은 분(分)에 의해 경과합니다. 한 시간 중에서 지나간 부분은 과거이며 아직 남겨 두고 있는 부분은 미래입니다.

만약 시간 속에서 이제는 더 이상 세분할 수 없는 것을 생각해 낼 수 있다면, 그것은 「현재」라고 불러서 타당할 것입니다. 그러나 그것은 극히 빠르게 미래로부터 과거로 날아가 버리므로 연장될 순간적인 여유도 없습니다. 만약 얼마간이라도 연장되어 있다고 한다면 그것은 과거와 미래로 분할되어 버립니다. 그러나 현재에는 어떠한 순간적인 여유도 없습니다.

그러면 우리가 「길다」고 말할 수 있는 시간은 어디에 있는 것일까요? 미래일까요? 그러나 미래에 관해서 우리는 「길다」고는 말할 수 없습니다. 왜냐하면 긴 시간이란 존재하지 않기 때문입니다. 우리는 단지 「길 것이다」라고 말할 수 있을 뿐입니다. 그러면 그것은 언제 있는 것일까요. 만약 그것이 그때까지 미래라면 그것은 아직 길지는 않을 것입니다. 왜냐하면 길다는 것은 「아직 없을」 터이니 말입니다. 만약 그것이 길지도 모를 것을 바로 그것이 이미 없는 미래로부터 있기 시작하여 긴 것일 수 있도록 현재가 된 그때라고 한다면, 이미 앞서 말한 그 목소리로 현재의 시간은 「길 수 없다」고 외치는 것입니다.

16. 측정되는 시간

그럼에도 불구하고 주님, 우리들은 시간의 간격을 지각하고 서로 비교함으로써, 그 시간이 길다든가 저 시간이 짧다든가 하고 이야기합니다. 뿐만 아니라 우리들은 이 시간은 그 시간보다도 어느 정도 긴가 짧은가를 재고, 이것은 2배 3배, 저것은 1배, 이것은 저것과 같은 길이라고들 대답합니다. 그러나 우리들은 흘러가는 시간을 재고 있는 것이며, 그때 시간을 지각하면서 재고 있는 것입니다. 그러나 흘러간 시간은 이미 없는 것이며, 다가올 시간도 아직 없는 것인데 어떻게 잴 수 있겠읍니까. 만약 잴 수 있다면, 그 사람은 「없는 것을 잴 수 있다」고 감히 말해야 할 것입니다. 그러므로 시간은 지나가면서 있을 때에는 지각되고 재어질 수가 있지만, 일단 지나가 버리고 나면 이미 없는 것이므로 지각될 수도 측정될 수도 없습니다.

17. 과거의 시간과 미래의 시간

아버지여, 나는 묻습니다. 단언은 하지 않습니다. 나의 하느님이시여, 나를 보살피고 인도하여 주십시오. 우리는 어린 시절에 세 가지 때가 있다고 배웠습니다. 즉 과거·현재·미래입니다. 또 그와 같이 어린아이들에게 가르쳤습니다. 그러나 「그러한 세 가지 때라는 것은 없으며, 있는 것이라고는 오직 현재뿐이다. 왜냐하면 과거와 미래는 없는 것이기 때문이다」라고 누가 대체 나에게 말할 수 있겠습니까? 그렇지 않으면 과거도 미래도 있기는 하지만 미래로부터 현재가 생겨날 때에는 알지 못하는 곳으로부터 나타나며 현재로부터 과거가 될 때도 역시 알지 못하는 곳으로 들어가 버리는 것일까요? 그런데 미래는 아직 없다고 한다면, 미래를 예언한 사람들은 어디서 그 미래를 찾았을까요? 없는 것은 볼 수도 없을 것입니다. 만약 과거를 이야기하는 사람들이 마음 속에서 그것을 느끼지 못했다면 절대로 진실을 말할 수는 없을 것입니다. 과거가 무에 지나지 않는다면 그것은 전혀 느낄 수 없을 것입니다. 그러므로 미래도 과거도 역시 있는 것입니다.

18. 미래에 대한 예견

주님이시여, 나로 하여금 다시 물을 수 있도록 해주십시오. 나의 이상이여, 나의 주의가 방해받는 것을 용서하지 마십시오. 만약 미래와 과거가 있다면 대체 어느 곳에 있는지 궁금합니다. 그것을 알 수 있는 능력이 아직 나에게는 부족하더라도, 적어도 다음의 사실은 알고 있습니다. 그것이 어디에 있건간에 거기에서는 미래나 과거도 아니고 현재라는 것을 말입니다. 사실 만약 거기에서도 미래라고 한다면 그것은 거기에 아직 없고, 만약 거기에서도 과거라면 그것은 거기에 이미 없을 터이니 말입니다. 그러므로 어디에 있든지 무릇 있는 것은 모두 오직 현재로서만 있는 것입니다. 하기야 과거에 대해서 진실이 이야기되는 경우도 있습니다만, 그 경우 기억으로부터 나오는 것은 지나가 버린 일 자체가 아니라 지나가는 도중에 감각을 통해서 발자국처럼 마음속에 새겨진 영상을 기초로 해서 마음에 품어진 말인 것입니다. 예컨대 나의 소년시절은 이미 사라진 과거의 시간 속에 있읍니다만, 그것도 나는 그 영상을, 그 시대를 상기하고 이야기할 때에는 현재의 시간에 서서 바라보고 있읍니다. 그것은 나의 기억 속에 아직 남아 있기 때문입니다.

미래를 예언하는 경우도 사정은 이것과 비슷할까요? 즉, 아직 없는 일들의 영상이 현재 있는 것으로서 나타날 것인지요? 하느님이시여, 머리 숙여 고백합니다. 나는 알 수 없읍니다. 그러나 이것만은 분명히 알고 있읍니다. 우리는 곧잘 미래에 해야 할 행동에 관해서 먼저 생각하는 일이 있는데, 이 경우 그「먼저 생각한다」는 것은 현재 있지만, 우리가 먼저 생각하고 있는 그 행동 자체는 미래이므로 아직 없읍니다. 그런데 그 먼저 생각하던 일을 막상 행동에 옮겨서 실행하기 시작하면, 그때 그 행동은 있는 것이 될 것입니다. 왜냐하면 그때 그 행동은 미래가 아니고 현재가 될 것이기 때문입니다.

그러므로 미래의 그 신비적 예감이 어떤 성질의 것이든간에 하여간 볼 수가 있는 것은 오직 실제로 있는 것뿐입니다. 그런데 이미 있는 것은 미래가 아니고 현재입니다. 그러므로 미래의 것을 볼 수 있다는 경우 보이는 것은 아직 없는 것, 즉 미래 자체는 아니고 아마도 그것들의 원인이나 징후일 것입니다. 이것들은 이미 있는 것입니다. 그러므로 그것들은 보는 사람들에 따라서 미래는 아니고 이미 현재이며, 그들은 그 현재의 것으로부터 정신 속에 미래를 포착해서 예언하는 것입니다. 또 그들이 정신 속에 포착한 미래에 관한 상은 이미 있읍니다. 그래서 그들은 자기 앞에 현존하는 그 상(像)들을 바라보면서 미래를 예언하는 것입니다.

수많은 사실 중에서 한 가지 예를 들어 이야기해 봅시다. 나는 해가 돋는 광경을 바라봅니다.「해가 뜬다」고 예고합니다. 바라

보는 것은 현재이고, 예고하는 것은 미래입니다. 미래가 태양은
아닙니다. 그것은 이미 존재하기 때문입니다. 미래는 일출입니다.
그것은 아직 없읍니다. 그러나 그 일출이라 해도 만약 머릿속으로
상상하지 않는다면──지금 이렇게 말하면서 상상하듯이──예언
할 수 없을 것입니다. 그러나 하늘에 보이는 저 서광은 일출에 앞
서는 것이라고는 하되, 그 자체가 일출은 아닙니다. 마음에 품은
상상도 또한 일출은 아닙니다. 게다가 그 양자는 미래의 일출을
예고하기 때문에 현재 있는 것으로서 인식되는 것입니다. 이와
같이 미래는 아직 없읍니다. 아직 없다면 결코 보이지도 않을 것
입니다. 그러나 그것은 이미 있고 보이는 현재의 것으로부터 예
언될 수가 있읍니다.

19. 마음의 눈

하느님, 그렇다면 피조물의 지배자이신 당신은 어떤 방법으로
인간의 영혼에게 미래의 일을 가르치실까요? 사실 당신은 예언자
들에게 미래의 일을 가르치셨읍니다. 대체 어떠한 방법으로 그것
을 가르치실까요? 무릇 미래라는 것이 당신에게는 존재하지 않는
데 말입니다. 그렇지 않으면 당신은 미래에 관해서 현재 있는 일
들을 가르치시는 겁니다. 사실 없는 것을 가르치기란 불가능한
일이니 말입니다. 당신이 미래를 가르치시는 방법은 나의 눈으로
부터 너무 멀리 있읍니다. 너무나 강합니다. 내 힘으로 거기에
다다르기란 불가능할 것입니다. 그러나 당신의 능력으로는 가능
할 것입니다. 만약 당신이 그 능력을 나에게 주신다면 말입니다.
오, 내 마음의 눈의 감미로운 빛이여.

20. 시간의 다름

그런데 지금 나에게 있어서 분명해진 것은 미래도 없고 과거도
없다는 사실입니다. 엄밀히 말하자면 과거·현재·미래라는 세
종류의 시간이 있다고도 할 수 없읍니다. 아마 정확히는 이렇게

288

말해야 할 것입니다. 「세 종류의 시간이 있다. 과거에 관해서의 현재, 현재에 관해서의 현재, 미래에 관해서의 현재.」

사실 이 세 가지는 어쨌든 영혼 속에 있는 것입니다. 영혼이 아니라면 어디에서도 찾아 낼 수가 없습니다. 과거에 관한 현재란 「기억」이며, 현재에 관한 현재란 「직관(直觀)」이며, 미래에 관한 현재란 「기대」입니다. 만약 그런 것이 허용된다면 분명 나는 세 종류의 시간을 보며, 그뿐만 아니라 「세 종류의 시간이 있다」는 사실도 인정합니다.

그런데도 역시 부정확한 말버릇을 따라서, 「세 종류의 시간이 있다. 그것은 과거와 현재와 미래이다」라고 말하고 싶은 자가 있다면 말하도록 내버려 두겠습니다. 나는 아무렇지도 않고 반대도 안 하고 비난도 안 합니다. 다만 거기서 말하는 바를 잘 이해하고 있어야만 합니다. 미래인 것이 이미 있다든가 과거가 돼 버린 것이 아직 있다고 생각해서는 안 됩니다. 우리가 정확한 말로 이야기하는 경우는 드뭅니다. 대개의 경우 확실하지 못한 표현을 사용하고 있습니다. 그래도 하고자 하는 말은 통하는 것입니다.

21. 시간 측정법

그러므로 방금 나는 우리가 재는 것은 「지나가는 시간」이라고 말씀드렸습니다. 그와 같이 해서 우리는 이 시간의 부분은 1이라는 단위의 2배라든가, 이 시간은 저 시간과 같다든가, 그밖에 무엇이고 시간의 부분에 관해서 측정하면서 말할 수가 있습니다. 그러므로 지금까지 얘기해 왔듯이 우리가 재는 것은 지나가고 있는 시간입니다. 만약 누가 나에게, 「어떻게 자네는 그것을 아는가」라고 묻는다면 나는 이렇게 대답할 것입니다. 「그것을 알고 있는 것은 다음과 같은 이유에서이다. 우리는 사물을 잰다. 그러나 없는 것을 잴 수는 없다. 그런데 지나가 버린 것도 아직 오지 않은 것도 현재에는 없기 때문이다.」 그렇지만 만약 폭(幅)이 없다면 어떻게 현재의 시간을 잴 수가 있겠습니까? 그러므로 그것은 지나가 버릴 때 측정되는 것이지 지나가고 나면 더 이상 잴 수가 없읍니다. 그때에는 이미 잴 것은 하나도 없기 때문입니다. 하여간 현재의 시간은 측정될 때 어디로부터 오며, 어디를 거쳐서 어디로 지나가 버리는 것일까요? 어디로부터——물론 미래로부터. 어디를 거쳐서——물론 현재를 거쳐서. 어디로——물론 과거로입니다. 그러므로 그것은 「아직 없는 것」으로부터 와서 「폭이 없는 것」을 거쳐서 「이미 없는 것」으로 사라져 갑니다.

그러나 우리가 재는 것은 어떤 폭에 있는 시간입니다. 우리가 시간에 대하여 1배 2배 3배와 같다, 또는 이와 유사한 말을 하는 것은 시간의 폭을 말하는 데에 지나지 않습니다. 그렇다면 어떠한 폭에서 지나가는 시간을 재는 것일까요? 다가오는 미래에서일까요? 그러나 아직 없는 것을 잴 수는 없읍니다. 그것을 거쳐서 지나가는 현재에서일까요? 그러나 폭이 없는 것을 잴 수는 없읍니다. 지나가 버리는 과거에서일까요? 그러나 이미 없는 것을 잴 수는 없읍니다.

22. 수수께끼의 해답

나의 영혼은 복잡한 이 수수께끼를 풀고 싶은 마음이 간절합니다. 주여, 닫지 마십시오. 선하신 아버지시여, 그리스도를 통해 원합니다. 닫지 마십시오. 나의 열망에 대해 그다지도 가까이, 그러나 깊이 숨어 있는 수수께끼를 말입니다. 그 수수께끼 속에 깊이 파묻혀 당신의 연민의 빛을 받을 수 있는 은총을 허락해 주십시오. 주여, 이 문제의 해답을 누구에게 구하면 좋겠읍니까? 당신 이외의 누구에게 자신의 무지를 고백하고 당신에게 고백해서 얻을 수 있는 이상의 성과를 얻을 수 있겠읍니까?

나의 가슴은 당신의 책(성서)의 깊은 의미를 알고자 불타고 있읍니다만, 그 열망을 당신은 싫어하지 않으십니다. 내가 사랑하는 것을 받기를 원합니다. 진정 나는 사랑하고 있읍니다. 그 사랑을 주신 것은 바로 당신입니다. 하느님, 착한 선물을 자식들에게 주는 것을 알고 계신 아버지여, 주십시오. 사실 나는 이미 그것을 알아 낼 계획을 세웠읍니다. 그러나 당신이 보여 주실 때까지는 내 앞에는 오직 고생만이 남아 있을 뿐입니다.

그리스도를 통해 간구합니다. 그 성스러운 분의 이름으로 아무도 나의 길을 막지 말아 다오. 나는 믿었읍니다. 그렇기 때문에 이야기하는 것입니다. 나의 소원은 거기에 보람을 느끼는 것, 그것은 바로 「주의 기쁨을 보는」것입니다. 주님이시여, 당신은 나의 하루하루를 낡은 것으로 만들어 버리셨읍니다. 그것은 사라져 가고…… 어떻게 해서인지 나는 모르겠읍니다.

게다가 우리들은 시간이라는 것을, 또 여러 가지 시간이라는 말을 종종 입에 올립니다.

「그는 얼마나 오랜 시간 그것을 말했는가.」「얼마나 오랜 시간 그것을 했는가.」「얼마나 오랜 시간 나는 그것을 보지 않았는가.」「이 음절은 저 짧은 단음절의 2 배의 시간을 가지고 있다.」

우리는 이런 말들을 하거나 듣고 있으며, 자신이 말하는 것을 상대방이 알아듣고, 상대방이 말하는 것을 알아듣습니다. 그 이상 확실한 것은 없고 그 이상 낯설지 않은 것도 없읍니다. 그런데 그 의미는 아주 깊게 숨어 있어 찾아 내려면 다시 한 번 땀을 흘려야만 합니다.

23. 시간이란 무엇인가

나는 어떤 학자로부터 들었읍니다. 「태양·달·별의 운행이 시간 그 자체이다」라고. 그러나 그 설에는 동의할 수 없읍니다. 왜 차라리 모든 물체의 운행이 시간이 아닙니까? 만약 하늘의 광채(光體)가 운행을 멈추었는데도 도공(陶工)이 풀무를 움직이고 있을 경우, 시간은 사라져 버리는 것일까요? 게다가 우리가 풀무의 회전을 측정하여 「일정한 간격으로 움직이고 있다」라든가, 빨라졌다가 늦어졌다가 하는 경우에는 「어떤 회전은 길고 어떤 회전은 짧다」는 말을 할 수 있는 것은 시간에 의해서가 아니겠읍니까? 우리가 그런 말을 하고 있는 경우에도 시간 안에서 하고 있는 것이 아닐까요? 또 우리의 말 속에서 어떤 음절은 길고 어떤 음절은 짧은 것도, 전자는 오랜 시간 동안 울리는데 후자는 짧은 시간

-동안 울리기 때문이 아닐까요?

하느님이시여, 작은 일 속에, 작은 일과 큰 일에 공통되는 개념을 투시하는 힘을 인간에게 주십시오. 별이나 천체의 빛은, 계절이나 날이나 해를 나타내기 위해 존재합니다. 그것은 분명합니다. 나도 그 보잘것없는 나무바퀴의 회전이 하루라는 등의 말은 하지 않습니다. 그러나 그 학자의 입장에서도, 「그러니까 그것은 시간이 아니다」라고는 말할 수 없을 것입니다.

내가 알고자 하는 것은 시간의 힘과 본질입니다. 시간에 의해서 우리는 물체의 운동을 재고, 그 운동은 예컨대 그 운동의 2배의 시간 동안 계속되고 있다고 말합니다. 그래서 나는 묻습니다. 하루란 단순히 태양이 지상에 있는 시간을 말하는 것이 아니고——그런 의미에서는 낮과 밤은 별개의 것입니다——일출로부터 다음 일출에 걸치는 태양의 순환의 전체를 의미하는 것이며, 그런 것으로 우리는 「여러 날이 지나갔다」고 하는데 그 경우 「여러 날」 속에는 그 밤도 포함되어 있습니다. 이와 같이 하루는 태양의 운동과 일출로부터 다음 일출에 이르는 순환에 의해 완성됩니다만, 내가 묻는 것은 이 사실입니다. 즉 그 운동 자체가 날인가, 그렇지 않으면 운동이 경과하는 동안이 날인가, 그렇지 않으면 그 쌍방 모두인가? 만약 태양의 운동 그 자체가 날이라고 한다면, 비록 태양이 한 시간 동안에 운동을 끝마쳤다고 해도 역시 하루는 성립될 것입니다. 그런데 만약 운동이 경과하는 동안이 날이라고 한다면 일출로부터 다음 일출까지 한 시간이라는 짧은 동안밖에 없는 경우에는 하루는 성립되지 않고, 하루가 완성되기 위해서는 태양은 지구의 둘레를 24회나 회전해야만 할 것입니다. 만약 양쪽 모두가 날이라면, 한 시간 동안에 태양이 회전을 마칠 경우 그 운동은 하루라고 말할 수 없고, 또 만약 태양이 정지해서 그동안에 태양이 아침부터 다음날 아침까지 한 바퀴 회전하는 데에 필요로 하는 만큼의 시간이 경과했다고 해도 하루라고 할 수는 없습니다.

그러므로 지금 내가 묻고 싶은 것은 「저 날이라고 부르는 것은 무엇인가」가 아니라 「시간이란 무엇인가」입니다. 그 시간에 의해 우리는 태양의 순환을 재고, 만약 12 시간이 지나는 동안에 순환을 끝냈다면 태양은 평시의 반밖에 안 되는 시간에 순환을 끝냈다고 말하며, 그 두 개의 시간을 비교하여 한쪽은 다른 쪽의 2 배라고 말할 것입니다. 게다가 이것은 태양이 일출로부터 다음 일출로 되돌아가는데, 이때는 다른 경우의 2 배의 시간이 걸린 것과는 아무 상관도 없습니다. 이러한 시간이 「무엇인가」가 문제입니다. 그러므로 아무도 나에게 「천체의 운동이 시간이다」라고 말해서는 안 됩니다. 사실 어떤 사람이 전쟁에 승리하기 위해서 기원(祈願)에 의해 태양을 멈추게 했을 때에 태양은 멈추었지만, * 시간은 여전히 흐르고 있었습니다. 바로 그렇기 때문에 전투를 하기에 충분한 시간 동안 전투는 진행되고 그 다음에 끝난 것입니다. 그러므로 시간은 일종의 연장(延長)인 것을 알 수 있습니다. 그러나 나는 정말로 이해하고 있는 것일까요? 알고 있는 듯이 보일 뿐이 아닐까요. 오, 빛이여, 진리여, 당신이 가르쳐 주시겠지요?

24. 물체의 운동

누군가가 「시간이란 물체의 운동이다」라고 할 때, 당신은 그것을 승인하라고 명하시겠읍니까? 그렇지 않습니다. 「어떤 물체도 오직 시간에 의해서 움직인다」고 나는 알고 있읍니다. 당신은 그렇게 말씀하십니다. 「물체의 운동 자체가 시간이다」라고 알고 있지는 않습니다. 당신은 그렇게 말씀하지 않습니다. 사실 물체가 움직이고 있을 때, 움직이기 시작해서부터 멈출 때까지 움직이는 동안을 시간에 의해서 잽니다. 언제부터 시작했는지를 모른다면, 또 계속 움직여서 언제 멈출지를 모른다면 잴 수가 없읍니다. 잴 수 있는 것은 그 운동을 보기 시작했을 때부터 보기를 중단하기까지의 시간입니다. 오래 보고 있을 때에는 「긴 시간이다」라고

---

* 이스라엘 백성이 아모리 족과 싸울 때 여호수아의 기도에 의해 해와 달이 멎어, 그동안 이스라엘 백성이 싸워 이길 수 있었다고 한다(〈여호수아〉 10장 12절).

말할 수 있을 뿐이며, 「얼마나 긴가」를 말할 수는 없읍니다. 왜 나하면 「얼마만큼」이라고 할 때에는 비교하고 있기 때문입니다. 예를 들어서 「이것은 저것과 같은 크기이다」라든가, 「이것은 저것의 2 배이다」라든가, 또는 이와 비슷한 다른 표현을 하듯이 말입니다.

이에 반하여 운동하고 있는 물체나 회전운동의 경우처럼 물체의 부분이 여기서부터 저기로 가는 장소 사이를 정확하게 측정할 수가 있는 경우에는, 물체 또는 그 부분의 어떤 장소로부터 다른 장소에 이르는 운동은 얼마만큼의 시간 동안 수행되었는가를 말할 수 있읍니다.

이처럼 물체의 운동과 그 운동이 지속되는 시간이 그것에 의해서 측정되는 것과는 별개의 문제이므로, 양자 중 어느 쪽을 시간이라고 말해야 하는가를 알지 못하는 사람은 없을 것입니다. 사실 물체는 어떤 경우 여러 가지의 방식으로 운동하고 어떤 경우에는 정지합니다만, 우리는 단순히 운동뿐만 아니라 정지까지도 재서 「움직인 시간만큼 정지하고 있다」라든가, 「움직인 시간의 2 배, 또는 3 배 정지하고 있었다」라든가, 이와 비슷한 일, 즉 우리의 척도로 측정하고 또는 흔히 말하듯이 「대강」 측정한 것을 말합니다.

그러므로 시간은 물체의 운동이 아닙니다.

25. 다시 하느님에게 원하다

주님이시여, 당신에게 고백합니다. 나는 아직 「시간이 무엇인지」를 모릅니다. 그러나 하느님, 또다시 고백합니다. 나는 이것들을 시간을 통해 이야기하고 있읍니다. 이미 오랜 시간 이야기하고 있읍니다. 게다가 그 「오래」란 시간의 여유가 길다는 것에 불과하다는 것을 나는 알고 있읍니다. 그러면 대체 어떻게 알 수 있읍니까? 「시간이란 무엇인지」를 모르는데 말입니다. 그렇지 않으면 나는, 내가 알고 있는 것을 어떻게 나타내면 좋은가를 알지 못하는 것일까요? 아, 나는 얼마나 어리석은 인간일까요? 자기가 무엇을 모르는지를 모르다니 !

하느님이시여, 보십시오. 내가 당신 앞에서 거짓말을 하고 있지 않다는 것은 분명합니다. 나의 마음은 내가 이야기하는 그대로입니다. 주여, 나의 하느님이시여, 나의 등불을 밝혀 주십시오. 나의 암흑을 비춰 주십시오.

26. 우리는 시간을 어떻게 재는가

나의 영혼은 당신에게 「나는 시간을 잰다」고 고백합니다. 그 고백에 거짓이 있을까요? 주여, 확실히 나는 잽니다. 나의 하느님이시여, 그런데도 나는 무엇을 재는지 알 수가 없습니다. 나는 물체의 운동을 시간에 의해서 잽니다. 마찬가지로 시간 그 자체도 재는 것이 아닐까요? 사실 물체의 운동이 얼마나 계속되는가, 여기서 저기까지 가는 데 얼마나 걸리는가 하는 것을 시간을 재지 않고 알 수가 있을까요? 물체는 시간에 의해서 움직이는 것이기 때문입니다. 그러면 나는 그 시간 자체를 재는 것일까요? 짧은 시간으로 긴 시간을 재는 것일까요? 마치 팔의 길이로 재목의 길이를 재듯 말입니다. 사실 모두들 알고 있듯이 우리는 짧은 음절로 긴 음절을 재고, 그 두 배라고 말합니다. 이처럼 우리는 또한 시의 길이를 구절로 재고, 구절을 각운으로 재고, 긴 음절을 짧은 음절로 잽니다.

그러나 이것은 페이지 위에서 재는 경우를 말하는 것은 아닙니다. 그런 것이 아니고 음성이 발음되면서 지나가, 「이 시는 길다, 많은 싯구로 되어 있기 때문에. 이 각운은 길다, 많은 음절로 되어 있기 때문에. 이 음절은 길다, 단음절의 두 배이니까」 따위를 말하는 경우를 뜻합니다. 그러나 그런 식으로 어떤 확정된 시간의 척도를 포착할 수는 없습니다. 짧은 싯구라도 길게 발음될 때에는, 긴 싯구를 압축해서 발음할 경우보다 더 오랜 동안에 걸쳐서 울리는 수도 있기 때문입니다.

위와 같은 이유에서, 나는 이렇게 생각합니다. 「시간이란 연장이다. 그 이외의 아무것도 아니다」라고. 그러면 대체 어떤 것의 연장일까요? 나는 알 수 없읍니다. 하지만 만약 정신 그 자체의 연장이 아니라고 한다면 신기합니다. 사실 하느님이여, 당신께 묻고 싶습니다. 대체 나는 무엇을 재고서 어떤 경우는 막연한 표정으로 「이 시간은 저 시간보다 길다」고 말하고, 어떤 경우는 명확한 표현으로 「이 시간은 저 시간의 두 배이다」라고 말할 수 있는 것일까요?

나는 시간을 재고 있다고 생각합니다. 그러나 미래를 재고 있는 것은 아닙니다. 그것은 아직 없기 때문입니다. 현재를 재고 있는 것도 아닙니다. 그것은 어떤 폭에 걸쳐 있지 않기 때문입니다. 과거를 재고 있는 것도 아닙니다. 그것은 이미 없기 때문입니다. 하느님, 그러면 대체 나는 무엇을 재고 있는 것일까요? 그것은 「지나가고 있는 시간」이며 「지나가 버린 시간」이 아닌 것 같습니다. 분명히 나는 그렇게 말했읍니다.

27. 정신 속에 존속하는 시간

나의 영혼이여, 깨어나라. 주의력을 집중하라. 하느님은 우리를 돕는 분이시다. 우리를 만든 것은 우리가 아니라 하느님이시다. 진리가 어렴풋하게 나타나기 시작한 곳으로 주의를 돌려라.

어떻습니까? 예를 들어서 어떤 소리가 물체로부터 울려나와 계속 울리다가 방금 그쳤읍니다. 이제는 조용합니다. 소리는 이미 사라지고 없읍니다. 그 소리는 울리기 전에는 미래였읍니다. 그리고 잴 수 없었읍니다. 왜냐하면 그때 소리는 아직 없었으니 말입니다. 지금도 잴 수가 없읍니다. 왜냐하면 이미 없기 때문입니다. 그러므로 잴 수 있었던 것은 울릴 때입니다. 왜냐하면 그때 잴 수 있는 것이었기 때문입니다. 그러나 그때에도 멎어 있지는 않았읍니다. 그것은 가고, 사라져 가고 있었읍니다. 바로 그렇기 때문에 잴 수가 있었던 것이 아닐까요? 사실 그것은 지나가면서 어떤 시간의 공간으로 뻗고 있었읍니다. 그 시간의 간격에 의해 잴 수가 있었읍니다. 현재에는 어떤 시간의 간격도 없기 때문입니다. 그러므로 시간을 측정할 수 있는 때는 지나치고 있는 순간이라고 한다면 자, 한번 생각해 봅시다.

다른 소리가 울리기 시작한 것입니다. 그것은 연속적으로 아직도 울리고 있습니다. 울리는 동안에 잽시다. 울리고 나면 잴 수 있는 것은 이미 사라져 버릴 것이기 때문입니다. 자, 정확하게 재보고 길이가 어느 정도나 되는지 말해 봅시다. 그러나 그것은 아직 울리고 있습니다. 잴 수 있는 것은 울리기 시작한 때부터 멎은 때까지입니다.

사실 우리가 재는 것은 어떤 시초로부터 종말까지의 간격에 불과합니다. 그러므로 아직 끝나지 않은 소리를 재어, 길다든가 짧다든가 하고 말할 수는 없습니다. 어떤 소리와 비슷하다든가, 어떤 소리의 1배, 2배, 그밖에 몇 배라는 등의 말을 할 수도 없습니다. 그러나 그 소리가 멈추었을 때에는 이미 그것은 없겠지요. 그러면 어떻게 그것을 잴 수 있을까요? 게다가 우리들은 시간을 잽니다. 그것은 아직 없는 시간은 아니고, 이미 사라진 시간도 아니고, 퍼질 사이조차 없는 시간도 아닙니다. 또 끝이 없는 시간도 아닙니다. 즉, 우리가 재는 것은 미래의 시간도, 과거의 시간도, 현재의 시간도, 지나가고 있는 시간도 아닙니다. 그럼에도 불구하고 우리는 시간을 재는 것입니다.

「Deus Creator Omnium(만물을 내신 주여)」──이 싯구는 여덟 개의 단음절과 장음절을 번갈아 가며 사용하고 있습니다. 제 1, 제 3, 제 5, 제 7 의 4음절은 짧고, 네 개의 장음절, 제 2, 제 4, 제 6, 제 8음절이 1단위입니다. 나는 발음해 보고 이들 장음절의 하나하나는 그 단음절의 하나하나에 비하여 두 배의 길이를 가지고 있음을 알았습니다. 또 명료한 감각으로 듣는 경우도 그대로입니다. 감각에 의해 확실한 것은 짧은 음절로 긴 음절을 측정하고, 또 장음절을 두 배의 길이로 감각한다는 것입니다.

그러나 한쪽이 다른 쪽 다음에 울릴 때, 짧은 것이 먼저이고 긴 것이 나중이라고 한다면, 단음절을 기억해 두었다가 장음절에 맞추어 재고, 그것이 단음절의 두 배의 길이에 해당된다는 것을 어떻게 알 수 있을까요? 장음절은 단음절이 끝난 후가 아니면 울릴 수가 없는데 말입니다. 그 장음절도 그것이 현재 있는 동안에 잴 수가 있을까요? 끝나지 않으면 측정할 수 없을 텐데 말입니다. 그러나 그것이 끝난다는 것은 과거가 된다는 뜻일 수밖에 없읍니다.

그렇다면 대체 나는 무엇을 재는 것일까요? 그것에 의해서 재는 단음절이 있는 곳은 어디일까요? 두 가지가 모두 울렸다가는 날아가고 이제는 아무것도 없읍니다. 그런데도 나는 재고, 훈련된 귀를 신뢰하는 동안에 있어서 「이 음절은 시간의 간격에 있어서 1의 길이이며, 이 음절은 2배의 길이이다」라는 확신을 가지고 대답합니다. 그렇게 할 수 있는 것은 그 음절이 지나가서 끝나 버렸기 때문입니다. 그러므로 내가 재는 것은 이미 사라져 버린 음절 그 자체가 아니고, 나의 기억 속에 오래도록 머물러 있는 그 무엇입니다.

나의 정신이여, 나는 너에 의해서 시간을 잰다. 제발 나를 혼란스럽게 방해하지 말아 다오. 즉, 그것은 네가 너 자신에 대해 여러 가지 감각적 인상의 떼를 지어 방해하지 말라는 뜻이다. 다시 한번 말하고 싶다. 나는 너에 의해서 시간을 잰다. 지나가 버리는 것이 너의 속에 만드는 인상은, 그것이 지나가 버린 후에도 남아 있다. 나는 그 현존하는 인상을 재는 것이지, 그 인상을 낳은 지나간 것을 재는 것은 아니다. 시간을 측정할 때, 바로 그 인상을 나는 재고 있는 것이다. 그러므로 그 인상이 시간인지, 내가 재는 것이 시간이 아닌지가 문제일 따름이다.

그러면 우리가 침묵을 재고, 그 침묵은 그 소리가 계속된 만큼의 시간을 계속했다고 말하는 경우를 생각해 봅시다. 우리는 마치 아직도 소리가 계속되는 양 사유를 긴장시켜서 소리의 측정 쪽으로 뻗어, 중간에 끼는 침묵의 간격에 관한 무엇인가를 시간의 길이로서 표현하려는 것은 아닐까요? 사실 우리는 아무 소리도 내지 않고, 입술도 움직이지 않고 마음속에서 노래나 싯구나 어떤 이야기나 그밖에 무엇이든 잴 수 있는 움직임을 계속하여 한쪽이 다른 한쪽에 대해 시간의 길이라는 점에서 얼마만큼의 비율인가를 소리를 내어 말할 때와 마찬가지로 정확하게 언명할 수가 있는 것입니다.

또 누군가가 얼마간 긴 소리를 내는 데 얼마만큼의 길이로 하려고 미리 생각하면서 정하는 경우는, 분명히 그 사람은 침묵 속에 정한 시간의 길이를 정신에 맡기어 그 소리를 내기 시작합니다. 그 소리는 울려서 먼저 정해진 종점에 이르러 그칩니다. 아니 차라리 「그 소리는 울렸다. 그리고 울릴 것이다」라고 말하는 편이 좋겠읍니다. 왜냐하면 그 소리가 끝난 부분은 분명히 이미 울려 버렸지만, 남아 있는 부분은 이제부터 울릴 것이기 때문입니다.

이와 같이 해서 현재의 정신적 작용을 통해 미래는 과거로 흘러가 버림으로써 미래는 줄고 과거가 늘어나, 드디어 미래는 남아 있지 않고 모든 것이 과거가 되고 마는 것입니다.

28. 정신으로써 재는 시간

하여간 아직 없는 미래가 어떻게 해서 줄거나 다하게 될까요? 이미 없는 과거가 어떻게 증대할까요? 그 이유는 그러한 일이 일어나는 정신 속에 세 가지 작용이 있기 때문입니다.

즉 정신은 기대하고, 직시하고, 기억합니다. 그리고 정신이 기대하는 것은, 직시하는 것을 통해서 기억하는 것으로 옮겨 갑니다. 미래가 「아직 없는」 것을 누가 옳지 않다고 할 수 있겠읍니까? 그럼에도 불구하고 미래에 대한 기대는 정신 속에 「이미 있는」 것입니다. 과거가 「이미 없다」는 것을 누가 옳지 않다고 할 수 있겠읍니까? 그럼에도 불구하고 과거의 기억은 정신 속에 아직 있는 것입니다. 현재의 시간에 길이가 없다는 것을 부정할 사람은 아무도 없읍니다. 왜냐하면 그것은 한 점에 있어서 지나가는 것이기 때문입니다. 그럼에도 불구하고 직시는 지속됩니다. 그 직시를 거쳐서 「이제 곧 여기에 있을 것」은 「여기에 없는 것」으로 옮겨 가는 것입니다.

그러므로 긴 것은 미래의 시간이 아닙니다. 미래의 시간은 「없으며」, 긴 미래란 미래에 관한 「긴 기대」에 지나지 않습니다. 긴 것은 과거의 시간도 역시 아닙니다. 과거의 시간도 「없으며」, 긴 과거란 과거에 관한 「긴 기억」에 지나지 않습니다.

나는 내가 알고 있는 노래를 하려고 합니다. 노래를 부르기 전의 나의 기대는 그 노래의 전체를 향해 있읍니다. 그런데 노래를 부르기 시작하면 기대로부터 빼앗아서 과거로 넘겨 버린 부분으로 기억이 향합니다.

그래서 나의 정신활동의 산 힘은 두 개의 방향으로 나누어집니다. 하나는 기억의 방향으로서, 그것은 이미 노래를 끝낸 부분을 위해서입니다. 또 하나는 기대의 방향으로서, 그것은 이제부터 노래하려는 부분을 위해서입니다. 게다가 나의 직시는 지금 여기에 현존해 있고, 그것을 거쳐서 미래였던 것은 옮겨져서 과거가 되어 버립니다. 이러한 작용이 실현되어 감에 따라서 기대는 점점 줄어들고 기억이 길어져서 드디어 기대의 전부가 다해 버리는데, 그 때 그 작용은 완전히 끝나 기억으로 옮깁니다.

그리고 노래 전체에서 행해지는 것 등이 노래의 개개의 부분에서도 행해지고, 그 개개의 음절에서도 행해집니다. 같은 것이 그 노래를 그 작은 부분으로서 포함하는 더 긴 작용에서도 행해지고, 또한 인간의 모든 작용을 그 부분으로 포함하는 인간의 전생애에서도 행해지며, 또한 사람들의 모든 생애를 그 속에 포함하는 인간의 자식들의 전세기(全世紀)에서도 행해지는 것입니다.

29. 하느님을 향해 하나가 되길

그러나 당신의 자비가 많은 생명보다 위대합니다.

어떻습니까? 몇몇 방향으로의 분산상태가 나의 생명입니다. 그러나 당신의 오른손은 하나인 당신과 다수인 우리——사실 우리는 많은 것에 의해, 많은 것을 통해 다수가 되어 있읍니다——와의 중개자인 사람의 아들, 나의 주님에게서 나를 받아들여 주셨읍니다.

그것은 이 중개자를 통해서의 저분을, 그 속에 내가 이미 사로잡혀 버린 저분을 스스로 파악하기 위함입니다. 또 지나간 하루하루 속에 분산되어 있었던 내가 하나로 합해져, 유일한 분을 따르기 위함입니다. 나는 과거의 일을 잊고 왔다가 다시 지나가는 미래의 일에 주의를 분산시키지 않고 확실하게 눈에 보이는 것에 온 정신을 집중하고 분산이 아닌 긴장에 의해 추구하고, 천상으로 불러 주시는 하느님의 상여(賞與)를 내것으로 하는 날까지 계속합니다. 그날 나는 하느님의 찬미의 소리를 듣고 오지도 가지도 않으시는 당신의 기쁨을 바라볼 것입니다.

그러나 지금 나의 한 해 한 해는 고통 속에서 지나가고 있읍니다. 주님이시여, 오직 당신만이 나의 위안, 나의 아버지, 나의 영원입니다. 이와 반대로 나는 순서도 모르는 시간 속에 산재해 있읍니다. 당신의 사랑의 불로 타올라 정화되고 응해되어 당신의 속에 녹아들어가 버리기까지는, 영혼의 속에 있는 창자라고도 할 수 있는 나의 생각은 온갖 복잡한 일들에 의해 갈기갈기 찢기고 상처입고 있는 것입니다.

30. 각 성

그때 나는 당신의 말씀을 통해, 그 진리를 통해 굳게 서서 단단해질 것입니다. 그때 당신의 진리는 나를 완성시키는 틀이 될 것입니다. 그때 나는 이미 사람들의 질문에 괴로와할 필요도 없어질 것입니다. 그들은 벌로써 받은 갈증으로 인하여 분수에 맞지 않는 것을 마시고 싶어하거나, 「천지를 만들기 이전에 하느님은 무엇을 하고 있었는가」라든가, 「그전에 일찌기 아무것도 한 일이 없었는데 그때 무엇인가를 하려는 마음이 하느님의 정신 속에 떠오른 이유는 무엇이냐」는 등의 말을 합니다.

주님이시여, 그들에게 스스로가 무엇을 말하고 있는가에 대해 신중히 생각해 볼 힘을 주십시오. 시간이 없는 곳에서는 「일찌기」 같은 말은 아무 의미가 없다는 것을 깨닫게 해주십시오.

누군가가 「아직껏 안 했다」고 하는 것은 「아무 때에도 안 했다」는 것에 불과합니다. 그러므로 그들은 피조물이 없으면 어떠한 시간도 존재할 수 없다는 것을 알고서, 그런 우둔한 말을 하는 것은 그만두어야 할 것입니다. 그들은 또 눈앞에 보이는 것에 주의를 집중하고 「당신은 모든 시간 앞에 모든 시간의 영원이 창조주로서 어떠한 시간도 당신과 더불어 영원은 아니며, 비록 무슨 초시간적인 것이 있다고 해도 어떠한 피조물도 당신과 더불어 영원은 아니다」라는 것을 깨달아야 할 것입니다.

31. 하느님의 비밀

주님이시여, 나의 하느님이시여. 당신의 저 비밀의 「주머니」가 얼마나 깊은지요? 나는 나의 잘못의 대가로 그곳으로부터 얼마나 멀리 내던져졌던 것인지요? 나의 눈을 고쳐 주십시오. 당신의 빛의 은총을 나누게 해주십시오.

만약 훌륭한 지식과 예지를 갖추고 있어 내가 한 노래를 잘 알고 있듯이 모든 과거와 미래를 잘 알고 있다는 식의 훌륭한 정신이 있다고 한다면 이것은 실로 경탄해야 할 정신이며, 놀란 나머지 기분이 상할 정도입니다. 사실 이러한 정신에 있어서는 모든 과거의 일, 아직 남아 있는 미래의 세상사는 모두가 분명하며, 그것은 마치 노래를 하고 있는 나에게 있어서 그 노래의 무엇이 처음부터 얼마만큼 지나갔으며 무엇이 얼마만큼 남아 있는가가 명백한 것과 마찬가지일 것입니다.

그러나 우주의 창조주, 무릇 영혼과 물체의 창조주인 당신이 그런 식으로 모든 미래와 과거를 아시리라고 생각하는 것은 당치 않은 일입니다. 당신의 지(知)는 그보다는 훨씬 위대하고 훨씬 신비적입니다. 즉, 노래하는 사람이 잘 아는 노래를 부르고, 듣는 사람이 잘 아는 노래를 들을 때, 미래의 소리에 대한 기대와 과거의 소리의 기억에 의해 마음의 인상은 여러 가지로 변해서 감각은 분산된 방향으로 향하지만, 변함없이 영위하며 여러 가지 정신의 참으로 영원한 창조주인 당신에게는 그러한 일은 없을 것입니다.

당신은 태초에 천지를 아셨지만, 그때 당신의 지(知) 속에 다양성이 생긴 것은 아닙니다. 그처럼 당신이 태초에 천지를 만드셨을 때에도 당신의 행위 속에 구별이 생긴 것은 아니었읍니다.

이것을 깨달은 자는 당신에게 고백할 것이며, 깨닫지 못한 자도 당신에게 고백해야 합니다. 오, 당신은 얼마나 높이 계십니까?
더구나 당신이 사시는 집은 겸손한 마음을 가진 사람들의 것입니
다. 실로 당신은 쓰러진 자들을 일으켜 주십니다. 그들은 쓰러지
지 않습니다. 그들을 보살피고 있는 것은 당신이기 때문입니다.

12
태초의 말씀

1. 진리의 탐구의 한계

주여, 이 세상의 가난한 생활을 영위하고 있는 나의 내적인 문을 성서의 말씀이 두드리셨을 때, 나는 무척 당황했읍니다. 무수히 많은 경우, 수다스러운 속에 오히려 인간 지성의 결핍이 나타나는 법입니다. 왜냐하면, 발견보다는 탐구를 위하여 많이 이야기해야 하며, 획득보다 차라리 요구 쪽에 긴 시간을 필요로 하고 손으로 받는 것보다 차라리 손으로 문을 두드릴 때 더 많은 인내가 필요하기 때문입니다.

그러나 우리들은 이미 당신의 약속을 손에 넣고 있읍니다. 누가 그 약속을 폐기할 수가 있겠읍니까? 만약 하느님이 나의 편이라면, 누가 우리를 거역할 수 있겠읍니까? 「구하라, 그러면 얻으리라. 찾으라, 그러면 찾을 것이다. 두드려라, 그러면 그대들에게 열리리라.」* 진정 구하는 자는 모든 것을 얻고, 찾는 자는 찾을 것이고, 두드리는 자에게는 열릴 것입니다.

그것은 당신이 하신 약속입니다. 속지나 않을까 하고 걱정하는 자가 어디 있겠읍니까? 약속하신 것은 진리 그 자체인데 말입니다.

---

* 〈마태복음〉 7장 7, 8절.

304

2. 하늘과 땅의 이중의 뜻

나의 천하고 보잘것없는 혀는 높고 귀하신 당신을 향하여 「당신은 천지를 창조하셨다」고 고백합니다. 「하늘」이란 즉 내가 보는 하늘이며, 「땅」이란 즉 내가 밟고 있는 땅입니다. 내가 내 것으로 여기고 있는 땅도 거기에서 옵니다. 당신이 그것을 만드셨읍니다.

어쨌든 주여, 「하늘의 하늘」은 어디에 있읍니까? 우리는 그것에 관해서 〈시편〉의 작자가 이렇게 말하는 것을 듣습니다.

「하늘의 하늘은 주의 것, 그래도 주는 인간의 자식들에게 땅을 주시었다.」*

우리가 볼 수 없는 그 「하늘」은 어디에 있을까요? 그 하늘에 대해서는, 볼 수 있는 것, 모든 것은 「땅」입니다. 사실 이 모든 물체계는 어디에 있어서도 전체는 아닙니다만, 그럼에도 불구하고 끝의 끝에 이르기까지 경이로운 모습을 받고 있읍니다. 우리가 생활하는 땅은 그 모든 물체계의 밑바닥입니다. 그러나 「하늘의 하늘」에 비교한다면 우리의 땅이 받들고 있는 저 하늘도 「땅」에 불과합니다. 진실로 이 거대한 물체의 어디를 보더라도 「주의 것이며, 인간의 자식들의 것은 아닙니다」라고 일컬어지는 그 무엇인지 모르는 저 하늘에 비교한다면 땅에 불과하다고 해도 틀린 말은 아닙니다

3. 심연 위에 있는 암흑

분명히 이 땅은 눈에 보이지도 않고 정돈되지도 않고 어떤 심연 같은 것이어서, 그 위에는 빛이 없었읍니다. 그것은 어떠한 형태도 아니었읍니다. 그러므로 당신은 「암흑이 심연 위에 있었다」**고 기록하도록 말씀하셨읍니다. 즉, 암흑이란 빛의 부재에

---

* 〈시편〉 113편.
** 〈창세기〉 1장 2절.

불과합니다.

사실 만약 빛이 있었더라면 멀리 심연 위에서 그것을 비추고 있었겠지요. 그 이외에는 어디에 있을 수 있었겠읍니까? 그러므로 천지에 아직 빛이 없었을 때 「암흑이 있다」란, 즉 「빛이 없다」는 뜻을 나타내는 것이었읍니다. 마치 소리없는 곳에 침묵이 있듯이 말입니다. 「거기에 침묵이 있다」란 즉, 「거기에 소리가 없다」는 말과 같습니다.

주여, 당신에게 고백하는 이 영혼에게 가르쳐 주신 것은 당신이 아닙니까? 이 무형의 질료에 당신의 형태를 주어서 구별하기 전에는 아무것도 없었읍니다. 즉 색도 없고, 형태도 없으며, 물체도 없고, 영혼도 없었다는 것을 가르쳐 주신 것은 주여, 당신입니다.

그러나 모두가 허무였던 것은 아닙니다. 거기에는 어떤 형상도 없는 무형의 무엇인가가 있었읍니다.

4. 보이지 않는 어지러운 땅

그러면 빨리 깨닫지 못하는 사람들도 무엇이든 그것에 대한 막연한 관념을 얻을 수 있도록 하기 위해서는 그것은 어떤 이름으로 불려져야 했을까요? 통상 쓰고 있는 용어를 사용할 수밖에 없었을 것입니다.

——그런데 세계 어디를 둘러보아도 「땅」과 「심연」 이상으로 「모든 의미에서 무형인 것」에 가까운 것을 찾아볼 수 없읍니다. 사실 그것은 가장 밑에 있는 것으로서 밝고 투명하게 빛나는 다른 모든 위에 존재하는 것에 비교한다면 그다지 아름답게 보이지는 않습니다.

그러므로 어떻게 승인하지 않을 수 있겠읍니까? 이 아름다운 형태를 갖춘 세계를 거기로부터 만들어 내기 위해 당신이 형태없는 것으로 만들어 놓으신 무형의 질료가 「눈에 보이지 않고 정돈되지 않는 땅」이라고 불리도록 사람들에게 명령하신 것은 참으로 적절했다는 것을 말입니다.

5. 무형의 질료

그래서 질료에 관해 생각을 해보고 우리의 이해력을 가지고 무엇을 파악할 수 있을까를 묻고, 자기 자신을 향해 이렇게 말하게 될 것입니다.

「그것은 생명과 같은, 또 정의(正義)의 가지적(可知的) 형상은 아니다. 또한 그것은 물체의 질료이므로 가감적(可感的) 형상이라고도 할 수 없다. 왜냐하면 보이지도 않고 가지런히 정돈도 되어 있지 않은 질료 속에는 보이는 것, 감각되는 것은 아무것도 없기 때문이다. 」

인간의 생각이 자기 자신에게 이러한 것을 말할 때, 그것을 이해하려고 하는 인간의 노력은 결국 모르는 일로 인하여 알게 되든가, 그렇지 않으면 아는 일에 의하여 모르게 되든가의 어느 한쪽이 될 것입니다.

6. 무형의 질료에 관한 개인적 견해

그러나 하느님, 이 질료에 관해서 당신이 가르쳐 주신 것을 모두 나의 혀와 붓을 통해서 당신에게 고백해야 한다면——

그전에 질료라는 말을 들었을 때, 나는 아무것도 몰랐었읍니다. 그것에 관해서 이야기해 주던 제 주위의 친구들도 아무것도 몰랐었읍니다. 그래서 나는 질료를 무한히 다양한 형태를 갖는 것처럼 이해하고 있었읍니다. 그러므로 진정한 의미에서는 생각하지 않고 있었다고 해야 옳을 것입니다.

나의 가슴속에는 추잡하고 끔찍한 형상이 복잡하게 뒹굴고 있었읍니다. 그래도 역시 형상임에는 틀림없었읍니다. 그런데 그것을 「무형의」라고 부르고 있었던 것은 형상이 없었기 때문이 아니고, 만약 나타난다면 그 이상한 기괴함에 나의 감각은 혐오를 느끼고 인간의 나약함으로 인해 놀랄 것 같은 그런 형상을 가지고 있는 것이었기 때문입니다.

그러나 내가 느끼고 있었던 것은 사실은 모든 형상이 없기 때문에 무형이 아니라, 더 아름다운 형상을 가지고 있는 것과 비교할 때 무형이라고 불리는 것이었읍니다. 참된 이성은 나에게 권고하며, 「만약 정말로 무형의 것을 생각하려고 마음먹는다면, 무릇 형상에 속하는 것을 철저하게 거기서 없애 버려야만 한다」고 했읍니다만, 그것이 나에게는 힘들었읍니다. 사실 모든 형상이 없는 것은 존재하지 않는다고 생각하는 편이, 형상과 무와의 중간에 형상지워져 있지도 않고 무도 아니고 거의 무에 가까운 무형의 무엇이 있다고 생각하는 것보다도 쉬운 일이었읍니다.

그후 나의 정신은 나의 마음에 묻기를 포기했읍니다. 그 마음은 형상지워진 물체의 심상으로 메워져 있어, 그 심상들을 마음대로 움직이거나 바꾸거나 하고 있읍니다. 나는 그 물체들과 그 변전을 주시하여 변전에 의해 지금까지 있었던 것이 있기를 그만두고, 지금까지 없었던 것이 있기 시작하는 것을 한층 더 깊게 살피게 되었읍니다. 그리하여 어떤 형상으로부터 다른 형상으로의 추이는 일종의 무형의 것에 의해 생기는 것이지, 전적인 허무에 의해 생기는 것은 아닐 것이라고 추량했읍니다.

그러나 나는 단지 추량하기에 그치는 것이 아니라 정확히 알기를 바라고 있었읍니다. 그리고 이 문제에 관해 당신이 설명해 주신 것을 모조리 나의 혀와 붓으로 당신에게 고백해야만 한다면, 독자 중의 누가 인내를 가지고 나의 말을 따라 이해해 주겠읍니까? 그렇다고 해도 나의 마음은 충분히 여기서 쓸 수 없는 일에 대해서도 당신에게 영예와 찬미의 노래를 바치기를 멈추지 않을 것입니다.

사실 가변적인 것은 바로 그것이 가변적이기 때문에 모든 형상을 받아들일 수 있고, 가변적인 것은 변해서 그들 형상으로 되어가는 것입니다. 그러면 가변적인 것 자체는 실제로 무엇일까요? 정신일까요, 물체일까요, 그렇지 않으면 정신 또는 물체의 형상일까요?

만약 「무란 무엇인가」라든가 「있으면서 없다」라는 말이 허용된다면 바로 그러한 것이겠지요. 그럼에도 불구하고 그것은 이들

가시적이고 잘 정돈된 형상을 받을 수 있기 위해서는 이미 어떤
형태로든지 존재하고 있었읍니다.

7. 무(無)에서 만든 무형의 질료

그런데 그것은 어떤 모양으로 존재했든간에 당신에 의해 존재
한 것이라는 사실은 의심하지 않겠읍니다. 무릇 존재하는 것은 모
두 존재하는 한 당신에 의해 존재하기 때문입니다. 그러나 당신
과 닮은 정도가 적으면 적을수록 그만큼 당신에게서 멀어집니다.
사실 당신으로부터 멀어진다는 것은 장소적·공간적인 것을 의미
하는 것은 아닙니다.

그래서 주여, 다른 때에 다른 것이라든가, 다른 때에 다른 식
이라든가 하는 일이 없이 언제나 같은 것이며, 성스럽고도 성스
러운 전능의 하느님인 주, 당신은 당신으로부터 비롯되는 시원에
서, 당신의 실체로부터 비롯된 지혜에서 무엇인가를 무로부터 만
드셨읍니다.

즉 당신은 하늘과 땅을 당신으로부터 만드신 것은 아닙니다.
만약 당신으로부터 만들어졌다고 한다면 당신의 독생자와 같아
지고, 따라서 또 당신과 같아질 것입니다. 그러나 당신으로부터
생긴 것이 아닌데 만약 당신과 같다고 한다면, 그것은 결코 옳은
일이 아닐 것입니다. 게다가 일체인 삼위이며, 삼위인 일체이신
하느님이시여, 당신 이외에 거기로부터 당신이 그것들을 만드셔
야 할 아무것도 존재하지 않았읍니다.

그러므로 당신은 하늘과 땅을 무로부터 만드셨읍니다. 한쪽은
무엇인가 위대한 것이며, 한쪽은 어떤 작은 것입니다. 진정 당신
은 전능하며 선하시므로, 모든 선한 것을——위대한 하늘도, 작
은 땅도——만드실 수가 있는 것입니다.

당신은 존재하셨읍니다. 나머지는 허무였읍니다. 그 허무로부
터 당신은 하늘과 땅을 만드셨읍니다. 한쪽은 당신에게 가깝고
또 한쪽은 무에 가깝습니다. 한쪽보다 더 높은 것은 그대뿐, 또
한쪽보다 더 낮은 것은 허무뿐——

8. 무형의 질료로부터 생긴 것들

그러나 주님이시여, 저 「하늘의 하늘」은 당신의 것입니다만, 당신이 인간의 자식들에게 보여지고 만져질 수 있는 것이 되기 위해서 주신 「땅」은 그와 반대로 지금 우리가 볼 수 있거나 만질 수 있는 땅은 아니었읍니다. 그것은 볼 수 없고 형상이 정돈되어 있지도 않은 심연이며, 그 위에는 아직 빛이 없었읍니다. 즉 「암흑이 이 심연 위에 있었던」 것입니다. 그 의미는 「심연 속에 있는 것보다 더 짙은 암흑이 있었다」는 뜻입니다.

사실 이미 보여질 수 있는 것이 된 물의 심연에는 그 깊은 곳에도 그만큼의 빛이 있어, 그 빛은 심연의 바닥에 살고 있는 물고기나 파충류에게서도 혹종의 방법으로 볼 수가 있읍니다. 이와 반대로 저 「땅」의 전체는 거의 무에 가까운 것이었읍니다. 왜냐하면 아직 형상이 없는 것이었기 때문입니다. 그럼에도 불구하고 그것은 이미 「형상을 받을 수 있는 것」으로서 존재하고 있었던 것입니다.

주여, 진실로 당신은 하늘과 땅을 무형의 질료로부터 만드셨읍니다만, 그 질료를 「거의 무에 가까운 것」으로서 「무인 것」에서 만드셨읍니다. 그것은 질료로부터 우리 인간의 자식들이 놀라는 훌륭한 것을 만드시기 위해서였읍니다.

사실 이 물체적 하늘은 경이롭습니다. 그 천공(天空)을 당신은 빛을 만드시고 둘째 날에 물과 물 사이에 「되어라」고 말씀하시어, 그것은 그대로 되었읍니다. 그 천공을 당신은 「하늘」이라고 부르셨읍니다. 그러나 그것은 이 땅과 바다와 하늘이었읍니다. 이 땅과 바다를 당신은 모든 날에 앞서서 만들어진 무형질료에, 보이는 형상을 세째 날에 주심으로써 만드셨읍니다. 그러나 당신은 모든 날에 앞서서 이미 「하늘」을 준비하셨읍니다. 그러나 그것은 이 「하늘의 하늘」이었읍니다. 즉 당신은 이미 처음에 하늘과 땅을 만드신 것입니다.

이에 대해 당신이 먼저 만드신 「땅」은 무형질료였읍니다. 그것은 보이지도 않고 정돈되지도 않은, 심연 위의 암흑이었읍니다. 그 보이지 않고 정돈되지 않은 땅으로부터 이 무형의 것, 거의 무에 가까운 것으로부터 이 세계의 모든 것을 당신은 만드실 계획이셨읍니다. 그 모든 것으로부터 변화하는 세계는 성립해 있읍니다만, 역시 성립하지 않습니다. 이 세계 속에는 가변성이 있읍니다. 그리고 시간은 이 가변성에서 감각되어 측정될 수 있읍니다. 왜냐하면 물체의 모습을 여러 가지로 바꾸면서 변화함으로써 시간이 생겨나기 때문입니다. 그리고 이것들의 질료가 앞서 말한 「보이지 않는 땅」에 불과하기 때문입니다.

9. 암흑 속에서

당신의 종(모세)의 선생님인 성령이 「처음에 당신은 천지를 만드셨다」고 말하면서 시간에 대해서는 어떤 말도 하지 않고, 날짜에 대해서도 말이 없었던 것은 그 때문입니다. 분명 처음에 만드신 「하늘의 하늘」이란 무슨 지성적 피조물(천사)을 말합니다. 그것은 결코 삼위인 당신과 영원성을 같게 하는 것은 아닙니다만, 그러나 어쨌든 당신의 영원성을 나누어 가지고 있읍니다. 또 당신의 감미로운 지복직관(至福直觀)에 탐닉하기 위해, 그 가지고 있는 가변성은 강력히 억제되어 있읍니다. 만들어진 후 이제까지 결코 타락함이 없이 당신에게 꼭 매달려, 모든 옮겨 가는 시간적 전변(轉變)을 초월하고 있는 것입니다.

한편 「보이지 않고 정돈되지 않은 땅」이라고 말하는 저 무형의 것도 역시 날짜 속에서는 헤아려지지 않았읍니다. 왜냐하면 형태도 없고, 질서도 없고, 오고 가는 일도 절대로 생기지 않는 곳에는 분명히 날도 없고, 시간의 변화도 없기 때문입니다.

10. 하느님으로부터의 가르침

오, 진리여, 나의 마음의 빛이여, 나의 암흑이 내게 말하는 것을 허락하지 마십시오. 나는 이 세상의 것에 흘러떨어져 어두워져 있읍니다. 그러나 거기에서도, 사실 거기에서조차도 당신은 한없는 사랑을 베푸셨읍니다. 나는 망설이면서도, 한편으로는 당신을 생각하고 있었읍니다. 돌아오도록 부르시는 당신의 음성이 등뒤에서 들렸읍니다. 그러나 평화를 시기하는 사람들이 내는 소음으로 인하여 제대로 알아들을 수가 없읍니다.

그러나 보십시오. 지금 나는 땀투성이가 되어 숨을 헐떡이면서 당신의 샘으로 돌아온 것입니다. 「아무도 방해하지 말라. 이 샘을 마시고, 그리고 살자. 내가 나의 생명이 되어서는 안 된다. 나에 의해서 살고 있었을 때 나는 악하게 살고 있었다. 죽음이 나의 것이었다.」 그러나 지금 당신의 사랑 속에서 되살아난 것입니다. 나에게 말씀해 주십시오. 가르치고 타일러 주십시오. 나는 당신의 책을 믿고 있읍니다. 그 책의 말씀은 그 얼마나 깊은 신비입니까?

11. 하느님으로부터 배운 것

주여, 당신은 이미 커다란 음성으로 나의 내부의 귀에 대고 이렇게 말씀하셨읍니다. 「당신은 영원이며, 당신만이 불사(不死)를 가지고 계신다」고.

당신은 어떠한 형상 또는 운동에 있어서도 변화하지 않고, 그 의지는 시간적으로 변함이 없기 때문입니다. 사실 여러 가지로 옮아가는 의지는 불사라고 할 수 없읍니다.

이것은 당신의 시선 앞에서 확실해졌읍니다. 그러나 간구하나이다. 한층 더 확실하게 해주십시오. 그리하여 그 명시 속에서 취함이 없이 정신을 바로 가지고 당신의 날개 아래 쉴 수 있게 해주십시오.

또한 주여, 당신은 힘찬 음성으로 나의 내부의 귀를 향해 이렇게 말씀하셨읍니다. 「자연의 세계에 실재하고 있는 것으로서 당신이 존재하는 것과 같이 존재하고 있지는 않지만, 하여간 존재하고 있는 것은 모두 당신이 만드셨다」라고.

당신에 의하지 않은 것은 「있지 않은 것(無)」일 뿐입니다. 진실로 존재하는 당신과 멀어져서, 보다 희박한 존재자로 향하는 의지의 움직임도 당신에 의한 것은 아닙니다. 이러한 움직임은 잘못이며 죄악이기 때문입니다. 그러나 어느 누구의 죄도 당신을 해치지 않으며, 당신의 통치의 질서를 그 최고의 영역에서도 최저의 영역에 있어서도 혼란시키는 일은 결코 없습니다.

이것은 당신의 눈앞에서 분명해졌읍니다. 그러나 간절히 바랍니다. 보다 더 밝혀 주십시오. 그리하여 그 명시 속에서 취하는 일 없이 정신을 바르게 가지고, 당신의 날개 아래 쉴 수 있게 해 주십시오.

또한 당신은 힘찬 음성으로 나의 내부에 귀를 기울이고 이렇게 말씀하셨읍니다.

오직 당신만을 희망으로 삼고 언제나 변함없는 정절로써 당신을 맞으며, 변화의 가능성을 가지면서도 언제 어느 곳에서든 변화함이 없이, 언제나 당신 앞에서 정성을 다해 당신을 섬기고 기대해야 할 미래도 기억을 지워야 할 과거도 없이 변천을 무릅쓴다는 것도, 시간 속에 뻗어서 흩어지지도 않은 저 피조물, 그것조차도 당신과 같이 영원하지도 못하다고.

오, 만약 그러한 피조물이 있다고 한다면 그것이야말로 더없는 행복입니다. 당신의 행복에 꼭 매달려, 그 속에 당신이 영구히 살면서 비춰 주시는 피조물이 있기만 한다면.

다른 곳으로 마음이 끌리는 실수를 범함이 없이 당신의 기쁨을 관상(觀想)하는 당신의 집, 성스러운 영혼들, 즉 지상의 하늘 위에 있는 하늘에 사는 당신의 나라의 백성들의 변함없는 평화 속에서 멋있는 조화의 일치를 간직하고 있는 깨끗한 정신──이것 이상으로 「주에 속하는 하늘의 하늘」이라고 부르기에 합당하다고 생각되는 것은 없읍니다.

그러므로 영혼이 오랜 편력 후에 바야흐로 당신에게 목마름을 느끼고 「너의 하느님은 어디에 있느냐」*고 매일 질문을 받을 때마다 눈물이 빵이 되어 있다면, 그리고 당신에게 원하는 것은 오직 하나, 「생애의 모든 날에 걸쳐서 당신의 집에 사는 일」뿐이

* 〈시편〉 42편 10절.

라면――진정 당신 이외에 그 어떤 영혼이 살아 있을 수 있겠읍니까. 「당신의 날」이란 당신의 영원한 해처럼 당신의 영원에 불과합니다. 당신은 언제나 변함없는 분이시기 때문에.

그러면 영혼은 될 수 있는 한 깨달아야 할 것입니다, 당신은 모든 시간적인 것을 초월한 영원임을. 편력한 일이 없고, 언제나 그 속에 당신이 사시는 집(천사)도, 당신과 마찬가지로 영원은 아님에도 불구하고 멈추는 일 없이 당신에게 매달려 있기 위해 시간적 변화를 무릅쓰지 않기 때문에.

이것이 당신의 눈앞에서 확실해졌읍니다. 그러나 간절히 바랍니다. 한층 더 분명히 해주십시오. 그리하여 그 명시 속에서 취하는 일 없이 정신을 올바르게 가지고, 당신의 날개 밑에 머물 수 있게 해주십시오.

그런데 어떻습니까? 가장 말단의 가장 낮은 사물의 전변(轉變) 속에 어떤 무형의 것이 존재하고 있읍니다. 그러나 허무한 마음 속을 제멋대로의 공상을 품고 헤매며 떵구는 인간은 젖혀 놓고, 사실 그러한 인간들을 제외하고 누가 나에게 이런 말을 할 수 있을까요――모든 형상이 감소해 가서 드디어 없어지고, 오직 그것을 바탕으로 하여 사물이 어떤 형상으로부터 다른 형상으로 전변하는 「무형의 것」만이 남겨진 경우, 그런 것이 시간적 변화를 나타낼 수 있다고 말입니다.

사실 이런 일은 절대로 가능하지 않습니다. 왜냐하면 운동의 변화가 없는 곳에는 시간도 존재하지 않고, 형상이 없는 곳에는 어떠한 변화도 있을 수 없기 때문입니다.

12. 영원하지 못한 두 피조물

나의 하느님이시여. 당신이 주시는 한, 즉 문을 두드리라고 격려하고, 두드린 나에게 열어 주시는 한 이것들을 관찰하고 만드신 것 속에, 당신처럼 영원은 아니지만 그러면서도 영원하지 못한 두 가지 것을 봅니다. 하나는 끊임없이 관상하고 변화에 의해 멈추지 않고, 변화의 가능성을 가지면서 변하지 않고 영원과 불변성을 향수하도록 형상이 만들어져 있읍니다. 또 하나는 운동 또는 멈추어 있는 어떤 형상으로부터 다른 형상에로, 시간 안에 있듯이 변화해 가는 형상을 전혀 갖지 않을 만큼 무형인 것입니다.

그러나 당신은 그것을 무형 그대로 버려 두지 않았읍니다. 모든 날에 앞서 「태초에 천지를 창조하셨다」* 즉, 지금 내가 말한 두 가지 것을 말입니다. 그런데 「땅은 보이지 않고 정돈되지 않았으며, 암흑이 심연 위에 있었다.」**

이런 말들 밑에 「무형인 것」이 암시되었읍니다. 그것은 「모든 의미에서 형상을 겸하면서도 무에는 이르지 않는 것」을 생각할 수 없는 인간들에게, 이러한 것의 관념이 점차로 이해되어 가기 위해서입니다.

그 무형의 것으로부터 다른 하늘과, 눈으로 볼 수 있고 형태가 정리된 땅이 생기고, 아름다운 물이 생기고, 계속해서 이 세계의 창생(創生)에서 날을 달리해서 만들어졌다고 성서에 적혀 있는 모든 것이 생겼읍니다. 사실 이것들은 운동과 형상과의 질서있는 변화에 의해 시간적으로 변화해 가는 것입니다.

13. 말씀에 담긴 의미

나의 주님이시여, 성서 속에 「태초에 하느님이 천지를 창조하셨다. 땅은 보이지 않고 혼돈하며, 암흑이 심연 위에 있었다」고 되어 있으면서도 며칠째에 만드신 것은 전혀 언급되어 있지 않다는 것에 대해 생각해 볼 때 우선 나는 그 까닭을 다음과 같이 분석합니다.

첫째로, 「하늘의 하늘」의 무시간성 때문입니다. 이것은 지성적 하늘을 말하며, 거기에서는 지성은 동시에 압니다. 부분적으로나 수수께끼 같은 식이 아니고, 거울을 통해서도 아니고, 전체적으로 노골적으로 얼굴과 얼굴을 맞대어 압니다. 지금 이것, 지금은

---

* 〈창세기〉 1장 1절.
** 〈창세기〉 1장 2절.

저것을 아는 것이 아니고, 이미 기술된 것처럼 동시에 아는 것이어서 거기에는 시간적 전변이 없읍니다.

둘째로, 눈에 보이지 않고 형상이 정리되지 않은 땅의 무시간성 때문입니다. 즉, 지금은 이런 상태, 지금은 저런 상태가 되는 것이 시간적 전변의 원칙입니다만, 「눈에 보이지 않고 형상이 정돈되지 않은 땅」에는 그러한 시간적 전변이 없읍니다. 왜냐하면 형상이 없는 곳에는 「이것」 또는 「저것」이 결코 존재할 수 없기 때문입니다.

이 두 가지 때문에――한쪽은 처음부터 완전히 형성되어 있고 또 한쪽은 전혀 무형, 한쪽은 하늘이지만 「하늘의 하늘」, 또 한쪽은 땅이지만 눈에 보이지 않고 형상이 정돈되지 않은 「땅」――이 두 가지 때문에 성서는 날에 관해선 전혀 언급함이 없이 「태초에 하느님은 천지를 창조하셨다」고만 말하는 것이라고 우선 나는 내 나름대로 분석합니다. 사실 바로 이어서 어떤 땅에 관해서 기술되었는가가 명시되어 있읍니다. 또 둘째 날에 「하늘」이 만들어지고 「하늘」이라고 불림으로써, 날에 관해서의 언급 없이 기술된 것이 어떤 「하늘」이었는가를 암시하고 있는 것입니다.

14. 성서의 깊이

당신의 말씀의 깊이는 말로 표현할 수 없읍니다. 겉만을 본다면 사실 어린아이 장난같이 보입니다. 그러나 그 깊이는 놀랍읍니다. 주여, 참으로 위대합니다.

그 깊이를 가만히 보고 있으면 두려워집니다. 그것은 존경으로 인한 공포, 사랑으로부터 오는 전율입니다. 나는 신의 말씀의 적을 몹시 싫어합니다. 오, 당신이 칼로써 그들의 생명을 빼앗아 버렸으면 좋으련만. 적들이 없어져 버렸으면 좋으련만. 사실 나는 이와 같이 해서 그들이 스스로에게 살해되고, 당신에게 있어서 살기를 바라는 것입니다.

그러나 한편에는 〈창세기〉를 헐뜯지 않고 오히려 칭찬하는 사람들도 있어서 이렇게 말합니다.

「종인 모세를 통해 이것들을 쓰신 성령은 그 말들이 지금 자네가 말하는 뜻으로 풀이되기를 바라지 않으시고, 우리가 말하는 뜻으로 풀이되기를 바라셨다.」

이 사람들에 대해 나는 우리 모두의 하느님인 당신을 심판자로 하여 다음과 같이 대답합니다.

15. 영원성

너희들은 진리가 힘찬 음성으로 창조자의 참된 영원에 관해 나의 내부의 귀에 말씀하시는 것을 거짓이라고 하는가――진리는 이렇게 말씀하신다.

「창조주의 실체는 시간을 통해서 변하는 일이 결코 없다. 그 의지는 그 실체 이외의 것은 아니다. 따라서 창조주는 어떠한 것에도 의지하는 일 없이 오직 한 번만 동시에 항상 그 의지하는 일체의 일을 의지하고, 반복하여 의지하거나 지금 이것 지금 저것을 의지하거나 앞서 의지했던 것을 후에 가서 의지하지 않든가 하는 일이 없다. 이러한 의지는 변할 수 있는 것이다. 가변적인 것은 영원이 아니다. 그런데 우리의 하느님은 영원이시다.」

마찬가지로 이것 또한 진리가 나의 내부의 귀에 말씀하시는 것이지만, 너희들은 그것도 거짓이라고 말하는가――진리는 이렇게 말씀하신다.

「오려고 하는 자에 대한 기대는, 그것이 왔을 때에는 직시가 된다. 직시는 그것이 스쳐가면 기억이 된다. 그런데 그것이 변화하는 정신의 상태는 가변적이다. 가변적인 것은 모두가 영원이 될 수 없다. 그런데 우리의 하느님은 영원하시다.」

이런 것을 종합하여 거기에서 나는 다음의 진리를 발견한다.

나의 하느님, 영원한 하느님은 무엇인지 그때까지 없었던 새로운 의지를 일으켜서 세계를 창조한 것은 아니다. 그 지(知)가 무슨 변천을 무릅쓰는 일도 없다. 반대자들이여, 그러면 너희들은 무슨 말을 하려는가? 그것들이 진실이 아닐까? 「거짓은 아니다」라고 그들은 말한다.

그러면 이것은 어떤가? 모든 형상지워진 것과 형상을 받는 잘료는, 지극히 착한 자에 의해서만 존재한다. 왜냐하면 이쪽은 지극히 높은 존재가 있으므로 「우리는 그것을 부정하지 않는다」고 그들은 말하기 때문이다.

그러면 이것은 또 어떤가? 어떤 숭고한 피조물이 존재한다. 그것은 지극히 순수한 사랑에 의해 진실로 영원한 진실의 하느님과 결부되어 있으므로, 하느님과 마찬가지로 영원하지는 않다 하더라도 하느님과 떨어져 시간적 변화 전변 속에 흘러떨어지는 일이 없이 극히 진실한 하느님의 관상 속에 늘 안주하고 있다. 왜냐하면 주여, 당신이 명령하신 만큼 당신을 사랑하는 자에게 스스로를 나타내고 만족을 느끼게 하시기 때문입니다. 그러므로 이러한 피조물은 당신의 뜻을 거역해서 자기 자신에게 기우는 일이 없읍니다.

이것을 너희는 부정하는가? 그것이야말로 하느님의 집이다. 그것은 지상의 것은 아니고, 하늘의 물체의 덩어리로 된 집이 아닌 영적인 집이며, 그분의 영원을 나누어 가지고 있다. 왜냐하면 그분은 영원에 떨어지는 일이 없기 때문이다. 진실로 그분은 이 하느님의 집을 대대에 걸쳐서 세우시고 법을 정하셨는데, 그 법은 지나가 버리는 일이 없을 것이다.

그럼에도 불구하고 이 하느님의 집은 그분과 마찬가지로 영원은 아니다. 사실 그것은 「시작 없는 것」은 아니다. 왜냐하면 그것도 역시 만들어진 것이기 때문이다.

물론 우리는 이 「하느님의 집」보다 앞서 시간을 찾아볼 수는 없다──지혜는 만물에 앞서 창조되었으므로──그러나 여기서 말하는 「지혜」란 우리의 주여, 아버지인 당신과 영원성을 매우 흡사하고 동등하게, 그것에 의해 만물이 창조되고, 그것을 시원으로 하여, 그것을 통해 당신이 천지를 창조하신 그 「지혜」가 아닙니다. 그것이 아니고 분명히 「창조된 지혜」이며, 즉 빛을 관상하면서 빛이 있는 지성적인 본성입니다. 그것은 창조된 것이기는 하지만 역시 「지혜」라고 말합니다. 그러나 「창조하는 지혜」와 「창조된 지혜」와의 사이에는, 「비추는 빛」과 「비춰지는 빛」과의 사이에 있는 것만큼의 사이를 인정할 수 있읍니다. 그것은 또 「의

롭게 하는 의」와 「의롭게 만들어진 의」와의 사이의 거리와도 비
슷합니다. 사실 우리도 또 「당신의 의」라는 말을 들은 일이 있읍
니다. 즉 당신의 종인 한 사람(바울)은 「우리가 그(그리스도)를
통해 신의 의(義)가 되기 위하여」라고 말하고 있읍니다.

이처럼 만물에 앞서서 어떤 지혜가 창조되었읍니다. 그것은 창
조된 것이며, 이성적·지성적 정신이며, 우리의 어머니인 당신의
성스러운 나라에 속해 있읍니다. 그 나라는 높은 곳에 위치하고,
자유이고, 하늘에 있어서 영원입니다. 그리고 그「하늘」이란 당신
을 찬미하는「하늘의 하늘」이외에 아무것도 아닙니다. 그것은 또
「주에 속하는 하늘의 하늘」이기도 하기 때문입니다——우리는 이
러한 지혜보다 앞서는 시간을 찾을 수 없읍니다. 왜냐하면 그것
은 만물에 앞서서 창조된 것으로써 시간의 창조에도 앞서는 것이
기 때문입니다.

그럼에도 불구하고 창조주의 영원성은 이 지혜에도 앞섭니다.
왜냐하면 지혜는 창조주에 의해 만들어져서 비로소 존재하기 시
작했기 때문입니다. 하기야 아직 시간은 없었으므로 그것은 시간
적인 시초는 아니었읍니다. 아뭏든 지혜는 그 창성(創成)의 시초를
가지고 있는 것입니다.

그러므로 이 지혜는 당신에 의해 존재하는 것이어서 당신과는
전혀 별개의 것이며, 불변이신 당신 자체가 아닙니다. 하기야 그
지혜보다 먼저 시간이 인정되지 않을 뿐만 아니라, 그 지혜 자체
에 있어서도 시간은 인정되지 않지만 말입니다. 왜냐하면 그 지
혜는 언제나 당신의 얼굴을 계속해서 바라볼 수 있고, 잠시라도
거기로부터 외면을 하는 일이 없기 때문입니다. 그러나 이 지혜
속에는 역시 변화의 가능성을 포함하고 있으므로, 만약 크나큰
사랑을 가지고 당신에게 매달려 마치 끊임없는 대낮인 양 당신에
의해 빛나고 가열되어 있지 않았더라면 어둠이 되어 식어 버렸을
것입니다.

오, 눈부시고 신비한 집이여, 나는 네 아름다움과 나의 주의 영
광의 거처, 너를 만들고 너를 소유하는 쪽의 주거를 사랑했다.*

* 〈시편〉 6편 8절.

편력의 도상에 있는 나는 너를 그리워하고, 너를 만드신 분을 향하여 너를 통해 여기에 나까지 소유해 주시도록 애원한다. 왜 나하면 그분은 이 나까지도 만드셨기 때문이다. 나는 저 길 잃은 한 마리의 양처럼 방황하고 있었다. 그러나 지금 나는 너를 세우신 자, 나의 목자인 자의 손에 인도되어 너의 앞으로 돌아가기를 바란다.

내가 이야기를 거는 상대인 그대들은 나에 대해 무엇을 말하고 싶은가? 그대들은 나의 반대자이지만 주의 경건한 종인 모세와 성 령의 탁선(託宣)인 그의 책은 믿고 있다.

이 「하느님의 집」은 하느님과 마찬가지로 영원한 것은 아니지 만 독자적인 방법으로 하늘에 있어서 영원이며, 거기에서 너희가 시간적 전변을 찾아보아도 아무 소용이 없다. 찾아볼 수 없을 것이다. 사실 「하느님의 집」은 분산에 의한 모든 연장도 옮겨가는 해의 어떠한 길이도 초월해 있어서, 줄곧 하느님에 의지함으로써 선한 것이 되어 있다.

그렇지 않은가? 「그렇다」고 그들은 말한다. 그러면 대체 무엇이 거짓이라는 말인가? 내가 마음속에 그것의 찬양의 소리를 듣고 하느님을 향해 외친 것 중에 무엇이 거짓이라고 말하며 반대하는가?

형상이 없기 때문에 규율도 없는 무형질료 같은 것이 존재한다고 한 말이 마음에 걸리는가? 그러나 규율이 없는 곳에는 시간적 변전도 있을 수 없었다. 그럼에도 불구하고 그 거의 무에 가까운 것은 전혀 무가 아닌 한, 분명히 저분에 의해 존재했던 것이다. 어떠한 식으로든지간에 어떤 것으로 서 있는 것은 모두 그분에 의해 존재하는 것이기 때문이다.

「그것도 우리는 부정하지 않는다」라고 그들은 말한다.

16. 진   리

주님이시여, 나의 하느님이시여, 내가 당신 앞에서 무엇에 관하여 이야기하고 싶다고 생각하는 것은 나의 정신이 깊은 곳에서,

당신의 진리가 쉴새없이 입을 열어 말씀하시는 이 모든 것을 참이라고 인정해 주는 사람들입니다. 사실 그것들을 부정하는 패들은 마음대로 지껄여 고막이 터질 때까지 떠들어 대도 좋습니다. 나는 그들이 잠잠해지고 말씀에의 길을 그들 자신을 위해 마련하도록 이해시켜 보겠읍니다. 그러나 듣지 않고 거부할 때에는 주여, 간절히 바랍니다. 나에게 말씀해 주십시오. 나의 마음에 진실을 말씀해 주십시오. 다만 당신만이 그와 같이 진실을 말씀하십니다. 나는 저 티끌을 불어서 제 눈에다 흙을 뿌리는 자들을 밖에다 내버려 두고 나의 밀실로 들어가, 당신을 향하여 사랑의 노래를 부르겠읍니다.

편력하면서 표현하기 어려운 신음소리를 내고, 예루살렘을 상기하면서 마음을 더 높여 그것으로 마음을 돌리겠읍니다. 조국 예루살렘, 어머니인 그 예루살렘을 통합하고, 바치고, 그 아버지이며, 수호자이며, 배우자이며, 청신하고 강력한 감미, 영원한 기쁨, 모든 필설로 다할 수 없는 선, 동시에 이것들의 전부——왜냐하면 하나인 최초, 진실의 선이기에——이신 당신을 기억하면서 말입니다.

그리고 흩어지고 형태가 붕괴된 상태로부터 나의 모든 존재를 모아 저 가장 청결한 어머니(하느님의 나라)의 평화——거기에 나의 영혼의 첫 이삭이 있고 거기에서 이것들을 확실히 아는——에까지 가져가 나의 모습을 완전하게 하고, 영원히 움직이지 않는 것으로 해주시기 전까지는 당신에게서 물러서지 않겠읍니다. 나의 주, 나의 자비여——

이 모든 참들을 거짓이라고 말하지 않고 성스러운 모세에 의해 기록된 성서를 찬양하고 최고의 권위로서 따라야 한다고 주장하는 점에서 우리와는 일치하면서, 그럼에도 불구하고 어떤 점에 있어서는 우리를 부정하는 사람들을 향해 나는 다음과 같이 말하겠읍니다.

우리의 주여, 나의 고백과 그들의 부정 중 어느 편이 옳은지 심판자가 되어 주십시오.

17. 천지의 해석

즉 그들은 이렇게 말한다.

「그런 것들은 진실이라고 하더라도 모세가 성령의 계시에 의해 〈태초에 하느님이 천지를 창조하셨다〉고 말했을 때, 생각해 두고 있었던 것은 그 두 개의 것은 아니다. 〈하늘〉이라는 이름 아래 언제나 하느님의 얼굴을 바라보고 있는 영적·지성적 피조물을 의미한 것은 아니고 〈땅〉이라는 이름 아래의 무형의 질료를 의미한 것도 아니다.」

그러면 대체 무엇을 의미했던가? 그들은 말한다.

「우리가 말하는 것이야말로 바로 저 위대한 사람(모세)이 생각하고 있었던 것이며, 그 말들에 의해 표현하고자 했던 일인 것이다.」

그러면 대체 그것은 무슨 말인가? 그들은 말한다.

「천지라는 이름에 의해 이 눈에 보이는 세계의 전체를 우선 일반적으로 간단히 나타내고, 그 다음에 성령이 그처럼 설명하는 것을 가상하게 여기심에 따라 하루하루의 업적을, 말하자면 하나하나 예로 들어 전체를 상론(詳論)하려고 생각했었다. 사실 모세가 이야기를 한 거친 들판에서 육적인 민족(유태인)은, 하느님의 업적 중에서 눈에 보이는 것 이외에는 이야기해 보아야 알아들을 리가 없다고 그가 판단한 그러한 인간들이었다.」

그렇지만 「보이지도 않고 정돈되지도 않은 땅」과 「어두운 심연」을——거기서 누구나 잘 알고 있는 이 세상의 모든 것이 나날의 업적을 통하여 만들어지고 질서가 부여되었다고 성서 전반에 걸쳐서 씌어 있다——「무형질료」라고 해석하는 것은 부적당하지 않다고 생각하는 점에서 그들은 우리와 마찬가지의 의견을 가지고 있다.

그렇다면 누군가 또 다른 사람이 이런 주장을 내세운다면 어떨 것인가?

「바로 그 무형으로 혼합한 질료가 〈천지〉라는 이름으로 암시되어 있다. 왜냐하면 종종 〈천지〉라는 이름으로 불리는 것이 습관이 된 이 가시적 세계는 그 속에 극히 명료하게 인정되는 모든 것을 포함해서 그 질료로부터 만들어진 것이기 때문이다.」

또 누군가가 이런 주장을 내세운다면 어떨까?

「보이지 않는 것과 보이는 것이 천지라는 이름으로 불리는 것은 부당하지 않다.

그러므로 하느님의 지혜에 있어서, 즉 시원에서 만드신 피조물의 총체가 이 두 개의 말에 포함되어 있다. 그러나 그것은 하느님 자신은 아니므로 하느님의 실체에 속하지 않고 모두가 무로부터 만들어진 것이며, 하느님의 영원의 집처럼 언제나 같은 상태에 있다 하더라도, 또 인간의 영혼이나 물체처럼 변화한다 하더라도 그 모든 것에 어떤 가변성이 내재되어 있다. 따라서 아직 무형일지라도 분명히 형성이 가능한, 보이거나 보이지 않는 모든 것에 공통되는 질료가——거기서 하늘과 땅, 즉 보이는 것이건 안 보이는 것이건간에 어쨌든 이미 형성된 피조물이 생겨난다——〈보이지 않고 정리되지 않은 땅〉과 〈심연 위의 암흑〉이라는 명칭으로 표현되고 있다. 단, 거기에는 이런 구별이 있다. 〈보이지 않고 정리되지 않은 땅〉이란 형상에 의하는 한정 이전의 물체적 질료를 의미하고, 〈심연 위의 암흑〉이란 말하자면 한정되고 지혜의 조명을 받기 이전의 무제한으로 유동하고 있는 영적 질료를 말하는 것이다.」

한편으로 이러한 문제에 대하여 이렇게 말하고 싶은 사람도 있을 것이다.

「성서 속에 〈태초에 하느님이 천지를 창조하셨다〉고 씌어 있지만, 이 〈천지〉라는 이름이 의미하고 있는 것은 이미 완전히 형성되어 버린 불가시와 가시적 본성은 아니다. 다만 아직 형태가 없는 여러 사물의 처음의 상태, 즉 형상이 주어지고 창조될 수 있는 질료가 그러한 이름으로 불리고 있다. 즉 그 질료 속에 지금은 분할되어서 하나하나 구별됨으로써 〈하늘〉과 〈땅〉이라고 불리는 것, 즉 영적 피조물과 물체적 피조물이 아직 성질상으로나 형태상으로 구별되지 않고 복잡한 상태로 이미 존재하고 있었던 것이다.」

18. 해롭지 않은 오류

이 모든 주장을 듣고 잘 생각해 본 다음에 나는 논쟁을 하려고는 생각하지 않습니다. 논쟁은 오직 듣는 사람을 파멸시키는 데 필요할 뿐이기 때문입니다. 이와 반대로 율법은 바르게 사용하면 교화를 위해 유용합니다. 그 목적은 청결한 마음과 착한 양심과 참된 신앙으로부터 나오는 사랑이기 때문입니다. 우리의 스승(그리스도)은 모든 법과 예언자가, 어떤 두 가지 율법에 입각해 있는가를 알고 있읍니다.

이런 것이라고 한다면 나는 열렬하게 고백합니다. 그 나에게 있어서 주여, 은밀한 곳에 숨어 계신 「나의 눈빛」이여, 이런 말들이 여러 가지 다른 의미로 풀이되고, 게다가 그것들이 전부 진실이라고 하더라도 무슨 지장이 있겠읍니까? 사실 쓴 사람의 뜻을 다른 사람이 해석했다는 것과는 다른 의미로 내가 해석했다고 해서 무슨 지장이 있겠읍니까? 우리는 모두 저자가 거짓말을 하지 않는 사람이라고 믿을 경우에는 자기가 거짓이라는 것을 알고, 또는 생각하는 것이 모두 저자가 한 말이라고 생각하지 않으려 합니다.

이와 같이 우리는 각각 성서에서 쓴 사람의 진정한 뜻을 이해하려고 노력하고 있으므로 모든 착실한 정신에 대한 빛이신 당신이 참이라고 표시하시도록 해석한다고 해서 무엇이 해롭겠읍니까? 비록 성서를 읽는 다른 사람이 역시 진실이라고는 하지만 그것과는 다른 해석을 해서 의견이 일치하지 않는 경우가 있다 하더라도 말입니다.

19. 명백히 진실한 일들

주님이시여, 실로 「당신이 천지를 창조하셨다」는 것은 진실입니다. 「시원(原始)은 당신의 지혜이며, 그것을 통해 당신은 만물을 만드셨다는 것도 진실입니다. 「이 보이는 세계는 하늘과 땅이라는 2대 부분이 있고, 그 두 말 속에 창조된 일체의 것이 요약되어 있다」는 것 또한 진실입니다. 「모든 가변적인 것은 일종의 무형적인 것의 존재를 우리에게 알게 해준다. 그 무형의 것에 의해 가변적인 것은 형상을 받아들이며, 또한 전변(轉變)한다」는 것도 진실입니다.

「그 자체는 가변적이지만 불변의 형상(하느님)에 밀착해 있기 때문에, 변화하는 일이 없는 것(천사)은 시간적 전변을 무릅쓰지 않는다」는 것도 진실입니다. 「거의 무에 가까운 무형의 것은 시간의 이변이 없다」는 것도 진실입니다. 「무엇인가가 생기는 바탕의 것은, 거기서 생기는 무엇인가의 이름을 관례에 따라 이미 가질 수 있다. 그러므로 천지가 거기서 생긴 바탕인 무형의 것은, 어떤 것이든간에 천지라는 이름으로 불렸던 것이다.」

──이것도 진실입니다.

「모든 형성된 것 중에서 땅과 심연만큼 무형과 비슷한 것은 없다」는 것도 진실입니다. 「창조되고 형성된 것뿐만 아니라, 무릇 창조되고 형성될 수 있는 것은 모두 당신이 만드셨다. 만물은 오직 당신에 의해서만 존재한다」는 것도 진실입니다. 「무형의 것으로부터 형성되는 것은 모조리 처음에는 무형이지만, 그후에 형성된다.」

──이것 역시 진실입니다.

20. 창조에 관한 여러 해석

내부의 눈을 가지고 이들 진리를 볼 수 있는 선물을 당신으로부터 받아 당신의 종인 모세가 진리의 영(靈)으로서도 이야기했다고 의심없이 믿고 있는 사람들은 이 모든 진리를 부정하지 않습니다.

그러나 그중에서 각각 자기 마음에 드는 것을 끌어내어, 어떤 사람은 이렇게 말하기도 합니다. 「〈태초에 하느님이 천지를 창조하셨다〉란, 즉 당신과 마찬가지로 영원한 말씀에서 가지적이고 가감적 또는 영적이고 물체적 피조물을 만드셨다는 말이다.」

또 다른 사람은 이렇게 말합니다. 「〈태초에 하느님이 천지를 창조하셨다〉란, 즉 당신과 마찬가지로 영원한 말씀에서 이 물체적 세계의 모든 집적(集積)을, 그것이 포함하는 모든 분명하고 잘 알려진 것과 함께 만드셨다는 것이다.」

어떤 사람은 말합니다. 「〈태초에 하느님이 창조하셨다〉란, 즉 당신과 마찬가지로 영원한 말씀에서 물체적 피조물의 무형의 질료를 만드셨다는 뜻이다. 이 질료에서 천지가 정리되지 않은 상태였지만, 이제는 이 속에서 이미 구별되고 형성된 모습으로 인정된다.」

어떤 사람은 또 이렇게 말합니다. 「〈태초에 하느님이 천지를 창조하셨다〉란, 그 창조와 작업의 발단에서 천지를 혼돈한 상태로 내포하는 무형의 질료를 만드셨다는 것이다. 거기서 천지가 만들어지고, 그 속에 포함된 모든 것들과 더불어 이제는 뚜렷이 나타나고 있다.」

21. 땅에 대한 해석

마찬가지로 그것에 계속되는 말의 해석에 관해서도 모두가 옳습니다만, 그 속에서 각자 자기의 마음에 닿는 것을 취해서 어떤 사람은 이렇게 말합니다. 「〈땅은 보이지 않고 정돈되지 않고, 암흑이 그 위에 있었다〉란, 즉 하느님이 만드신 물체적인 것은 아직 무형이어서 질서도 법도 없는 물체적인 여러 사람의 질료였다는 뜻이다.」

어떤 사람은 이렇게 말합니다. 「〈땅은 보이지 않고 정돈되지 않고 암흑의 심연 위에 있었다〉란, 즉 천지라고 불린 이 전체는 아직 무형이고 어두운 질료였다는 뜻이다. 그 안에 물체적 하늘과 물체적 땅이 있어서, 신체의 감각에는 모든 것과 더불어 생길 예정이었다.」

어떤 사람은 이렇게 말합니다. 「〈땅은 보이지 않고 정돈되지 않고, 암흑이 심연 위에 있었다〉란, 즉 천지라고 불린 이 전체는 아직 무형이고 어두운 질료여서 거기에서 가시적 하늘——다른 구

326

절에서는 〈하늘의 하늘〉이라고 말한다——과 땅, 즉 모든 물체적 본성의 것이 생길 예정이었다는 것이다. 이 땅이라는 이름에는 물체적 하늘도 내포되어 있다. 즉 거기서 가시적과 불가시적 모든 피조물이 생길 예정이었다.」

어떤 사람은 이렇게 말합니다. 「〈땅은 보이지 않고 정돈되지 않고 암흑의 심연 위에 있었다〉로 되어 있지만, 성서에서 〈천지〉라는 이름으로 불리고 있는 것은 이 무형의 것을 말하는 것이 아니다. 사실은 그 무형의 것은 그보다 앞서 이미 존재하고 있었던 것으로서, 그것이 〈보이지 않고 정돈되지 않은 땅〉과 암흑의 심연이라고 불리는 것이며 거기서 하느님이 천지를, 즉 영적 피조물과 물체적 피조물을 만드셨다는 것을 무엇보다 먼저 말했을 뿐인 것이다.」

어떤 사람은 이렇게 말합니다. 「〈땅은 보이지 않고 정돈되지 않고, 암흑이 심연 위에 있었다〉란, 즉 어떤 무형의 것이 질료로서 이미 존재했다는 뜻이다. 그 질료로부터 하느님은 천지를 만드셨다는 것을 성서는 미리 말했을 뿐인 것이다. 즉 천지란 상위와 하위와의 2대 부분으로 나누어지는 세계의 물체의 모든 집적을 말하며, 그 속에 우리의 눈에 익은 모든 피조물이 포함되어 있는 것이다.」

22. 창세기에 나타난 창조

그런데 마지막 이 두 가지의 의견에 관해서는 다음과 같이 말함으로써 반대를 하려는 자가 있을는지도 모릅니다. 「만약 자네가 〈천지〉라는 이름으로 불리고 있는 것이 무형의 질료라고 생각하지 않는다면, 신에 의해 만들어지지 않고 오히려 하느님이 그것으로부터 천지를 만드신 무엇인가가 이미 존재하고 있었던 셈이 된다. 사실 성서에도 하느님이 질료를 만드셨다고는 씌어 있지 않다.

만일 하느님이 질료를 만드셨다고 해석하고자 한다면 〈태초에 하느님이 천지를 만드셨다〉라고 하는 경우의 이 〈천지〉라는 말에 의해, 혹은 또 다만 〈지(地)〉라는 말에 의해 질료의 뜻이 되고 있다고 보지 않으면 안 된다.

그렇게 본다면 뒤에 계속되는 〈땅은 보이지 않고 정돈되지 않았다〉는 구절에 있어서, 무형질료를 그렇게 부르는 것이 성서 기자(記者)의 뜻이었다 하더라도, 〈땅〉이란 먼저 〈천지를 만드셨다〉라고 기록된 곳에서 하느님이 만든 그 〈땅〉에 지나지 않는다고 해석하지 않으면 안 된다.」

이러한 반대 의견에 대해서 먼저 든 여러 설 중에서 최후의 두 가지 설의 주장자들, 또는 그 어느 한쪽의 주장자는 이렇게 대답할 것입니다.

「그 무형질료가 하느님에 의해서 만들어졌다고 하는 것을 우리들은 결코 부정하지 않는다. 모든 것은 좋은 방향으로 본다면 하느님에게서 나오는 것이니까. 사실 〈창조되고 형성된 것〉은 큰 선(善)이라 하지만, 그와 같이 또 우리들은 〈창조되고 형성될 수 있는것〉으로서 만들어진 것, 보다 작은 선이라 하더라도 어쨌든 좋은 것임에는 틀림이 없다는 사실을 인정하는 것이다.

하기야 하느님이 이 무형의 것을 만들었다고 하는 말이 성서에는 기록되어 있지 않지만 하느님에 의해 창조되었음이 성서에 기록되어 있지 않은 다른 것도 많이 있다.

가령 켈빔이나 세라핌, 또는 사도(使徒)가 분명하게 구별해서 말하고 있는 옥좌(玉座)·주권(主權)·권위·권력 같은 것을 들 수 있다. 더구나 이것은 모두 하느님에 의해 만들어졌다고 하는 것은 틀림없다.

또 〈천지를 만드셨다〉라고 하는 가운데, 만물이 포함되어 있다고 한다면, 〈그 위에 하느님의 영(靈)이 떠 있었다〉라는 〈물〉에 대해서는 어떻게 말하면 좋을까? 만일 물이 〈땅〉이란 이름 아래 포함되어 있다고 한다면, 어떻게 〈땅〉이란 이름을 무형질료의 의미로 볼 수 있을까? 물은 우리들이 보는 바와 같이 저렇게 아름다운 형상의 것이니까.

또 만일 〈땅〉이란 이름을 무형질료의 의미로 본다고 하면, 그 무형질료에서 〈천공(天空)〉이 만들어지고 그것이 〈천(天)〉이라고 불렸다고 기록되었으면서 〈물이 만들어졌다〉고 기록되지 않은 이유는 무엇일까?

사실 우리들이 보는 바와 같이 저렇게 아름다운 형태로 흐르는 물은 이미 무형의 것도, 불가시(不可視)의 것도 아니다. 그런데 만일 물이 그 형상을 받은 것은 하느님이 〈천공 아래에 있는 물은 한 곳으로 모여라〉하고 말했을 때이고, 모이는 것이 형성되는 것이었다고 한다면 천공 위에 있는 물에 대해서는 어떻게 대답해야 할까?

그 물이 무형의 것이었으므로 그런 훌륭한 지위를 가질 수 있는 것은 아니었고, 그것이 하느님의 어떠한 음성에 의해서 형성되었는가 성서에는 기록되어 있지 않다.

이와 같이 설령 〈창세기〉에는 신이 만들었다고 기록되어 있지 않더라도, 굳건한 신앙을 지녔고 확고한 지성이 있는 사람이라면 그것은 의심할 여지가 없다.

그렇기 때문에 〈창세기〉 속에 물에 대해서 언급된 부분이 있기는 하지만 어느 시기에 만들어졌는가에 대해서는 전혀 언급되어 있지 않으니까, 물은 하느님과 함께 영원하다는 따위의 말을, 올바른 가르침을 가지고 있는 사람이라면 도저히 말할 수 없을 것이리라.

이러한 까닭에 성서에 〈보이지 않고 정리되지 않은 땅〉이라든가 〈어두운 못〉이라는 등으로 불리는 저 무형질료도 하느님에 의해서 무에서 만들어졌고, 따라서 하느님과 더불어 영원한 것은 아니라는 사실을 진리의 가르침을 통해 어째서 우리들은 이해하려 하지 않는 것일까.

설령 그 질료가 언제 만들어졌는가에 대해서는 성서 속에 한마디도 언급되어 있지 않다고는 하지만.」

23. 성서 해석의 불일치

이러한 설을 듣고 자기의 약한 힘이 미치는 한 음미해 본 뒤에 ──나는 그 약함을 당신에게 고백하고 있읍니다. 하느님이신 당

신께선 물론 아시겠지만——뭔가를 전하는 자가 표징을 가지고 전
할 경우에는, 아무리 그자가 진실을 말하고 있다 해도 그 보고
의 해석에 대한 두 가지 의견의 불일치가 있다는 것을 나는 인정
합니다.

하나는 일 그 자체의 진리설에 대해서 생기는 의견의 불일치이
고, 또 하나는 그 보고자가 무엇을 생각하고 있었던가에 대해서
생기는 의견의 불일치입니다. 즉, 피조물의 창조에 대해서 「무엇
이 참인가」를 묻는 것과, 당신의 신앙의 뛰어난 종인 모세가 그
말에 의해서 독자라든가 청중에게 「어떤 것을 이해시키려고 의도
했는가」 등을 묻는 것과는 다릅니다.

첫째 종류의 불일치에 관해서 말한다면, 거짓인 것을 참이라고
생각하고 진실을 알고 있는 척하는 자들은 모두 내 앞에서 떠나
주었으면 합니다.

둘째 종류의 불일치에 관해서 말한다면 모세가 말한 것을 거짓
이라고 생각하는 자들은 모두 내 앞에서 떠나 주었으면 합니다.

하느님, 나는 넘치는 사랑 속에 당신의 진리에 의해서 길러지
는 사람들과 당신에게 있어서 맺어지고, 당신에게 있어서 그들과
더불어 기뻐하고자 합니다. 모두 함께 성서의 깊은 뜻을 이해하
고, 말 속에 내포된 당신의 종의 의도를 통해서 전해진 당신의 의
도를 찾고자 합니다.

이 사람의 붓을 통해서 당신은 말씀을 우리에게 전해 주셨읍니다.

24. 참과 거짓

그러나 이러한 말들은 탐구자들에게 여러 가지 방법으로 이해되
고, 거기에 따라서 여러 가지 진리가 그들을 가르칩니다.

그래서 모세 자신이 그렇게 생각했는가, 그렇지 않으면 달리 생
각했는가에는 상관없이 「그것은 참이다」라고 확신을 가지고 말할
수가 있으나, 그것과 같은 정도의 확신을 가지고 「모세는 이렇게
생각하고 있었다」라거나, 「이 서술에 있어서 그가 말하고자 한 것
은 바로 이것이다」라고 단언할 수 있을 만큼 확실하게 그 진리 속

에서 그가 의도한 것을 이해할 수 있는 자가 과연 우리들 중에 있을까요?

주여, 나는 어떠합니까? 보십시오. 나는 당신의 종입니다. 나는 이들 문자에 의해서 당신에게 고백의 제물을 바치고자 맹세를 했읍니다. 간절히 원합니다. 가엾게 여기셔서 맹세를 이룰 수 있도록 해주옵소서. 보십시오, 나는 확신을 가지고 말합니다——「당신은 그 영원한 말씀에 의해서 보이는 것과 보이지 않는 것과 모든 것을 만드셨다」고.

그러나 그 정도의 확신을 가지고 이렇게 말할 수가 있을까요? 「모세가 〈태초에 하느님이 천지를 만들었다〉고 적었을 때, 바로 그는 이것을 말하려 했었다」라고.

왜냐하면 나는 이것이 확실하다는 것을 당신의 진리에 의해서 보지만, 같은 정도의 확실성을 가지고 이것을 기록했을 때 모세는 그렇게 생각하고 있었다는 것을 그의 정신에 있어서 볼 수는 없기 때문입니다.

사실 모세가 「태초에」라고 말했을 때는 「창조를 시작할 때」라는 것을 염두에 두고 있었을지도 모릅니다. 또 「천지를」이라고 했을 때 여기서는 이미 형성되고 완성된 영적(靈的) 내지는 물체적 본성은 아니라도 어느 쪽이든 시작되었을 뿐이고, 아직 형태가 없는 것의 뜻을 보이려고 했는지도 모릅니다. 어느 쪽을 말했든간에 그 말이 진실이었다고 확신합니다.

그러나 그 자신이 이들 말에 있어서 어느 것을 실제로 생각하고 있었는가 하는 것은 그다지 명백하지 않습니다.

하기야 이 위대한 인물이 이 말을 했을 때, 마음속에 생각하고 있었던 것이 위에 말한 설의 어느 것이었든간에, 또 혹시 내가 든 것과는 뭔가 다른 설이었든간에 그가 본 것이 진실이고, 표현방법도 적절했다는 것을 의심하지는 않습니다.

25. 성서의 기본정신

이젠 누구도 이렇게 함으로써 나를 괴롭히지 말라.

「네가 말하는 것은 모세의 뜻하는 바가 아니다. 내가 말하는 것이야말로 그가 생각하고 있었던 것이다.」

만일 누가 나에게 「네가 모세의 말에 대해서 한 설명이 모세 자신이 생각하고 있었던 것임을 너는 어떻게 알 수 있는가」라고 물었다고 한다면 나는 그 질문을 진지하게 받아들여야겠읍니다.

그리고 아마도 전에 대답한 것과 같은 대답을 할 것입니다. 상대방이 완고하고 좀처럼 납득하지 못할 경우엔 될 수 있는 대로 공손하게 대답을 할 겁니다.

이와는 달리 「네가 말하는 것은 모세가 의도했던 바가 아니다. 내가 말하는 것이야말로 그가 생각하고 있었던 것이다」라고 주장하지만, 우리들의 어느 쪽의 말도 참이라는 것을 부정하지 않을 경우, 이런 경우는 오오, 가난한 자의 생명이여, 가슴속에 아무런 분쟁도 품지 않는 우리 하느님이시여, 제발 내 마음속을 부드럽고 촉촉히 적시는 비를 내려 주시고, 이러한 사람들을 지그시 참고 견딜 수 있게 보살펴 주소서.

사실 그들이 이런 말을 하는 것은 그들이 하느님과 같은 사람이라 믿고 자신들이 말하는 것을 당신의 종(모세)의 마음에서 읽어 낸 것이 아니라 오만해서이며, 모세의 뜻을 알고 있어서가 아니라 자기의 생각을 사랑하고 있기 때문이며, 그것을 사랑하는 것은 참이어서가 아니라 자기의 생각이기 때문입니다.

그렇지 않다면 그들은 설령 타인의 설이라 하더라도 참이라고만 한다면 자기의 설과 마찬가지로 사랑했을 것입니다. 만일 그들이 진실을 이야기할 경우, 그들이 말하는 것을 내가 사랑하는 것처럼.

그러나 내가 사랑하는 것은 그것이 그들의 설이기 때문이 아니라 참이기 때문입니다. 더군다나 그것은 틀림없는 참이기 때문에 이미 그들 개인의 소유는 아닌 것입니다.

이와 반대로 만일 그들이 그것을 참이기 때문에 사랑한다고 하면, 그것은 이미 그들의 것이기도 한 동시에 나의 것이기도 합니다. 왜냐하면 그것은 진리를 사랑하는 모든 사람들의 공유물이기 때문입니다.

그러나 만일 그들이 내가 말하는 것이 모세의 뜻이 아니고 자기들이 말하는 것이 모세의 뜻이라고 억지를 부린다면, 그러한 태도는 나를 매우 불쾌하게 합니다.

왜냐하면 설령 그들이 말하는 대로라 하더라도 그들의 이기적인 자기 주장은 확고한 식견에서 유래한 것이 아니고 부끄러움을 모르는 데에 기인하는 것이며, 사물을 잘 보고 거기서 얻은 것이 아니고 치솟는 오만에서 생긴 것이기 때문입니다.

그렇기 때문에 주여, 무서운 것은 당신의 심판입니다. 사실 당신의 진리는 나의 것도 어느 개인의 것도 아닌 우리들 모두의 것입니다.

그리고 당신은 진리를 공유할 수 있도록 우리 모두를 널리 부르고 사물화(私物化)가 되지 않도록 엄격히 가르치십니다만, 그것은 진리를 사물화함에 의해서 도리어 우리들로부터 진리가 뺏기는 일이 없도록 하기 위해서입니다.

사실 모든 사람이 향수할 수 있도록 당신이 모든 사람 앞에 내놓은 것을 독점하고, 모든 사람에게 속하는 것을 자기 한 사람의 소유로 하려는 자는 그 누구든간에 공통의 장소로부터 혼자만의 장소로 쫓겨나게 됩니다.

즉 「진리에서 허위로 쫓긴다. 거짓을 말하는 자는 자기에 대해서 말한다」라는 뜻 그대로입니다.

들으소서, 나의 하느님이시여, 진리 그 자체여, 선의 심판자여, 귀를 기울이소서. 반대자에 대하여 내가 무엇을 말하는가를 들으소서.

나는 당신 앞에서, 또 법을 옳게 사용해서 사람이라고 하는 종극(終極)의 목표에까지 이르게 하는 것을 알고 있는 형제들의 앞에서 얘기하는 겁니다. 들으소서, 보아 주소서, 그에 대해서 내가 뭘 말하는가를. 만일 그럴 마음이 있으시다면.

사실 나는 그에 대해서 다음과 같은 우호적이고 평화적인 소리를 가지고 대답하려는 겁니다.

「만일 우리들 둘이 모두가 자네의 말이 참이라는 것을 보고, 또 둘이 다같이 나의 말이 참이라는 것을 안다고 하면 도대체 우리들은 어디서 그것을 볼 수가 있을까? 확실히 내가 자네에게 있어서 보는 것이 아니고, 자네가 나에게 있어서 보는 것도 아니다. 그런 것은 아니고 둘이 다같이 우리들의 정신을 넘어서는 불편의 진리 그 자체에 있어서 보는 것이다.

따라서 우리들은 주인 우리들의 하느님의 빛 그 자체에 대해서는 아무런 이의도 제기하지 않으면서 이웃의 생각이라고 하면 이의를 제기하고 싶어하는 것은 무슨 까닭일까? 더구나 우리들은 이웃의 생각을 영원한 진리를 보는 것과 같이 확실히 볼 수가 없는 것이다.

사실 모세 자신이 지금 우리들의 앞에 나타나서 〈내 생각은 이러했다〉라고 한다 하더라도 우리들은 그의 생각 자체를 볼 수는 없는 것이고, 다만 믿는 것뿐이다.

그러므로 우리들은 씌어 있는 기록을 초월하여 한쪽을 좋아하고 다른 한쪽을 업신여겨 우쭐해하는 일이 있어서는 안 된다. 우리들의 하느님인 주여, 〈네 마음을 다하고 힘을 다하고 정신을 다해서 사랑하고, 또 이웃을 내 몸같이 사랑해 보자〉라는 이 두 가지의 사랑의 규칙으로 말미암아 모세는 그러한 책 속에서 생각한 것이다.

만일 우리들이 그것을 믿지 않는다고 한다면 주를 거짓말장이로 만들어 버리는 셈이 되리라. 왜냐하면 우리들과 같은 하느님의 종인 모세의 마음에 대해서, 그는 주가 우리들에게 가르친 것과는 다른 것을 가지고 있었다고 보게 되기 때문이다.

생각해 보자. 이토록 많은, 더구나 그 어느 쪽이고 참으로 진실한 설을 이들 말로부터 캐낼 수가 있는데, 그 설이 어느 하나만을 끌어내서 이거야말로 틀림없이 모세의 설이었다는 등의 경솔한 결단을 내리고 주장을 하고, 위험하고 유해한 논쟁에 말려들어가 사람 그 자체를 해치는 결과가 된다는 것은 어찌 어리석은 짓이 아니겠는가?

지금 우리들이 해석하려고 하는 것은 모세가 얘기한 말인데, 모세가 이 모든 것을 얘기한 것도 다름 아닌 바로 그 사랑 때문이었다고 하는데……」

26. 어떤 말이 성서에 적당한가

그렇다고 하더라도 나의 하느님이시여, 비굴한 때에 떳떳하고 고상한 자여, 고생할 때에 편히 쉬고 있는 자여, 당신은 나의 고백을 듣고 죄를 사해 주지만 이웃을 내 몸처럼 사랑할 것을 명령하시기 때문에, 만약 내가 모세의 시대에 나고 마음과 혀를 써서 성서를 사람들에게 나누어 줄 지위가 당신의 뜻에 의해 허락되었다면, 그로 인해 선물을 받을 수 있도록 간절히 기도했을 것입니다.

하물며 당신의 가장 충실한 종이었던 모세가 그보다 적은 선물을 받았다고 믿을 수는 없습니다. 아뭏든 성서는 다가올 미래에 있어서 모든 민족의 구제에 필요하고, 모든 허위와 오만한 교설(敎說)을 극복해서 전세계에 이르는 위대한 권위의 정상을 차지하는 것이 되겠기 때문입니다.

참으로 만일 그때 내가 모세였다고 한다면——우리들은 모두 같은 흙으로 만들어진 것입니다. 만일 당신이 마음에 두지 않았다고 한다면 인간 따위는 도대체 무엇이겠읍니까——틀림없이 바랐을 것입니다.

만약 그때 내가 모세 자신이고 〈창세기〉를 쓰도록 당신에게서 위임을 받았다고 한다면, 다음과 같은 방법으로 얘기하고 문장을 완성하는 능력을 주시도록 원했을 것임에 틀림없읍니다.

하느님이 어떻게 해서 창조하는가를 이해하지 못하는 사람들은, 그것이 자기의 능력을 넘는 말이라 해서 거부하는 일이 없도록, 또 이미 이해할 수 있는 사람들은 스스로 생각해 본 끝에 어떠한 설에 도달했다 하더라도 그것이 진실이기만 하다면, 당신의 종의 약간의 말 속에 이미 잘못 보는 일이 없이 의미가 들어 있는 것을 발견할 수 있도록, 또 각자 달리한 설을 진리의 빛 속에서 보았다 하더라도 그 각각의 설을 그같은 말 속에서 **반드시** 읽어 낼 수 있도록 그러한 방법으로 얘기하고, 문장을 지어 낼 수 있는 능**력**이 자기에게 **부여되도록** 말입니다.

27. 겸허하고 단순한 말이 적합하다

샘은, 차지하고 있는 장소는 아주 좁지만 거기서 나와 흘러가
는 어떤 냇물보다도 풍부하고, 보다 많은 냇물을 가지고 보다 광
대한 영역을 적십니다.

그와 같이 당신의 말을 전해 주는 사람(모세)이 얘기하는 것은
후에 많은 해설자라든가 설교자에 의해서 적절히 이용될 수 있읍
니다. 그것은 얘기의 양으로서는 아주 적은 것에 지나지 않지만
빛나는 진리가 넘쳐 흐르는 원천이고, 거기서 각 사람은 여러 가
지 문제에 대해서 볼 수 있는 진리를 이 사람은 이것, 저 사람은
저것이라고 할 수도 있도록 제각기 긴 논의의 우여곡절을 거쳐
서 끌어 냅니다.

즉, 어떤 사람들은 이러한 말을 읽거나 듣거나 하면 하느님을 뭔
가 인간처럼, 또는 뭔가 거대한 권능을 가지는 자의 덩어리처럼
생각하고, 그것이 갑자기 어떤 새로운 결단을 하고 그것에 의해서
자기 이외에 뭔가 장소적으로 자기와는 떨어진 곳에 천지를 만든,
즉 모든 것을 속에 포함한 상하 두 개의 거대한 물체를 만든 것
처럼 생각합니다.

또 성서에 「하느님이 〈그건 있어라〉하고 말씀하시면 그것은 만
들어졌다」라고 말하는 것을 들으면, 시작과 끝이 있는 것이 사실
존재하기에 이르렀다고 생각됩니다. 달리 생각하는 것도 모두 이
에 준하고 모든 육체적 감각과의 결부에서 생기는 상상의 영역을
벗어날 수 없읍니다.

이러한 사람들은 또 감각적·동물적인 어린아이 같은 것이지만,
이와 같은 지극히 소박한 종류의 말을 이른바 어머니의 마음으로
해서, 그 속에 약한 것이 간직되고 있는 한 신앙은 구제를 받을
수 있도록 길러집니다.

그 신앙에 의해서 그들은 자기들 주위에 놀랄 만큼 다양한 모
습으로 감지되는 전자연의 조물주가 하느님이란 것을 확신하고 그
확신을 지탱해 나갈 수가 있는 것입니다.

이에 반해 만약 그들 중 누군가가 그 말을 소용없는 것이라고 생각해서 소홀히 하고, 분수에 맞지도 않게 오만해져서 자기를 길러 주는 그 집을 빠져 나오면 아아, 가엾게도 타락해버리고 말리라. 부디 아버지 하느님이시여, 가엾게 여겨 주소서. 지나가는 사람들이 날개도 돋지 않은 병아리를 짓밟아 버리는 일이 없도록…… 자유로이 날 수 있을 때까지 살도록 집으로 되돌아가게 하기 위해 당신의 천사를 보내 주소서.

28. 창조주와 피조물

그런데 어떤 사람에게는 성서의 말은 이미 집이 아니고, 그늘이 많은 숲이 되어 있읍니다. 이러한 사람들은 숲속에 열매가 열려 있는 것을 보고 기뻐서 이리저리 뛰어다니고 재잘거리면서 열매를 찾기도 하고 쫓기도 합니다.

이러한 사람들은 성서의 말을 읽거나 듣거나 하면 다음과 같은 것을 알게 됩니다.

주님이시여, 당신은 그 영원불변한 지속성에 의해서 과거와 미래에 이르는 온갖 시간적인 것을 초월하면서, 더구나 시간적 피조물에 속하는 것으로서 당신이 만들지 못했던 것은 하나도 없읍니다.

당신의 의지는 당신 자신에 지나지 않기 때문에 결코 변할 리가 없고, 전에 없었던 의지를 당신에게 일으켜서 만물을 만든 것은 아닙니다.

그러한 것들은 당신으로부터 만물의 형상인 당신과의 유사성을 받은 것이 아니고, 도리어 반대로 무에서 「형상 없는 불유사성(不類似性)」을 받았읍니다. 그러나 이 무형의 불유사성은 모든 사물이 나름대로 비슷함에 따라서 정해진 것같이 받은 능력에 의해서 하나인 주님 아래로 되돌아갈 때, 예컨대 당신과의 유사성에 의해서 만물은 「매우 좋은 것」이 될 것입니다. 당신의 주위에 언제나 머물고 있는 자(천사)라든가, 또는 당신으로부터 단계적으로 서서히 흡수되는 거리를 지켜 가며, 시간적으로 화려한 다양성을 연출하기도 하고 주기도 하는 것(물체적 피조물) 등입니다.

그들은 이런 것들을 당신의 진리의 빛 안에서 보고 기뻐합니다. 설령 지금이라 하더라도 이 세상에 있어서 그것을 보기도 하고 기뻐할 수도 있는 정도에 따라서.

그런데 그들 중의 어떤 자는「태초에 하느님이 만들었다」라는 말에 주목하여 여기에서「태초」라고 한 것은 지혜인 줄로 압니다. 왜냐하면 지혜도 역시 우리들에게 이야기했기 때문입니다. 그렇지만 다른 어떤 사람은 마찬가지로 그같은 말에 눈을 돌려「태초」란 것은 창조된 여러 사물의 시작이라고 여기고,「태초에 만들었다」라는 것은「맨 처음에 만들었다」라는 정도의 뜻이라고 생각합니다.

또한「태초에」라는 것을「그대는 지혜에 있어서 천지를 만들었다」라는 의미로 보는 경우, 어떤 사람은「천지」라는 이름으로 불리고 있는 것은「창조될 천지의 질료」라 생각하고, 어떤 사람은「이미 형성되고 구별된 여러 본성」이「천」이란 이름으로 불리고「이것과는 다른 무형의 물체적·자료적 본성」이「지」라는 이름으로 불린다고 생각하고 있습니다.

그러나「천지」라는 이름을「또 천지가 형성될 때 형태가 없는 질료」란 뜻으로 알고 있는 사람들도 같은 방법으로 받아들이는 것은 아닙니다.

어떤 사람은 그것을「가지적 피조물과 가감적 피조물이 모두 생겨나는 근원적 질료」라고 생각하고, 어떤 사람은 다만「우리들의 몸 주변에 있어서 분명하게 볼 수 있는 삼라만상을 거대한 주머니 속에 포함하고 있는 물체의 집적이 거기에서 생기는 근원적 질료」라고 생각하고 있습니다.

그런데 여기서「천지」라고 불리는 것은「이미 질서를 잡고 구별된 모든 피조물」이라고 생각하고 있는 사람들도 같은 방식으로 이해하고 있는 것은 아닙니다.「불가시적과 가시적과의 양쪽의 피조물」이 포함되었다고 생각하는 사람도 있는가 하면, 다른 한쪽에선「빛이 비추는 하늘과 어두운 하늘과 거기에 포함되어 있는 일체의 것이 그 가운데서 바라볼 수 있는 가시적 피조물」만을 의미한다고 생각하는 사람도 있읍니다.

29. 태초라는 의미

그러나 「태초에 만들었다」란 단지 「태초에 만들었다」는 의미에 불과하다고 보는 사람은, 그 「천지」에 대한 해석이 진실이기 위해서는 꼭 그것을 「천지의 질료」라는 의미로 보지 않으면 안 됩니다.

즉, 가지적과 물체적과의 양쪽을 포함하는 피조물 전체의 질료라는 뜻으로 보지 않으면 안 됩니다. 만약 그가 그것은 이미 형성된 피조물을 의미하는 것이라고 주장한다면, 그것에 대해서는 당연히 다음의 질문이 뒤따르겠지요.

「만약 하느님이 그것을 맨 먼저 만들었다고 한다면 그다음부터 하느님은 무엇을 했는가?」

모든 피조물이 다 만들어졌으면 뒤에는 아무것도 남는 것이 없는 셈이 될 테고, 따라서 싫어도 이와 같은 반문을 받지 않으면 안 됩니다.

「만일 뒤에 오는 것이 아무것도 없다면 어째서 그것이 〈맨 처음〉인가 말이다.」

이에 반해서 만약 그가 「하느님은 우선 최초에 무형의 질료를 만들었다」라고 한다면 그 설은 불합리하지는 않습니다.

단지 그런 경우에 그는 영원에 있어서 앞서는 것, 시간에 있어서 앞서는 것, 선택에 있어서 앞서는 것, 질서에 있어서 앞서는 것을 구별하지 않으면 안 됩니다.

「영원에 있어서 앞선다」는 것은 하느님이 만물에 우선하는 경우, 「시간에 있어서 앞선다」는 것은 예를 들어 꽃이 열매에 우선하는 것, 「선택에 있어서 앞선다」는 것은 예를 들어 열매가 꽃보다도 우선하는 것, 「질서에 있어서 앞선다」는 것은 예를 들어 소리가 노래에 우선하는 것입니다.

지금 든 네 가지의 예 가운데 두 가지는 아주 쉽게 이해됩니다만, 처음과 나중의 것은 매우 이해하기가 어렵습니다.

사실 주여, 스스로가 불변이면서 가변적인 것을 만들었고, 따라서 보다 우선하는 당신의 영원성을 바라본다고 하는 것은 무척 어렵고 드물게밖에 얻을 수 없는 직관입니다.

다음으로 소리가 노래보다 우선한다는 것을 별다른 노력 없이 인식하기 위해서는 실로 날카로운 정신의 투찰력이 필요합니다.

대체 누가 그토록 날카로운 투찰력을 지니고 있을까요——즉 노래하는 것은 노래의 형태에 따라서 형성된 소리입니다. 그렇지만 뭔가 형성되지 않은 것도 실제로 있을 수 있읍니다.

그러나 존재하지 않는 것은 형성될 수도 없는 것입니다. 따라서 질료는 그 질료에서 생기는 것보다도 먼저입니다.

그렇지만 이런 경우「보다 먼저」라고 하는 것은, 질료 그 자체가 뭔가를 낳기 때문은 아닙니다. 오히려 질료야말로 뭔가가 되는 것입니다.

또 시기의 감격이라고 하는 점에서「보다 먼저」라고 하는 것도 아닙니다.

사실 우리들은 시간에 앞서서 노래가 아닌 무형의 소리를 내고, 그런 다음에 소리에 노래의 꽃을 맞춰 대거나 노래의 형태로 만들거나 하는 것은 아닙니다.

물론 나무로 궤짝을 만들거나, 은으로 조그만 그릇을 만들거나 하는 경우에 있어서는 그렇게 합니다. 이런 경우의 질료는 확실히 거기에서부터 생기는 것의 형태에, 시간적인 의미에 있어서도 앞섭니다.

그러나 노래의 경우는 그렇지가 않습니다. 노래가 불려져서 그 소리가 들릴 경우, 처음에는 형태가 없는 소리가 울리고 그런 다음에 노래의 형태가 되는 것은 아닙니다.

노래는 울리자마자 지나가 버립니다. 또 한번 들음으로써 기술에 의해서 가공될 만한 것은 아무것도 남아 있지 않습니다. 이러한 이유로 노래는 바로 소리가 울리는 중에 이루어지는 것이고, 노랫소리가 노래의 질료로서 바로 그 소리가 형성되어서 노래가 되는 것입니다.

그렇기 때문에 앞서도 말한 것같이 질료로서의 소리는 형태로

서의 노래보다도 먼저인 것입니다. 단지 물건을 만드는 능력이라
는 점에서 볼 때는 먼저가 아닙니다.

사실 노래의 작자는 소리가 아닙니다. 노래를 부르는 것은 정
신이고 소리는 신체에 속하며, 신체 쪽에서 정신의 지배를 받고
있읍니다. 그러므로 정신은 신체를 이용하여 소리를 만드는 것입
니다.

또 시간적으로 먼저인 것도 아닙니다. 소리는 노래와 동시에
울리는 것이기 때문입니다. 선택이라는 점에서 먼저도 아닙니다.
사실 노래는 단순한 소리만은 아니고 거기에 덧붙여서 아름다운
형태를 가진 소리를 말하는 것이므로, 소리가 노래보다 나을 것
은 없읍니다. 소리가 노래보다 먼저라고 하는 것은 기원에 관한
문제입니다.

왜냐하면 노래가 형태를 받아서 소리가 되는 것은 아니고, 반
대로 소리가 형태를 받아 노래가 되는 것이기 때문입니다.

이상 나열한 것에 의해서 알 만한 사람은 다음의 것을 이해함
이 좋을 것입니다.

「물건의 질료가 우선 최초에 만들어졌고, 〈천지〉라고 불렸다.
왜냐하면 거기서부터 천지가 만들어졌으니까」라고 말하지만, 이
경우 「최초」라 함은 시간적으로 맨 먼저 만들어졌다고 하는 것은
아닙니다.

왜냐하면 시간은 물건의 형상에 의해서 비로소 생긴 것이므로,
질료 그 자체는 형태가 있었던 것이 아니고, 그것을 지금 우리들
이 인정할 때엔 시간이 있어서 시간과 함께 인정하고 있는 것이
기 때문입니다.

그럼에도 불구하고 질료에 대해서 뭔가 얘기할 수 있기 위해서
는, 마치 시간적으로 보다 우선하는 것인 듯이 얘기하지 않으면
안 됩니다. 하기야 가치라는 점에서 말한다면 최저의 것이기는 하
지만.

왜냐하면 무형의 것보다도 형상을 가진 쪽이 가치에 있어서 낫
다는 것은 말할 필요도 없으며——더구나 창조주의 영원한 쪽이
질료보다도 먼저인 것입니다.

물건은 질료에서 생기지만 그 질료 자신은 창조주에 의해서 **존**재하는 것이기 때문입니다.

30. 사랑과 진리는 오직 하나

이와 같은 진실된 여러 가지 설 중에서 진리 그 자체가 일치를 낳아 주도록, 또 우리들의 하느님이 우리들을 가엾게 여기고 정해진 법의 목적인 순수한 사랑을 위해서 율법을 거기에 알맞도록 바르게 사용할 수 있도록 해주시기를.

그렇기 때문에 만약 누군가가 나를 향해서 「이들 설 중에 대체 어떤 것이 당신의 종인 저 모세의 설일까」라고 말한다면, 지금 얘기하고 있는 것이 참된 의미에서 나의 고백이기 위해서는 나는 이 물음에 대해서 당신을 향해 「모릅니다」하고 고백하지 않으면 안 될 것입니다. 그럼에도 불구하고 나는 알고 있습니다. 주여, 이들 설은 모두 진실입니다. 단 육적(肉的)인 풀이는 예외로 하겠습니다. 이 풀이가 어느 정도의 의의를 가진 것인가에 대한 자신의 의견은 이미 말했읍니다.

이러한 풀이를 하는 사람들은 말하자면 전도유망한 아이들 같은 것입니다. 이 아이들은 당신의 책에 기술되어 있는 말을 들어도 두려워하지 않습니다. 말은 그토록 저속하고 비굴하면서도 그래도 고원하고, 그토록 간결하면서도 실로 풍부한 내용을 담고 있읍니다.

그런데 나는 우리들이 모두 성서의 말 속에 진리를 보고 그것을 말하고 있는 것을 인정하지만, 그렇다 하더라도 「서로 사랑하도록 하자. 또 우리들의 하느님인 당신을 똑같이 사랑하자. 당신이 만약 우리들이 허영이 아니고 진리 그 자체를 애타게 찾는다면, 이 성서로 인해 손발이 된 당신의 종(모세)을 깊이 존경하자. 그리하여 당신의 명을 받아 이런 정도의 것을 기술했을 때, 그가 가장 마음에 둔 점은 이러한 것들 중에서 진리의 빛에 비쳐 구령(救靈)의 효과라는 점임을 알고, 가장 귀중한 것은 사랑에 지나지 않았다는 것을 믿자」고 주장합니다.

31. 모세의 의견

그렇기 때문에 만일 어떤 사람이 「나의 설이 모세의 생각이다」라고 말하고, 또 다른 사람은 「아니, 내 설이 모세의 생각이다」라고 말할 경우, 다음과 같이 대답하는 편이 오히려 종교에 적합하지 않을까 하고 생각하는 것입니다.

「너희들의 설이 전부가 진실이라고 한다면, 그것은 모두 모세의 설이라 해야 마땅하지 않은가. 또 누구라 하더라도 동일한 말 속에 제3·제4의 진실의 의미 또는 그와는 전혀 다른 진실의 의미를 찾아 내는 자가 있다 하더라도, 그 의미를 모두 모세가 이미 보고 있었다고 믿는다 해도 잘못은 아닐 것이다. 하나인 하느님은 이 사람을 통해서 많은 사람들이 제각기의 이해력을 가지고 다종다양한 진리를 성서에서 찾아 낼 수 있도록 갖춰 주었으니까.」

저는 두려워하거나 주저할 것도 없이 마음속에서 이렇게 단언합니다.

「만일 내가 권위의 꼭대기에 서서 뭔가를 쓰지 않으면 안 될 위치에 놓였다고 한다면, 단 한 가지 진실의 설을 분명히 세워 놓고 그 이외의 설을 일체 배격해 버리는 것과 같은 기술방법을 쓰느니보다는——단 자기의 기분에 걸리는 허위를 포함하고 있는 설은 따로 하고——누구라 하더라도 그 문제에 대해서 뭔가 진리를 찾아 낸 자가 내 말 속에서 그 방향을 발견할 수 있는 것과 같은 그러한 기술방법을 쓰는 쪽을 택하리라.」

그러니까 나의 하느님이시여, 이 위대한 인물이 그러한 방법으로 쓰는 선물을 당신에게서 받을 만한 가치가 없다고 느껴질 정도로 저는 외곬이 되고 싶지는 않습니다. 그러나 확실히 모세는 그만한 말을 쓰고 있었을 때 거기에서 우리들이 찾아 낼 수 있었던 모든 참된 것, 아니 찾아 내지 못했든가, 혹은 또 찾아 내지 못하고 있다 하더라도 어쨌든 찾아 낼 가능성이 있는 온갖 진리를 그들의 말 속에서 깨닫고 생각하고 있었음에 틀림없습니다.

32. 성령의 계시

마지막으로 주님이시여, 당신은 하느님이며 골육은 아니지만, 인간이 깨우침을 받은 것이 조금이라도, 당신이 그와 같은 말에 있어서 후세에 읽는 사람에게 계시하려고 한 모든 사항이 나를 「굳은 땅」*으로 인도해 주셔야 할 당신의 착한 영(성령)에 숨을 수 있었을까요?

설령 본인(모세)이 생각하고 있었던 것이 그들 많은 참된 의미 중에서 다만 하나에 불과했다고 하더라도 말입니다.

그런 경우에는, 그가 생각하고 있었던 의미는 다른 여러 가지 의미보다도 뛰어난 것이 아니면 안 됩니다.

하느님, 부디 우리들에게 그 의미를 깨우쳐 주소서. 그렇지 않으면 뭔가 다른 참된 의미를 보여 주는 것이 뜻이라면, 그 의미를 보여 주소서. 열어서 보여 주는 진리가 저 당신의 종(모세)에게 보여 준 것과 같다 할지라도, 그렇지 않으면 같은 말의 해석을 계기로 다른 진리가 보인다 하더라도 어느 쪽이든지 당신이 우리들을 길러 주고 실수로 말미암아 속임을 당하지 않도록 비는 것입니다.

보십시오. 주여, 나의 하느님이시여. 자, 얼마나 많은 일을 그처럼 적은 양의 성서의 말에 대해서 실로 그 얼마나 많은 것을 써 온 것일까요? 이러한 방법으로 당신의 성서 모두에 대해서 쓰는 데에는 능력이 풍부하게 있고 또 시간이 아무리 많이 있다 해도 역시 부족하겠지요.

그런 까닭에 이들 사항에 대해서 짧게 당신에게 고백하는 것을 용서해 주소서. 그리고 당신이 영감으로써 참이고 확실하고 선이라고 하는 것을 가르쳐 준 하나의 해석을 택할 수 있도록 해주소서.

물론 거기에는 갖가지 해석의 가능성이 있는 것이므로, 여러 가지 해석이 떠오를 수도 있을 것입니다.

---

* 천국이란 뜻. 〈시편〉 143편 10절.

그리고 나에게 성실한 고백을 하게 해주소서. 즉, 만약 내가 말하는 것이 우연히 당신의 봉사자(모세)가 생각하고 있었던 의미와 일치했다고 하면 참으로 최선의 것이 되고 그것이야말로 내가 애써야 할 일이지만, 그것이 이룩되지 않을 경우에도 나는 더욱 모세의 말을 통해서 당신의 진리가 나에게 말하고자 한 그 해석을 진술하고자 합니다.

모세를 향해서 말하고 싶은 점을 얘기한 것도 그같은 진리이니까요.

어느 경우라 하더라도 나의 고백이 진실한 것이 되도록 해주소서——

13
하느님의 선

1. 하느님을 불러 찾다

나의 자비로우신 주여, 당신을 불러 찾습니다. 당신을 잊고 있을 때에도 당신은 나를 기억하셨읍니다.

당신을 마음속에 불러 모시며, 마음이 열망을 가지고 당신을 맞이하는 것처럼 마음을 준비해 주는 것은 당신이며, 열망을 마음에 불어넣어 주는 것도 당신입니다.

지금 당신을 불러 찾는 나를 외면하지 마소서. 당신은 불러 찾기 전에 나에게 오셨읍니다. 여러 가지 음성으로 되풀이해 부르는 내 소리를 멀리서 듣고, 돌아보고, 내가 당신을 불러 찾았던 것처럼 나에게 다가왔읍니다.

참으로 주님이시여, 당신은 나의 모든 죄를 용서해 주셨지만 그것은 당신에게서 멀어져 죄를 범한 나의 손을 심판하지 않았읍니다.

그럼에도 당신은 나의 모든 선업(善業)에 앞섰지만, 그것은 나를 만든 그 손에 대해서 좋은 보답을 하기 위해서였읍니다. 사실 내가 존재하기에 앞서서 당신은 이미 존재했지만, 나는 존재할 만한 가치가 있는 자는 아니었던 것입니다.

그럼에도 불구하고 주여, 보십시오. 나는 지금 존재하고 있읍

345

니다. 그것은 「나」라고 해서 만든 것과 「그로부터 나를 만든 것」과의 전체에 당신의 선성(善性)이 앞서 있었기 때문입니다. 사실 당신에게 있어서 나는 불필요한 존재였고, 나는 당신의 그 원조를 받을 만큼 착한 자도 아닙니다. 당신은 나의 주이고, 하느님인 까닭에.

당신에게 봉사해야 하는 것은, 그렇게 하지 않으면 당신이 홀로 일하다가 지치기 때문이 아닙니다. 또한 내가 봉사하지 않으면 당신의 힘이 줄어들기 때문도 아닙니다.

당신을 예배하지 않으면 안 되는 것은, 내버려 두면 황폐해지는 땅의 경우처럼 당신이 외면당하기 때문은 아닙니다. 그런 것이 아니라, 당신에게 봉사하고 예배하는 것은, 당신에게서 「착한 존재」를 받기 위해서입니다.

착하게 존재하는 일이 가능한 것과 같은 「존재」를 나는 이미 당신에게서 받고 있으니까요.

2. 피조물의 완성

진정 당신의 피조물이 존립해 나갈 수 있는 것은 넘쳐 흐르는 당신의 신성 덕택입니다.

그것은 착한 것이 존재하지 않는 일이 없게 하기 위해서입니다. 피조물은 당신에게 있어서 필요성이 있는 것도 아니며, 당신의 본질에서 나온 당신 같은 것도 아니지만, 그럼에도 불구하고 당신에게서 생길 수 있었으므로 역시 착한 것으로서 존재합니다.

그런데 처음에 당신이 만든 천지는 당신 자신에게 어느 정도의 필요성이 있었을까요?

영적인 것도 물적인 것도 당신의 지혜에 의해서 만들어진 것이므로 영적이든 물적이든 그 닮음에 의해서 시작되었을 뿐입니다. 그리하여 아직 형태도 없고 당신에게서 멀리 떨어져 있으며, 당치도 않은 지경에 떨어져 가는 경향을 떠고 있는 것조차도 당신에게 의존하고 있지만, 이러한 것들이 당신에게 무슨 의의가 있어서 만들어졌는가, 그들이여, 한번 말해 보라.

이 가운데 영적인 것은 설령 무형이라 하더라도 유형인 물체보다도 뛰어납니다. 더구나 그 물체는 무형일 경우에도 완전한 허무보다도 뛰어납니다.

그리고 이 무형인 것은 만일 같은 말에 의해 하나인 당신에게 접근되도록 호출되어 형태를 받고, 최고의 선이면서 하나인 당신에 의해서「모든 것이 매우 착하게」되지 않는다면 무형인 상태로 당신의 말에 의지하고 있을 것입니다.

이러한 것들은 당신에게 무슨 필요가 있어서, 설령 무형이라 하더라도 어쨌든 존재할 수가 있었겠지요.

사실 그것은 당신에 의하지 않는다면, 그러한 것들로서 존재하는 것도 불가능합니다.

물체적 질료는 당신에게 무슨 가치가 있어서「보이지 않고 정돈되지 않은 것」임에도 불구하고 존재하고 있었을까요?

사실 이러한 것들로서 존재할 수 있었다고 하는 것은, 당신이 만들었기 때문입니다. 그 이전에는 존재하지 않았으니까 당신에게 존재할 가치가 없었음이 당연합니다.

또 간신히 만들어 낸 영적인 피조물은 당신에게 어떠한 가치가 있어서 암흑 같은 것임에도 불구하고 떠 있었을까요? 그것은 당신을 닮지 않고 못(淵)을 닮고 있었읍니다.

만일 당신의 말에 의해서 이 피조물이 자기를 만들어 준 그 말쪽으로 돌아앉음으로써 빛이 되지 않았다면 언제까지라도 그대로의 상태였겠지요. 하기야 돌아앉는 것에 의해서 당신과 같아졌다고 할 수는 없겠지만, 그렇더라도「당신과 같은 형상」과 가까운 것이 되어 버렸읍니다.

물체에 있어서는「있는」것과「아름답게 있다」는 것과는 다릅니다——그렇지 않다면 보기 싫은 것은 존재할 수 없을 것입니다——그와 같이 피조적인 영에 있어서도「살아 있다」는 것과「지혜에 있어서 살아 있다」는 것과는 다릅니다.

그렇지 않다면 영은 언제나 변화하지 않고 지혜를 음미하고 있을 것입니다. 영에 있어서 좋은 것은 언제나 당신에게 밀착되어 있는 것입니다. 그렇게 하면 영은 당신에게 향하는 것에 의해서 구한 빛을 보존할 수 있고, 「어두운 못」에 가까운 샘에 다시 떨어져 가지 않아도 되는 겁니다.

그런데 우리들도 혼에 관한 한 영적인 피조물이지만, 전에는 자기들의 빛인 당신에게 거역하여 이 샘에 있어서 암흑이었읍니다. 지금도 역시 남아 있는 암흑 때문에 어려움을 겪고 있읍니다. 이 상태는 우리들이 당신의 독생자에게 있어 「신의 산(山)들」로서, 당신의 의로운 날까지 지속되겠지요.

일찌기 우리들은 「많은 못」으로서 당신의 심판을 받고 있었지만……

3. 하느님의 은혜

당신이 창조를 시작하실 때에 말한 「빛이 있으라고 말하자 빛이 되었다」*라는 구절을 나는 영적 피조물의 창조에 대해서 말한 것이라고 생각하며, 이것은 적절하다고도 여겨집니다.

왜냐하면 그때 이미 당신의 빛을 받아야 할 어떠한 생명은 존재하고 있었기 때문입니다. 그러나 그것은 빛을 받을 만한 생명이 될 수 있는 가치를 당신에게서 부여받지 못했읍니다.

그리고 이미 존재했을 때에도 빛을 받기에 족한 가치를 갖지 못했읍니다. 사실 그것은 다만 존재할 뿐만 아니라 비추는 빛을 쳐다보고, 그 빛에 얽매여 빛이 되지 않는다면 무형인 상태로는 당신의 마음에 들지 않습니다.

그러므로 그것이 어떠한 방법으로든지 어쨌든 「살아 있다」는 것이나 「복되게 산다」는 것도 모름지기 당신의 은혜에 의한 것입니다.

복되게 살기 위해서는 보다 선한 것에도 보다 나쁜 것에도, 특히 변할 수 없는 것에 대해서는 보다 선한 것으로 변해 가지 않으면 안 됩니다. 이 「변할 수 없는 것」이란 오직 당신뿐입니다. 오직 당신만이 단일하게 있고, 당신에게 「산다」는 것은 「복되게 산다」는 것에 지나지 않습니다. 참으로 당신은 자신의 지복 그 자

* 〈창세기〉 1장 3절.

체이십니다.

4. 창조의 의미

설령 이러한 것들이 전연 존재하지 않았다고 하더라도, 혹은 무형인 상태로 멈췄다 하더라도 당신에게 일종의 선(善)이 떨어질 수 있었을까요?

당신은 자신에 있어서 그 자체이니까요.

사실 당신은 그러한 것들을 필요에 의해서 만든 것은 아닙니다. 당신의 선이 풍족하게 흘러서 그러한 것들을 쌓았고, 형상을 준 것입니다. 그러한 것들에 의해서 말하자면 당신의 기쁨을 완성하려던 것은 아닙니다. 당신은 완전한 분이시므로 그러한 것들의 완전하지 못함이 마음에 들지 않아 완성시켰읍니다. 완성되면 마음에 들지만, 그것은 마치 자신이 그러한 것들의 완성에 의해서 완성되지 않으면 안 되는 것처럼 당신이 불완전하기 때문만은 아닙니다.

사실 당신의 선한 영은 물 위를 떠돌고 있었읍니다. 그러나 마치 물에서 안존하는 것과 같은 방식으로 물결에 떠밀리고 있었던 것은 아닙니다. 당신의 영이 그것들 속에서 안존한다는 것은, 그런 것들을 자신의 안에 안존시킨다는 뜻입니다. 그러나 만든 생명 위에 떠돌고 있었다는 것은 불변·불멸로 자기 자신에 만족된 당신의 의지였읍니다.

만들어진 생명으로서는, 「산다」는 것은 반드시 「복되게 산다」는 것을 의미하지는 않습니다. 그것은 어둠 속을 떠다니면서도 사는 것이니까요.

그런데 이 생명이 복되게 사는 것이 되는 데에는 아직도 몇 가지 작업이 남아 있읍니다. 즉, 생명은 자기를 만들어 준 분을 향하여 돌아앉고, 생명의 샘에서 더욱더 풍요롭게 살아야만 하는 것입니다.

그리하여 그분의 빛 속에서 빛을 보고, 완성되고 비춰짐으로써 마침내 지복한 자가 되는 것입니다.

350

5. 삼위일체

주님이시여, 당신 자신에 지나지 않는 삼위일체가 수수께끼 같은 모습으로 내 앞에 나타납니다. 「아버지」인 당신은 우리들의 지혜의 「시원(始原)」에 있어서, 즉 당신에게서 생긴 지혜, 당신과 더불어 영원을 같이하는 지혜, 즉 그의 「아들」이 내려와서 천지를 만들었읍니다.

우리들은 「천의 천(天)」이나, 「보이지 않고 정돈되지 않은 땅」이나, 「어두운 못」에 관해서 이미 많은 얘기를 했읍니다. 「어두운 못」이란 온갖 생명의 조물주인 분의 쪽으로 돌아앉아 비쳐지지 않는 한 떠도는 흐름의 상태에 머무는 형태 없는 영(靈)의 의미로 보게 됩니다.

그러나 그것은 비쳐지는 것에 의해서 아름다운 모습의 생명이 되고, 나중에 물과 물 사이에 만들어진 하늘의 위에 있는 하늘로 되는 것이겠지요.

나는 이러한 것들을 만든 「하느님」의 이름으로 「아버지」를 이미 거기에 모시어 들였고, 「태초」의 이름으로 「아드님」을 모시어 들였으니, 그분으로 당신이 모든 것을 만드셨읍니다. 하느님이 삼위일체인 것을 믿고 있었던 것처럼 믿어 가며, 성서 속에서 살펴보니 「성령이 물 위에 움직이시더라」 했읍니다. 주여, 그렇습니다.

즉, 여기서 삼위일체인 나의 하느님, 모든 피조물의 창조주인 **아버지**(성부)와 **아드님**(성자)과 성령이 함께 있었던 것입니다.

6. 물 위에 떠 있는 성령

그러나 오오, 진실만을 말하는 빛이여, 당신 가까이에 **마음을 가지고 갑니다**. 허무한 것을 가르쳐 주시지 않도록 마음의 어둠을 털어 버리십시오. 그리고 가르쳐 주십시오. 어머니인 사랑을 **통해서 간절히 원합니다**──「천(天)」과 보이지 않고 정돈되지 않은 「지(地)」와 못을 덮은 「어둠」의 이름을 들은 뒤에 비로소 **성**

서 속에서 그대의 「영」의 이름을 들은 것은 어떠한 이유에서 근
거하는가를.

그 영은 「어떤 것의 위에 떠돌고 있었다」라는 식으로 암시되지
않으면 안 되었기 때문이었을까요. 그와 같이 말하기 위해서는
우선 「그 위에」 당신의 영이 떠돌고 있었다고 보는 「그것」의 이
름을 들어야 합니다.

그러나 그것은 「아버지」 위에 떠돌고 있었던 것도 아니고, 「아
들」 위에 떠돌고 있었던 것도 아닙니다. 만약 그 위를 떠도는 것
이 없다고 한다면 「……의 위에 떠돈다」라고 당당한 의미로는 말
할 수 없읍니다.

그렇기 때문에 우선 당신의 영이 그 위를 떠돌며 「그것」에 대
해서 말하고, 그런 다음에 영에 대해서 얘기하지 않으면 안 되었
던 것입니다.

영은 어떤 「것의 위에 떠돈다」라고 하는 말 이외에는 표현할 방
법이 없었던 것입니다. 그러면 왜 「……의 위에 떠돈다」라고 하
는 외에 암시의 방법은 없었을까요?

7. 성령의 효과

이제야 이곳을 출발점으로 해서 가능한 자는 그 지력을 가지고
당신의 사도에 따름이 좋을 것입니다. 사도는 말합니다.

「당신의 사랑은 우리들에게 주어진 성령을 통해서 우리들의 마
음에 주입되었다.」

또 영적인 것에 대해 가르치면서 「모든 것에 우월하는 사랑의
길」을 보여 주고, 우리들을 위해 당신 앞에 머리 숙여 「모든 것
에 우월하는 그리스도의 사랑의 지(知)」를 구할 수 있도록 기도하
고 있읍니다.

그 때문에 성령은 그 처음부터 모든 것에 우월하는 것, 즉 모
든 것의 위에 존재하는 것으로서 물 위에 떠 있었던 것입니다.

그러나 나는 누구를 바라보고 말하는 것이 좋을까요? 끊어진
연못 속으로 정욕의 무게와 그곳에서 끌어올려 주는 성령에 의한

352

사랑의 작용에 관해서 어떤 식으로 얘기하는 것이 좋을까요? 그 영은 물 위에 떠 있었던 것입니다. 누구에게 말하는 것이 좋을까요? 어떻게 말하는 것이 좋을까요? 우리들은 빠지기도 하고 떠오르기도 하는 것일까요? 물론 이 경우, 공간적인 의미에서 빠지거나 떠오르거나 하는 것은 아님이 분명합니다.

이 이상 불합리한 비교는 없읍니다.

여기서 문제가 되고 있는 점은 심정이란 것, 즉 사랑이란 것입니다.

우리들의 오염된 영은 세속적 욕구에 대한 애착에 의해서 아래쪽으로 흘러내려갑니다만, 당신의 성스러운 사랑은 세속적인 관심을 벗어난 확고한 사랑에 의해서 우리들을 위쪽으로 끌어올립니다.

그것은 마음을 당신을 향해서 높이 올리기 위함입니다. 그 높은 곳에서 당신의 영은 「물 위에 떠 있다」, 이렇게 해서 혼이 「실체(實體)가 없는 물」을 넘었을 때에 우리들은 모든 것에 우월하는 안식에 다다를 수가 있겠지요.

8. 이성적 피조물

천사는 흘러 떨어졌읍니다. 인간의 혼도 흘러 떨어졌읍니다. 그리고 깊은 암흑 속에서 모든 영적 피조물의 「못〔淵〕」이 있음을 나타냈읍니다.

그리고 만일 당신이 처음에 「빛이 있어라」 했는데도 빛이 되지 않았다면, 또 천상의 나라에서 쓰는 온갖 종순(從順)한 지성이 당신에게 매달리고 온갖 가변적인 것 위에 불변으로 떠도는 당신의 영 속에서 쉬지 않았다면, 그 깊은 못 속에 빠져들어갔을 것입니다.

만약 그렇게 하지 않았다면 「천의 천」 자체가 「어두운 못」이 되었겠지요. 그러나 지금 그것은 주에 있어서 빛입니다.

사실 타락한 영은 당신의 빛의 옷을 잃어버리고 자기의 어둠을 나타내고 있읍니다만, 그들의 어리석고 가엾은 모습에 있어서조차도 당신은 이성적 피조물을 얼마만큼 훌륭하게 만들었는가 하는 것을 충분히 보여 주고 있읍니다.

이성적 피조물에 있어서는 당신보다도 뒤지는 어떠한 것도 지복의 안식으로 하기에는 결코 충분하지 못합니다. 따라서 그에게 있어서는 자기 자신도 불만족입니다.

실로 우리의 주여, 당신이야말로 우리들의 어둠을 비춰 주는 분이십니다. 우리들은 옷을 당신에게서 받습니다. 그때 우리들의 어둠은 대낮처럼 빛나게 되겠지요.

우리 주여, 당신의 사랑을 주소서. 당신을 돌려주소서. 틀림없이 나는 사랑하고 있읍니다. 또 사랑이 부족하다면 더욱더 사랑할 수 있도록 해주소서——나의 생명이 당신의 마음속에 들어가 그 팔에 안기어 거역해서 떨어져 나가는 일이 없고, 마침내 당신 얼굴의 깊은 신비 속으로 몰입하기에 충분한 것이 되기 위해, 또 어느 정도의 사랑이 부족한가를 알기 위해 나는 자신의 사랑을 잴 수가 없읍니다.

그러나 이것만은 알 수 있읍니다. 당신의 밖에 있을 때는 단지 내가 자기의 밖에 있을 때뿐 아니라 자기 자신의 안에 있을 때조차도 모든 것이 귀엽고, 하느님 이외의 어떠한 부(富)도 자기에게 있어서 궁핍에 지나지 않는다는 것을……

9. 성령만이 물 위에 떠 있는 이유

그러면 아버지와 아들은 물 위에 떠 있지 않았던 것일까요?

만약 이「떠 있다」라는 것을 마치 물체처럼 위치적 의미로 본다면 성령도 떠 있었다고는 할 수 없을 것입니다. 이에 반해서 만약 하느님의 불변의 탁월성이 모든 가변적인 것 위에 떠 있었다고 하는 의미로 본다면, 물 위에 떠 있었던 것은 아버지와 아들의 성령이었읍니다.

그러면 왜 이것은 당신의 영에 대해서만 말한 것일까요? 성령에 대해서만 장소는 아님에도 불구하고 장소인 것처럼「어디에 있었던가」라는 문제가 논해지고 있는 것일까요? 다만 성령에 대해

354

서만이 당신의 「선물」이라고 말합니다. 우리들은 당신의 「선물
에 있어서」 안식하고, 「거기에 있어서」 당신을 음미합니다. 우리
들이 쉬는 곳, 그곳이야말로 우리들의 장소입니다.

거기에 되돌아가기 위해선 사랑이 필요합니다. 당신의 착한 영
은 우리들의 바람을 알고 죽음의 문에서 건져 주십니다. 우리들
의 평온은 「착한 의지」 속에 있읍니다.

물체는 자신의 무게에 의해 자기의 장소로 가고자 합니다. 무
게는 반드시 언제나 아래로 향한다고 할 수는 없읍니다. 항상 자
기가 있을 만한 장소로 향하는 것입니다.

불은 위로 향하고, 돌은 아래로 향합니다. 그리하여 각자의 무
게에 의해서 움직여지고 각자의 장소를 찾습니다. 물 아래에 부은
기름은 물 위로 떠오르고, 기름 위에 부은 물은 기름 아래 잠깁
니다. 각자의 무게에 의해서 움직이고, 제각기의 장소를 찾는 것
입니다. 정해진 장소에 없다면 불안하고, 정해진 장소에 놓여지면
안정을 찾습니다.

나의 무게는 나의 사랑입니다. 나는 사랑에 의해서 어느 곳에
라도 사랑이 실어다 주는 곳으로 실려갑니다. 당신의 선물에 의해
서 불을 붙이고, 위로 실려갑니다. 타오르면서 올라갑니다. 우리
들이 올라가는 것은 마음의 상승입니다. 올라가면서 층계의 노래
를 부릅니다. 당신의 불에 의해서, 당신의 선한 불에 의해서 타오
르고 올라갑니다. 예루살렘의 평화를 위해서 높이 올라가는 겁니
다. 사실 나는 「주의 집으로 가련다」라고 노래부르는 사람들의 소
리를 들을 때에 기쁨을 느낍니다. 언젠가 거기에 「착한 의지」가 우
리들을 내려 주시겠지요. 그때 우리들은 거기에 영원히 머무는 이
외에 더 이상 아무것도 바라지 않겠지요.

10. 모든 것은 하느님의 선물

그 이외에 아무것도 몰랐던 피조물은 다행한 것일까요? 그러나
그와 같은 피조물이라 해도 모든 가변적인 것의 위에 떠 있던 당
신의 「선물」에 의해서 만들어짐과 동시에 「빛이 있어라」하고 말

한 당신의 부름에 의해서 끌려올라가고 빛이 되지 않았다고 한다면 지금과는 다른 사물이 되었겠지요. 그런데 우리 인간들의 경우 어둠이었을 때와 빛이 되었을 때와의 사이에는 시간적인 구별이 있읍니다.

이에 대해서 저 영적 피조물의 경우에는 빛이 비춰지지 않았다면 어떻게 되었을까 하는 문제가 논의되고, 처음에 유동하는 어둠과 같은 것이 되었으리라고 말하고 있읍니다만, 그렇게 얘기함에 의해서 사실은 그 피조물이 그렇게 되지 않는 원인이 확실해지고 있는 것입니다.

즉, 이 피조물은 결코 꺼지는 일이 없는 빛 쪽으로 다가감에 따라서 오히려 빛이 되었겠지요.

이해되는 자는 이해함이 좋으리라. 이해되는 자가 되도록 하느님께 간구하는 것이 좋다. 왜 나에게 신세를 지는가, 마치 내가 「이 세상에 오는 사람을 비추는 빛」이기라도 한 것처럼……

11. 인간 속에 있는 삼위일체의 영상

전능한 삼위일체를 누가 이해할 수 있을까요? 더구나 그에 대해서 논하지 않는 자가 있을까요? 하기야 실제로 논하고 있는지에 대해서는 의문입니다.

그것에 대해서 논할 때, 자기가 무엇을 논하고 있는가를 알고 있는 혼은 쉽사리 찾아볼 수 없읍니다. 사람들은 그것에 대해서 말다툼을 하는데, 그렇지만 삼위일체를 보기 위해서는 평온을 찾지 않으면 안 됩니다.

나는 사람들이 이 세 가지 것을 자기 자신 속에 고찰해 보면 어떨까 하고 생각합니다. 물론 이 세 가지 것은 저 삼위일체와는 많이 다릅니다.

그럼에도 불구하고 내가 그것에 대해 얘기하는 것은 거기서 그들이 사유를 훈련하고, 그것이 삼위일체와 다른 점이 무엇인가를 확인하고 이해하기 위해서입니다.

그런데 내가 말하는 세 가지란 「존재한다」, 「안다」, 「의지한다」

는 것입니다. 즉, 나는 존재하고, 알고, 의지합니다.

나는 알고 또 의지하는 자로서 존재하고, 자기가 존재하고 의지하는 것을 알고, 또 존재하고 아는 것을 의지합니다.

그렇기 때문에 이 세 가지에 대해서 삶은 어떻게 불가분리(不可分離)하고 하나인 삶, 하나인 정신, 하나인 존재인가, 요컨대 그것이 어떻게 나눠질 수 없는 것이면서도 구별되어 있는가를 알아봄이 좋을 것입니다.

확실히 각자는 자기에게 직면하고 있읍니다. 각자 자기를 관찰해 보고, 그 본 것을 나에게 대답하는 것이 좋을 것입니다.

그러나 설령 그들 중에서 뭔가를 발견하고 표현할 수 있었다고 하더라도, 그것들을 초월해서 불변한 것을 이미 발견했다고 생각해서는 안 됩니다. 즉 불변의 방법으로 존재하고, 불변의 방법으로 알고, 불변의 방법으로 의지하는 것을 발견했다고 생각해서는 안 되는 것입니다.

이 세 가지 것 때문에 거기에 삼위일체가 있는가, 혹은 각자의 것 속에 이 세 가지가 포함되어 있으므로 제각기 포함되어 세 가지가 인정되는가, 그렇지 않으면 불가사의한 방법 중 어느 것이기라도 한가, 즉 단일하기도 하면서 다양하고, 스스로 있어서 무한하며 더구나 한계를 짓고 그 한계에 의해서 존재하고, 스스로에게 알려지고 변함이 없이 언제나 그 자신으로서 스스로 만족하고, 풍부한 다양성을 포함하는 하나인 자로서 있는 것인가 누가 쉽게 생각할 수 있겠읍니까?

누가 그것을 어떠한 방법으로 표현할 수 있겠읍니까? 누가 이 문제에 대해서 어떤 방법이든간에 쉽게 자기의 의견을 표현할 수가 있겠읍니까?

12. 교회 형성의 암시

내 굳건한 신앙이여, 고백하면서 전진하라. 주인 너의 하느님에게 고하라.

성스러운, 성스러운, 성스러운 주이신 하느님이여. 당신의 아름에 있어서 우리들은 씻어졌읍니다. 아버지와 아들과 성령이여, 당신의 이름에 있어서 우리들은 세례를 받습니다. 아버지와 아들과 성령이여.

하느님은 우리들에게 있어서도 그리스도에 의해서 천지를 만드셨읍니다. 즉, 교회에 속하는 영적인 사람들과 육적인 사람들을. 가르침에 의하기 이전에는 우리들의 땅은 「볼 수 없고 정돈되지 않은 것」이었고 무지의 어둠에 덮여 있었읍니다. 사실 당신은 인간을 불의를 범한 까닭에 심판했고, 당신의 판결은 깊은 연못과 같습니다. 그러나 당신의 영은 물 위를 떠돌고 있었으므로 그 가엾음은 우리들의 가엾은 모습을 외면하지 않은 채 말했읍니다.

「빛이 있어라. 회개하라. 천국이 가까와졌다. 회개하라. 빛이 있어라.」

거기서 자기 속에 품은 동요를 느끼고 주여, 당신에 대한 것을, 요르단의 땅을, 또 당신과 같은 높이이면서 우리들 때문에 작은 산이 된 것들을 생각하고, 자기의 어둠을 싫어하고, 당신에게 돌아앉아 빛이 된 것입니다. 보라, 이전의 우리들은 어둠이었지만, 이제는 주 안에 있는 빛이니라.

13. 불완전한 인간의 신생

그러나 이제 우리들은 여전히 신앙의 힘으로 살고 하느님을 보는 것에 의해서 살아 있는 것은 아닙니다. 진실로 우리들은 희망에 의해서 구제되었지만, 눈에 보이는 희망은 희망이 아닙니다.

못은 아직도 못을 부르지만, 그것은 이미 당신의 폭포소리 속에서 부릅니다. 「나는 그대들에게 영적인 사람들을 대하는 것처럼 얘기할 수는 없고, 말하자면 육적인 사람들을 대하는 것처럼 얘기했다」라던 저 사람(바울)이라 하더라도 완전하게 하느님을 알았다고는 생각하지 않았읍니다.

뒤의 것을 잊고 앞으로 마음을 돌리고 무거운 짐에 눌린 채 신음하면서, 마음은 마치 샘물에 다가가는 수사슴처럼 산 하느님을 목마르게 찾으면서, 「언제 거기에 달할 수 있을까」라고 말하는 것입니다.

하늘의 주처(住處)를 몸에 두르는 해를 쳐다보고 아래에 있는 못을 부르며 말합니다.

「이 세상에 자기를 만나게 하려 하지 말라. 정신을 새롭게 하여 그대의 형태를 고쳐라.」

또 말합니다.

「정신에 있어서 아이가 되지 말고, 악의에 있어서는 아이가 되라. 정신에 있어서 완숙한 자가 되기 위해.」

또 말합니다.

「오오, 우매한 갈라디아 사람들이여, 누가 너희들을 꾀었는가.」

그러나 그렇게 말할 때에 그것은 이미 바울의 음성이 아니라, 바울을 통해서 높은 곳으로부터 영을 보낸 당신의 소리입니다. 바울은 높은 곳으로 올라가 폭포처럼 선물의 입을 벌렸읍니다. 그것은 기쁨의 큰물이 당신의 성스러운 도성으로 밀려들기 위해서였읍니다.

신랑의 친구는 이 도성을 숨차게 찾고 있읍니다. 이미 옆에 영의 첫 이삭을 손에 들고 있읍니다만, 아직도 마음속으로 괴로와하면서 아들이 될 날을, 육체의 갚음이 될 날을 기다리고 있는 것입니다. 그는 이 도성을 애써 찾읍니다. 왜냐하면 신부(교회)의 한 다리이기 때문에. 이 도성을 열망합니다. 왜냐하면 신랑의 친구이기 때문에.

그는 그것을 도성을 위해서 열망할 뿐, 자기를 위해서 열망하는 것은 아닙니다. 다른 연못에 호소하는 것은 당신의 폭포의 소리에 의한 것이었으며, 자기의 소리에 의한 것은 아닙니다.

「다른 못」 때문에 그는 열망하고, 일찌기 뱀이 술책을 가지고 이브를 속인 것처럼 연약한 사람들의 생각이 우리들의 신랑, 즉 당신의 외아들 속에 있는 순결을 잃고 부패하지 않도록 염려하는 것입니다.

오오, 그분을 있는 그대로 볼 때, 그 바라봄이 내뿜는 빛은 얼마나 경이로운가. 그때 눈물은 말라 버리겠지요. 그러나 그 눈물은 이제 「너의 하느님은 어디에 있나?」하고 날마다 질문을 받을 때, 나의 그날그날의 빵이 되고 있읍니다.

14. 우리를 강하게 하는 것

나도 말합니다. 나의 주님이시여, 어디에 계십니까? 대체 어디에 계시는 겁니까? 축제가 한창인 소란스러움 속을 기쁨과 찬미의 소리를 높여서 안에 있는 마음을 쏟을 때, 나는 잠시 당신을 숨차게 찾습니다. 그러나 그 마음은 또다시 슬퍼집니다. 그것은 다시 떨어져서 못이 된다고 하기보다는 오히려 자기가 아직 못이라는 것을 느끼기 때문입니다. 걸어가는 앞을 비출 수 있도록 어둠이 내린 동안 당신이 밝혀 주신 나의 신앙은 혼을 향해서 이렇게 말합니다.

「혼이여, 왜 그대는 슬퍼하는가? 왜 나를 괴롭히는가? 주에게 기구하라. 주의 말씀을 가지고 앞길을 비춰라. 희망하고 끌어 나아가라. 불의를 가진 자들의 어미인 밤이 지날 때까지. 주의 노여움이 지날 때까지. 한때 어둠이 있었을 우리들도 노여움의 아들이었다. 우리들은 그 어둠의 여운을 아직도 죄에 의해서 죽은 신체 속에 지니고 있다. 그 상태는 아침의 산들바람이 어둠을 불어 없애 줄 때까지 계속된 것이다. 주에게 희망하라. 아침에 나는 똑바로 서서 바라보리라. 끊임없이 주를 찬미하자. 아침에 서서 얼굴의 구제인 하느님을 보자. 내 하느님은 우리들 속에 사는 영에 의해서 죽을 신체까지도 살려 주리라. 그 영은 우리들 속에 있는 유동하는 어둠의 위를 한없이 불쌍히 여기면서 떠돌고 있었다. 이렇게 해서 우리들은 이 세상의 여로에서 이미 빛이라고 하는 보증을 받고 있다. 하기야 이제 우리들은 희망으로 인하여 구제되고 있음에 불과하지만, 그러나 빛의 아들이고 낮의 아들이며, 밤의 아들도 어둠의 아들도 아니다. 그러나 한때는 우리도 그런 것이었다.」

이 「밤의 아들」과 우리들을 나누는 일은 이 세상의 인간의 지(知)에 의해서는 아직 확실하게 할 수 없읍니다. 오직 당신만이 두 가지를 나누겠지요. 당신은 우리들의 마음을 시험하고 빛을 「낮」, 어둠을 「밤」이라 부르겠지요. 사실 당신 이외에 누가 구별할 수 있을까요?

그렇지만 우리들이 소유하고 있는 것 중에서 당신으로부터 받지 않은 것이 있을까요? 어떤 그릇은 귀중한 용도 때문에, 어떤 그릇은 천박한 용도 때문에 만들어지지만, 어느 것이나 같은 흙으로 되어 있는 것입니다.

15. 천공이란 무엇인가

그러나 우리들의 하느님이시여, 당신의 신적인 책에 있어서 우리들을 위해 우리들 위에다 권위의 천공을 만든 것은 당신 이외의 어느 누구도 아니었읍니다.

하늘은 두루마리처럼 말리겠지요. 그러나 이제 그것은 가죽옷처럼 머리 위에 펼쳐져 있읍니다. 사실 당신은 죽을 인간들을 통해서 성서를 우리들에게 나눠 주셨지만, 그들이 죽어 버린 지금 성서는 전보다 더 뛰어난 고귀한 권위를 지니게 되었읍니다.

주여, 아시겠지요? 이제는 확실히 아시겠지요? 인간의 죄로 인하여 죽게 되었을 때, 당신은 인간에게 가죽옷을 입혀 주셨던 것입니다.

그렇기 때문에 당신은 성서라고 하는 「천공」을 마치 가죽옷처럼 여겼읍니다. 그것은 참으로 논리정연한 말인데, 그것을 죽을 인간들의 봉사를 통해서 우리들 위에 놓으셨읍니다.

사실 그들에 의해서 밝혀진 말 속에는 확고한 권위가 내포되어 있었지만, 그 권위는 그들의 죽음에 의해서 지상에 있는 모든 것 속에 숭고한 모습으로 미치게 되었읍니다.

그들이 이 세상에 있을 때는 그토록 숭고함을 가지고 영향을 미치지는 못했읍니다. 당신은 또한 하늘을 가죽옷처럼 입고 있지는 않았읍니다.

그들의 죽음의 명성을 널리 끼치도록 하지는 못했던 것입니다.

주님이시여, 우리들은 하늘을, 당신 손가락이 이룩하신 업(業)을

보고 싶읍니다. 눈앞에 펼쳐진 구름을 걷으소서. 당신은 「작은 것
들에게 지혜를 주자」라고 증언하고 있읍니다. 주여, 어린아이들
의 입이 당신을 찬양하게 하소서. 사실 이와 같이 오만을 때려 부
수는 다른 서적을 나는 모릅니다. 내 죄를 변명하면서 이와 같이
때려 부수는 서적을 나는 모릅니다.

주여, 나는 정말 모릅니다. 이토록 순결한 말을 나는 모릅니다.
그것은 참으로 맑고, 들으면 저절로 고백의 마음이 솟아오르고
목덜미를 당신의 멍에에 굽히고 아무 대가도 없이 봉사하고 싶어
집니다. 선한 아버지여, 당신의 말을 이해하게 해주소서. 당신
앞에 머리를 숙이고 있는 나에게 이해의 선물을 주소서. 당신은
머리를 숙이는 사람들 때문에 말을 굳게 세우셨으므로.

이 천공의 위에 또 하나의 물이 있읍니다만, 생각해 보면 그것
은 영원히 사는 물로서 지상의 부패와 소멸로부터 떨어져 있읍니
다. 「물」이 당신 이름을 찬미할 수 있도록 하소서. 하늘의 위인
사자(使者)의 백성들이 당신을 찬양하기를. 이 백성들은 천공을
바라보고 읽음으로써 말이 필요없게 됩니다. 언제나 얼굴을 바라
보며 영원의 의지가 무엇을 원하는가를 시간적 음절을 필요로 하
지 않고 거기서 읽는 것입니다.

그들은 읽음과 동시에 택하고 사랑합니다. 그들은 언제나 읽고,
읽은 내용은 결코 지나치지 않습니다. 그들은 당신의 영원한 생
각을 선택하고 사랑하면서 읽는 것입니다.

그들의 책은 덮이는 일이 없고, 두루마리는 말리는 일이 없읍
니다. 그들에게 있어서는 당신 자신이 그 책이고, 게다가 그것은
더구나 영원히 계시니까.

사실 당신은 천공의 위에 그들의 장소를 정했읍니다만, 그 천
공을 그들에게 떨어지는 약한 백성들 위에 굳히셨읍니다. 그것은
이 백성으로 천상에 눈을 돌려서 시간을 만든 당신을, 시간 속에
서 알려 주는 당신의 자비심을 깨닫게 하기 위해서입니다.

주여, 실로 당신의 자비심은 하늘에 있고, 진리는 구름에까지 비
칩니다. 구름은 지나가지만 하늘은 멈춥니다. 말의 선교사들은 이
세상에서 다음의 생(生)으로 옮겨가지만, 당신의 책은 세상의 마

지막까지도 모든 백성들 위에 쭉 펼쳐져 있는 것입니다.

천지도 지나갑니다만, 말은 결코 지나가는 일이 없겠지요. 가죽옷은 어느새 개켜지고 가죽옷 위에 펼쳐져 있었던 백성의 풀은 그 아름다움과 함께 지나가겠지만 말은 언제까지나 멈추어 있을 것입니다.

이제 구름의 「수수께끼」에 싸이고 하늘이 「거울」을 통해서 나타나 있는 것은 이전의 모습 그대로는 아닙니다. 우리들은 아직은 당신 아들에게 사랑을 받고는 있지만, 마지막 날에 어떤 것이 될지는 아직 나타나 있지 않습니다.

아들은 살[肉]의 별눈을 통해서 우리들을 보고 애무하고 사랑의 불을 붙였으므로, 우리들은 당신 아들의 좋은 향기를 맡으며 달립니다. 그러나 당신 아들의 참된 모습이 나타날 때 우리들은 아들에게 가까와질 수 있겠지요.

그때 아들을 있는 그대로 보게 될 테니까요. 주여, 그때 아들을 있는 그대로 볼 수 있게 되겠지요. 그러나 지금 그것은 자기들의 것이 되어 있지 않습니다.

16. 하느님만이 아신다

사실 오직 당신만이 완전한 의미에서 존재하는 것처럼, 당신만이 완전한 의미에서 아십니다. 당신은 불변하게 알고 불변하게 의지하십니다. 당신의 지(知)는 불변하게 존재하고 의지하며, 당신이 의지는 불변하게 존재하고 또 아십니다.

그러나 불변의 빛이 자기 자신을 아는 것과 마찬가지로 자기 자신이 가변적으로 비쳐진 것(피조물)에 알려지는 것은 당신에게 엷은 것이라고 생각되지 않습니다.

그러한 이유에서 내 혼은 당신에게 있어서 마치 물이 없는 땅과 같습니다. 혼은 스스로를 비출 수 없는 것처럼 스스로 자신의 갈증을 풀 수도 없으니까요.

우리들은 당신의 빛 속에서 빛을 볼 수 있는 것처럼 또 당신 아래에서 생명의 샘을 찾아 내는 것입니다.

17. 바다·뭍이란 무엇인가

짠물을 한곳으로 모은 사람은 누구였을까요? 그들의 목적은 한 가지, 즉 현세적·지상적인 행복이고, 그들의 행위는 모두 이 목 적 때문입니다.

하기야 그들은 측량할 수 없는 갖가지 걱정으로 안절부절 못 하고 있읍니다만.

그것은 주여, 당신 이외의 누구였을까요? 당신은 물론 한곳으 로 모이도록, 그리고 당신을 목마르게 기다리는 육지가 나타나도 록 말씀하셨읍니다. 사실 바다는 당신의 것이고, 당신의 손으로 만드신 것입니다. 또「마른 땅」을 만든 것도 분명히 당신의 손이 었읍니다.

그러나 이 경우의「바다」란 모든 쓸쓸한 정념이 아니고 물의 모임인 것입니다.

당신은 혼이 있는 모든 부정한 욕정을 주위로부터 덮어 누르고 이것에 일종의 한계를 정했읍니다. 그리하여 물은 거기에서 더 이 상 밀려갈 수 없고, 파도는 서로 부딪히곤 합니다. 이렇게 해서 당신은 바다를, 만물을 통솔하는 지배의 질서 속에 두셨던 것입 니다.

이에 반해서 당신을 애타게 기다리고 있는 바다의 친구는 다른 목적을 가지고 있는 것이 분명하고, 이 친구와는 구별되는 다른 혼에 대해서「땅」도 열매를 맺도록 당신은 아무도 모르게 감미로 운 샘물로 적십니다. 거기서 사실 땅은 그 열매를 낳읍니다. 즉 우리들의 혼은 주이신 당신의 목숨 아래, 신분에 어울리는 연민 의 업(業)의 싹이 돋게 하고 이웃을 사랑해서 생활상의 필요물을 원조하지만, 그것은 서로 동류이기 때문에 가엾은 종자를 받고 있 는 까닭입니다.

우리들은 자기의 연약함 때문에 남의 연약함에 동정을 하고 곤 란한 처지에 놓인 사람들에게 손을 내딜고, 만약 자기들이 같은 상황 아래 곤란해하고 있었다면 도움을 요청할 것과 같은 방법으로 돕습니다.

　그것도 단지 용이한 일일 경우뿐만이 아니라——그러한 원조는 말하자면 「청초(靑草)」가 하는 것입니다——보호하기 위해서 강력한 원조를 필요로 하는 경우에도 합니다.

　이러한 원조는 이른바 풍족하게 여문, 즉 은혜를 가져오는 수목이 해야 할 일로서, 그것은 불의 밑에 괴로와하고 있는 사람을 권력자의 손에서 끌어내고 옳은 심판의 강력한 「떡갈나무」 밑에 보호의 나무그늘을 제공해 주는 것입니다.

18. 낮과 밤을 나누는 광체

　주여, 간절히 원합니다. 언제나 하시는 것처럼, 기쁨과 힘을 주시는 것처럼 땅에서 진리를 일으켜 주소서. 의(義)가 하늘에 보이고, 천공에 광체(光體)가 생기게 하소서.

　배고픈 자에게 빵을 나눠 주자. 잘 곳이 없는 가난한 사람에게 잠자리를 마련해 주자. 벗은 자에게 입히자. 원래 같은 골육에 속하는 집의 아들들을 천대하지 않도록 하자. *

　지상에 이러한 열매가 생기면 「선하다」 말씀하시도록 좋을 때에 우리들의 빛이 빛나도록 해주소서. 이 선업의 실행의 조촐한 과실로부터 감미로운 관상에 나아가 뛰어난 생명의 당신 말을 얻음으로써 성서의 천공에 매달려 광체처럼 이 세계에 나타날 수 있게 해주소서.

　사실 거기서 (성서) 당신은 우리들에게, 우리들이 가지적(可知的)인 것과 가감적(可感的)인 것을 마치 낮과 밤을 나눌 수 있는 것처럼 나눌 수 있게 해주소서. 또 가지적인 것에 마음을 돌리는 효과를 나눌 수 있게 해주소서. 그러한 이유로 이제는 천공이 만들어지기 이전과 같이, 다만 당신만이 그 숨은 판단에 의해서 빛과 어둠을 나누는 것은 아닙니다. 전세계에 당신의 은혜가 널리 알려진 지금, 같은 천공 속에 제각기의 질서를 가지고 배치되어 있는 영적 피조물들도 지상에 빛나고, 낮과 밤을 가르고 때를 표

* 〈이사야〉 58장 7절.

시합니다.

왜냐하면 낡은 것은 지나고, 모든 것이 새롭게 되었기 때문압니다.

구제는 믿기 시작한 때보다도 가깝기 때문입니다. 밤은 가고 날은 가깝기 때문입니다.

당신은 수확을 위해서 일하고, 해의 관(冠 : 그해의 수확물)을 축복하기 때문입니다.

그 씨를 뿌리기 위해서 다른 사람들이 일꾼이 되었웁니다. 거기에 당신은 새로운 씨를 뿌리기 위해서 다른 일꾼들을 쓰시어 그 수확이 있는 것은 세상이 끝날 즈음입니다.

이렇게 해서 당신은 빌며 구하던 자의 소망을 이루어 주고, 의인의 해를 축복하십니다. 더구나 자기 자신은 언제나 동일하게 있고 당신의 해는 지나는 일이 없지만, 그 지나는 일이 없는 해 속에 지나는 해를 위해 곡창을 마련하십니다.

당신은 영원한 사려에 입각해서 제각기 적절한 시기에 천상의 선을 지상에 내립니다. 어떤 사람에게는 성령에 의한 「지혜의 말」이 주어지는데, 그것은 말하자면 「커다란 광체」이고, 일출 때와도 같은 선한 진리를 기뻐하는 사람들을 위해서 특별히 갖춰져 있웁니다.

또 그 같은 영에 있어서, 어떤 사람에게는 「지식의 말」이 주어지는데 이것은 말하자면 「자그마한 광체」입니다.

또 어떤 사람에게는 신앙을, 어떤 사람에게는 병을 고쳐 주는 선물을, 어떤 사람에게는 덕(德)의 업(業)을, 어떤 사람에게는 예언을, 어떤 사람에게는 영(靈)을 분별하는 능력을, 어떤 사람에게는 모든 언어를 말하는 선물이 주어지지만, 이 모든 것은 이른바 수많은 별과도 같습니다.

이 모든 일을 하는 것은 동일한 영이고 생각하는 대로 각기 고유한 것을 각자에게 분배하고 온갖 별을 출현시키는데, 그것은 사람들에게 필요하기 때문입니다.

그런데 「지식의 말」은 그 속에 온갖 성스러운 표시가 포함되자만, 이들 표시는 때에 따라서 마치 달처럼 변합니다. 그런 사야에는 또 그 이외의 갖가지 선물에 의한 지식이 포함되지만, 그것은 다음의 「별」처럼 열거되어 있읍니다.

그러나 이런 것들은 앞서 말한 「해를 즐기고 있는 저 지혜」의 눈부신 빛에서 멀어지는 정도에 따라서 박명 속에 있읍니다.

사실 이런 것들은 지극히 현명한 당신의 종(바울)이 영적인 사람들을 대하는 것처럼 얘기하지 못하고 육적인 사람들을 대하는 것처럼 얘기하지 않을 수 없었던 저 사람들(약한 인간)이 필요로 하는 것입니다. 그러나 그 자신은 완전한 사람들 사이에선 「지혜」에 대해서 얘기합니다.

그런데 동물적인 인간이란 말하자면 그리스도에 있어서의 어린 아이로 굳어져서, 딱딱한 음식을 먹고 태양에 시선을 돌릴 만한 시력을 가질 때까지는 젖을 먹고 있읍니다.

그러나 그렇다고 해서 빛에서 완전히 멀어진 밤중에 있다고 생각해선 안 됩니다. 아직까지 달과 별의 빛으로 만족하지 않으면 안 된다 하더라도.

우리들의 주님이여, 당신은 이 모든 것을 당신의 천공인 서적(성서) 속에서 깨우치게 해주십니다. 그것은 우리들이 멋진 관상(觀想) 속에서 이 모든 것들을 식별하고 알기 위해서입니다.

하기야 아직도 우리들은 그것을 표시를 통해서, 때와 날과 해를 겹쳐서 아는 도리밖에는 없지만 말씀입니다……

19. 빛이 있어라

「그러나 우선 몸을 깨끗하게 씻어라. 그대의 마음에서, 내 눈 앞에서 불의를 행하지 마라.」──그것은 「마른 땅」이 나타나기 위해서입니다. 「선행을 배워라. 고아를 돕도록 판정해라. 과부를 위하여 변호해라.」──그것은 「땅」이 채소와 과실을 낳기 위해서입니다. 「오라, 같이 얘기하자.」──그것은 천공에 광체가 생기고, 지상을 비추기 위해서입니다.

저 부자 된 사람은 착한 스승(그리스도)에게 「영원의 생명을 얻기 위해 무엇을 행할 것인가」하고 물었읍니다. 그는 착한 스승을

인간 이상의 그 무엇이라고도 여기지 않았읍니다. 그러나 그것이
「착한」 자인 것은 사실은 하느님이기 때문입니다.

부자 된 자에 대해서 착한 스승이 이와 같이 대답해 주시기를 「만
약 생명에 들어가고자 생각한다면 규율을 지켜라. 쓰디쓴 악의와
불의를 버려라. 살인하지 말라. 간음하지 말라. 도둑질하지 말라.
거짓 증거하지 말라.」——그것은 「마른 땅」이 나타나고 부모에
대한 공경과 이웃이 생기기 때문입니다.

「나는 그런 것들을 모두 했읍니다」라고 그 사람은 말합니다.

「그러면 땅은 풍요롭게 여무는데 어째서 그렇게 많은 가시나무
가 생긴 것일까? 가서 무성한 탐욕의 숲을 송두리째 뽑아라. 소
유물을 팔고 가난한 자를 도와 주고 충분한 수확을 거두어라. 그
때 그대는 하늘의 보배를 가지리라. 만일 완전해지려면 주를 따르
고 그의 친구가 되라. 낮과 밤에 각기 무엇을 분배해야 할 것인가
를 아는 하느님은 이 친구들 사이에서는 지혜를 말씀하신다. 만일
네가 그들의 친구가 되어 주의 뜻을 따른다면 너도 역시 그것을
알게 되리라. 천공에는 너를 위해서도 광체가 생기리라. 그 때
문에 우선 너의 마음이 천공에 있지 않으면 안 된다. 너의 마음
이 거기에 있으려면 거기에 너의 보배가 있지 않으면 안 된다.」

이와 같이 그대는 착한 스승으로부터 들었노라——그러나 황무
지는 들으면 슬퍼지고, 가시나무가 그대의 말의 숨통을 멈게 해
버렸읍니다.

그러나 너희들 선정된 종족, 세상의 약한 자여, 너희들은 주를
따르기 위해서 모든 것을 버렸다. 주의 뒤를 따르고, 강한 자들을
혼란에 빠뜨려라. 고운 발걸음으로 주의 뒤를 따르고, 천공에 빛
나라. 그때 하늘은 주의 영광을 얘기하고, 또 천사와 같지는 않지
만, 이미 완성의 경지에 달하고 있는 사람들의 「빛」과 희망이 없
는 것은 아니지만, 또 젖먹이 아기와 같은 사람들의 「어둠」을 나
누리라. 모든 땅에 빛나라. 태양으로부터 눈부신 빛을 받은 「낮」
은, 낮을 향하여 지혜의 말을 고하라. 달에 의해서 빛나는 「밤」
은, 밤을 향하여 지혜의 말을 고하라. 달과 별은 밤을 위해서 빛
난다. 그러나 밤에 의해서 어두워지는 일은 없다. 달과 별은 그

분수에 따라 밤을 비추는 것이므로.

사실 그때 하느님이 「천공에 빛이 있어라」하고 말한 것도 마찬가지이다. 돌연 하늘에서 사나운 바람소리가 들리면서 불과 같은 혀가 나타나서 갈라지고, 모였던 각 사람들의 위에 멈췄던 것이다. 이렇게 해서 천공에 생명의 말을 가지는 광체가 만들어졌던 것이다.

성스러운 불이여, 아름다운 불이여. 사방팔방으로 뛰어 돌아라. 너희들은 「세상의 빛」이다. 너희들은 「말」 밑에 숨겨져 있지는 않다. 너희들이 기대고 있는 그분은 높아졌다. 그분에 의해서 너희들도 높아졌다. 뛰어 돌라! 만민에게 알려져라.

20. 기는 것과 나는 것

바다도 잉태해서 그대의 업을 낳아라. 물은 산 혼을 가진 「기는 것」을 낳아라. 사실 너희들은 귀한 것을 비천한 것으로부터 구별해서 하느님의 입이 되었다. 그 입을 통해서 하느님은 말씀하신다. 「물은…… 낳아라」하고. 단, 낳을 것은 「산 혼」이 아니다. 그것은 「땅」이 낳는다. 「물」이 낳을 것은 「산 혼을 가진 기는 것」과 「땅의 상공을 나는 것」이다. 하느님이여, 당신의 성스러운 표시는 마치 「기는 것」과 같이 성스러운 사람들의 업(業)을 통해서 세상의 유혹의 물결 사이를 기어서 당신 이름에 의한 세례의 물을 가지고 모든 백성을 적셨던 것입니다.

그런 중에 마치 바다의 거대한 괴수와도 같은 놀랄 만한 위대한 사건이 일어났습니다. 그리고 당신의 예고자들의 소리는 성서라고 하는 천공에 따라서 땅의 위를 날아다녔지만, 그들은 어느 곳을 가는 경우에도 그 책을 권위로써 내세웠고 그 보호 아래 날아갈 수가 있었습니다.

사실 그런 사이에 그들의 소리가 들리지 않는 언어나 얘기는 없습니다. 그들의 울림은 모든 지방에 퍼지고, 그 울림은 세계의 끝에까지 달했습니다. 그것은 주여, 당신이 축복을 통해서 그 말을 불러 주셨기 때문입니다.

지금 나는 아무 소용 없는 말을 하고 있는 것일까요? 천공에 관한·일의 명료한 인식과 거친 물결이 이는 바닷속이나 천공의 하계(下界)에서 일어나고 있는 물체적인 업을 구별하지 못하고 혼동하고 있는 것일까요?

결코 그런 일은 없었읍니다. 이런 일에 관해서는 흔들림이 없는 정해진 인식이 있어서 생성이란 방법으로 증대하는 일이 없고, 다시 말하면 지혜와 지식과의 빛입니다. 그러나 반면 이같은 것이 다종다양한 물체적 작용을 행하고 하나에서 다른 많은 것이, 하느님이여, 당신의 축복 아래 끊임없이 생겨납니다. 이렇게 해서 당신은 가사적(可死的) 인간의 나태에 빠지기 쉬운 감각을 위로해 주고 장려해서, 본래 같은 것이 정신의 인식 속에서 물체의 작용을 통해서 여러 가지 방법으로 상징되고 논하도록 해주셨읍니다.

이러한 것들을 낳은 것은 「물」입니다. 그러나 「말」에 있어서 낳았읍니다. 이러한 것들을 낳은 까닭은 그것이 영원한 진리로부터 멀어진 백성에게 필요했기 때문입니다. 그러나 그것은 당신의 복음에 있어서 낳았읍니다. 사실 이러한 것들을 낳은 것은 「물」이었지만, 말에 있어서 낳는 원인은 「물」이 느끼고 있었던 씁쓸한 권태 때문이었읍니다.

모든 것은 당신이 만들었으므로 아름답습니다. 그러나 모든 것을 만든 당신은 그보다 훨씬 아름답고, 그 아름다움은 말로 표현할 수가 없읍니다. 만일 아담이 거기로부터 멀어지지만 않았다면, 아담의 허리에서 「짜디짠 바닷물」이 사방팔방으로 넘쳐 흐르는 일은 없었겠지요. 「짜디짠 바닷물」이란, 즉 호기심이 많고 오만하게 미쳐 날뛰며, 정처없이 유동하는 「인류」입니다. 따라서 또 당신을 전할 사람들이 여러 곳의 「물」에 있어서 형체적으로 작용하고, 하느님의 신비를 행동이라든가 언어로써 전할 필요도 없었을 것입니다.

이제 「기는 것」과 「나는 것」이란, 나에게는 그러한 의미로 생각됩니다. 그러나 형체적으로 표시되는 성의식(聖儀式)에 참여하고 따르고 있는 사람도, 만약 그 혼이 한 계단 높은 영적 생활에서 살고 입신(入信)의 말을 들은 뒤에 다시 그 성취를 열망하지 않는다면 그 이상 진보할 수는 없겠지요.

21. 산 혼의 해석

「깊은 바다」가 아닌 쓴 물로부터 나눠진 「땅」이 산 혼을 가진 「기는 것」이라든가 「나는 것」은 아니고, 바로 「산 혼」 그 자체를 말에 있어서 낳은 까닭도 거기에 있읍니다.

즉 「산 혼」은 지금은 이방인이 필요로 하는 세례가 필요하지 않습니다. 일찌기 살았던 혼도 물에 덮여 있었을 때는 그것을 필요로 했읍니다만, 사실 당신이 천국에 들어가는 방법을 정해서 아직까지 다른 방법으로 천국에 들어갈 수는 없읍니다.

또 「산 혼」은 신앙을 얻기 위해 놀랄 만한 위대한 일을 원하지 않고, 「표적이나 기적을 보지 않고는 믿지 않는다」는 것도 없읍니다. 왜냐하면 그것은 신앙이 두터운 「땅」으로서 불신앙 때문에 쓴맛이 나는 「물」에서 나눠져 있고, 또 표시로서 쓰이는 말은 신자가 도리어 불신자를 위하는 것이었기 때문입니다. 따라서 이 「땅」은 「물」이 말에 의해 낳은 저 하늘을 나는 등의 일도 필요하지 않습니다. 당신은 이 「땅」을 「물」 위에 굳건하게 세웠으니까요.

이 「땅」에 사자들을 통해서 말을 전달해 주소서. 우리들은 그들이 행하는 업을 다만 얘기함에 불과하지만, 당신은 그들 속에서 일하고 그 일에 의해서 「산 혼」을 낳게 하십니다.

「땅은 산 혼을 낳는다.」——그것은 사자들이 이 일을 할 때 땅에 있어서 한다고 하는 의미로 땅이 요인이 되어 있기 때문입니다. 마치 천공 밑에서 사자들이 산 혼을 가진 「기는 것」이라든가 「나는 것」을 낳기 위해서 일할 때 「바다」가 원인이 된 것처럼. 그러나 「땅」은 깊은 바다에서 끌어올려진 「고기」를, 당신이 신자의 눈앞에 마련해 주신 식탁에서 먹읍니다. 고기가 깊은 바다에서 끌어올려진 것은 「마른 땅」을 기르기 위해서였으니까요.

그런데 새는 바다에서 생긴 것이지만 지상에서 늘어나고 있읍니다——즉 복음을 전달하는 사람들의 소리가 높아진 것은 인간의 불신앙이 원인이었지만, 그럼에도 불구하고 이제는 신앙 깊은 사람들도 날마다 그 소리에 여러 가지 방법으로 위안받고 축복되고 있는 것입니다.

이에 비해서 「산 혼」은 「땅」을 기원으로 합니다 왜냐하면 혼이 당신을 위해서 살도록 현세적인 사랑에서 몸을 근신하는 것은, 이미 신자가 된 사람들에게만 필요하기 때문입니다. 이 혼은 일찌기 쾌락 속에서 살고 있었을 때 죽어 버렸읍니다. 주님이시여, 그것은 죽음을 초래하는 쾌락이었읍니다. 참으로 당신만이 순결한 마음에 생명을 불어넣어 주는 쾌락인 것입니다.

그러나 이제는 지상에 있어서 당신의 봉사자들로 하여금 일하게 하소서.

다만 그들은 일찌기 불신의 「물」의 시대처럼 기적이라든가, 비의라든가, 신비적인 소리로 고시하거나 얘기하면서 일하는 것은 아닙니다. 그 시대에는 경탄의 어미인 무지한 사람들은 숨은 표시에 대한 공포의 생각에서 그러한 것에 마음이 끌렸읍니다. 당신의 눈앞에서 몸을 숨기고, 자기 자신 「못」이 된 이래 당신을 잊어버린 아담의 아들들에 있어서 세상에 근접하는 길은 그러한 것이 되어 버렸읍니다.

그러나 당신의 봉사자들은 깊은 못에서 구별된 「마른 땅」에 있는 자로서 일하지 않으면 안 됩니다. 그리고 신자들의 앞에 본보기가 되어서 살고 보고 배우는 것처럼 격려하지 않으면 안 되는 것입니다.

그런 이유로 「하느님이시여, 구하라. 그대들의 혼은 땅이 산 혼을 낳아 놓듯 살아라. 세상을 배우지 말라. 세상으로부터 몸을 근신하며 지켜라」하는 말을 듣는 것은, 듣는 데 그치는 것이 아니라 실행하기 위해서입니다. 혼은 희망하면 죽음으로부터 도피하는 것에 의해서 도리어 삽니다. 무섭게 치솟는 오만, 「타약(惰弱)」한 쾌락에의 욕망, 지식의 허명(虛名)으로부터 몸을 근신하라. 「오만」이라고 하는 광포한 「야수」를 길들이고, 「정욕」이라고 하는 본데없는 「가축」을 훈련하고, 「지식욕」이라고 하는 유해한 「뱀」

의 독을 없애 버릴 때까지.

사실 여기에 혼의 작용이 비유적으로 나타나 있습니다. 그러나 우쭐대는 오만, 쾌락을 탐내는 정욕, 독이 있는 호기심은 「죽은 혼」의 움직임입니다. 혼이 죽었음에도 불구하고 그와 같이 움직이는 것은, 모든 움직임을 잃어버릴 정도로 완전하게 죽어 버리지는 않았기 때문입니다. 생명의 샘에서 멀어졌다면 죽어 있는 것이지만, 그 상태로 지나가는 세상에 받아들인 한 세상을 배우면서 살아 있는 것입니다.

그러나 주님이시여, 당신의 말은 영원한 생명의 샘으로서, 지나는 일이 없읍니다. 그러니까 「그대들이 세상 것을 배우지 말라」고 말할 때, 생명의 샘에서 떨어지지 않기 위해 말에 있어서 훈계되고 있는 것입니다. 그것은 「땅」이 생명의 샘에 있어서 「산 혼」을 낳기 위해서, 또한 말에 있어서 복음을 고하는 사람들을 통해서 당신의 그리스도에게 배우는 자가 되지 않는 「근엄한 혼」을 낳기 위해서입니다.

「유(類)에 좇아서」라고 말하는 까닭도 거기에 있읍니다. 사실 인간은 친구로부터 상대처럼 되고자 하는 경쟁심을 끌어올리게 되는 것입니다. 그러므로 주는 말합니다. 「그대들도 나처럼 되라. 나도 그대들과 같으므로.」

이렇게 해서 「산 혼」 속에는 행동의 부드러운 「착한 동물」이 살게 되는 것입니다. 사실 당신은 명령하셨읍니다.

「그대의 입을 감미롭게 행하라. 그리 하면 모든 사람에게 사랑을 얻게 되리라.」

또 「산 혼」 속에는 「착한 가축」이 살고 있읍니다. 그것은 먹어도 과한 일이 없고, 먹지 않아도 결핍을 느끼지 않습니다.

또 그 속에는 「착한 뱀」이 살고 있읍니다. 그것은 사람을 해치는 위험한 것이 아니고, 현명하게 내 몸에 대해 주의를 집중하고, 시간적인 것의 탐구는 만들어진 것을 통해서 영원한 것을 깨닫고 분명히 보이는 데 충분한 정도로 멈춥니다.

이들 동물은 죽음을 향한 걸음이 멈춰져서 살고, 착하게 되었을 때 이성에 봉사하는 것입니다.

22. 인간의 본을 떠서 인간을 만들리라

참으로 주여, 우리들의 하느님이여, 우리들의 창조주여. 이 세상에 대해 애착을 가지고 있었을 때 우리들은 타락한 생활로 말미암아 죽은 상태가 되어 있었읍니다. 그러나 애착에서 마음이 떠나고 삶에 의해서 「산 혼」이 탄생하고 사도를 통해서 말한 「세상을 배우지 말라」라는 말이 성취될 때, 계속해서 말한 「정신을 새롭게 해서 고쳐 만들어라」라는 것이 실현될 것입니다.

그러나 그것은 이미 「유(類)에 좇아서」라고는 하지 않습니다. 그것은 자기보다도 앞서 나가고 있는 이웃을 흉내낸다든가 뛰어난 인간을 모범으로 해서 사는 등의 방법으로 얻어지는 것은 아닙니다. 사실 당신은 「유를 좇아서 인간이 생겨라」하고 말하지는 않았읍니다. 「우리들의 닮은 상(似像)처럼 우리들의 본을 떠서 인간을 만들리라」고 하셨읍니다. 그것이 무슨 뜻인가를 알기 위해서입니다.

이 때문에 말의 분배자인 저 사람(바울)은 복음에 의해서 아이들을 낳았지만, 언제까지나 아이로서 젖을 주거나 유모처럼 뒷바라지를 해야만 하는 일이 없도록 「하느님의 뜻, 즉 선과 마음에 맞는 것과 완전한 것이 무엇인가를 알기 위해 정신을 새롭게 해서 자기를 고쳐 만들라」는 뜻입니다.

그러므로 당신은 「인간이 된다」라고는 하지 않고, 「우리 인간들을 만들리라」고 했읍니다. 「유에 좇아서」라고는 하지 않고 「우리들을 닮은 상처럼, 우리들의 본을 떠서」라고 하셨읍니다. 사실 정신에 있어서 새롭게 되고 당신의 자리를 깨닫고 분명하게 하는 자에게 있어서는, 동류의 흉내를 내기 위해서 길을 안내해 주는 인간을 필요로 하지 않습니다. 당신의 지시에 따라서 「하느님의 뜻, 즉 선과 마음에 맞는 것과 완전한 것과의 어떤 관계」를 자기 스스로 아는 것입니다.

그리고 당신은 이미 보는 능력을 갖춘 사람에게 「일체인 삼위」와 「삼위인 일체」를 보는 방법을 가르치십니다. 그런 까닭으로 인해 「우리 인간들을 만들리라」하고 복수로 말하면서 「하느님은 인간을 만들었다」라고 단수로 덧붙였고, 「우리들의 사상(似像)처럼」하고 복수로 말하면서 「하느님의 사상처럼」하고 단수로 덧붙이게 되는 것입니다.

이렇게 해서 인간은 새롭게 되고, 인간을 만든 분의 닮은 상에 좇아서 하느님의 인식으로 나아갑니다. 그리고 영적인 자가 되어 만사를 심판하고——물론 만사라 하더라도 인간이 심판할 수 있는 것에 한하지만——더구나 자기 자신은 누구에게도 심판되는 일이 없게 되는 것입니다.

23. 바다의 고기를 관장하라

그런데 「만사를 판정한다」는 것은 「바다의 고기, 하늘을 나는 새, 온갖 가축과 야수, 온 대지를 기는 것에 대해서 지배권을 갖는다」라는 것입니다. 인간은 이 권리를 정신의 지력을 가지고 행사하고, 지력에 의해서 하느님의 영에 속하는 일을 받아들입니다. 그렇지 않은 경우에는 인간은 영에 속해 있으면서도 깨닫지 못하고, 분별이 없는 동물과 동렬이 되고 그것과 닮게 되어 버리는 것입니다.

그런 까닭에 우리들의 주님이시여, 당신의 교회에 있어서 당신이 교회에 준 은총에 의거해서 우리들은 당신의 작품의 모든 것이기 때문에 영적인 사람들을, 영적인 뜻으로 위에 서는 사람들뿐 아니라 그들에게 복종하는 사람들까지도 영적인 방법으로 단정하는 것입니다. 사실 이와 같은 의미에서 당신은 영적인 은혜에 있어서도 「남성」과 「여성」을 만드셨읍니다. 그러나 물론 영적 은혜의 세계에 육체상의 남녀가 있다는 것은 아닙니다. 이미 유태인과 그리스 인, 노예와 자유인의 구별도 없으므로.

단 「천공」에 빛나고 있는 영적인 사상에 대해서 판정할 수는 없읍니다. 그와 같이 고귀한 권위를 판정해서는 안 됩니다.

또 설령 그 속에 불명한 것이 있다 하더라도 성서에 대해서 판정할 수는 없읍니다. 왜냐하면 우리들은 지성을 성서에 좇게 하고, 자기들의 눈에는 잠겨 있더라도 거기에 서술되어 있는 것은 진실의 것이라고 확신하고 있기 때문입니다. 그런 까닭으로 인간은 이미 영적으로 새롭게 되고, 인간을 만든 분의 닮은 상에 의해서 하느님의 인식에 나간다 하더라도 법을 행할 자가 될 일이지 법을 판정하는 자가 되어서는 안 됩니다.

또 영적인 인간과 육적인 인간의 구분에 대해서도 판정할 수가 없습니다. 누가 영적이고 누가 육적인가 하는 것은 우리들의 하느님이여, 당신의 앞에서는 이미 분명합니다. 그러나 「행한 열매에 의해서 그들을 안다」라는 식으로, 그들이 어디에 속하는가를 행하는 업에서 분명하게 아는 일은 아직 우리들로서는 불가능합니다. 그러나 주여, 당신은 천공이 이루어지는 것보다도 먼저 이미 그들을 알고 숨은 데에 있어서 양자를 나누고 선정된 자를 부르셨읍니다.

또 복잡한 이 세상의 모든 민족에 대해서는 영적인 인간이 존재해도 판정할 수가 없읍니다. 그들 중 누가 장래 당신의 감미로운 은혜를 음미하기 위해 올 것인가, 누가 불신의 고벌(苦罰) 속에 영원히 멈추는가를 우리들은 모르는데 어떻게 외부에 있는 사람들에 대해서 판정할 수가 있을까요?

그런 까닭으로 당신을 닮은 상처럼 만든 인간은 하늘의 밝은 빛에 대한 권리를 받는 것이 아니고, 숨은 하늘에 대한 권리를 받는 것도 아니며, 하늘의 창조 이전 존재에 당신이 불러 낸 낮과 밤에 대한 권리를 받은 것도 아니고, 바다라고 하는 물의 모임에 대한 권리를 받은 것도 아니며, 다만 바다의 고기와 하늘을 나는 새와 모든 가축과 모든 대지를 기는 것에 대한 권리를 받은 것입니다.

즉, 그는 다음의 사항에 대해서 판정하여 정당하다고 인정한 것을 시인하고 부당하다고 인정한 것을 부인합니다. 우선 입신의 비적(秘蹟)의 의식(세례)에 대해서, 많은 「바다」에서 당신의 자비심에 의해서 찾아 낸 사람들은 먼저 이 의식에 참여하는 것에 의해서 시작합니다.

또 저 「고기」가 갖추는 의식(성체)에 대해서 그것은 깊은 바다에서 끊어올린 고기이고, 신앙 깊은 「땅(신자)」은 이것을 먹는 것 입니다.

또 당신의 성서의 권위 아래 발해지는 표시로서의 말이나 음성에 대해서, 그것은 마치 「새」처럼 풀이하고, 설명하고, 의논하고, 토론하고, 축복하고, 당신을 불러 찾기도 하면서 천공 아래를 날아다니고 있읍니다. 그것은 혀로부터 튀어나오고 울려서 표시가 되고, 백성은 그 소리를 들으면 「아멘」하고 대답합니다.

이들 모든 소리는 귀에 들리는 음성이 되어 나와야만 하는데 그 이유는 「세상의 못」과 「육(肉)의 맹목」 때문입니다. 이 맹목 때문에 사람은 다만 사상만으로는 볼 수가 없고, 꼭 소리가 되어 고막을 거쳐야만 하는 것입니다. 이러한 이유로 말미암아 땅의 상공을 나는 새는 늘어 가지만, 뿌리를 찾으면 모두 「물」에서 나옴을 알 수 있읍니다.

영적인 인간은 또한 신자가 행하는 업이나 도덕에 관계되는 행상, 가령 「과실을 내는 땅」에 비유하는 베푸는 업에 대해서 판정하고, 그것에 대해서 합당하다고 인정한 것을 부인합니다. 또 「산 혼」에 대해서도 판정합니다. 혼은 정절을 지키고, 단식을 함으로써 신체의 감각을 통해 알 수 있는 일에 대해서 경건한 생각을 지탱하는 것이 되고, 감정을 잘 정돈해서 비로소 「산 혼」이 되는 것입니다.

요컨대 어떤 일에 대해서 교정할 권리를 가지고 있을 경우, 지금 그 일을 「판정한다」라고 말하는 것입니다.

24. 낳아라, 불려라

그러나 이것은 대체 어떤 것일까요? 어떤 숨은 뜻일까요? 어떻습니까? 주여, 당신은 인간들을 축복해서 「낳아라, 불려라, 땅에 채워라」하고 말합니다. 당신은 이것에 의해서 암시하고 있는 것은 아닐까요? 당신은 「낮」이라고 부른 빛을 그와 같이 축복하지 않았고, 천공도 광체도 별도 땅도 바다도 그와 같이 축복하지 않았는데, 대체 웬일일까요? 그것에 대해서 뭔가 진정한 의미

틀 이해할 수 있게 하신 것이 아닐까요?

우리들을 당신의 사상의 본을 떠서 만든 하느님이여, 나는 이렇게 말했을 것입니다. 「만일 당신이 이와 같이 물고기나 괴수(怪獸)를 〈축복하고 낳아라, 불려라, 바다의 물을 채워라〉하고 명하지 않았다고 한다면, 당신은 이 축복의 선물을 인간에게만 특별히 주려고 생각했다」라고.

또 만일 이 축복이 수목이나 관목이나 지상의 축류(畜類)에게도 주어진다면, 이 축복은 생각에 의해서 스스로 증식해 가는 온갖 종류의 것에 미치고 있다고 생각했을 것입니다.

그러나 실제로는 풀이나 나무에 대해서도, 또한 짐승이나 뱀에 대해서도 「낳아라, 불려라, 채워라」하고 말하지는 않았읍니다. 그럼에도 불구하고 이들 모든 것은 물고기나 새나 인간과 똑같이 생식에 의해서 증가하고 그 나름대로 종류를 지탱하고 있는 것입니다.

그러면 대체 나는 어떻게 말해야 할까요? 진리여, 내 빛이여, 그것은 무의미하다. 그렇게 말한 것에 대해서는 별다른 의미도 없다……

그럴까요? 아니 결코 그렇지는 않습니다. 신앙의 근원인 아버지여, 당신의 말의 종이 그런 말을 하다니 터무니없는 소리입니다. 설령 이 말에 의해서 당신이 표시하려고 하는 일을 나로서는 이해 못한다 하더라도 더 뛰어난 사람들이, 즉 더 이해력이 있는 사람들이, 주님이시여, 당신에게서 구한 지혜의 정도에 따라서 더 뛰어난 방법으로 취급해 주었으면 합니다.

그렇지만 내가 하는 고백도 당신이 칭찬해 주시기를 원합니다. 그 고백에 의해서 나는 주여, 당신을 향해서 「당신은 그것을 무의미하게 말씀하시지는 않았으리라고 믿는다」라고 분명히 말합니다. 또 이 부분을 읽었을 때 마음에 솟구치는 것을 모른 척할 수는 없읍니다.

거기서 말하고 있는 것은 확실히 진실입니다. 그리고 나는 당신의 책 속에서 비유적으로 얘기하고 있는 것을, 지금 자기가 이해하는 것처럼 이해해서는 안 된다는 이유를 찾지 못합니다. 사실 나는 정신에 있어서는 다만 한 가지의 방법으로 이해되는 것이라도 형체적으로 표현하는 방법은 다양하고, 반대로 형체적으로 하나의 방법으로 표현되고 있는 것도 정신에 있어서는 여러 가지 의미로 이해될 수 있음을 알고 있읍니다.

가령 하느님과 이웃의 사랑이란 극히 단순한 것이지만, 그것은 얼마나 많은 성스러운 표시에 의해서, 수많은 언어에 의해서, 그 각각의 언어에 있어서도 수많은 표현형식에 의해서 형체적으로 표현되는 것인가요.

그렇게 해서 물 속의 샘물은 증대하여 많은 수가 되어 갑니다. 다시 누구라도 나의 이 책을 읽는 사람은 주의를 기울여 주십시오. 어떻습니까? 성서에는「태초에 하느님이 천지를 만드셨다」라고 하나의 방법으로 표현했고, 거기에 울리는 음성도 하나입니다. 그럼에도 불구하고 그것은 갖가지 의미로 이해되고, 그것들은 결코 허위의 오해가 아니고 제각기 다른 종류의, 게다가 모두 진실의 해석이 아닙니까?

그와 같이 인간의 자손을 증대시켜서, 많은 수가 되어 갑니다.

따라서 일의 본성 그 자체를 비유적이 아닌 본래의 의미에 있어서 생각한다면,「낳아라, 불려라, 채워라」란 말은 종자에서 생기는 모든 것에 합당합니다. 그러나 그것을 비유하는 말로써 취급한다면──그것이야말로 성서의 의도였다고 생각됩니다. 성서 속에서 이 축복이 다만 물 속의 생물과 인간의 자손에 대해서만 행해지고 있는 것은 결코 이유가 없는 것은 아니었을 테니까 말입니다──확실히 그「다수의 것」은 영적 및 물체적 피조물 속에 보이고, 그것은「하늘과 땅」에 있어서 보이는 것에 비유됩니다.

의인의 혼과 의롭지 못한 사람의 혼 속에도 보이는 것이지만, 그것은「빛과 어둠」에 있어서 보이는 것에 비유됩니다. 성서 기자(記者)들 중에도 보이지만, 법은 그들을 통해서 우리들에게 전해진 것이므로, 그것은 물과 물과의 사이에 확립된「천공」에 있어서 보이는 것에 비유됩니다. 또 불신의 고통 속에 멈추는 사람들의 모임에서도 보이지만, 그것은「바다」에 있어서 보이는 것에 비유됩니다.

또, 신앙 깊은 사람들의 열렬한 혼 속에 이른바 「마른 땅」에 있어서와 같이, 이 세상에서 행해지는 자비로운 업(業) 속에 「종자를 가진 풀과 열매를 맺는 나무」에 있어서와 같이, 또 사람들의 구제에 필요하도록 명시된 모든 영의 선물 속에 하늘의 광체에 있어서와 같이, 절도에 따르고 잘 정돈된 감정 속에 「산 혼」에 있어서와 같이 그것은 보입니다.

이 모든 것 속에 다수의 것, 풍요롭게 여문 것, 그리고 증식이 인정됩니다. 그럼에도 불구하고 하나의 것이 여러 가지 방법으로 표현되고, 하나의 표현이 여러 가지 의미로 이해된다고 하는 방식으로 증대하거나 다수화한다고 하는 점에 있어서 볼 때, 형체적으로 표현되는 표시와 개념적으로 생각되는 일에 있어서만이 인정됩니다.

형체적으로 표현되는 표시의 다양성은 우리들의 해석에 의한다면 「물」에 있어서의 증식에 준하고, 그것은 「육」이 있는 어둠의 깊이에서 반드시 일어나는 것입니다. 이에 반해서 표적에 의해서 표시되고 있는 「일」이 다양한 의미로 이해된다고 하는 것은 인간의 증식에 준하고, 이것은 인간 이성의 풍요로운 여뭄에서 유래되는 것입니다.

그런 까닭으로 주여, 이 어느 쪽의 종류에 대해서도 당신의 「낳아라, 불려라, 채워라」라는 말은 합당한 것이라고 생각합니다. 즉 이 축복의 말에 있어서 우리들이 다만 한 가지의 방법으로 이해하고 생각하고 있는 것을 다양한 방법으로 표현하는 능력이나 힘 또 우리들이 읽는 것 중에 모호한 하나의 방법으로 표현되고 있는 것을 다양한 의미로 이해하는 능력이나 힘이 당신으로부터 부여되었다고 나는 생각하는 것입니다.

그와 같이 「바다의 물」은 채워져 있읍니다만, 그 물은 가지가지 의미로 풀이됨에 따라 비로소 움직입니다. 그와 같이 「땅」도 역시 인간의 자손에 의해서 채워져 있읍니다만, 그 「마른 땅」은 진리 탐구의 노력에 의해서 비로소 나타나고, 그 노력은 이성에 의해서 지배되고 있는 것입니다.

25. 나는 그대들에게 모든 풀을 식용으로 준다

주여, 내 하느님이여, 계속되는 성서의 말씀을 읽고 마음에 느끼는 **것까지도** 말하고자 합니다. 기탄없이 고백합니다. 사실 그러한 말에 대해서 얘기하기를 바라신 것은 당신으로서 영감에 의해서 깨우쳐 주시는 거니까, 이제부터 얘기하려고 하는 것은 진실임에 틀림없읍니다.

실로 당신 이외의 누구의 영감에 의해서도 진실을 얘기할 수 있으리라고는 생각되지 않습니다. 당신은 진리 그 자체에 있읍니다만, 인간은 모두 거짓말장이입니다. 「자기를 근거로 해서 얘기하는 자는 거짓말장이이다」라고 말하는 것도 그 때문입니다. 그러므로 진실을 얘기하기 위해서 나는 모름지기 당신에 의거해서 말하겠읍니다.

당신은 우리들에게 식료로서 「전지(全地)에 돋는 종자를 맺는 모든 채소와, 종자의 열매를 포함하는 모든 나무」를 주셨읍니다. 다만 우리들만이 아니고 하늘을 나는 모든 새와 지상의 동물과 뱀에게도 주셨읍니다. 그렇지만 물고기와 바닷속에 사는 괴수에게는 주지 않으셨읍니다.

그런데 우리들은 이 「땅의 열매」라는 말에 의해서 비유적으로 「자비로운 업」이 의미되고 모방되어 있다고 말했읍니다. 이 업은 이 세상의 생활의 요구에 따라서 「열매를 낳는 땅」에서 제공되는 것입니다. 저 경건한 오네시포르는 바로 그와 같은 「땅」이고, 당신은 그의 집에 은총을 베푸셨읍니다. 그는 가끔 당신의 바울을 격려하고, 바울의 사슬을 부끄러워하지 않았기 때문입니다. 마케도니아에서 바울에게 결핍되어 있었던 것을 공급해 준 저 형제들도 같은 행동을 하고, 같은 열매를 맺었읍니다. 반면에 바울은 당연히 그에게 주어야 할 열매를 주지 않은 어떤 「나무」에 대해서 통탄하며 이렇게 말하고 있읍니다.

「내가 맨 처음 변명했을 때에는 나의 편을 드는 자는 한 사람도 없었고, 모두 나를 버리고 갔다. 부디 그들이 그로 인하여 책망을 받는 일이 없도록.」

　사실 그들은, 그와 같은 「열매」를 하느님의 깊은 뜻을 잘 깨닫고, 그것을 이성에 맞는 가르침으로서 전해 주는 사람들에게 제공할 의무가 있습니다. 그런 뜻에서 생각할 때, 이 사람들에 대한 의무는 인간에 대한 의무입니다. 그러나 또 이 사람들은 「산혼」으로서 「열매」를 맺지 않으면 안 됩니다. 그들은 모든 의미의 근신을 배워야 할 모범으로서 우리들 앞에 그 몸을 표시하고 있는 것이니까요.

　마찬가지로 그들은 「하늘을 나는」 새로서, 「열매」를 맺지 않으면 안 됩니다. 그것은 그들이 행한 축복 때문입니다. 사실 그들의 소리는 온 땅에 전해지고, 그들이 행하는 축복은 지상에 자꾸만 늘어갑니다.

26. 선업 (善業)으로부터 생기는 기쁨

　그런데 이 식물을 먹고 몸을 기르는 것은, 이 식물을 기뻐하는 사람들입니다. 그러나 자기의 배를 하느님으로 삼는 사람들은 그것을 기뻐하지 않습니다. 사실 그 경우 식물을 제공하는 사람들이 주는 것은 「과실」이 아니고, 줄 때의 「마음씨」입니다.

　그런 까닭에 하느님에 봉사하고 자기의 배에 봉사하지 않은 저 사람(바울)이 무엇으로서 낙을 삼고 있었던가를 나는 잘 압니다. 잘 알아서 그와 함께 매우 기뻐합니다. 즉 그는 빌립보 사람으로부터 에파프로테트를 통해 보내온 것을 받았습니다. 그러나 무엇 때문에 그가 기뻐하는지를 나로서는 잘 압니다. 그는 그 기쁨의 종자로 몸을 기르고 있읍니다. 그는 성심을 다해서 이렇게 말합니다.

　「그대들의 마음속에 나에 대한 호의가 마침내 다시 싹이 튼 것을 보고, 나는 안에서 매우 즐겁다. 일찌기 그대들은 나에게 호의를 보내고 있었는데, 그런 사이에 지쳐 버렸던 것이다.」

　즉, 이 사람들은 오랜 동안의 권태로 시들고 말라 버려서 선업의 열매를 맺을 수가 없는 상태였읍니다. 거기서 바울은 그들이 다시금 싹이 튼 것을 보고 그들을 위해서 기뻐합니다. 그들이 자기를 원조해 주었다고 해서 자기를 위해서 기뻐하는 것은 아닙니다. 그러므로 그는 계속해서 이렇게 말하는 것입니다.

「내가 이와 같은 것에 관해 얘기하는 것은 자기에게 무엇인가가 부족하기 때문이 아니다. 나는 어떠한 경우에 있어서도 풍족한 것을 배웠다. 나는 가난에 처하는 길을 배웠고, 부자로 있는 길도 알고 있다. 배부른 것에도, 굶주린 것에도, 부자 되는 것에도, 가난한 것에도, 온갖 경우에 처하는 것을 배웠다. 나를 굳세게 만들어 주는 분에 의해서 무엇이든지 할 수가 있는 것이다.」

그러면 대체 그대는 무엇을 가지고 기쁨으로 하고 있는가? 오오, 위대한 바울이여.

자기를 만들어 준 분의 사상에 따라서 참된 지식을 얻기 위해, 새롭게 한 사람, 위대한 근신을 갖추고 있는 「산 혼」, 하느님의 깊은 뜻을 입으로 전하면서 하늘을 나는 「새」의 혀를 가진 사람, 그대는 무엇을 가지고 기쁨으로 하고, 무엇을 먹고 살아가는 것인가?

참으로 이와 같은 「산 사람」에 대해서야말로 저 식물은 갖춰지지 않으면 안 됩니다. 그렇다면 그대를 기르고 있는 식물은 무엇인가——그것은 「기쁨」입니다. 다시 계속해서 바울이 말하는 것을 들어 봅시다. 그는 이렇게 말합니다.

「그렇다 하더라도 그대들은 실로 기꺼이 나의 괴로움을 같이 해 주었다.」*

바울이 기쁨으로 삼고 그것을 먹고 살아가던 것이 여기에 있읍니다. 그것은 「그들이 잘해 주었다」는 것입니다. 그들이 잘해 준 것에 의해서 바울의 고난이 완화되었기 때문은 아닙니다. 그는 당신을 향해서 이렇게 말하고 있읍니다.

「어려움에 빠졌을 때, 당신은 나의 마음을 위로해 주었다.」

사실 당신이 그를 굳세게 했기 때문에 그는 당신에게 있어서 「부자 되는 것에도 가난한 것에도 처하는 법을 알고 있다」는 것입니다. 그는 말합니다.

---

* 〈빌립보서〉 4장 14절.

「빌립보 사람들이여. 그대들도 알고 있듯이 내가 복음을 전하기 시작하며, 마케도니아에서 떠나갔을 때, 물건을 주고받음으로써 나의 작용에 참가한 교회는 그대들 이외에는 전혀 없었다. 또 데살로니가에서도 여러 번 물건을 보내서 나의 결핍을 보충해 주었다.」

그들은 이제 또 이 선업으로 되돌아가서 당신에게 싹을 피웠으므로, 바울은 그것을 보고 마치 초록빛을 띤 기름진 들을 바라볼 때처럼 기뻐하고 즐겁게 생각하는 것입니다.

바울이 「그대들은 나에게 소용되도록 보내 주었다」라고 했을 때, 그는 그것이 자기를 위해서 필요했으므로 기뻐하고 있는 것일까요? 그 때문은 아닙니다. 그렇다면 그렇지 않다는 것을 어떻게 해서 우리들은 알 수 있을까요? 계속해서 그 자신은 이렇게 말하고 있기 때문입니다.

「내가 구하고 있는 것은 선물이 아니라 과실이다.」

우리 주여, 나는 당신에게서 「선물」과 「과실」의 구분을 배웠읍니다. 「선물」이란 생활 필수품을 나눠 주는 사람이 실제로 상대방에게 주는 것이니, 가령 화폐·음식·음료·의류·주거·조력 등을 말합니다. 이에 대해서 「과실」이란, 주는 사람이 품고 있는 바르고 착한 의지인 것입니다.

사실 착한 스승(그리스도)도 다만 「예언자를 받아들이는 자」라고는 하지 않고 「예언자의 이름 때문에」라고 덧붙이며, 다만 「의인을 받아들이는 자」라고는 하지 않고 「의인의 이름 때문에」라고 덧붙이고 있읍니다.

이 조건 아래 비로소 전자는 「예언자의 보답을 얻고」, 후자는 「의인의 보답을 받게 되는 것」입니다. 또 다만 「나의 극히 작은 자들의 하나에 냉수 한 잔이라도 주는 자는」이라고 말할 뿐 아니라 거기에 「다만 나의 제자의 이름 때문에」라고 덧붙이고, 그 경우 「진실로 그대들에게 말한다. 그자는 그 보답을 잃는 일이 없으리라」고 결론을 내리는 것입니다.

「예언자를 받아들인다」, 「의인을 받아들인다」, 「제자에게 한 잔의 냉수를 준다」라는 따위는 선물입니다. 거기에 대해서 「예언자의 이름 때문에」, 「의인의 이름 때문에」, 「제자의 이름 때문에」 그것을 한다는 것은 「과실」에 해당합니다.

엘리야는 과부가 내미는 「과실」에 의해서 양육되었지만, 그 과부는 자기가 양육하고 있는 것은 「하느님의 사람」일 것, 「하느님의 사람」이기 때문에 양육한다는 것을 깨닫고 있었읍니다. 이에 대해서 엘리야가 까마귀에 의해 길러질 때는 「선물」에 의해서 양육되었던 것입니다. 이때 양육된 것은 「안[內]인 사람」으로서의 엘리야가 아니고, 「밖[外]인 사람」으로서의 엘리야였읍니다. 「밖인 사람」으로서의 엘리야는, 만일 그와 같은 식물이 결핍되었다고 한다면 멸망해 버렸을지도 모릅니다.

27. 물고기・바다의 괴수

그런 까닭에 주님이시여, 나는 당신 앞에서 진실을 말하고 싶습니다. 즉 아직 가르침을 모르고 신앙을 갖지 않은 사람들이——이러한 사람들을 가르침으로 인도하고 신앙을 얻게 하기 위해서 성스런 입신의 의식과 경이로운 기적이 필요하고, 이 양자를 「물고기」와 「바다의 괴수」라고 하는 이름이 표시하고 있다고 생각합니다만——당신의 아이들(신자)의 피로를 풀어 주기 위해서, 혹은 무엇인가 이 세상의 생활상의 필요를 원조하기 위해서 신체의 면에서 이것을 받아들이고 만져 주면서, 왜 그것을 하지 않으면 안 되는가, 무슨 목적 때문에 해야만 하는가를 모를 경우에는 참다운 의미에서 당신의 아이들을 양육하고 있는 것이 아니고, 또 당신의 아이들은 참다운 의미에서 이 사람들에게 양육되고 있는 것도 아닙니다.

왜냐하면 이 사람들은 그것을 성스런 바른 의지에 의해서 하고 있는 것은 아니고, 당신의 아이들도 그들의 「선물」과 또한 「과실」을 인정하지 않으므로 참다운 의미에서 기뻐할 수가 없기 때문입니다. 확실히, 혹은 그것에 의해서 기뻐하는 바로 그 자체에 의해서 양육되는 것입니다.

「물고기」나 「바다의 괴수」가 「땅」이 내놓는 식물을 먹고 살자 않는 이유는 거기에 있읍니다. 땅이 그와 같은 식물을 낳기 위해서는 쓴 파도로부터 일단 구별되고, 끓어서 떼어 놓지 않으면 안 되었기 때문입니다.

28. 하느님이 만든 모든 것을 보시고

그리고 주여, 당신은 창조하신 모든 것을 보셨지만, 그것은 매우 선했었읍니다. 사실 우리들이 보기에도 그 모든 것은 매우 좋았다고 여겨집니다. 제각기의 종류를 만든 작업의 경우에는, 「되라」고 해서 그대로 물건이 되었을 때, 당신은 몇 가지의 종류의 것을 「좋았다」고 보셨읍니다.

당신이 만든 것을 「좋았다」고 보았다는 말은 성서에 일곱 번 기록되어 있읍니다. 그리고 여덟번째에 만든 모든 것을 보고 다만 「좋았다」고만 한 것이 아니라 전체를 통틀어서 「매우 좋았다」라고 했읍니다. 즉 각각의 것을 하나하나 본다면 다만 「좋다」에 지나지 않지만, 모든 것을 동시에 보았을 때 그것은 단지 「좋다」뿐만이 아니라 「매우 좋다」는 것이 됩니다.

같은 것을 제각기의 아름다운 신체에까지도 알리고 있읍니다. 즉, 모든 아름다운 지체에서 이루어지고 있는 신체는 각각의 지체보다도 한층 더 아름답고, 그것들의 지체의 극히 균정이 잡힌 결합에 의해서 하나의 전체적 통일을 이루고 있읍니다. 물론 그것들의 지체를 하나하나 살펴보더라도 각기 모두 아름답지만.

29. 여덟 번 「좋다」고 하신 뜻

거기서 나는 주의를 집중하고, 업(業)이 마음에 들었을 때 「좋다」고 본 것을 실제로 당신은 일곱 번, 혹은 여덟 번 한 것인가에 대해 생각해 보았읍니다. 그러나 당신이 보았다는 것 중에는 시간은 이미 없다는 것을 알고 있읍니다. 만일 그것이 시간적인 것이었다고 한다면, 당신은 그 만든 것의 횟수만큼 보았다는 것을 시간적인 의미로 이해할 수도 있었을까요……

거기서 나는 이와 같이 말했읍니다.

「오오, 하느님, 당신의 이 서적은 진실을 말하고 있는 것이 아닙니까? 그것을 나타낸 것은 다름 아닌 언제나 진실을 말하는, 진리 그 자체인 당신이라고 하는데, 그렇다면 왜 당신은 나를 향해서 보는 것 중에 시간은 없다고 말씀하시는 것일까요? 더구나 당신의 서적은 나에 대해서, 당신은 만든 것을 그 각자의 날에 〈좋다〉고 보았다고 말하고 있었읍니다. 이것은 대체 어떻게 된 자유일까요?」

이에 대해서 당신은 다음과 같이 대답하십니다. 당신은 나의 하느님으로 계시므로. 거기서 당신은 강한 소리로 당신의 종의 「안〔內〕인 귀」를 향하여 얘기하고, 나의 들리지 않는 귀를 꿰뚫어 이렇게 외치는 것입니다.

「오오, 인간이여, 나의 서적이 얘기하는 것은 바로 내가 얘기하는 것이다. 나의 서적은 시간 안에서 얘기한다. 그러나 나의 말은 때에 관계되지 않는다. 왜냐하면 나의 말은, 나와 똑같이 영원히 머물고 있으니까. 그와 같이 너희들이 나의 영에 의해서 보는 것은 내가 보는 것이다. 마찬가지로 너희들이 나의 영에 의해서 얘기하는 것은 내가 얘기하는 것이다. 그러나 너희들은 시간에 있어서 보지만, 나는 시간에 있어서 보지 않는다. 마찬가지로 너희들은 그것을 시간에 있어서 얘기하지만, 나는 시간에 있어서 얘기하지 않는다.」

30. 마니 교도들의 망상

주여, 우리의 하느님이여. 나는 소리를 들었읍니다. 그리고 당신의 진리로부터 떨어지는 달콤한 물을 핥고, 그 소리를 이해했읍니다. 당신의 업에 대해서 불만을 품은 사람들이 있다는 소리를. 그들의 설에 의한다면 업 중에 많은 것, 가령 하늘의 구성이라든가 별의 배치 따위를 당신은 필연적으로 그렇게 함이 마땅하기 때문에 만든 것이었읍니다. 더구나 그것을 스스로 만든 것이 아니고 이미 어딘가에, 다른 것에 의해서 만들어진 것을 모아 적당히 붙여 맨 것에 불과합니다. 그것은 당신이 적을 쳐 부숴 세계의 성벽을 쌓았을 때의 일이었고, 그것을 쌓은 이유는 그 구축에 의해서 패배한 적이 당신에게 거역해서 또다시 반란을 일으키지 못하도록 하기 위해서입니다.

그리고 이밖의 다른 것, 가령 온갖 육신, 대수롭지 않은 모든 생물, 땅에 뿌리를 내리고 있는 일체의 것은 당신이 만들지도 않았고 형태를 끌어모아 주지도 않았읍니다. 그러한 것들을 낳고 형성하는 것은 당신에 의해서 만들어진 것이 아니고, 도리어 당신에 대해서 적대감을 품고 있는 다른 본성의 적의가 충만한 정신이고, 이 정신은 그러한 것들을 세계의 아래쪽에 낳아 놓고 형성한다는 것입니다.

이와 같은 것을 말하는 자들은 미치광이들입니다. 그들은 업을 당신의 영에 의해서 보지 않고, 업 속에서 당신을 인정할 수도 없는 것입니다.

31. 경건한 자들의 시인

이에 대해서 그러한 것들을 당신의 영에 의해서 보는 사람들의 경우, 그들 중에 있어서 그러한 것들을 보는 것은 실은 당신입니다. 그런 까닭에 그들이 「좋다」고 볼 때, 실제로는 당신이 「좋다」고 보고 있는 것입니다. 또 그들이 당신을 위해서 무엇인가를 내 뜻에 합당한 것이라고 생각하는 경우, 실은 언제나 그들에게 있어서 당신이 그것을 뜻에 맞는다고 하고 있는 것입니다. 당신의 업에 의해서 우리들의 마음에 흡족한 것은, 실은 우리들에게 있어서 당신의 마음에 들고 있는 것입니다.

바울은 이렇게 말합니다. 「참으로 인간의 생각은, 그 속에 있는 인간의 영 이외에 누구도 아는 자가 없다. 그와 같이 하느님의 영 이외에는 아는 자가 없다. 그러나 우리들이 받는 것은 이 세상의 영은 아니고, 하느님으로부터의 영이다. 그것은 하느님으로부터 받은 것을 알기 위해서이다.」

그런 까닭에 나는 이렇게 말하지 않을 수 없읍니다.

388

「신의 영을 제외하고서는 어떤 자도 하느님의 생각을 알 수 없다. 이것은 틀림없다.」

그러면 어떻게 해서 우리들이 「하느님으로부터 받은 것」을 아는 것일까요?

이에 대해서 다음과 같은 대답이 주어집니다.

「우리들이 하느님의 영에 의해서 아는 일이라고 하더라도, 그것을 그와 같이 아는 자는 하느님의 영 이외에는 아무도 없는 것이다.」

즉, 하느님의 영을 얘기할 사람들에 대해서 「그때 얘기하는 것은, 실은 그대들은 아니다」라고 바르게 말한 것처럼, 하느님의 영을 아는 자에 대해서 「그것을 아는 것은 실은 그대들은 아니다」라고 말하는 것은 옳습니다. 또 하느님의 영을 보는 사람들에 대해서는 거기에 떨어지지 않고 정당하게, 「그것을 보는 것은, 실은 그대들은 아니다」라고 말합니다. 그와 같이 사람들이 하느님의 영에 있어서 어떠한 것을 「좋다」고 볼 경우라 하더라도, 「좋다」고 보는 것은 실은 그들이 아니고 하느님인 것입니다.

그런 까닭에 「실제로 좋은 걸 누가 나쁘다고 생각한다」는 경우가 있읍니다. 가령 앞서 말한 사람들의 경우가 그것입니다. 이것과는 달리 「실제로 좋은 것을, 인간이 좋다고 본다」라는 경우도 있읍니다. 즉 당신의 피조물은 실제로 좋은 것이니까, 많은 사람들은 그것을 좋아합니다. 그렇지만 그들은 그 피조물에 있어서 당신을 좋아하는 것은 아닙니다. 그렇기 때문에 당신보다는 도리어 피조물의 편을 향락하고 싶어하는 것입니다.

그러나 제 3 의 경우가 있읍니다. 즉 사람이 무엇인가를 「좋다」고 볼 때, 「좋다」고 보는 것은 실은 그 사람 속에 있는 하느님이라고 하는 경우입니다. 따라서 이 경우에는, 하느님이 그 만든 것이 있어서 사랑을 받는 셈이 됩니다.

그러나 이와 같은 방법으로 하느님이 사랑을 받는다고 하는 것은, 하느님이 주는 영에 의하지 않으면 불가능할 것입니다. 실제로 하느님의 사랑은 우리들의 마음에, 우리들에게 준 성령에 의해서 부어지는 것이니까요. 이 영에 의해서 우리들은 어떠한 것을 막론하고 어떠한 방법으로 존재하는 것은 모두 좋다고 생각하는 것입니다. 왜냐하면 그러한 것들은 모두 어떤 형태의 방법으로 존재하는 것은 아니고, 바로「있는 자」로서 존재하는 분에게 유래하는 것이니까.

32. 하느님의 업에 대한 요약

주여, 참으로 감사합니다. 우리들은「하늘과 땅」을 봅니다. 즉, 물체계에 있어서의 상위의 부분과 하위의 부분에 관한 것이라 하더라도, 어쨌든 하늘과 땅을 봅니다. 그리고 전세계의 물체를, 혹은 그것뿐만이 아니라 모든 피조물을 구성하고 있는 모든 부분을 장식하기 위해서「빛」이 만들어지고,「어둠」으로부터 갈라지고 있는 것을 봅니다.

또「천공」을 봅니다. 그것은 상위(上位)의 영적인 물과 물체적 세계의 원초상태인 하위의 물체적인 물과의 사이에 있어서는 천공이라 하더라도, 혹은 이 기권(氣圈)이라 하더라도 실제로 이 기권도「하늘」이라고 불리는 것입니다. 이 하늘을 지나서「하늘을 나는 새」는 자기의 위에 증기와 같은 모습으로 번지고, 맑은 밤에는 이슬이 되어 내리는 물과 지상을 무겁게 흐르고 있는 물과의 사이를 날아다니고 있습니다.

또 우리들은 모든 바다에 걸쳐서 모여든「물」의 신비로운 모습과「마른 땅」을 봅니다. 그 땅은 거의 벌거숭이인 채로 있고, 형태를 받아 눈으로 볼 수 있으며, 잘 정돈되어 있는 경우도 있습니다. 이때 그것은 풀이나 나무의 어미입니다. 또「광채」가 머리 위에서 빛나는 것을 봅니다. 태양은 다만「낮」에만 충분한 빛을 보내고 달과 별이「밤」을 위로합니다. 이 모든 광채에 의해서, 때가 표시되고 나타내어집니다.

또 우리들은 물기를 품은 본성을 봅니다. 그런데 이 본성이 미치는 곳에는 어류와 괴수와 날개가 있는 동물이 매우 많이 살고 있습니다.

사실 나는 새를 운반하는 공기도, 물의 증기에 의해서 비로소

새를 운반할 만큼의 밀도가 되는 것입니다. 또 땅의 표면이 온갖 지상의 동물로 가득 차고 당신의 사상처럼 당신에게 닮은 것으로서 만들어진 인간이 바로 당신의 사상과 유사성 때문에, 즉 이성과 지성의 능력 때문에 모든 비이성적 동물보다 뛰어난 것이 되고 있음을 봅니다.

또 인간의 혼에 있어서도 사려에 의해서 지배하는 부분과 복종하는 부분이 별도로 있고, 그와 같이 여성은 신체적인 면에서 남성 때문에 만들어져 있는 것을 봅니다. 여성은 이성적으로 작용하는 정신에 대해서는 남성과 같은 본성이지만 신체의 성(性)에 대해서는 남성에 복종하고 있고, 그것은 마치 행동하고자 하는 욕구가 이성적 정신으로부터 바르게 행동하기 위한 마음가짐을 얻기 위해 이성에 복종하는 것과 같습니다.

우리들은 이런 것들을 봅니다. 그러한 것들을 하나하나 잡아 본다 하더라도 「좋다」이지만, 그 모든 것을 합칠 때 「매우 좋다」로 보이는 것입니다.

33. 모든 것은 무에서……

업은 당신을 찬양하기를, 「우리들이 당신을 사랑하기 위해서, 우리들은 그대를 사랑하리라. 업이 당신을 찬양하기 위해서」라고 합니다.

그러한 것들은 시간 속에서 시작과 끝, 흥륭과 몰락, 진보와 퇴보, 만개와 조락(凋落)의 때를 갖습니다. 그러한 것들에 있어서 아침과 저녁이, 반은 숨고 반은 나타나면서 교체됩니다.

사실 그러한 것들은 당신에 의해 무에서 만들어진 것이고, 당신으로부터 만들어진 것은 아니고 또 당신의 것이 아닌 어떤 질료나 혹은 이전부터 존재하고 있었던 어떤 질료에서 만들어진 것도 아니고「함께 창조된 질료」, 즉 당신에 의해서 사물이 창조됨과 동시에 창조된 질료에서 만들어졌읍니다. 당신은 이 무형의 질료에 아무런 시간조차도 개입시키지 않고 형태를 준 것이니까요.

사실 천지의 질료와 천지의 미려한 형태와는 각각 다릅니다. 당신은 질료를 완전한 무에서, 세계의 미려한 형태를 한 그 무형의 질료에서 만든 것이지만, 그렇다고 하더라도 이 양자를 같이 만든 것이지 질료의 뒤에 잠시 틈을 두고 만든 것은 아닙니다.

34. 전세계의 창조의 비유적인 설명

다시 우리들은 이러한 것들이 이와 같은 순서로 생기는 것을 당신이 원하고, 또 이와 같은 순서로 기술되는 것을 원하신 것은 대체 어떠한 뜻을 표현하기 위해서였던가 하고 생각해 보았읍니다. 그리고 「각각의 것은 좋으나 모두를 합친 것은 매우 좋다」고 보았읍니다마는, 그때 이 「모든 것」을 당신의 독생자의 말에 있어서 「천지」인 것, 즉 모든 때에 앞서 아침도 저녁도 없고 예정되어 있는 「교회의 머리와 몸」의 뜻으로 본 것입니다.

그런데 당신이 예정했던 것을 시간 속에 실현하고 감추고 있는 것을 나타내며, 우리들의 정돈되지 않은 상태를 정돈하는 일을 시작하자——사실 우리들의 머리 위에는 범한 죄가 뭉쳐 돌고, 우리들은 당신으로부터 멀리 떨어져서 긴 어둠 속에 빠져들고 있었읍니다마는, 당신의 은혜 깊은 영은 언젠가 좋을 때에 도와 주려고 멀리 위쪽을 떠돌고 있었읍니다——당신은 의롭지 못한 자를 의롭게 하여 부정한 자와 구분해 놓고, 당신에게 순종한 상위(上位)의 자와 거기에 복종하는 하위의 자와의 사이에 성서의 권위를 마치 천공과도 같이 구축하셨읍니다.

그리고 불신자의 무리들을 하나의 반란의 회재에 의해서 결탁시켰는데, 그것은 이와 같은 방법으로 도리어 신자들의 열심이 나타나도록 하기 위해서였읍니다. 즉, 그들은 당신을 위해서 자비의 업을 낳아 놓고 빈곤한 사람들에게 지상의 재물까지도 나눠 주는데, 그것은 천상의 재물을 획득하기 위해서입니다.

이어서 당신은 천공에 있어서 어떤 「광체」에 불을 붙였읍니다. 즉 「광체」란 생명의 말을 품고, 모든 영의 위력에 의해서 특별히 뛰어난 권위를 띤 채 빛나고 있는 성자들에 대한 것입니다. 다시 당신은 불신의 백성을 신앙으로 인도해 들어가기 위해서 눈으로 볼 수 있는 성스런 의식이라든가 기적, 또한 성서라고 하는 「천공」에 근거해서 얘기하는, 귀에 들리는 말을 물체적 질료에서 산출하셨지만, 이러한 것들에 의해서 신자들도 은혜를 입게 되었읍니다.

다시 당신은 신자들의 「산 혼」을, 질서가 있는 감정에 의해서 스스로를 근신하는 힘을 갖춘 자로 형성하셨읍니다. 또 당신에게만 복종해서 어떠한 인간적 권위라도 흉내낼 필요가 없도록 정신을 「당신의 사상처럼 본떠서」 신생(新生)시키고, 또 마치 여성이 남성을 따르게 하는 것처럼 사려의 작용을 상위의 지성에 따르게 하고, 또 이 세상에 있어서 신자들을 완성시키기 위해 필요한 당신의 모든 봉사자(성직자)들에게, 그 신자들로부터 이 세상에서 살아가기 위해 필요한 것이 공급되도록 원하셨읍니다.

이와 같이 당신의 봉사자에게 이 세상의 생활의 밑천을 공급하는 것은, 미래에 풍요로운 열매를 맺는 선업입니다.

우리들은 이러한 모든 것들을 봅니다. 그것은 「매우 좋다」——왜냐하면 이러한 것들을 볼 때, 우리들 안에서 보는 자는 실은 당신이기 때문입니다. 즉, 우리들은 영에 의해서 이러한 것들을 보고 그것들 안에서 당신을 사랑하는데, 그 성령을 우리들에게 준 당신은 우리들 안에서 그것을 보는 것입니다.

35. 평안을 빌며……

주 하느님이시여, 우리들에게 평화를 주소서——당신은 이미 우리들에게 모든 것을 주셨읍니다——이제는 진정한 평화를, 안식의 평화를, 저녁이 없는 평화를 주소서.

실로 이 모든 것은 「매우 좋게」 아름다운 질서를 이루고 있읍니다만, 그 각각의 것은 그 한도를 넘게 되면 얼마 안 가서 지나가 버리지 않으면 안 됩니다. 거기에는 아침이 있고, 또 저녁이 있읍니다.

36. 7일째는 저녁이 없다

그런데 7일째는 저녁이 없고, 해가 지는 일도 없읍니다. 그것은 당신이 이 날을 성스러운 것으로 하고, 영원토록 머무는 것으로 했기 때문입니다.

당신은 「매우 좋다」는 일을 하신 뒤에──당신은 그것을 완전한 휴식중에 하셨읍니다──7일째에 휴식에 들어가셨읍니다. 성서의 소리가 이에 대한 것을 얘기하는 이유는, 우리들도 역시 「매우 좋다」는 일을 완성한 뒤──그것이 좋은 일이 되는 것은 당신이 우리들에게 시켜 주셨기 때문입니다──영원히 생명의 안식을 당신 안에서 취하게 되리라는 것을 예고하기 위해서입니다.

37. 하느님은 우리 안에서 언제 휴식하는가

지금 당신은 우리 안에서 일하고 있읍니다만, 꼭 그와 같이 그때에는 우리 안에서 쉬는 것이겠지요. 이제 당신은 우리들을 통해서 이 세상의 업을 하십니다만, 꼭 그와 같이 저때에는 우리들을 통해서 당신의 휴식이 실현되는 것이겠지요.

그럼에도 불구하고 주님이시여, 당신은 일하면서 언제나 쉬고, 시간 안에서 움직이거나 쉬는 일도 없읍니다. 더구나 우리들로 하여금 시간 안에서 보게 하고 시간 그 자체를 만들며, 다시 시간의 뒤에 올 휴식을 만들어 주는 분은 바로 당신입니다.

38. 피조물을 보는 방법

당신이 우리들을 만든 이유는 바로 그러한 것들이 그와 같이 존재하기 때문이지만, 그러한 것들이 존재하는 것은 실은 당신이 그러한 것들을 보기 때문입니다. 또 우리들은 자기의 외부에서 그러한 것들이 「존재한다」는 것을 보고, 마음의 내부에서 그것들이 「좋다」는 것을 봅니다만, 이에 대해서 당신은 「만들어야 할 일이다」라고 본 바로 그 장소에서 그것이 이미 「만들어져 버렸다」
는 것을 보게 됩니다.

또 우리들은 그 마음이 당신의 신령에서 선이 무엇인가를 알게
된 뒤 비로소 선을 행하고자 하는 마음으로 움직이게 된 것입니
다. 그 이전에는 당신을 버리고 악을 행하는 방향으로 움직이고
있었읍니다만, 이에 대해서 오로지 선한 하느님인 당신은 결코
선을 행하기를 그치지 않으셨읍니다. 우리들도 당신의 선물 덕분
으로 약간의 선업을 행할 수 있지만 그것은 영구적인 것은 아닙
니다.

다만 우리들은 그 선업의 뒤에, 당신의 훌륭한 성성(聖性) 속
에 안식하기를 바라고 있는 것입니다. 이에 대해서 당신은 어떠
한 선도 필요로 하지 않는 선 그 자체로서 영원히 쉬고 계십니
다. 왜냐하면 당신의 휴식이야말로 당신 자신에게 있는 것이니
까요.

그러나 이것을 깨닫는 힘을, 인간들 중의 누가 인간에게 줄 수
있을까요? 어떠한 천사가 천사에게 줄 수 있을까요? 어떠한 천
사가 인간에게 줄 수 있을까요?

당신에게서 빌어 얻어야 할 일, 오직 당신에게서 찾아야 하고,
당신 안에서 문을 두드리지 않으면 안 됩니다. 오직 그렇게 함으
로써 비로소 구하는 이마다 얻을 것이요, 찾는 이마다 찾을 것
이요, 문을 두드리는 자에게마다 문이 열리게 될 것입니다.*

---

* 〈마태복음〉 7장 8절.

옮기고 나서

　어거스틴은 로마 말기 354년에 태어난 사람으로서, 종교가인 동시에 초대 그리스도 교회의 최고의 사상가이다.
　청년시절 그리스도를 부정하고 방탕의 길에서 헤어나지 못하던 그를, 어머니 모니카는 눈물과 기도로서 신에게로 인도하고자 했다. 그러나, 그는 그리스도교가 아닌 마니교에 심취해 있었다. 그러던 중 밀라노에서 암브로시우스를 만나게 되었고, 그에게서 깊은 감화를 받아 세례를 받기에 이르렀다. 그런 후에도 신에 대한 의혹과 갈등 속에 번민하다가, 결국 자신의 죄를 깨달아 회한의 눈물을 흘리며 신에게 손을 내민다. 그의 생활은 놀라울 만큼 변화하여 오로지 신만이 그의 생활의 중심이 되었고, 마침내 히포의 주교의 지위에 오르게 되었다.
　어거스틴은 이 「참회록」 속에서 자신이 저지른 죄에 대해서만 고백하는 것이 아니라, 신으로부터 입은 커다란 은혜도 고백하며 또 감사하는 것이다. 결국 신으로부터의 죄사함과 은혜를 찬미하는 것이다. 「참회록」은 크게 세 부분으로 나누어져 있지만 자신의 선과 악을 통해서 본 신의 찬미로 집약된다.
　첫째 부분은, 신이 죄인이었던 과거의 자신을 버리지 않고 회개의 길로 이끌어가는 과정을 설명하고 있다.
　둘째 부분에서는 히포의 주교로서의 현재의 자기가, 과거에서 이미 벗어나 보다 높은 위치에 있음을 솔직이 인정하고 있다. 그러나 그것은 자만이 아닌, 그런 경지에까지 자신을 끌어올린 신에 대한 찬미이다.
　세째 부분에서는 「창세기」 1장을 주해하고 있어서, 대체로 이 부분을 「참회록」의 부록 정도로 간주하고 있다. 그러나 이것은 부록이 아니라 오히려 이 책의 본질을 이루고 있는 것이다.

어거스틴의 「참회록」은 인류 정신사에 있어서 불멸의 경계석이 되고 있다. 이 책의 출판과 동시에 사실상 처음으로 〈기독교적 주체사상〉의 싹이 트게 되었고, 이러한 주제 아래서 생겨나게 될지도 모를 매혹성과 모호성이 함께 나타났다. 일반적으로 「참회록」을 가리켜 종교적 색채보다는 예술적인 색채가 더 짙다고 말하고 있다. 그것은 이 책이 선율적이고 부분적으로 아름다운 수식어를 사용했다는 점 때문이 아니라, 문장 전체에서 느낄 수 있는 심연의 호흡 때문이다.

우리는 다시 고백인 동시에 찬미인 이 책에 대하여 고찰해 본 다음, 나름대로 다음과 같은 추론을 이끌어낼 수 있을 것이다.

그는 이 책 속에서 〈나는 당신 앞에서 사람들을 향하여 이야기 합니다〉라고 말하고 있다. 따라서 그는 신을 향하여 고백함과 동시에 사람들을 향하여 고백하고 있는 것이다. 그리하여 신을 향한 고백은 사람들을 향한 고백이 되어 이와 같이 「참회록」이라는 한 권의 책을 완성해 낸 것이다.

세상 사람들은 흔히 젊었을 때의 어거스틴이라고 하면 방탕하고 타락한 쾌락주의자로 생각한다. 그러나 당시에 그가 머물렀던 로마나 아프리카의 여러 조건으로 볼 때, 청년시절의 그러한 방탕은 당연한 것이었다. 그보다도 우리를 놀라게 하는 것은 그가 16세 때부터 동거생활에 들어갔던 천한 신분의 여성에 대해, 어머니 모니카와 친구들의 맹렬한 반대에도 불구하고, 그의 말에 의하면 15년간이나 〈규방의 의리〉를 지켰다는 점이다.

또한 그 무렵 그가 심취해 있었던 마니교는 빛과 어둠을 중심으로 한 이원론적 종교로서, 그 근원은 조로아스터교까지 거슬러 올라간다. 젊은 시절의 어거스틴이 마니교를 믿게 된 원인은, 그 당시의 그리스도교가 합당하고 논리적인 설명도 없이 맹목적으로 신앙을 강요했기 때문이다. 그리고 다른 한편으로는 마니교의 독특하고 이론적인 면이 그를 사로잡았기 때문인 것으로 풀이된다.

「참회록」이 어거스틴의 의도와는 달리 전체의 한 부분으로 고립된 채 고백서로 남아 있음에도 불구하고 현대의 종교적 주관주의의 군기(軍旗)로서 높이 게양될 수 있었다는 것은 그리 놀라운 일이 아니다. 그러므로 우리는 이 「참회록」을 통해서 종교가로서, 또 사상가로서의 그의 새로운 면과 인간의 본질을 재조명해 볼 수 있을 것이라 믿어진다.

옮 긴 이

참회록

1판 1쇄 인쇄 / 1988년   4월 20일
1판 1쇄 발행 / 1988년   4월 25일
6판 1쇄 발행 / 2011년   5월 31일
7판 1쇄 발행 / 2024년 11월 15일

지은이 / 어거스틴
옮긴이 / 최 정 선
펴낸이 / 김 용 성
펴낸곳 / 지성문화사
등   록 / 제5-14호 (1976.10.21)
주   소 / 서울시 동대문구 신설동 117-8 예일빌딩
전   화 / 02)2236-0654
팩   스 / 02)2236-0655
정   가 / 25,000원